Specification by Example [한국어판]:
성공적인 프로젝트를 관통하는 핵심 실천법

이종화

매일 생각해야 할 것, 알아야 할 것, 도전해야 할 것, 그리고 미소 짓게 할 것을 소중하게 생각한다. 그리고 생각의 흔적을 지속적으로 되새기기 위해 메모하고 정리하는 것을 좋아한다. 현재는 올바른 방법으로 올바른 소프트웨어를 만들기 위해 고군분투 중이다.

최윤상

소프트웨어 개발에서도 '의도'와 '결과'를 일치시키는 것이 가장 중요하다고 믿는 개발자. 그래서 테스트 코드 및 코드 품질, 조직 문화, 커뮤니케이션 방법 등 '의도'를 제대로 전달할 수 있는 방법에 관심이 많다.
NHN에서 지도개발팀, 네이버QA, 생산성혁신랩에 근무했고 현재는 재충전을 위해 겨울잠을 자고 있다.

정성민

NHN과 NBP(NHN Business Platform)에서 2년 반 가량 윈도우 클라이언트를 개발했고, 현재는 NHN Entertainment에서 유니티를 사용해 게임 클라이언트를 개발하고 있다. 이해하기 쉽고 변경하기도 쉬운 코드를 작성하는 방법을 매일 고민하며 열심히 일하고 있다.

Specification by Example [한국어판]:
성공적인 프로젝트를 관통하는 핵심 실천법

지은이 고코 아지치
펴낸이 박찬규 엮은이 이대엽 디자인 북누리 표지디자인 아로와 & 아로와나

펴낸곳 위키북스 전화 031-955-3658, 3659 팩스 031-955-3660
주소 경기도 파주시 문발로 115 세종출판벤처타운 311호

가격 30,000 페이지 332 책규격 188 x 240mm

초판 발행 2014년 04월 24일
ISBN 978-89-98139-49-0 (93000)

등록번호 제406-2006-000036호 등록일자 2006년 05월 19일
홈페이지 wikibook.co.kr 전자우편 wikibook@wikibook.co.kr

Specification by Example: How Successful Teams Deliver the Right Software by Gojko Adzic
Original English language edition published by Manning Publishions,
178 South Hill Drive, Westampton NJ 08060 USA.

Copyright © 2012 by Manning Publications Co..
Korean edition copyright © 2014 by WIKIBOOKS.
All rights reserved.

이 책의 한국어판 저작권은 대니홍 에이전시를 통한 저작권사와의 독점 계약으로 위키북스가 소유합니다.
신 저작권법에 의해 한국 내에서 보호를 받는 저작물이므로 무단 전재와 복제를 금합니다.
이 책의 내용에 대한 추가 지원과 문의는 위키북스 출판사 홈페이지 wikibook.co.kr이나
이메일 wikibook@wikibook.co.kr을 이용해 주세요.

이 도서의 국립중앙도서관 출판시도서목록 CIP는
서지정보유통지원시스템 홈페이지(http://seoji.nl.go.kr)와
국가자료공동목록시스템(http://www.nl.go.kr/kolisnet)에서 이용하실 수 있습니다.
CIP제어번호 CIP2014012105

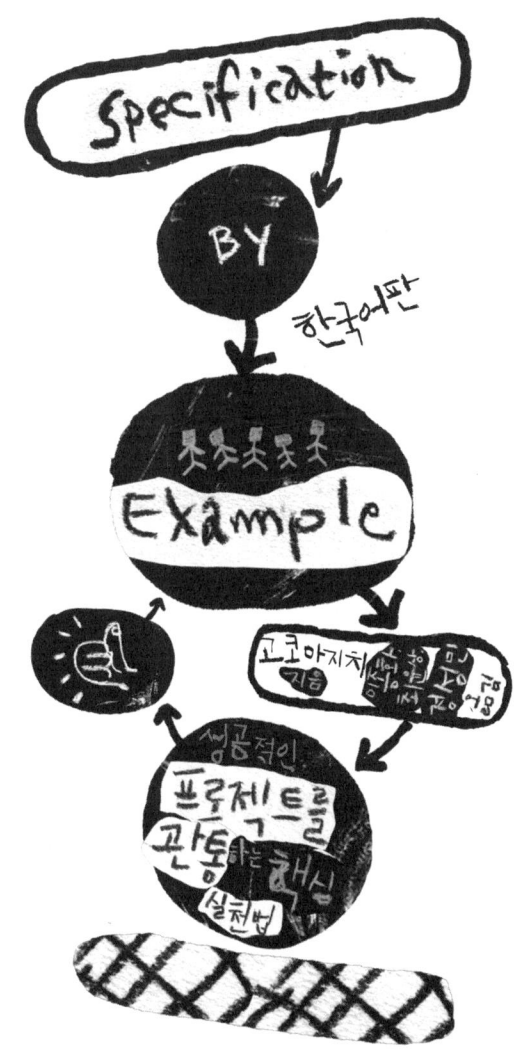

저·자·소·개

5년 전부터 고코 아지치(Gojko Adzic)는 예제를 활용한 명세에 관심을 갖기 시작했다. 그 이후로 그는 수많은 팀이 이 실천법을 적용할 수 있게 돕는 일을 해오고 있다. 이와 관련된 두 권의 책을 썼고 예제를 활용한 명세와 관련된 여러 오픈소스 프로젝트에 공헌했다. 그는 주요 소프트웨어 개발과 테스트 콘퍼런스에서 자주 강연을 하고 영국 애자일 테스팅 사용자 그룹(UK Agile Testing User Group)을 운영한다.

지난 12년 동안 고코는 자산 가치 인도, 에너지 거래, 모바일 위치 제어, E-커머스, 온라인 게임, 복잡한 설정 관리와 같은 프로젝트에서 개발자, 아키텍트, 기술 책임자, 컨설턴트로 일했다.

그뿐만 아니라 Neuri Ltd. 라는 영국 소재의 자문 회사를 운영하면서 웹 벤처에서부터 거대한 금융 기관까지 야심 찬 팀들이 예제를 활용한 명세와 애자일 테스트 실천법을 적용할 수 있게 돕고 있다.

저자와 연락하고 싶다면 gojko@neuri.com 로 이메일을 보내거나 http://gojko.net 을 방문한다.

온라인 포럼

매닝 출판사에서 운영하는 http://www.manning.com/adzic/에서 Author Online 링크를 통해 포럼 게시판에서도 저자와 연락할 수 있다. 독자를 위한 매닝의 약속은 독자 개개인을 비롯해 저자와 독자가 의미 있는 대화를 할 수 있는 장소를 제공하는 것이다. 이 책의 포럼에 대한 저자의 참여는 무보수이고 자발적이며 어느 정도 참여해야 하는지 정해져 있지 않다. 책이 출간되어 있는 한 온라인 포럼과 지난 토론의 기록들은 출판사 웹 사이트에 계속 유지될 것이다.

감·사·의·글

이 책은 많은 사람의 지원과 공헌 없이는 나오지 못했을 것이다. 무엇보다도 먼저 자신의 지식을 활용하게 해주고 경험을 나눠준 이들에게 감사를 표하고 싶다. 감사를 표하고 싶은 분들은 아담 나이트(Adam Knight), 앙드레 브리셋(Andre Brissette), 앤드류 잭맨(Andrew Jackman), 아즈락 헬레소이(Aslak Hellesøy), 보르게 로트레(Børge Lotre), 채닝 월턴(Channing Walton), 크리스찬 하사(Christian Hassa), 신디 바츠(Cindy Bartz), 클레어 맥레넌(Clare McLennan), 데이먼 모건(Damon Morgan), 프란체스코 리지(Francesco Rizzi), 개스퍼 나기(Gaspar Nagy), 게오프 바체(Geoff Bache), 헤멀 쿤타왈라(Hemal Kuntawala), 이안 쿠퍼(Ian Cooper), 이스모 아로(Ismo Aro), 조디 파커(Jodie Parker), 요하네스 링크(Johannes Link), 존 닐(Jon Neale), 조나스 반디(Jonas Bandi), 저스틴 데이비스(Justin Davis), 쿠마란 시바파사순타람(Kumaran Sivapathasuntharam), 랜스 월턴(Lance Walton), 리사 크리스핀(Lisa Crispin), 마르코 마일론(Marco Milone), 마르타 곤잘레즈 페레로(Marta Gonzalez Ferrero), 마틴 잭슨(Martin Jackson), 매튜 스티어(Matthew Steer), 미카엘 빅(Mikael Vik), 마이크 보겔(Mike Vogel), 메이켈 수아레즈(Maykel Suarez), 파스칼 메스트닥(Pascal Mestdach), 피터 잰슨스(Peter Janssens), 필 코완스(Phil Cowans), 피에르 베라겐(Pierre Veragen), 라케쉬 파텔(Rakesh Patel), 롭 파크(Rob Park), 스콧 버거(Scott Berger), 스튜어트 어빈(Stuart Ervine), 스튜어트 테일러(Stuart Taylor), 스티븐 로이드(Stephen Lloyd), 수잔 키드웰(Suzanne Kidwell), 팀 앤더슨(Tim Andersen), 토니 토(Tony To), 웨스 윌리엄스(Wes Williams), 그리고 쉬 이(Xu Yi)다. 이 책은 당신들이 쓴 것이다. 나는 그저 받아적었을 뿐이다.

엘리자베스 헨드릭슨(Elisabeth Hendrickson), 데이비드 에반스(David Evans), 매트 윈(Matt Wynne), 페카 클락크(Pekka Klarck) 그리고 란 니먼(Ran Nyman)은 자신의 동료, 고객, 관계자들을 소개시켜주며 아낌없이 연구를 도와줬다. 아담 제라스(Adam Geras), 조셉 윌크(Joseph Wilk), 마커스 가트너(Markus Gartner), 마이크 스톡데일(Mike Stockdale), 릭 머그리지(Rick Mugridge), 로버트 마틴(Robert Martin), 댄 노스(Dan North), 톰 베르카터렌(Tom Vercauteren) 그리고 톰 로덴(Tom Roden)은 모든 아이디어를 다듬고 좀 더 잘 설명할 수 있게 도와줬다. 다음 분들은 집필 중인 원고를 검토해 주셨고, 피드백에 감사드린다. 바스 보드(Bas Vodde), 크레이그 스미스(Craig Smith), 알렉스 베플(Alex Bepple), 존 스티븐슨(John Stevenson), 조셉 윌크(Joseph Wilk), 미켈 마우로(Michele Mauro), 올렉산더 알레신스키(Oleksandr Alesinskyy), 로버트 마틴(Robert Martin), 로버트 웨너(Robert Wenner) 그리고 사이카란 만가(Saicharan Manga). 그리고 책을 제작하는 과정에서 원고를 최종 교정해준 릭 머그리지에게 특별히 감사드린다.

감·사·의·글

매닝 출판사의 제프 블레이엘(Jeff Bleiel), 준 에딩(June Eding), 린다 렉텐와드(Linda Recktenwald), 바바라 미렉키(Barbara Mirecki), 레슬리 하임즈(Leslie Haimes), 마틴 멀토넨(Martin Murtonen) 그리고 마리 피어기즈(Mary Piergies)는 이 이야기를 실제 책으로 탈바꿈시켜주는 중요한 역할을 해줬다.

또 시간을 내서 이메일에 응답해준 크레이그 라만(Craig Larman), 짐 쇼어(Jim Shore) 그리고 하비 위튼(Harvey Wheaton)에게 감사드린다.

역 · 자 · 서 · 문

빠르게 변하는 인터넷 시대에 발맞춰 더욱 완성도 높고 빠른 제품 출시를 위해 애자일과 각종 실천법을 도입했지만 다음과 같은 문제가 늘 발목을 잡곤 한다.

- 요구사항 분석 오차에 따른 불필요한 재작업이 발생한다.
- 협업 시 세밀한 업무 공유의 미흡으로 누락 요소가 발생한다.
- 기능이 많고 복잡해질수록 변경의 두려움이 배가된다.
- 효율적인 업무 배치가 불가능하다.
- 문서가 아닌 코드를 통해 도메인 지식을 습득해야 한다.
- 아무런 문제없이 출시할 수 있게끔 기도하는 사람이 많아진다.

여러분도 이 같은 상황에 처해있거나 사전에 방지하고 싶다면 지금 최적의 책을 보고 있는 것이다. 이 책에서 소개하는 성공적인 팀들은 좀 더 효율적으로 소프트웨어를 구현하고 유지보수하는 올바른 방법을 고안하여 이 문제를 해결했다. 이는 올바른 제품의 효과적인 출시를 보장하는 프로세스 패턴 모음인 **예제를 활용한 명세**(Specification by Example)이다. 이를 통해 올바른 소프트웨어 개발 환경을 조성함과 동시에 조성된 환경을 올바르게 유지시켜 준다.

나는 이 책의 저자인 고코 아지치(Gojko Adzic)가 저술한 『Bridging the Communication Gap』에서 소개한 *명세 워크숍(specification workshop)*을 현업에 도입해 기대 이상의 큰 효과를 봤다. 이 책에서도 꼭 도입해봤으면 하는 것이 하나 있는데, 바로 *리빙 도큐멘테이션(living documentation)*이다. 리빙 도큐멘테이션은 누구나 쉽게 활용할 수 있고 시스템의 기능을 파악할 수 있는 믿을 만한 수단이다. 또한 시스템이 무엇을 왜 수행하는지 쉽게 알 수 있을뿐더러 개발자는 개발 목표로, 테스터는 테스트 업무로, 비즈니스 분석가는 기능을 변경했을 때 어떤 영향이 있는지 파악하는 출발점으로 삼을 수 있다. 즉, 그 자체가 팀과 시스템의 경쟁력이 된다. 처음엔 실패와 시행착오로 고군분투하겠지만 이를 통해 여러분의 시스템과 실력이 성장할 것임을 확신한다.

예제를 활용한 명세의 한국어판이 나오기까지 2년여의 시간이 걸렸다. 끝까지 믿고 지켜봐 주신 위키북스 사장님께 죄송하고 감사드린다. 또한 "언제 나오냐?"라며 출판사 보다 더한 관심과 함께 **예제를 활용한 명세**에 확신을 심어주신 ESN님께 감사드린다. 그리고 이 책의 주요 실천법을 현업에 도입하는데 도움을 준 윤주선 님과 어떻게 그렇게 할 수 있었을까 싶을 정도로 즐거운 도전을 함께한 차민창 님께 고맙고 감동이었다는 말을 전하고 싶다. 더불어 바쁜 와중에도 베타 리뷰를 해준 김용환 님, 김대웅 님께도 감사의 말씀을 드린다. 마지막으로 항상 힘이 되어준 아내 연정, 딸 예은, 아들 지환, 고맙고 사랑한다.

2014년 2월 6일
이종화

역·자·서·문

개발자에게 중요한 자질은 무엇일까?

코드에 대한 장인정신, 기술적인 측면에 대한 오덕력, 철야를 두려워하지 않는 용기, 새벽까지 술을 마실 수 있는 체력 등등 각자 지나온 지옥의 종류에 따라 나름의 기준이 있을 것이다.

나는 언젠가부터 프로젝트를 진행하면서 기술적인 난관을 극복하는 일보다 사람들 간의 문제 인식의 차이를 줄이는 것이 훨씬 더 어렵고 중요하다는 사실을 깨닫기 시작했다. 그래서 나는 개발자에게 중요한 능력 중 하나가 '의도를 정확히 이해하는 능력'이라고 생각한다.

프로젝트 초기에는 모든 사람들이 '장님이 코끼리 만지듯' 정제되지 않은 아이디어를 자신만의 언어로 이야기한다. 그렇게 짙은 안개 속을 헤매다가 프로젝트의 막판 즈음에서야 우리가 무엇을 만들려고 하는지 깨닫게 된다. 심지어 기획자(혹은 고객)조차도 그렇다. 어떤 면에서 소프트웨어 개발은 단순히 제품을 코드로 구체화하는 과정이 아니라 프로젝트와 관련된 개개인의 의도가 서로 충돌하고 상호작용하면서 만들어지는 종합 예술에 가깝다. (기획, 작가, 연출, 배우의 충돌 과정을 통해 만들어지는 연극이 소프트웨어 개발과 유사하다고 얘기하면 너무 억지스러운가?)

이 책은 기획, 개발, 디자인, UX, QA 등 다양한 역할의 사람들이 함께하는 소프트웨어 개발 현장에서 서로의 의도를 효과적으로 소통할 수 있는 방법을 이야기해줄 것이다. '구체적인 예제'는 소프트웨어 개발 현장에서 사람들이 의사소통할 수 있는 가장 좋은 방법이며, 개발자들이 TDD에서 배운 가장 중요한 교훈이라 생각한다. ATDD/BDD를 실무에 적용할 생각이 있는 독자라면 이 책은 그 지옥을 건너본 선배들의 알짜배기 경험을 전해 줄 수 있을 것이다.

이 책을 번역하는 동안 회사를 몇 번 옮기고 우여곡절이 많았지만, 이 주제에 대해 지속적으로 관심을 보여주신 분들 덕에 이렇게 출간이 가능했던 것 같다. 특히 NHN에서 ATDD 적용을 지지해주셨던 ESN, 그리고 베타 리뷰뿐 아니라 많은 조언을 해주신 티몬의 유석문 이사님, 힘든 상황에서도 꼼꼼히 베타 리뷰를 해준 채수원 님, 김명구 님 모두 감사의 말씀을 드린다. 끝으로 다이내믹했던 지난 2년 동안 항상 힘이 되어준 아내 현주와 두 딸 아인, 율희. 고맙다.

2014년 2월 6일
최윤상

서문

- 예제를 활용한 명세 19
- 현실 세계에서는 20
- 대상 독자 20
- 이 책에서 다루는 내용 21
- 기초를 넘어서 23
- 이 책에는 소스코드가 없으며 어떤 도구도 설명하지 않는다 23
- 용어에 관한 몇 가지 생각 24
- 왜 예제를 활용한 명세인가? 25
- 프로세스 패턴 26

I 시작하기

01_핵심 이점
- 변경 작업의 효율화 36
- 높은 제품 품질 39
- 재작업 감소 43
- 더 나은 업무 배치 46
- 정리 48

목·차

02_주요 프로세스 패턴
목표에서 범위 도출하기 ··· 51
협업을 통해 명세 만들기 ·· 52
예제를 활용해 설명하기 ··· 53
명세 정제하기 ··· 53
명세의 변경 없이 검증 자동화하기 ·· 54
자주 검증하기 ··· 57
문서 시스템 발전시키기 ··· 57
실무 사례 ··· 58
    비즈니스 목표 ·· 58
    범위 ··· 58
    주요 예제 ·· 59
    예제가 포함된 명세 ··· 60
    실행 가능한 명세 ··· 60
    리빙 도큐멘테이션 ·· 61

정리 ··· 62

03_리빙 도큐멘테이션
믿을 만한 문서가 필요한 이유 ··· 65
    테스트는 좋은 문서가 될 수 있다 ···································· 66

실행 가능한 명세로부터 문서 만들기	67
문서 중심 모델의 이점	69
정리	71

04_변화의 시작
프로세스 변경을 시작하는 법	74
팀 문화를 바꾸는 방법	80
팀을 업무 흐름과 이터레이션으로 협업하도록 통합하는 방법	87
얼티밋 소프트웨어의 글로벌 탤런트 매니지먼트 팀	88
BNP 파리바의 시에라 팀	89
스카이 네트워크 서비스	90
승인 및 추적성 다루기	92
경고 신호	97
자주 변경되는 테스트에 유의하라	97
부메랑에 유의하라	97
조직의 불일치에 유의하라	98
대비성 코드에 유의하라	99
산탄총 수술에 유의하라	99
정리	100

목·차

II 주요 프로세스 패턴

05_목표에서 범위 도출하기
올바른 범위 설정하기 · 107
상위 수준의 권한 없이 범위에 대해 협업하기 · 113
추가 정보 · 116
정리 · 117

06_협업을 통해 명세 만들기
왜 협업을 통해 명세를 작성해야 하는가? · 119
가장 인기 있는 협업 모델 · 121
협업 준비하기 · 128
협업 모델 선택하기 · 135
정리 · 136

07_예제를 활용해 설명하기
예제를 활용해 설명하기: 예제 · 141
예제는 명확해야 한다 · 142
예제는 완전해야 한다 · 144

예제는 현실적이어야 한다	145
예제는 이해하기 쉬워야 한다	149
비기능 요구사항 기술하기	151
정리	157

08_명세 정제하기

좋은 명세의 예	**160**
무료 배송	161
예제	161
나쁜 명세의 예	**161**
명세를 정제할 때 중점을 둬야 할 사항	**164**
예제는 명확하고 테스트할 수 있어야 한다	164
스크립트는 명세가 아니다	164
명세는 소프트웨어 설계가 아닌 비즈니스 기능에 대한 것이어야 한다	167
명세는 설명이 필요 없을 만큼 자명해야 한다	170
명세는 한곳에 집중해야 한다	175
명세는 도메인 언어로 작성해야 한다	179
정제하기 연습	**179**
정리	**183**

목 · 차

09_명세의 변경 없이 검증 자동화하기

자동화가 정말 필요한가? ········ 186

자동화 시작하기 ········ 188

자동화 계층 관리하기 ········ 194

사용자 인터페이스 자동화하기 ········ 202

테스트 데이터 관리 ········ 207

정리 ········ 211

10_자주 검증하기

신뢰성이 떨어지는 부분 줄이기 ········ 214

빠른 피드백 얻기 ········ 225

실패하는 테스트 관리하기 ········ 232

정리 ········ 235

11_문서 시스템 발전시키기

리빙 도큐멘테이션은 이해하기 쉬워야 한다 ········ 237

리빙 도큐멘테이션은 일관성이 있어야 한다 ········ 240

리빙 도큐멘테이션은 접근하기 쉽게 구성해야 한다 ········ 245

리빙 도큐멘테이션에 귀 기울여라 ········ 250

정리 ········ 252

III 사례 연구

12_유스위치

프로세스 변화 시작하기 ·· 258

프로세스 최적화하기 ·· 260

현재 프로세스 ·· 264

결과 ·· 265

핵심 교훈 ·· 266

13_레인스토

프로세스 변화시키기 ·· 269

현재 프로세스 ·· 271

핵심 교훈 ·· 273

14_아이오와 학자금 대출

프로세스 변화시키기 ·· 275

프로세스 최적화하기 ·· 276

경쟁우위로서의 리빙 도큐멘테이션 ···························· 280

핵심 교훈 ·· 281

목·차

15_사브르 에어라인 솔루션스
프로세스 변화시키기 ·········· 283

협업 개선하기 ·········· 285

결과 ·········· 287

핵심 교훈 ·········· 288

16_이플랜 서비스
프로세스 변화시키기 ·········· 290

리빙 도큐멘테이션 ·········· 293

현재 프로세스 ·········· 294

핵심 교훈 ·········· 295

17_송킥
프로세스 변화시키기 ·········· 298

현재 프로세스 ·········· 302

핵심 교훈 ·········· 303

18_결론

요구사항에 대한 협업은 이해관계자와 개발팀원 간의 신뢰를 쌓이게 한다 ········· 305
협업은 준비가 필요하다 ········· 306
협업하는 방법에는 여러 가지가 있다 ········· 307
최종 목표를 비즈니스 프로세스 문서화로 하는 것은 유용한 모델이다 ········· 307
장기적 가치는 리빙 도큐멘테이션에서 나온다 ········· 309

부록

참고자료 ········· 311
책 ········· 311
온라인 참고자료 ········· 312

서문

- 예제를 활용한 명세
- 현실 세계에서는
- 대상 독자
- 이 책에서 다루는 내용
- 기초를 넘어서
- 이 책에는 소스코드가 없으며 어떤 도구도 설명하지 않는다
- 용어에 관한 몇 가지 생각
- 왜 예제를 활용한 명세인가?
- 프로세스 패턴

당신이 손에 들고 있거나 화면을 통해 보고 있는 이 책은 전 세계의 팀들이 매우 짧은 주기로 결함 없는 좋은 소프트웨어를 만들기 위해 어떻게 명세를 작성하고 개발해서 제품을 인도할 것인가에 대한 연구의 결과물이다. 이 책은 공개 웹사이트에서 사무지원 시스템까지 50개 가량의 다양한 프로젝트에서 얻은 총체적 지식을 소개한다. 이런 프로젝트에는 한 사무실에서 일하는 작은 팀에서부터 각기 다른 대륙에 흩어져서 일하는 그룹까지, 그리고 익스트림 프로그래밍, 스크럼, 칸반, 혹은 그와 (애자일과 린이라는 이름으로 지칭되는) 비슷한 방법을 사용하는 팀을 비롯해 다양한 팀이 참여했다. 그들에게는 한 가지 공통점이 있는데, 협업을 통해 명세를 작성하고, 올바른 방식으로 테스트하는 습관을 가지고 있으며 이를 통해 큰 효과를 봤다는 점이다.

예제를 활용한 명세

각 팀은 명세와 테스트를 다루는 고유의 방법에 대해 서로 다른 이름을 사용하지만 모두 공통된 핵심 원칙과 아이디어를 공유하는데, 나는 그것들이 근본적으로 동일하다고 생각한다. 그들이 사용한 실천법의 이름은 아래와 같다.

- 애자일 인수 테스트
- 인수 테스트 주도 개발
- 예제 주도 개발
- 스토리 테스트
- 행위 주도 개발
- 예제를 활용한 명세

같은 실천법이 다양한 이름으로 불린다는 것은 현시점에도 이 분야에 대단히 많은 혁신이 진행 중임을 나타낸다. 또한 이 책에서 설명하는 실천법이 각 팀에서 명세, 개발 그리고 테스트하는 방식에 영향을 끼쳤다는 것을 나타낸다. 다양한 이름이 있지만 나는 일관성을 위해 하나의 이름을 선택했다. 그 이름을 *예제를 활용한 명세*(Specification by Example)로 정했고 이 책의 나머지 부분에서도 그 이름을 사용할 것이다. 이 이름을 선택한 이유는 이후에 나올 "용어에 관한 몇 가지 생각" 절에서 자세히 설명한다.

현실 세계에서는

사례 연구와 인터뷰를 통해 이 주제를 설명한다. 실제 사례로 설명하기 때문에 지금도 실제로 그렇게 하고 있는 팀이 있고 그 팀이 큰 효과를 보고 있음을 확인할 수 있을 것이다. 일부 유명 매체가 그렇게 생각하게끔 만들더라도 **예제를 활용한 명세**는 어둠의 마법이 아니다.

이 책의 내용은 거의 모두 현실 세계, 실제 팀, 실제 경험에서 나온 것이다. 하지만 일부 실천법은 특정 사례를 들어 설명하지 않고 제안할 것이다. 그런 실천법은 훗날 중요할 것이라 생각하는 바가 있기 때문에 그런 식으로 소개한다.

이 책을 쓰기 위해 진행한 연구와 결론은 진지한 학술 연구가 아니라는 이유로 회의론자들에게 묵살될 것이다. 그들은 애자일 개발은 효과가 없으며 업계는 "진정한 소프트웨어 공학"[1]으로 돌아가야 한다고 주장하는 사람들이다. 괜찮다. 이 책을 쓰기 위한 노력은 진지한 학술 연구에 비하면 극히 작을 것이다. 나는 학자도 아니고 그렇게 보여지고 싶지도 않다. 나는 실천가다.

대상 독자

여러분이 나와 같은 실천가이고, 생계를 위해 소프트웨어를 개발하거나 유지보수하고 있다면 이 책에서 얻을 수 있는 것이 많을 것이다. 나는 주로 애자일 프로세스를 적용하며 낮은 품질, 재작업 그리고 사용자 요구를 놓치는 문제에 부딪힌 팀들을 위해 이 책을 썼다. (그렇다. 이런 것들이 문제다. 단순하게 반복하는 것은 차선책이지 해결책이 아니다.) **예제를 활용한 명세**, 애자일 인수 테스트, 행위 주도 개발, 그리고 이것들을 가리키는 다른 이름들은 이 문제를 해결한다. 이 책은 여러분이 테스터나 개발자, 분석가 또는 제품 책임자든 상관없이 이러한 실천법을 시작할 수 있게 하고, 팀에 더 공헌할 수 있는 방법을 알려줄 것이다.

몇 년 전 콘퍼런스에서 만난 대부분의 사람들은 이 아이디어에 대해 들어본 적이 없었다. 요즘 만나는 사람들 대부분은 이 실천법에 대해 알고 있지만 많은 사람이 이 실천법을 제대로 적용하는 데 실패했다. 일반적으로 애자일 개발을 도입하는 팀이 직면하게 되는 문제를 다룬 문헌은 매우 적다. 그래서 어려움을 겪은 팀은 자신들의 고유한 업무 환경 때문에 이 아이디어가 "현실 세계"에

---

1 일부 물리학의 파생 분야와 마찬가지로 공학적인 엄밀함이 소프트웨어 개발을 돕는다는 착각에 관해서는 http://www.semat.org에서 확인할 수 있다. 이러한 주장에 대한 훌륭한 반론으로 http://confreaks.net/videos/282-lsrc2010-real-software-engineering에서 글렌 밴더버그(Glenn Vanderburg)의 발표자료인 "Software Engineering Doesn't Work!"를 참고한다.

서는 통하지 않는다고 생각한다. 그래서 내가 단지 5분만 이야기를 듣고도 가장 큰 문제 서너 가지를 추측하면 놀라곤 한다. 그리고 다른 많은 팀들도 같은 이슈가 있다는 사실을 알게 되면 깜짝 놀란다.

여러분이 이런 팀에서 일한다면 이 책이 첫 번째로 해줄 수 있는 것은 여러분이 혼자가 아님을 보여주는 것이다. 이 책에서 내가 인터뷰한 팀들은 완벽하지 않다. 그들도 많은 문제를 가지고 있었다. 그들은 막다른 길에 다다랐을 때 그만두는 대신, 돌아서 가거나 뚫고 나가기로 결정했다. 이러한 사실을 알고 나면 흔히 사람들에게 다른 시각으로 문제를 바라볼 수 있는 용기를 준다. 이 책을 읽은 후 여러분도 그렇게 느낄 수 있었으면 한다.

여러분이 **예제를 활용한 명세**를 적용하는 중이라면 이 책은 현재 문제를 통과해서 미래를 예상할 수 있는 유용한 조언을 해줄 것이다. 다른 이들의 실수를 통해 배우고 몇몇 문제는 아예 피해 갈 수 있길 바란다.

또한 이 책은 프로세스에 비교적 성공적으로 **예제를 활용한 명세**를 적용한 경험 많은 실천가를 위해 썼다. 나는 실제로 벌어지는 대부분의 일을 알고 있다고 생각했고, 단지 외부 검증을 위해 인터뷰를 시작했다. 하지만 인터뷰가 끝날 무렵에는 사람들이 각자의 상황에서 내가 생각지도 못한 갖가지 아이디어를 적용했다는 사실을 알고 놀랄 수밖에 없었다. 나는 이러한 사례를 통해 많이 배웠고 여러분 또한 그러길 바란다. 이 책에서 설명하는 실천법과 아이디어가 여러분에게 영감을 주고, 여러분이 처한 문제에 다양한 해결 방안을 시도해보거나, 비슷한 이야기를 읽고 어떻게 팀의 프로세스를 향상시킬 수 있을지 깨닫길 바란다.

이 책에서 다루는 내용

1부에서는 **예제를 활용한 명세**를 소개한다. 왜 책에서 설명한 원칙을 따라야 하는지 설득하기보다는 여러 팀이 진정한 **예제를 활용한 명세**의 방식으로 이 프로세스에서 얻은 이점을 사례를 통해 보여줄 것이다. 이 책을 사려고 고민 중이라면 1장을 훑어보고 여러분이 참여하고 있는 프로젝트에 적용할 때도 이러한 이득이 있을지 확인해 보라. 2장에서는 **예제를 활용한 명세**의 핵심 프로세스 패턴과 핵심 산출물을 소개한다. 3장에서는 리빙 도큐멘테이션의 아이디어를 좀 더 상세히 설명한다. 4장에서는 프로세스와 팀 문화에 변화를 시작하기에 가장 일반적인 출발점을 보여주고 프로세스에 적용하기 시작할 때 무엇을 조심해야 하는지 조언한다.

이 책의 목표 중 하나는 **예제를 활용한 명세**를 적용하기 위해 패턴, 아이디어 그리고 산출물에 사용할 일관된 언어를 만드는 데 있다. 업계에서는 이 실천법이 십수 개의 이름으로 불리며, 이 실천법 내의 다양한 요소를 가리키는 이름은 두 배쯤 더 많다. 각기 다른 사람들이 동일한 것을 기능 파일(feature files), 스토리 테스트, BDD 파일, 인수 테스트 등으로 다르게 부른다. 그와 같은 이유로 나 또한 2장에서 주요 요소들에 대해 내가 생각하는 아주 좋은 이름들을 소개한다. 여러분이 경험 있는 실천가라 하더라도 2장을 읽고 이 책에 나오는 주요 이름, 구절 그리고 패턴에 대해 동일하게 이해하길 바란다.

2부에서는 **예제를 활용한 명세**의 원칙을 적용한 팀들의 사례를 통해 주요 실천법을 보여준다. 각각 다른 상황에 처한 팀들은 매우 다른 방식으로 일을 하며, 때로는 같은 결과를 얻기 위해 반대되거나 상충되는 일을 하기도 한다. 실천법뿐만 아니라 이런 팀이 근본적인 원칙을 적용할 때의 상황을 정리했다. 2부에 나올 7개의 장은 대략적으로 프로세스 영역에 따라 나뉘었다.

소프트웨어에 최고의 실천법은 없지만 각 상황에 시도해볼 만한 좋은 아이디어는 확실히 있다. 2부의 각 절 옆에는 조사에 참여한 여러 팀의 실천법 가운데 유용함을 나타내는 아이콘과 일반적으로 직면한 이슈를 나타내는 아이콘을 볼 수 있을 것이다. 하지만 이를 시도해볼 만한 혹은 피해야 할 제안으로 여기고 반드시 따라야 하는 처방으로 받아들여서는 안 된다. 화살표 아이콘은 각 실천법에서 특별히 중요한 아이디어를 나타낸다.

소프트웨어 개발은 정적이지 않다. 팀과 환경은 변하므로 프로세스는 반드시 이를 반영해야 한다. 3부에서는 몇몇 팀의 사례 연구를 보여준다. 각 팀의 프로세스가 어떻게 진화했는지를 분석해서 프로세스, 제약, 상황을 기록했다. 이러한 이야기는 여러분이 여정을 시작하거나 다음 단계로 나아가고, 아이디어를 찾고, 새로운 방법으로 일하는 데 도움될 것이다.

이 책의 마지막 장에서는 이 책을 있게 한 사례 연구를 통해 배운 핵심 사항들을 정리했다.

기초를 넘어서

전통적인 $Shu-ha-ri$[2] 학습 모델에서 이 책은 Ha 단계에 속한다. Ha는 예전 규칙을 타파하고 많은 성공적 모델이 있음을 보여주는 것이다. 내가 쓴 『Bridging the Communication Gap』에서는 내가 적용한 모델과 경험을 설명했다. 이 책에서는 내가 가진 배경이 영향을 미치지 않도록 매우 주의했다. 중요한 요점을 말할 때 이 책에서 소개한 어떤 팀도 비슷한 상황을 겪지 않은 경우에만 내가 경험했던 프로젝트 사례를 제시했다. 이런 의미에서 **예제를 활용한 명세**는 『Bridging the Communication Gap』의 후속작이라 할 수 있다.

2장에서는 간략하게 기본 원칙을 소개한다. 2장에서 다루는 내용을 한번도 들어본 적이 없더라도 2장의 내용을 통해 책의 나머지 내용을 이해하는 데 충분할 것이며, 기초적인 내용에 대해서는 깊이 다루지 않을 것이다. 『Bridging the Communication Gap』에서 예제를 활용한 명세의 기초에 대해 충분히 설명했기 때문에 다시 반복할 의향이 없다.

나는 이 주제의 Ri 단계에 해당하는 후속작을 쓰지는 않을 것이다. 그것은 책의 범위를 넘어서는 수준이기 때문이다. 반면 이 책은 여러분이 Ri 단계로 넘어가는 것을 도울 수 있으리라 생각한다. 여러분이 특정 도구를 선택하는 것이 중요하지 않다고 생각하기 시작한다면 바로 Ri 단계에 있는 것이다.

이 책에는 소스코드가 없으며 어떤 도구도 설명하지 않는다

이 책에는 특정 도구의 사용법이나 소스코드가 없다. 이 책을 출판하는 과정에서도 이미 여러 번 설명해야 했기 때문에 미리 이 부분에 관해 이야기하겠다("소스코드가 없는 소프트웨어 개발 책이 무슨 말이냐? 어떻게 그게 가능하냐?"라는 흔히 받곤 하는 질문의 대답으로 말이다).

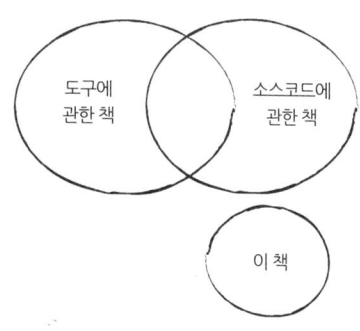

예제를 활용한 명세의 원칙과 실천법은 주로 소프트웨어 개발 팀에서 사람들이 의사소통하는 방식과 비즈니스 사

---

[2] Shu-ha-ri는 합기도와 관련된 학습 모델이다. 이를 대략 번역하면 "복종-분리-초월"이다. 첫 단계(Shu: 복종)에서 수련생은 엄중히 하나의 모델을 따라 배운다. 두 번째 단계(Ha: 분리)에서는 여러 모델과 해결책이 있다는 것을 배운다. 세 번째 단계(Ri: 초월)에서는 모델을 넘어서게 된다.

용자와 이해관계자가 협업하는 방식에 영향을 준다. 수많은 도구 개발사에서 그와 관련된 기술적인 솔루션을 팔려고 할 것이라 확신한다. 문제를 곧바로 없애기 위해 기꺼이 돈을 지불할 관리자가 있다는 점 또한 알고 있다. 하지만 안타깝게도 이것은 대부분 기술적인 문제가 아닌 사람과 관련된 문제다.

"비즈니스에서 사용되는 기술의 첫 번째 규칙은 효율적인 작업에 적용된 자동화는 효율성을 극대화한다는 것이다. 두 번째 규칙은 비효율적인 작업에 적용된 자동화는 비효율성을 극대화한다는 것이다."라고 빌 게이츠는 이야기했다. 예제를 활용한 명세에 실패한 많은 팀이 자동화를 통해 프로세스 비효율을 극대화했다. 특정 도구에 집중하신 대신, 왜 그런 팀이 이러한 아이디어를 적용하는 데 힘겨워하는 실제 이유를 해결하고 싶다. 의사소통과 협업이 올바르게 되면 여러분은 그에 적합한 도구를 고를 수 있을 것이다. 이 책을 읽고 나서 **예제를 활용한 명세**를 지원하는 도구에 관해 더 알고 싶다면 http://specificationbyexample.com에서 참고 자료를 확인하길 바란다.

용어에 관한 몇 가지 생각

예제를 활용한 명세, 인수 테스트 주도 개발, 애자일 인수 테스트, 행위 주도 개발 혹은 이러한 실천법의 다른 이름들을 이 책에서 처음 접했다면, 오해의 소지가 있는 이름으로 생기는 혼란을 몇 년간 겪지 않았던 셈이다. 그 사실에 만족한다면 이 부분을 건너뛰어도 좋다. 앞에서 이야기한 아이디어를 이미 알고 있다면 이 책에서 사용한 이름들이 낯설게 느껴질 수도 있다. 왜 이런 이름들을 사용했고 왜 이렇게 사용하는지 이해하려면 나머지 내용을 계속 읽어나가길 바란다.

이 책을 쓰는 동안, 실천가들이 자동화된 명세를 작성할 때 자주 겪는 문제를 겪었다. 용어가 적절하려면 일관성을 지녀야 하는데, 글로 써보기 전까지는 이러한 점을 알 수 없을 때가 있다. 이 책은 인터뷰의 결과이고 나와 이야기한 많은 사람들이 같은 것을 각기 다른 이름으로 썼기 때문에 그 모든 이름들을 사용하면서 일관된 이야기를 쓰기가 몹시 힘들었다.

나를 포함한 **예제를 활용한 명세**의 실천가들이 기술적인 용어를 사용해 우리뿐 아니라 이러한 실천법을 구현하려는 다른 모든 사람을 혼란스럽게 만들어 왔다는 사실을 깨달았다. 그래서 이 책의 목표 중 하나로 업계에서 사용되는 용어를 바꾸는 것으로 설정했다. 실천법의 핵심 목표 중 하나인 비즈니스 사용자의 참여를 유도하려면 올바른 것에 올바른 이름을 사용해 사람들을 혼란스럽게 하지 않아야 한다.

명세를 작성할 때 이름을 일관되게 유지하고 오해의 소지가 있는 용어를 자제해야 하는 것은 당연하다. 하지만 프로세스를 이야기할 때는 이렇게 하지 않는다. 예를 들어, **예제를 활용한 명세**의 환경에서 *지속적 통합*을 말할 때 사실 통합 테스트를 실행하는 것을 의미하지는 않는다. 그렇다면 왜 이 용어를 사용하고 인수 테스트와 통합 테스트가 어떻게 다른지 설명해야 하는가? 내가 인수 테스트에 관한 공동 회의를 *명세 워크숍*이라는 이름으로 부르기 전까지는 비즈니스 사용자들이 참여하도록 설득하기가 어려웠다. 하지만 이름을 변경하는 것만으로 문제가 해결됐다. 더 나은 이름을 사용함으로써 갖가지 무의미한 토론을 방지할 수 있고 사람들을 올바른 길에서 바로 시작하게 할 수 있다.

왜 예제를 활용한 명세인가?

먼저 예제를 활용한 명세를 애자일 인수 테스트, 행위 주도 개발 혹은 인수 테스트 주도 개발을 대신해 모든 실천법들을 대표하는 이름으로 선택했는지 설명하겠다.

런던에서 도메인 주도 설계 익스체인지 2010(Domain Driven Design eXchange 2010) 콘퍼런스[3]에 참석했을 때 에릭 에반스(Eric Evans)는 어떤 것이든 애자일로 부를 수 있기 때문에 *애자일*이란 용어는 의미를 잃었다고 주장했다. 안타깝게도 그의 말이 옳다. 지금까지 누가 봐도 실패한 프로세스에 *애자일*이라는 이름을 두르면 마치 마법과도 같이 좋아질 것처럼 생각하고 구현하려는 팀을 너무나도 많이 봐왔다. XP나 스크럼(심지어 그다지 유명하지 않은 애자일 프로세스에 대해서도)을 적절히 적용하는 방안에 관한 방대한 양의 참고문헌이 있음에도 이런 일이 일어난다.

이러한 무의미한 모호함과 애자일의 효과에 관한 논쟁을 피하기 위해 이 책에서는 최대한 *애자일*이라는 용어를 사용하지 않았다. 애자일 선언(Agile Manifesto)에 적힌 원칙을 바탕으로 잘 정의된 프로세스를 적용하는 팀을 이야기할 때만 이 용어를 사용했다. 애자일이라는 용어가 자주 언급되는 것을 피했기 때문에 애자일 인수 테스트라는 이름 또한 많이 사용하지 않았다.

여기서 설명한 실천법은 완전한 형태의 소프트웨어 개발 방법론은 아니다. 이러한 실천법은 명세와 테스트에 엄밀함을 제공하고, 다양한 이해관계자와 소프트웨어 개발팀 구성원 간의 의사소통을 개선하며, 불필요한 재작업을 줄이고, 변화를 촉진시키기 위해 다른 방법론들(이

---

3 http://skillsmatter.com/event/design-architecture/ddd-exchange-2010

터레이션 기반 방법론과 흐름 기반 방법론 모두)을 보완한다. 그래서 "~ 주도 개발(Driven Development)"이라는 이름을 사용하고 싶지 않다. 특히 행위 주도 개발(BDD; Behavior-Driven Development) 말이다. 그렇다고 해서 내가 BDD를 반대한다는 의미로 받아들여서는 안 된다. 그와 반대로 나는 BDD를 좋아하고 사실 이 책의 내용은 대부분 BDD의 핵심적인 부분을 다루고 있다. 하지만 BDD 역시 이름 때문에 문제를 겪고 있다.

BDD가 실제로 무엇을 의미하는지는 계속 바뀐다. 댄 노스(BDD는 어떤 것이고, 어떤 것이 BDD가 아닌지 이야기할 수 있는 권위자)는 BDD란 하나의 *방법론*이라고 'Agile Specifications, BDD And Test Exchange 2009'[4]에서 이야기했다. (실제로 그는 BDD를 "외부의 영향을 받아들이고, 다수의 이해관계가 있으며, 다양한 규모를 지원하고, 고도로 자동화된 2세대의 애자일 방법론"이라고 불렀다.) 노스가 말한 BDD와 내가 생각하는 BDD 간의 혼란과 모호함을 피하기 위해 그 이름을 쓰고 싶지 않다. 이 책에서는 BDD를 포함한(여러분이 BDD를 하나의 방법론으로 받아들인다면) 다양한 방법론에서 사용할 수 있는 명확한 실천법을 다룬다.

*테스트*라는 단어 또한 너무 많이 사용하고 싶지 않다. 안타깝게도 테스트를 참여하고 싶지 않은 기술적인 부가 활동으로 생각하는 관리자와 비즈니스 사용자가 많다. 그래서 그들은 그 일을 처리할 전문 테스터를 필요로 한다. 예제를 활용한 명세는 이해관계자와 개발자, 테스터, 분석가를 포함한 출시 팀 구성원의 활발한 참여를 필요로 한다. 그런데 스토리 테스트, 애자일 인수 테스트 그리고 이와 유사한 이름은 *테스트*를 빼면 그 의미를 잃어버린다.

이로써 예제를 활용한 명세가 부정적인 측면이 가장 적은 의미 있는 이름으로 남는다.

프로세스 패턴

예제를 활용한 명세는 더 넓은 의미의 소프트웨어 개발 생명주기의 요소로서 다수의 프로세스 패턴으로 구성돼 있다. 이 책에서 사용한 프로세스 패턴의 이름은 영국 애자일 테스팅(UK Agile Testing) 사용자 그룹 모임을 비롯해 애자일 연합 기능 테스트 도구(Agile Alliance Function Testing Tools) 메일링 그룹, 그리고 각종 워크숍에서 여러 번에 걸쳐 토론한 결과다. 그 중 일부는 오랫동안 사용된 것이고, 일부는 대부분의 독자에게 생소할 것이다.

---

[4] http://skillsmatter.com/podcast/java-jee/how-to-sell-bdd-to-the-business

업계의 일반적인 방식은 프로세스의 일부를 실천법 혹은 도구의 이름을 사용해 설명하는 것이다. 기능 주입(Feature Injection)이 좋은 예다. 기능 주입은 비즈니스 목표에서 프로젝트 범위를 도출할 때 흔히 사용하는 이름이다. 하지만 기능 주입은 단지 범위를 도출하는 하나의 기법일 뿐이고 동일한 목적의 다른 대체 수단도 있다. 다양한 팀이 서로 다른 환경 속에서 어떻게 행동하는지 이야기하려면 이 모든 실천법을 아우르는 상위 수준의 개념이 필요하다. 좋은 이름은 기대되는 결과를 설명하고 이러한 실천법의 핵심적인 차별화 요소를 분명하게 알려준다.

기능 주입 및 그와 비슷한 실천법에서 그 성과물은 프로젝트나 마일스톤의 범위다. 범위를 정의하는 다른 방법들과의 핵심 차별화 요소는 비즈니스 목표에 초점을 맞춘다는 점이다. 그래서 나는 *목표에서 범위를 도출*(deriving scope from goal)하는 것에 대해 이야기할 것이다.

예제를 활용한 명세의 가장 큰 이슈 중 하나는 누가 무엇을, 그리고 언제 작성하는가다. 인수 테스트를 개발의 목표로 사용하길 바라기 때문에 모든 사람이 참여해야 한다는 사실(그리고 개발이나 테스트가 시작되기 전에 모든 사람이 함께 모여 개발의 목표를 정해야 한다)을 명확하게 말해줄 좋은 이름이 필요하다. *테스트 우선*(Test first)은 기술적으로는 좋은 이름이지만, 비즈니스 사용자가 이해할 수 없는 이름이고 협업의 의미를 내포하지 않는다. 테스트 우선 혹은 인수 테스트 작성 대신 *협업으로 만드는 명세*(specifying collaboratively)라고 이야기했으면 좋겠다. 가능성이 있는 모든 수치를 자동화된 기능 테스트에 넣는 것은 지극히 정상적인 방법처럼 보인다. 자동화되지 않는다면 왜 이걸 하겠는가? 하지만 이처럼 복잡한 테스트는 의사소통 도구로서는 쓸모가 없고, **예제를 활용한 명세**에서는 테스트를 의사소통을 위해 사용해야 한다. 그렇기에 기능 테스트를 작성하는 대신 *예제를 활용해 설명*(illustrating using examples)하는 방법에 대해 이야기하고 그 결과가 각 팀이 처한 상황을 적절히 설명하기에 충분한 *핵심 예제*(key examples)가 되길 기대한다.[5]

핵심 예제는 가공되지 않은 원료 같은 것이지만 단지 인수 테스트에 대해 이야기하는 것이라면 어떤 설명도 없이 50x100 크기의 복잡한 표를 예제로 만들지 못할 이유가 있을까? 그렇게 해도 어떻게든 장비에서 테스트되지 않을까? **예제를 활용한 명세**에서 테스트는 장비뿐 아니라 사람을 위한 것이기도 하다. 이 책에서는 예제를 활용해 설명한 후에 비즈니스 규칙을 명시하고, 제목과 설

---

[5] 이를 제안한 데이비드 에반스(David Evans)에게 감사한다.

명을 추가하는 등 최소한의 속성과 예제를 추출하는 단계가 있음을 분명히 할 필요가 있다. 이 단계를 *명세 정제(refining the specification)*[6]라고 부를 것이다.

정제한 결과는 명세, 개발 목표, 인수 확인을 위한 객관적인 방법인 동시에 향후의 기능 회귀 테스트이기도 하다. 이를 인수 테스트라고 부르고 싶지 않은 이유는 이렇게 할 경우 왜 이 문서가 도메인 언어로 작성되고, 가독성이 높고, 접근하기 쉬워야 하는지를 정당화하기 어렵기 때문이다. 정제한 결과를 *예제가 포함된 명세(specification with example)*라고 부를 것이다. 이렇게 하면 예제를 기반으로 하면서 미가공 데이터보다 많은 것을 포함해야 한다는 사실을 명확하게 나타내기 때문이다. 이러한 산출물을 명세라고 부르는 것은 모두가 여기에 관심을 가져야 하고 쉽게 이해할 수 있어야 한다는 것을 분명하게 드러낸다. 이와는 별개로 이런 검사가 요구사항을 만족시키느냐에 따라 자동으로 소프트웨어를 승인할 것인지 거부할 것인지에 관한 완전히 다른 논쟁도 있다.[7]

인수 테스트에 전혀 사용할 수 없는 QTP의 라이선스를 이미 구매한 사람들과 언쟁하기 위해 더는 시간을 낭비하고 싶지 않다. 테스트 자동화에 관한 이야기를 꺼내기만 하면 언제나 자동화를 위해 이미 테스터가 사용 중인 기묘한 장치를 사용하라고 압박을 받을 텐데, 관리자 입장에서는 팀이 테스트를 자동화하는 데 하나의 도구만을 사용하는 것이 타당하기 때문이다. 애자일 인수 테스트와 BDD 도구는 QTP 혹은 그와 같은 도구와 경쟁하지 않는다. 그것들은 전혀 다른 문제를 해결한다.

명세는 단지 자동화를 위해 기술적인 관점으로만 번역해서는 안 된다. 테스트 자동화를 대신해 어떤 정보도 왜곡시키지 않고 확인을 자동화하는 것을 *명세의 변경 없이 검증 자동화하기(automating validation without changing specification)*라고 부를 것이다. 원본 명세를 변경하지 않고 유효성 검증을 자동화해야 한다는 사실은 스크립트를 작성해야 하는 공포를 없애고 기술과 관련된 라이브러리를 테스트 명세에 직접 사용하지 않는 데 도움될 것이다. 실행 가능한 명세는 칠판에 적었던 내용과 달라서는 안 되고 Selenium 명령어로 번역해서도 안 된다.

명세의 유효성 검증을 자동화하고 나면 이를 이용해 시스템을 검증할 수 있다. 결과적으로 *실행 가능한 명세(executable specification)*를 얻게 된다.

---

[6] 이것을 제안한 엘리자베스 헨드릭슨(Elisabeth Hendrickson)에게 감사한다.
[7] http://www.developsense.com/blog/2010/08/acceptance-tests-lets-change-the-title-too

모든 명세가 자주 확인되어 시스템이 정상적으로 동작하게 만들고 싶고, 똑같이 중요하게 명세가 시스템의 동작 방식을 설명할 수 있는지 확인하고자 한다. 이를 회귀 테스트라고 부른다면 테스터에게 왜 5백만 개의 테스트 케이스를 앞에서 말한 멋있고, 작고, 초점이 분명한 명세에 추가하면 안 되는지 설명하기 어렵다. 지속적인 통합에 관해 이야기한다면 왜 전체 시스템의 확인을 위해 테스트가 언제나 처음부터 끝까지 실행되면 안 되는가를 설명해야 하는 문제에 처하게 된다. 어떤 레거시 시스템의 경우에는 배포된 환경인 실제품을 대상으로 인수 테스트를 실행할 필요가 있다. 기술적인 통합 테스트는 배포하기 전에 실행해야 한다. 그렇기에 회귀 테스트 혹은 지속적 통합이라고 이야기하기보다는 *자주 검증하기*(validating frequently)라고 이야기하겠다.

예제를 활용한 명세의 장기적인 혜택은 시스템이 하는 일에 대해 코드만큼 밀접하고 더 읽기 쉬운 참고자료를 확보할 수 있다는 것이다. 이는 장기적으로 개발을 더욱 효율적으로 만들고, 비즈니스 사용자와의 협업을 촉진하며, 소프트웨어 설계와 비즈니스 모델을 일치시키도록 이끌고, 모든 사람들이 훨씬 더 일하기 쉽게 만든다. 하지만 그러자면 참고자료는 정말로 관련성이 있어야 하고 유지보수돼야 하며, 코드와 함께 내부적으로 일관성을 지녀야 한다. 3년 전, 1년 전 등의 오래 전에 사용하던 용어를 사용하는 테스트의 사일로(silo)[8]가 되어서는 안 된다. 일하느라 바쁜 팀에게 되돌아가서 테스트를 변경하게 하는 일은 어려운 일이지만 큰 변화가 발생한 경우 문서를 최신 상태로 수정하는 것은 당연하다. 그렇기에 수백 개의 테스트가 쌓여있는 폴더에 관해 이야기하지 말고, *리빙 도큐멘테이션 시스템 발전시키기*(evolving a living documentation system)에 관해 이야기하자. 그러고 나면 왜 명세가 자명해야 하고, 왜 비즈니스 사용자도 명세에 접근할 수 있어야 하며, 왜 이것이 찾기 쉽고 멋지게 구조화돼 있어야 하는지 설명하기가 쉬워진다.

그렇다. 나는 이전에 널리 사용됐다는 이유로 이름을 택하지 않고 의미를 납득할 수 있는 이름을 택했다. 프로세스 패턴의 이름은 중요한 바를 알려주고 혼란을 줄일 수 있는 멘탈 모델을 만들어야 한다. 나는 여러분도 이처럼 새로운 용어들을 이해하고 받아들일 수 있길 바란다.

---

[8] (옮긴이) 사일로 현상이란 조직의 부서들이 다른 부서와 담을 쌓고 내부 이익만을 추구하는 현상을 일컫는 용어다. 여기서는 변화를 따라잡지 못하고 오래된 용어를 그대로 사용하는 테스트를 '테스트 사일로'라 표현했다.

I
시작하기

01 _ 핵심 이점
02 _ 주요 프로세스 패턴
03 _ 리빙 도큐멘테이션
04 _ 변화의 시작

01
핵심 이점

- 변경 작업의 효율화
- 높은 제품 품질
- 재작업 감소
- 더 나은 업무 배치
- 정리

인터넷 시대에는 출시 속도가 소프트웨어 개발에서 가장 중요한 고려사항이다. 10년 전에는 한 프로젝트를 수년간 진행했고 프로젝트의 각 단계에도 수개월이 소요됐다. 요즘에는 대부분의 프로젝트가 수개월 정도의 규모이고, 각 단계의 진행 기간은 대부분 몇 주에 불과하며 심지어 며칠인 경우도 있다. 프로젝트 초기 단계에 소프트웨어 설계를 대규모로 진행하거나 요구사항을 상세하게 정의하는 것과 같이 프로젝트를 장기간에 걸쳐 계획하게 만드는 요인은 이제 사라졌다. 프로젝트의 각 단계를 진행하는 데 평균적으로 걸리는 기간보다 더 많은 시간이 필요한 작업도 더는 찾아볼 수 없다. 코드 프리즈와 몇 주가 소요되는 수동 회귀 테스트와는 이제 작별이다!

변화가 자주 생기면 문서는 금세 쓸모없어진다. 상세한 명세와 테스트 계획을 최신 상태로 유지하려면 너무나 많은 노력이 필요하고 이 같은 노력은 낭비로 여겨진다. 비즈니스 분석가나 테스터처럼 문서를 토대로 업무를 수행하던 사람들은 주 단위의 이터레이션이라는 새로운 시대에 어떻게 일해야 할지 혼란스러워 한다. 문서가 부족해도 상관없다고 생각하는 개발자는 필요하지 않은 기능을 유지보수하거나 재작업하는 데 시간을 낭비하게 된다. 방대한 계획을 세우는 게 아니라 잘못된 제품을 만드느라 시간을 허비하는 것이다.

지난 십 년간 소프트웨어 개발 업계에서는 기술적인 실천법과 높은 품질을 보장하기 위한 아이디어에 집중했고, "올바른" 방식으로 소프트웨어를 개발하기 위해 노력해왔다. 하지만 *제품을 올바르게 만드는 것*과 *올바른 제품을 만드는 것*은 다른 문제다. 성공을 위해서는 둘 다 필요하다.

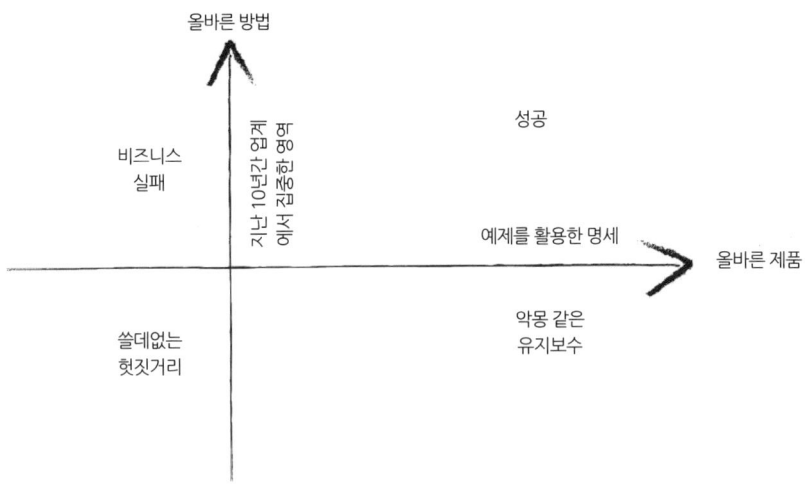

그림 1.1 예제를 활용한 명세는 올바른 소프트웨어를 만드는 데 기여하고, 제품을 올바르게 만드는 데 도움이 되는 기술적인 실천법을 보완한다.

올바른 제품을 효과적으로 만들려면 소프트웨어 개발 실천법에서 다음과 같은 사항들이 보장돼야 한다.

- 이해관계자와 개발팀원 모두가 제품 인도에 필요한 사항을 동일한 방식으로 이해한다.
- 개발팀은 명확한 명세를 통해 모호함 및 기능상의 차이에 따른 불필요한 재작업을 하지 않는다.
- 객관적인 수단을 통해 단위 작업이 완료된 시점을 측정한다.
- 문서가 소프트웨어 기능과 팀 구조 측면 모두의 변화를 촉진한다.

전통적으로 올바른 제품을 만들려면 방대한 기능 명세, 문서화 그리고 오랜 기간에 걸친 테스트 단계가 필요했다. 하지만 요즘처럼 주 단위로 소프트웨어를 출시하는 시대에는 이런 방법이 통하지 않는다. 따라서 다음과 같은 해결책이 필요하다.

- 지나친 명세화는 피한다. 실제 개발에 들어가기도 전에 변경될지도 모르는 세부 사항을 정의하느라 시간을 허비하지 않는다.
- 시스템이 수행하는 내용을 설명하는 신뢰할 만한 문서를 만든다. 그러면 시스템을 쉽게 변경할 수 있다.
- 명세에 정의된 대로 시스템이 실행되는지 효율적으로 점검한다.

- 최소한의 유지보수 비용으로 문서를 적절하고 신뢰할 수 있게 유지한다.
- 앞으로 수행해야 할 작업에 관한 정보를 적기에 공급할 수 있게 모든 것을 짧은 이터레이션과 흐름 기반의 프로세스[1]에 맞춘다.

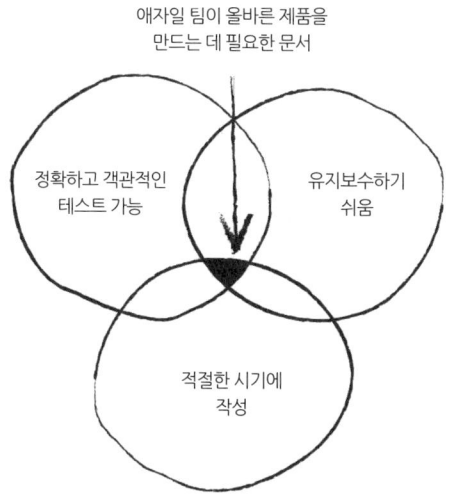

그림 1.2 애자일 프로젝트에서의 올바른 문서화를 위한 핵심 요소

처음에는 이러한 목표가 상충하는 듯해도 대부분의 팀이 이 목표를 성공적으로 달성하고 있다. 이 책을 쓰기 위해 50여 개의 프로젝트와 그러한 프로젝트를 수행한 30개 팀을 인터뷰하면서 패턴과 공통적인 실천법, 그리고 이러한 실천법의 기반이 되는 원리를 찾을 수 있었다. 그리고 프로젝트에서 공통적으로 발견한, 소프트웨어를 만드는 좋은 방법 중 하나는 바로 *예제를 활용한 명세*다.

*예제를 활용한 명세*는 팀이 올바른 소프트웨어를 만드는 데 이바지하는 프로세스 패턴들을 일컫는다. 팀에서는 *예제를 활용한 명세*를 통해 짧은 이터레이션 또는 흐름 기반의 개발에서 변경을 효과적으로 적용하는 데 필요한 만큼의 문서만 작성하면 된다.

*예제를 활용한 명세*의 주요 프로세스 패턴은 다음 장에서 소개한다. 1장에서는 *예제를 활용한 명세*의 이점을 설명한다. 여기서는 *예제를 활용한 명세*의 형식을 활용해 *예제를 활용한 명세*의 이론

---

[1] (옮긴이) Flow-based software development(FSD)라고도 하며 lean, pull-based, kanban이라는 이름으로도 알려져 있다. FDS는 워크플로우 상태에 따라 작업 개수(WIP; Work in progress)를 제한한다. 반면 스크럼은 이터레이션별로 작업 개수를 제한하기 때문에 Timebox-based development라고 한다(이 책에서는 짧은 이터레이션 방식이라 언급). 전통적인 폭포수 모델은 구조적 개발 프로세스라고 한다.

적인 사례를 만들어내는 것이 아니라 **예제를 활용한 명세**의 이점을 경험한 18개 팀의 실제 사례를 제시한다.

시작하기에 앞서, 프로젝트에서 어떤 아이디어 하나가 미치는 영향이나 효과만 따로 떼어낼 수 없음을 강조하고 싶다. 이 책에서 소개하는 실천법은 (테스트 주도 개발, 지속적인 통합, 그리고 사용자 스토리를 활용한 계획 수립과 같이) 이미 확립된 애자일 실천법이 효과를 발휘하는 상황에서 유용하고 애자일 실천법의 효과를 더욱 강화한다. 패턴은 다양한 상황에 있는 프로젝트를 고찰할 때 드러난다. 인터뷰를 한 팀 중에는 **예제를 활용한 명세**를 도입하기 전부터 애자일 실천법을 활용하던 팀도 있었고, 애자일 실천법을 도입하면서 **예제를 활용한 명세**를 도입한 팀도 있었다. 대부분의 팀은 스크럼(Scrum)이나 익스트림 프로그래밍(XP; Extreme Programming) 같은 이터레이션 기반 프로세스나 칸반(Kanban) 같은 흐름 기반 프로세스를 활용하고 있었다. 하지만 일부는 어떤 기준에서도 애자일이라고 볼 수 없는 실천법을 활용하고 있었다. 그럼에도 대부분의 팀이 **예제를 활용한 명세**를 도입한 후에 보고한 효과는 비슷했다.

- *변경 작업의 효율화:* 시스템 기능에 대한 믿을 수 있는 정보의 원천인 리빙 도큐멘테이션(living documentation)[2]을 통해 잠재적 변경이 미칠 영향을 분석하고 지식을 효과적으로 공유할 수 있었다.
- *제품 품질 개선:* 시스템에 대한 기대를 명확하게 정의하고 검증 프로세스를 효율적으로 개선했다.
- *재작업 감소:* 명세를 중심으로 긴밀하게 협업하고, 시스템의 요구사항을 팀원 모두가 동일하게 이해할 수 있었다.
- *각 역할의 활동에 대한 효과적인 조율:* 긴밀한 협업으로 제품 출시 흐름이 일정하게 진행됐다.

이어지는 네 개의 절에서는 실제 사례를 통해 얻은 이점들을 하나씩 자세히 살펴본다.

변경 작업의 효율화

이 책을 쓰는 과정에서 배운 가장 중요한 교훈은 *리빙 도큐멘테이션*이 장기적으로 얼마나 큰 도움이 되는지 알게 됐다는 점이다. 이것이야말로 이 책에서 가장 중요한 메시지라 생각하며, 이 책에

---

2 (옮긴이) 원서에서 '시스템이 변경될 때 문서에도 그러한 변경사항이 즉시 반영될 수 있는 문서', '실행 가능한 문서'를 지칭할 때 'Living documentation'이라는 표현을 사용하고 있다. 이것은 오랫동안 업데이트되지 않아서 쓸모 없게 된 문서가 아니라, 항상 최신 상태가 유지되어 신뢰할 수 있을 뿐더러 언제나 사용하고 실행해볼 수 있는 문서를 의미한다. 복합적인 의미를 담고 있는 용어이므로 우리말로 직역하기보다는 저자의 의도를 그대로 반영하기 위해 '리빙 도큐멘테이션'으로 그대로 옮긴다. 리빙 도큐멘테이션에 대한 자세한 내용은 3장을 참고한다.

서도 이 주제에 관해 폭넓게 다룰 것이다. 리빙 도큐멘테이션은 시스템 기능에 관한 정보의 원천으로서 프로그래밍 언어로 작성한 코드만큼 믿을 수 있으면서 훨씬 더 접근하기 쉽고 이해하기 쉽다. 각 팀에서는 리빙 도큐멘테이션을 활용해 변경사항의 영향을 분석하고 잠재적인 해결책을 함께 논의할 수 있다. 또한 새로운 요구사항을 반영하기 위해 확장하는 식으로 기존 문서를 활용할 수도 있다. 이로써 시간이 지남에 따라 변경사항을 명세화하고 적용하는 일이 효율적으로 이뤄진다. 가장 성공적인 팀은 **예제를 활용한 명세**를 적용한 결과로서 리빙 도큐멘테이션의 장기적인 이점을 발견했다.

미국 아이오와주 서 디모인(West Des Moines, Iowa)에 위치한 아이오와 학자금 대출 유동성 주식회사(Iowa Student Loan Liquidity Corporation)에서는 2009년에 비즈니스 모델이 크게 바뀌었다. 2008년에 있었던 금융 시장 혼란으로 개인 학생 대출을 위한 자금 조달이 거의 불가능했다. 이 때문에 대부분의 대출 업체는 개인 학자금 대출 시장에서 철수하거나 비즈니스 모델을 변경할 수밖에 없었다. 하지만 아이오와 학자금 대출 유동성 주식회사에서는 그러한 상황에 적응할 수 있었다. 개인 학자금 융자 기금에 채권 수익금을 사용하는 대신 은행 및 기타 금융기관으로부터 대출 기금을 공동 출자했기 때문이다.

소프트웨어 분석가이자 개발자인 팀 앤더슨(Tim Andersen)에 따르면 아이오와 학자금 대출 유동성 주식회사에서는 이러한 변화에 효과적으로 대응하기 위해 "시스템의 핵심적인 부분에 대한 대대적인 정비 작업"을 감행했다. 팀에서는 소프트웨어를 개발할 때 리빙 도큐멘테이션을 비즈니스 요구사항을 문서화하는 주요 수단으로 사용했다. 리빙 도큐멘테이션 시스템을 통해 새로운 요구사항이 미칠 영향력을 분석할 수 있었고, 필요한 변경사항을 구체화할 수 있었으며, 나머지 시스템이 이전처럼 잘 작동하는지 검증할 수 있었다. 그들은 한 달 만에 시스템에 대한 필수 변경사항을 적용해 출시할 수 있었다. 리빙 도큐멘테이션 시스템은 이 같은 변경을 가능케 한 본질적인 요소였다. 앤더슨은 다음과 같이 이야기했다.

> 테스트(리빙 도큐멘테이션)를 갖추고 있지 않은 시스템이었다면 개발을 중단하고 다시 만들어야 했을 겁니다.

캐나다 퀘벡주 몬트리올에 소재한 픽시스 테크놀러지스(Pyxis Technologies)의 탈리아(Talia) 프로젝트 팀에서도 이와 유사한 경험을 했다. 탈리아는 기업용 시스템을 위한 가상 에이전트로서 직원들 간의 의사소통을 위한 복잡한 규칙이 설정돼 있는 채팅 로봇이다. 개발 첫날부터 탈리아 팀은 리빙 도큐멘테이션 시스템을 구축하기 위해 **예제를 활용한 명세**를 이용했다. 1년 후 탈리아 팀은 가상 에이전트 엔진의 핵심부를 처음부터 다시 만들어야 했고, 그때 리빙 도큐멘테이션에 투자했던 노력을 보상받았다. 탈리아 제품 책임자인 앙드레 브리셋(André Brissette)은 다음과 같이 이야기했다.

> 리빙 도큐멘테이션이 없다면 규모가 큰 리팩터링은 모두 자살 행위나 다름없습니다.

탈리아 팀은 리빙 도큐멘테이션 시스템을 활용함으로써 변경을 완료했을 때 새로운 시스템이 이전과 동일하게 동작할 것이라고 확신할 수 있었다. 또한 브리셋은 리빙 도큐멘테이션 시스템을 통해 프로젝트 진행 상황을 관리하고 추적할 수도 있었다.

송킥(Songkick: 런던에 위치한 라이브 음악 서비스 사이트)의 팀에서는 활동 기록 피드 기능을 재개발할 때 손쉬운 변경을 위해 리빙 도큐멘테이션 시스템을 활용했다. 개발이 어느 정도 진행됐을 때 그들은 활동 기록이 확장성 있게 구현돼 있지 않다는 사실을 깨달았고, 리빙 도큐멘테이션이 활동 기록을 재구축하는 데 도움이 됐다. 송킥의 CTO인 필 코완스(Phil Cowans)는 리빙 도큐멘테이션이 있었기에 팀이 기능을 변경하는 데 필요한 시간을 최소 50%는 줄였을 것이라고 추정했다. 코완스는 이렇게 이야기했다.

> 커버리지가 적당하고 리빙 도큐멘테이션 시스템에 신뢰할 만한 테스트가 있었기에 인프라에 큰 규모의 변경사항을 빠르게 적용했음에도 불안하지 않았습니다. 저희는 기능이 그대로 유지되고 있는지 알 수 있었고, 기능이 바뀌었더라도 테스트로 검출할 수 있었을 겁니다.

미국 콜로라도주 덴버에 위치한 연금 서비스 제공업체인 이플랜 서비스(ePlan Services)의 개발팀은 2003년부터 **예제를 활용한 명세**를 이용해 왔다. 개발팀에서는 다양한 이해관계자와 복잡한 비즈니스 규칙, 그리고 복잡한 법적 요구사항이 포함된 금융 서비스 애플리케이션의 구축 및 유지보수를 담당하고 있다. 프로젝트가 시작된 지 3년이 지난 후 시스템의 레거시 부분을 다룬 경험이 있던 관리자가 인도로 가게 됐다. 이플랜 서비스의 테스트이자 『애자일 테스팅: 테스터와 팀을 위한 실무 가이드』(정보문화사, 2012)의 저자인 리사 크리스핀(Lisa Crispin)에 따르면 팀에서는 관리자가 알고 있는 것들을 배우고 이를 리빙 도큐멘테이션에 반영하기 위해 부단히 노력했다. 리빙 도큐멘테이션 시스템 덕분에 비즈니스 프로세스에 대한 전문지식을 가져와 모든 팀 구성원이 즉시 활용할 수 있게 됐다. 이로써 지식 전달의 병목 지점이 제거되어 애플리케이션의 지원과 확장이 효율적으로 바뀌었다.

벨기에 오스트캄프에 있는 IHC 그룹의 중앙 환자 관리 프로젝트 팀에서도 유사한 결과를 보여준 리빙 도큐멘테이션 시스템을 구축했다. 기존의 레거시 메인 프레임 시스템을 재개발하는 이 프로젝트는 2000년에 시작됐다. 프로젝트 솔루션 아키텍트인 파스칼 메스트다크(Pascal Mestdach)는 팀이 얻은 큰 이점을 다음과 같이 설명한다.

> 레거시 시스템이 무슨 일을 하는지 아는 사람은 얼마 되지 않았습니다. 그렇지만 개발팀이 기능에 대한 테스트(리빙 도큐멘테이션)를 작성하면서 어떤 기능이 어떻게 동작하는지 명확해졌죠. 또한 전문가가 휴가 중일 때도 궁금한 부분을 해결할 수 있었습니다. 소프트웨어의 특정 부분이 무슨 일을 하는지 다른 개발자들도 명확하게 알 수 있었고, 테스트까지 되고 있습니다.

이러한 사례를 통해 개발팀이 지식을 공유하거나 구성원이 바뀌었을 때 리빙 도큐멘테이션 시스템이 어떤 도움을 줄 수 있는지 알 수 있다. 또한 비즈니스가 시장의 변화에 더 효율적으로 대응할 수 있게끔 만들어준다. 이와 관련된 자세한 내용은 3장에서 설명하겠다.

높은 제품 품질

예제를 활용한 명세는 팀원 간의 협업을 증진하고 비즈니스 사용자의 참여를 촉진한다. 또한 개발하는 제품의 목적을 분명히 함으로써 제품의 품질 향상에 크게 이바지한다.

두 연구 사례가 이를 보여준다. 사브르 홀딩스(Sabre Holdings)의 애자일 코치인 웨스 윌리엄스(Wes Williams)와 BNP 파리바(Paribas)의 컨설턴트 개발자인 앤드류 잭맨(Andrew Jackman)은 **예제를 활용한 명세**를 도입하기 전까지 다수의 프로젝트가 어떻게 실패했는지 설명했다. 이 책에서 설명하는 접근법 덕분에 개발팀은 복잡한 비즈니스 도메인을 더욱 쉽게 이해할 수 있었고, 결국 고품질 제품을 개발할 수 있었다.

사브르 홀딩스에서 웨스 윌리엄스는 2년짜리 항공 예약 프로젝트에 참여했는데, 그 프로젝트는 전 세계에 분산된 시스템인데다 데이터 기반 프로세스 등으로 복잡한 프로젝트였다. 이 프로젝트에 참여한 30명의 개발자는 세 개의 팀으로 나뉘어, 두 대륙에 걸쳐 근무하고 있었다. 이 프로젝트는 처음에 두 번의 실패를 맛봤고, 세 번째 시도에서야 **예제를 활용한 명세**를 이용해 성공할 수 있었다. 윌리엄스는 이렇게 이야기했다.

> **대형 고객사(대형 항공사)에서 이용하면서도 문제는 거의 없었습니다. 단지 (비즈니스 인수) 테스트 과정에서 발견됐던 심각도 수준 1에 해당하는 실패 복구 관련 이슈가 하나 있었을 뿐입니다.**

윌리엄스는 **예제를 활용한 명세**가 프로젝트 성공의 핵심 요소였다고 평가한다. **예제를 활용한 명세**는 높은 품질을 보장할뿐더러 개발자와 테스터 간의 신뢰를 형성하는 데도 기여했다.

BNP 파리바(옮긴이: 프랑스에 있는 은행)의 시에라(Sierra) 프로젝트는 **예제를 활용한 명세**가 어떻게 제품의 품질을 향상시키는지 보여주는 중요한 사례 중 하나다. 시에라는 다수의 내부 시스템, 신용 평가기관 및 기타 외부 기관으로부터 정보를 통합해 은행 내의 다양한 시스템으로 해당 정보를 분산하는 채권 데이터 보관소 시스템이다. 그런데 다양한 시스템과 조직에서 같은 용어를 다른 의미로 사용했고, 이로써 수많은 오해를 야기했다. 이 시스템을 구현하기 위해 여러 차례에 걸쳐 시도했으나 처음 두 번은 실패하고 세 번째 시도에서 비로소 성공한다. 이 팀의 개발자 중 한 명인 채닝 월턴(Channing Walton)에 따르면 세 번째 성공에는 부분적으로 **예제를 활용한 명세**가 도움이 됐는데, **예제를 활용한 명세** 덕분에 개발팀이 복잡한 문제를 다루고 서로 이해한 바를 공유할 수 있었다. 실제로 완성된 제품의 품질은 인상적인 수준이었다. 시에라 프로젝트의 컨설턴트 개발자였던 앤드류 잭맨에 따르면 이 프로젝트는 2005년 이후 여전히 "큰 사고 없이" 잘 운영되고 있다. 현재 시에라 프로젝트에 참여 중인 사람들은 대부분 프로젝트가 시작할 때부터 있었던 사람들은 아니지만 품질 수준은 여전히 매우 높다고 한다.

주요 프랑스 은행 지점의 자동차 임대 시스템에 대한 벡(Bekk) 컨설팅에서도 비슷한 결과를 볼 수 있다. 원래 팀의 멤버이자 Cucumber(**예제를 활용한 명세**를 지원하는 유명한 자동화 도구)를 만든 아즈락 헬레소이(Aslak Hellesøy)에 따르면 시스템이 운영되기 시작한 이후로 2년간 오직 5개의 버그만 보고됐다고 한다. 현재 완전히 새로운 팀에서 유지보수하고 있음에도 말이다.

랜스 월턴(Lance Walton)은 런던에 있는 대형 스위스 은행의 지점에서 프로세스 컨설턴트로 근무했는데, 그가 맡은 주문관리 시스템은 프로젝트에 착수하는 데 이미 몇 차례 실패한 상태였다. 월턴에 따르면 그 프로젝트는 애초 시스템 운영에 필요한 지원팀의 규모가 개발팀 규모만큼이나 큰 환경을 가정하고 진행됐었다고 한다. 월턴의 팀에서는 **예제를 활용한 명세**를 이용해 프로젝트를 시작한 지 9달만에 시스템을 운영 환경에 적용했다. 비즈니스 인수 테스트를 하루 만에 통과했으며, 그 후 6개월 간 아무런 버그도 보고되지 않았다. 새로운 시스템은 추가적인 지원 인력을 필요로 하지도 않았고, 예상보다 적은 비용이 들었으며, 팀에서는 완성된 제품을 일찍 출시할 수 있었다. 이와 대조적으로 옆 팀에서는 개발보다 지원 업무에 10배나 많은 인력을 쏟아붓고 있었다.

월턴은 이렇게 이야기했다.

> 팀에서는 여전히 매주 릴리즈하고, 사용자도 거기에 항상 만족해 하고 있습니다. 품질 면에서도 더할 나위가 없죠.

예제를 활용한 명세 기법은 신규 개발 프로젝트뿐 아니라 재개발 프로젝트에도 적용할 수 있다. 신뢰할 수 있는 문서를 만들고 레거시 시스템을 정리하는 데 시간은 걸리지만 팀은 새 제품에 대한 자신감을 비롯한 여러 이점을 빠르게 얻을 수 있다.

런던의 제이피 모건 체이스(JP Morgan Chase)의 외환 관리 시스템이 좋은 사례 중 하나다. 프로젝트의 테스트 자동화 컨설턴트였던 마틴 잭슨(Martin Jackson)에 따르면 비즈니스 분석가는 프로젝트가 지연되리라 예상했지만 실제로는 2주 빨리 끝났다. 게다가 제품의 높은 품질 덕분에 비즈니스 인수 테스트를 원래 계획했던 4주보다 훨씬 앞당겨 1주만에 성공적으로 완료할 수 있었다. 잭슨은 다음과 같이 이야기했다.

> 시스템을 배포했고 잘 동작했습니다. 경영진은 이사회에 지금까지 경험한 프로젝트 중에서 최고의 인수 테스트였다고 보고했죠.

예제를 활용한 명세를 도입함으로써 잭슨의 팀은 프로젝트 후반에 "중대한 기술적 변화"에도 빠르게 대처할 수 있었고, 계산의 정확도 역시 향상됐다. 잭슨은 다음과 같이 이야기했다.

> FitNesse 스위트(리빙 도큐멘테이션)에서 다뤄지는 모든 기능들은 시스템 테스트 및 사용자 인수 테스트를 전부 통과했고, 단 하나의 결함도 없이 출시까지 유지될 수 있었습니다. 한번은 시스템 테스트 중에 핵심 연산 컴포넌트 외부에서 오류 몇 개가 발견된 적이 있었습니다. 그러한 연산 오류가 발생했을 때 근본 원인은 연산 코드 자체보다는 위쪽에 있을 것[3]이라고 우리 모두가 확신했던 일은 비즈니스 사용자들에게는 좋은 사용자 인수 테스트 경험으로 작용했습니다. FitNesse 스위트를 사용했기에 결함의 원인을 진단하기가 쉬웠고, 따라서 제품을 배포하는 과정이 더 깔끔하고 빨라졌습니다.

콜로라도 덴버에 위치한 목재회사인 와이어하우저(Weyerhaeuser)의 소프트웨어 개발팀은 목재 프레임에 대한 공학용 애플리케이션 및 계산 엔진을 개발하고 유지보수하는 일을 담당하고 있다. **예제를 활용한 명세**를 적용하기 전에는 개발팀이 복잡한 계산 공식과 법칙을 다루고 있었음에

---

[3] (옮긴이) 명세 수준에서의 결함이었다는 의미다.

도 구조 공학자들은 소프트웨어 개발에 참여하지 않았다. 이로써 다양한 품질 문제와 프로젝트 지연이 야기됐고, 다양한 애플리케이션에서 해당 엔진을 사용했기 때문에 프로세스가 더욱 복잡해졌다. 프로젝트의 소프트웨어 품질 책임자(SQA; Software Quality Assurance)인 피에르 베라겐(Pierre Veragen)에 따르면 출시 전 안정화 단계에서 지연되는 일이 많았고, 문제 없이 출시되는 일은 극히 드물었다고 한다.

예제를 활용한 명세를 도입한 후, 팀은 명세를 이용해 구조 공학자들과 협업하고 결과 검증 과정을 자동화하고 있다. 변경 요청이 발생하면 개발이 시작되기 전에 테스터와 구조 공학자는 예상하는 계산 결과를 토대로 예제와 함께 명세를 기록하고, 변경을 승인한 공학자가 추후 명세와 테스트를 작성하는 식이다.

베라겐은 시스템을 변경할 때 확신을 가질 수 있게 된 점이 새로운 접근법의 주된 효과라고 말했다. 2010년 초에는 리빙 도큐멘테이션 시스템에 3만 개가 넘는 점검 사항이 있었지만 수년간 중대한 버그를 발견하지 못했고, 지금은 버그 추적을 멈춘 상태다. 베라겐은 다음과 같이 이야기했다.

> 저희에겐 '버그 개수'와 같은 지표가 필요하지 않습니다. 예전 상태로 돌아가지 않으리라는 사실을 잘 알기 때문이죠. 이제 기술자들은 테스트 우선 방식과 자동화된 테스트를 직접 다룰 수 있다는 사실에 매우 만족해 합니다.

랜스 월턴은 런던의 대형 프랑스 은행 지점의 신용 위험 관리 시스템 프로젝트에 참여한 바 있다. 프로젝트에는 팀이 익스트림 프로그래밍에 적응할 수 있게끔 도와줄 외부 컨설턴트도 있었다. 하지만 그들은 **예제를 활용한 명세**와 같은 아이디어는 도입하지 않았다(실행 가능한 명세와 매우 유사한 고객 테스트가 익스트림 프로그래밍에 포함돼 있었음에도). 6개월 후 월턴이 이 프로젝트에 참여했을 때 그는 코드의 품질이 낮다는 사실을 발견했다. 팀에서는 2주마다 출시하고 있었음에도 코드는 검증하기 쉽게 작성돼 있지 않았다. 개발자는 최근에 구현한 기능만 테스트했는데, 시스템의 규모가 커지면서 그 방식은 맞지 않게 됐다. "제품을 출시할 때가 되면 사람들은 초조하게 둘러앉아 시스템이 여전히 잘 작동하는지 확인했고, 이슈가 조금만 발견되길 바랬다"라고 월턴은 이야기했다. 하지만 **예제를 활용한 명세**를 도입하면서 제품의 품질과 신뢰도는 눈에 띄게 향상됐다. 그는 다음과 같이 덧붙였다.

> 아무런 문제없이 출시할 수 있겠다는 자신감이 생겼습니다. 매우 즐겁게 배포하고 점심을 먹으러 나갈 수 있었다는 얘기죠. 배포 후 문제가 없는지 확인하기 위해 자리를 지켜야 할 필요가 없었으니까요.

반면 영국의 트레이더 미디어 그룹의 웹사이트를 재구축하는 프로젝트에서 겪은 품질 문제는 **예제를 활용한 명세의 활용을 중단했을 때** 발생했다. 초기에 팀에서는 협업을 통해 명세를 작성했고 검증을 자동화했다. 하지만 더 많은 기능을 빠르게 개발해야 한다는 경영진의 압박으로 이를 중단했다. "저희는 품질이 곤두박질치는 광경을 목격했습니다"라고 테스트 팀 리더였던 스튜어트 테일러(Stuart Taylor)가 말했다. "예제를 활용한 명세를 이용할 때는 테스터가 결함을 찾기가 매우 힘들었지만, 그것을 중단한 후로는 한 스토리마다 4~5개의 결함이 발견되곤 했습니다."

비애자일 팀의 적용 사례

애자일 팀만이 명세의 공동작업에서 오는 이점을 누릴 수 있는 것은 아니다. 『Bridging the Communication Gap』[1]에서 나는 이와 비슷한 실천법을 좀 더 전통적인 구조적 프로세스에도 적용할 수 있을 것이라고 제안했다. 『Bridging the Communication Gap』을 출간한 후 이 책을 쓰기 위해 연구하는 동안 어떤 회사에서 우연히 그러한 사례를 발견했다.

영국에 위치한 소프라 그룹(Sopra Group)의 선임 테스트 컨설턴트인 매튜 스티어(Matthew Steer)는 대형 통신사의 서드파티 해외 소프트웨어 제공 파트너사가 이 실천법(명세의 공동작업)을 도입하도록 도왔다. 이런 변화가 필요했던 주된 이유는 프로젝트가 형편없이 정의된 요구사항으로 고통받고 있었기 때문이다. 스티어는 이 아이디어들을 적용한 해의 연간 소프트웨어 납품 비용을 이전 해와 비교했다. 당연한 얘기지만 폭포수 모델을 적용한 이 프로젝트는 무결함 수준까지는 도달하지 못했지만 이를 통해 "상위 계층에서 결함을 발견하는 확률이 높아졌고 하위 계층에서는 재작업과 비용이 줄었다"고 스티어는 말했다.

> 저희는 전통적으로 마지막 단계에서 발견되는 결함을 생명주기의 초기 단계에서 발견함으로써 이 방법의 효과를 입증할 수 있었습니다. 생명주기의 초기 단계에서는 결함이 증가했지만 마지막 단계에서는 결함이 대폭 줄어들었습니다.

결과적으로 2007년에만 170만 파운드(약 30억 원)에 달하는 개발 비용이 절감됐다.

---

[1] 고코 아지치(Gojko Adzic), 『Bridging the Communication Gap: Specification by Example and Agile Acceptance Testing』 (Neuri Limited, 2009)

재작업 감소

일반적으로 자주 배포할수록 피드백을 신속하게 받을 수 있어 개발팀은 좀 더 일찍 실수를 찾아 문제를 해결할 수 있다. 하지만 이터레이션을 짧게 한다고 해서 실수가 방지되는 것은 아니다. 보통 개발팀에서는 기능 하나를 구현할 때마다 서너 차례에 걸쳐 재작업하곤 한다. 개발자는 그 이유가 고객은 직접 사용할 수 있는 것을 얻기 전까지는 원하는 것이 무엇인지 모르기 때문이라고 주장한다. 그렇지만 나는 이러한 주장에 동의하지 않는다. **예제를 활용한 명세**를 이용하면 일반적으로 개발팀은 한 번의 시도로 목표에 다다를 수 있다. 그렇게 함으로써 많은 시간을 아낄 수 있고 개발 프로세스가 좀 더 예측 가능하고 믿을 수 있게 바뀐다.

런던에 있는 영국 스카이 방송사의 스카이 네트워크 서비스(SNS, Sky Network Services) 그룹에서는 복잡한 비즈니스 워크플로와의 통합이 필요한 광대역 및 전화 통화 공급 소프트웨어를 개발하는 일을 담당하고 있다. 이 그룹은 6개의 팀으로 구성돼 있으며, 각 팀에서는 여러 해에 걸쳐 **예제를 활용한 명세**를 사용해 오고 있다. 그곳에 근무하는 선임 애자일 자바 개발자인 라케쉬 파텔(Rakesh Patel)은 "저희는 저희가 말한 납기를 대부분 지키고 있습니다"라고 전한다. 그리고 스카이 네트워크 서비스 그룹은 회사 내에서 명성이 자자한 편이다. 파텔은 잠시 다른 조직에서 일한 적이 있는데, 두 팀을 이렇게 비교했다.

> 다른 조직의 경우 스프린트가 끝날 때쯤에야 개발자가 테스터에게 소프트웨어를 넘기고, 테스터는 잘못된 부분을 찾아내서 다시 개발자에게 되돌려 보내는 식입니다. 그렇지만 이곳 스카이 네트워크 서비스 그룹에서는 그렇게 혼란스럽게 일하지 않습니다. 어떤 문제가 있다면 그건 개발 과정 중에 테스트를 녹색으로 만드는 데 문제가 있다는 것입니다. 개발 과정에서 해당 문제를 찾아낼 수 있다는 얘기죠.

미국 내 대형 보험사의 집계 애플리케이션을 개발하는 그룹인 린독(LeanDog) 역시 다른 팀과 마찬가지로 재작업이 현저하게 줄었다는 사실을 발견했다. 린독에서 개발하는 애플리케이션은 메인프레임과 웹 서비스를 통한 통합 사용자 인터페이스를 제공하는데, 이해관계자가 미국 전역에 흩어져 있어 매우 복잡한 상황이다. 팀의 변화를 도왔던 린독의 애자일 코치인 롭 파크(Rob Park)에 따르면 프로젝트 초기에는 요구사항의 각종 기능적 차이에 시달렸다고 한다. 그는 다음과 같이 이야기했다.

> 문제를 파악하려고 했을 때 저희에겐 명확한 설명이 필요했습니다. 그리고 뭔가 다른 방법을 써야 한다는 사실을 깨달았습니다.

팀은 **예제를 활용한 명세**를 도입했으며, 결과적으로 명세가 훨씬 더 좋아지고 재작업이 줄어들었다. 스토리 카드로 작업을 시작할 때만 해도 개발자는 비즈니스 분석가에게 질문할 사항들이 있었다. 하지만 "저희가 주고받는 질문의 양은 현저히 줄었고 질문의 성격 또한 달라졌습니다"라고 파크는 말했다. 그에게 예제를 활용한 명세의 가장 유용한 측면은 "명세를 만들어가는 동시에 스토리를 이해하고 스토리가 어떻게 확장될지 파악하게 된다는 것"이다.

또한 많은 팀에서 개발 초기 단계에 요구사항을 더욱 명확하게 만들기 위해 **예제를 활용한 명세**를 이용했을 때 제품 백로그 관리가 더 수월해진다는 사실을 발견했다. 예를 들어, 너무 모호하거나 필요한 기능의 차이가 큰 스토리를 일찍 식별하면 나중에 생길 문제를 예방할 수 있다. **예제를 활용한 명세**가 없다면 보통 이터레이션 중간에 문제가 발견되어 프로젝트의 흐름이 끊기고 별도의 시간을 들여 재검토하게 되는데, 규모가 큰 기업에서는 이러한 범위를 결정하는 이해관계자가 시간을 내기란 쉬운 일이 아니다.

예제를 활용한 명세는 팀이 이터레이션 중간에 생기는 문제를 줄이는 협력적인 명세화 절차를 구축하는 데 기여한다. 또한 **예제를 활용한 명세**는 짧은 이터레이션에 적합하기 때문에 문서를 작성하느라 몇 달을 소요하지 않아도 된다.

미국 플로리다의 웨스톤에 위치한 얼티밋 소프트웨어(Ultimate Software)의 글로벌 탤런트 매니지먼트 팀에서는 재작업량이 줄었다는 점을 가장 큰 이점으로 꼽는다. 협력적인 명세화 과정은 개발 노력을 집중하는 데 상당한 효과가 있었다. 얼티밋 소프트웨어의 선임 개발자인 스콧 베르거(Scott Berger)는 다음과 같이 이야기했다.

> 스토리를 팀에 전달하기 전에 제품 책임자와의 회의를 통해 테스트 시나리오를 검토함으로써 참여 그룹(제품 책임자, 개발자, 테스터)에서는 불확실한 요구사항이나 누락된 요구사항을 명확하게 식별할 수 있습니다. 때로는 회의의 결과로 스토리가 취소되기도 합니다. 이를테면, 테스트 시나리오를 통해 시스템 내에 숨겨진 복잡성이나 요구사항 충돌이 밝혀진 경우가 그렇습니다. 그러한 회의를 하고 나면 전체 기능을 거의 재설계하자는 결정이 내려집니다. 제품 책임자에게는 스토리를 개발하는 도중에 중단시키거나 취소하지 않는 대신 명세를 다시 작성하고 재편할 수 있는 기회가 생기는 셈입니다. 이런 회의를 통해 쓸데없는 일이 줄어들고 모호하고 누락된 명세가 최소화되기 때문에 더 생산적이고 효율적으로 일할 수 있습니다. 또한 팀 전체가 기대하는 바에 대한 공감대를 형성할 수 있습니다.

대부분의 팀은 요구사항을 잘못 이해했거나 사용자의 기대치를 소홀히 해서 생긴 재작업을 현저하게 줄였거나 전부 없앴다. 이 책에서 설명하는 실천법은 팀이 비즈니스 사용자와 더욱 긴밀하게 업무를 진행하게 하고 결과물에 대해 이해한 바를 서로 공유하도록 돕는다.

더 나은 업무 배치

예제를 활용한 명세의 또 한 가지 중요한 이점은 다양한 소프트웨어 개발 활동을 짧은 반복주기에 배치할 수 있다는 것이다. 개인적인 경험과 이 책에 실린 사례를 봤을 때 스크럼을 적용하려는 팀이 겪는 가장 흔한 걸림돌은 작업을 한 이터레이션 내에 완료하지 못한다는 것이다. 많은 팀이 "지난 세상"에서 익힌 개념을 놓지 못한다. 즉, 개발을 먼저 끝내고, 테스트를 마친 후, 제품을 배포할 수 있을 만큼 갈고 닦는 것에 익숙하다. 이런 습관 때문에 개발이 단계적으로 완료된다는 착각이 생겨난다. 사실 테스트와 결함 수정까지 이어져야 진짜 일이 끝나는데 말이다. 스크럼 보드의 "완료" 열은 개발자가 뭔가를 완료한 것 같다는 의미이고, "완료-완료" 열의 의미는 테스터가 동의했다는 의미다. 그리고 이런 식으로 다른 의미의 완료가 단계별로 계속 이어진다("완료-완료-완료" 열이 있다는 소리도 들었다). 업무가 자주 이런 패턴에 빠지기 때문에 테스트의 결과가 다음 주기에 영향을 주게 되어 변동 가능성이 커지고 개발 프로세스가 예측하기 어려워진다.

예제를 활용한 명세는 이 같은 문제를 해결한다. 이 책에서 설명한 실천법을 통해 팀에서는 모두가 이해하고 객관적으로 측정 가능한, 명확한 목표를 수립할 수 있다. 결과적으로 많은 팀에서 분석, 개발, 테스트 활동이 좀 더 잘 배치된다는 사실을 발견하게 된다.

향상된 업무 배치의 좋은 예로 영국의 대형 웹사이트 중 하나인 유스위치(uSwitch)를 들 수 있다. 유스위치는 기능이 완료된 시점을 파악하는 데 어려움을 겪고 나서 2008년에 **예제를 활용한 명세**를 도입했다. 웹사이트 구축 프로젝트에 참여한 개발자인 스티븐 로이드(Stephen Lloyd)는 "특정 기능의 개발을 끝내고 QA 부서로 넘기면 QA 부서에서는 곧바로 저희에게 특정 시나리오에서 테스트하는 것을 빠뜨렸다고 이야기하곤 했습니다. 이것은 저희에게 많은 문제를 일으켰습니다"라고 말했다. 하지만 **예제를 활용한 명세**를 적용해 그와 같은 문제를 극복했다. 로이드는 이제 팀 차원에서 더 잘 통합됐고 비즈니스상의 요건을 더 잘 이해하게 됐다고 이야기했다. 또한 이 같은 프로세스의 개선으로 소프트웨어의 품질도 향상됐다. 웹사이트 구축 프로젝트에 참여한 또 다른 개발자인 헤멀 쿤타왈라(Hemal Kuntawala)는 이렇게 언급했다.

> 웹사이트에서 전체적으로 오류 발생률이 눈에 띄게 줄어들었습니다. 이전에 비해 문제를 해결하는 시간도 훨씬 더 짧아졌고요. 실제 웹사이트에서 문제가 생기더라도 보통 몇 시간 내에 문제를 해결할 수 있습니다. 이전에는 이런 문제를 해결하는 데 며칠 또는 몇 주가 걸렸죠.

전문 보험사인 비즐리(Beazley)의 개발팀 또한 업무 배치가 향상됐다는 것을 경험했다. 미국에서 일하는 비즈니스 분석가는 영국에 있는 개발자, 테스터와 함께 일하고 있다. 그들은 한 이터레이션이 끝날 때 소프트웨어가 완성됐음을 보장하기 위해 **예제를 활용한 명세**를 적용했다. 비즐리의 개발팀 리더인 이안 쿠퍼(Ian Cooper)는 다음과 같이 이야기했다.

> 저희는 언제나 단위 테스트를 해왔지만 문제는 단위 테스트는 사용자가 원하는 일을 하느냐가 아니라 소프트웨어가 동작하느냐를 알려주는 것이라는 차이가 있다는 겁니다. 게다가 테스터는 개발과 동일한 이터레이션에서 테스트할 수도 없었습니다. 그래서 테스터는 이전 이터레이션의 테스트 결과를 다음 이터레이션에 피드백했습니다. 하지만 이제 더는 그렇게 하지 않을뿐더러 인수 기준도 훨씬 더 명확하게 이해하고 있습니다.

온라인 광고 사업을 하고 있는 뉴질랜드의 애드 스케일(AdScale.de)의 팀도 비슷한 경험을 했다. 프로젝트를 시작한 지 2년이 지나자 사용자 인터페이스가 복잡해졌고 시스템 통합으로 코드의 규모가 너무 커져서 단위 테스트만으로는 효과적으로 관리할 수 없게 된 것이다. 개발자가 완료했다고 생각하는 일을 테스터에게 넘기고 나면 테스터의 검토 결과에 따라 재작업해야 했다. 테스터와 개발자가 단절됐기 때문에 문제를 파악하는 데 시간이 오래 걸렸다. 지난 이터레이션에서 발생한 문제가 이후의 이터레이션에 영향을 주고, 개발 흐름에 지장이 생겼다. 하지만 **예제를 활용한 명세**를 도입한 이후로는 개발과 테스트 과정이 좀 더 긴밀해졌다. 프로젝트에서 개발자 및 테스터 역할을 담당한 클레어 맥레넌(Clare McLennan)은 다음과 같이 이야기했다.

> 피드백이 즉각적이었기에 배포 프로세스에서 받는 압박을 많이 덜 수 있었습니다. 이전에는 기능 목록이 완료 처리되지 않아 개발자는 저희한테 불만이 많았죠. 동시에 저희도 개발자가 잘못된 기능을 수정하지 않아 테스트할 수 없으니 개발자에게 불만이 있었고요. 저희는 개발자를 기다렸고 개발자는 저희를 기다렸습니다. 하지만 이제는 한 시간이면 모든 테스트를 끝낼 수 있으니 그런 문제가 없죠. 어떤 기능이 다음 이터레이션에 다시 등록되는 일은 없습니다.

예제를 활용한 명세를 통해 팀은 기능을 명확하고, 객관적이며, 측정 가능한 방법으로 정의할 수 있다. 또한 피드백 속도가 빨라지고 개발 흐름이 원활해지며, 계획된 업무가 중단되는 것도 방지할 수 있다.

정리

- 제품을 올바르게 만드는 것과 올바른 제품을 만드는 것은 서로 다른 일이다. 성공하려면 두 가지 모두 잘해야 한다.
- 예제를 활용한 명세는 적기에 필요한 만큼의 문서만 제공한다. 이로써 짧은 이터레이션 혹은 흐름 기반의 개발 프로세스를 통해 올바른 제품이 만들어지는 데 이바지한다.
- 예제를 활용한 명세는 소프트웨어 제품의 품질을 향상시키고, 재작업을 현저히 줄이며, 개발팀의 분석, 개발, 테스트 활동을 더욱 원활하게 한다.
- 장기적으로 예제를 활용한 명세는 리빙 도큐멘테이션 시스템을 구축하는 데 기여한다. 프로그래밍 언어 코드가 변경될 때 그 기능에 대한 설명도 함께 변경되어 적절하고 신뢰할 수 있는 문서가 만들어진다.
- 예제를 활용한 명세의 실천법은 짧은 이터레이션 기반 개발 방법(스크럼이나 익스트림 프로그래밍)이나 흐름 기반 개발 방법(칸반)과 가장 잘 어울린다. 그렇지만 일부 아이디어는 RUP(Rational Unified Process), 폭포수 모델과 같은 구조적인 개발 프로세스에도 적용할 수 있으며, 그 결과 많은 비용을 절감한 사례가 있다.

02
주요 프로세스 패턴

- 목표에서 범위 도출하기
- 협업을 통해 명세 만들기
- 예제를 활용해 설명하기
- 명세 정제하기
- 명세의 변경 없이 검증 자동화하기
- 자주 검증하기
- 문서 시스템 발전시키기
- 실무 사례
- 정리

예제를 활용한 명세는 소프트웨어 제품의 변경을 용이하게 해서 올바른 제품의 효과적인 출시를 보장하는 프로세스 패턴의 모음이다. 그림 2.1에서는 이 책을 쓰는 과정에서 인터뷰한 성공적인 팀들이 공통적으로 활용한 주요 패턴과 관계를 볼 수 있다. 대부분의 팀은 좀 더 효율적으로 소프트웨어를 구현하고 유지보수하는 방법을 찾는 과정에서 시행착오를 통해 새로운 프로세스 아이디어를 적용했다. 그러한 프로세스에 들어 있는 패턴을 공개함으로써 이와 유사한 아이디어를 적용하기 위해 고민하는 이들에게 도움이 되기를 바란다.

> **왜 패턴이라 부르는가?**
>
> 이 책에서 소개하는 프로세스 아이디어들은 다양한 팀에서 자주 발견된다는 의미에서 패턴을 형성한다는 것이지 크리스토퍼 알렉산더(Christopher Alexander)가 이야기한 패턴을 의미하지 않는다. 여기서 소개하는 프로세스 아이디어는 다양한 상황에서 나타나고 비슷한 결과를 보인다. 전통적인 패턴 책에서 다루는 영향력(force)과 변화(change)는 이 책에 싣지 않았다. 이 책의 사례 연구를 기반으로 애자일 동맹 기능 테스트 도구(Agile Alliance Functional Testing Tools) 그룹에서 전통적인 의미의 패턴을 정리하고 패턴 카탈로그를 도출하는 워크숍을 여러 번 열었지만 이 작업이 완료되기까지는 좀 더 시간이 필요할 것이다. 전통적인 패턴의 형태로 확장하는 것은 이 책의 다음 판에서 다루기로 마음먹었다.

『Bridging the Communication Gap』에서는 명세와 인수 테스트 같은 **예제를 활용한 명세**의 실제 산출물을 주로 다뤘다. 하지만 다양한 상황에 처한 팀들에게는 같은 산출물을 만들어내는 데도 전혀 다른 접근법이 필요할 수도 있다는 점을 고려하지 못했다. 이 책에서는 프로세스 패턴, 산출물을 만드는 방법, 그리고 산출물이 다음 단계의 산출물에 어떻게 도움을 주는가에 초점을 맞춘다.

> **적절한 시기에 작업하기**
>
> 성공적인 팀에서는 그림 2.1과 같이 한 번의 흐름으로 전체 명세를 구현하지 않는다. 특히 개발에 착수하기 전에는 더욱 그렇다. 대신 프로젝트나 마일스톤의 초기 단계처럼 일할 수 있는 준비가 됐을 때 목표로부터 작업할 범위를 도출한다. 이터레이션의 시작과 같이 구현을 시작할 준비가 됐을 때만 해당 명세를 상세화한다. 그림 2.1의 흐름을 거대 폭포수 모델로 오해하지 않길 바란다.

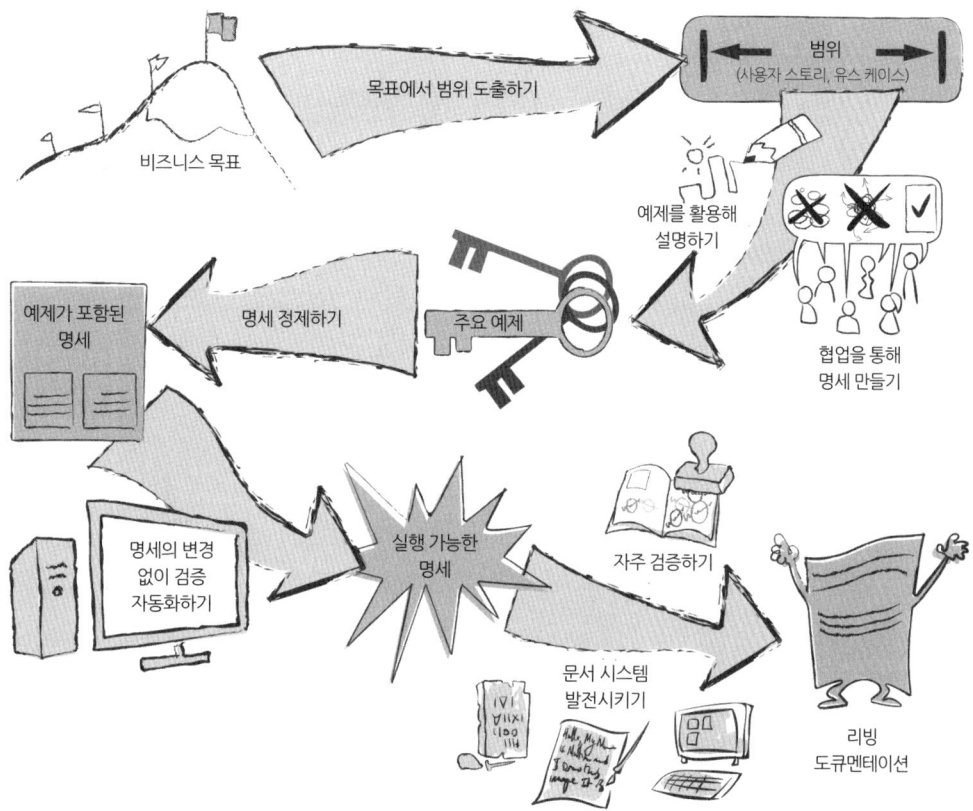

그림 2.1 예제를 활용한 명세의 주요 프로세스 패턴

2장에서는 주요 프로세스 패턴에 대해 개략적으로 설명한다. 그런 다음 2부에서는 다양한 상황에서 이러한 패턴을 구현할 때 발생하는 주요 도전과제 및 아이디어를 다룬다.

목표에서 범위 도출하기

구현 범위는 비즈니스 문제에 대한 해결책이나 비즈니스 목표에 도달하는 수단을 제공한다. 대다수의 팀에서는 구현이 시작되기 전에 고객, 제품 책임자, 사용자가 작업 범위를 결정해 주길 바란다(소프트웨어 개발팀은 구현 전에 발생하는 모든 것을 대수롭지 않게 여기는 경향이 있다). 고객이 원하는 바를 정확하게 정의한 후에야 소프트웨어 개발팀은 그것을 구현한다. 그렇게 하면 고객을 만족시킬 것 같지만 사실 이때부터 올바른 제품을 구축하는 데 차질이 생기기 시작한다.

고객이 제공하는 사용자 스토리, 유스 케이스, 혹은 다른 관련 정보에 의존하는 것은 소프트웨어 개발팀이 고객에게 문제 해결을 위한 해결책을 설계해 달라고 요구하는 것과 다름없다. 그러나 고객은 소프트웨어 설계자가 아니다. 고객이 범위를 정의한다면 개발팀 구성원이 지닌 지식은 아무런 도움이 되지 않는다. 그 결과, 고객이 진정으로 원했던 소프트웨어가 아닌 고객이 요구한 대로만 동작하는 소프트웨어가 만들어진다.

성공적인 개발팀이라면 잘 알지 못하는 문제의 해결책으로 소프트웨어 요구사항을 무턱대고 수용하는 대신 *목표에서 범위를 이끌어낸다*. 고객의 비즈니스 목표에서부터 시작하고, 다음으로 협업을 통해 목표 달성을 위한 범위를 정의한다. 개발팀은 고객이 해결책을 정의할 수 있게 돕는다. 고객은 원하는 기능의 의도와 거기서 얻고자 하는 가치를 전달하는 데 집중한다. 이렇게 함으로써 모두가 정말 필요한 것이 무엇인지 알 수 있다. 개발팀에서는 고객이 제시한 해결책보다 더 적은 비용으로, 더욱 빠르고 쉽게 개발하거나 유지보수할 수 있는 해결책을 제시할 수 있다.[1]

협업을 통해 명세 만들기

개발자와 테스터가 명세 설계에 참여하지 않으면 명세에 대한 의사소통에 제약이 생긴다. 명세를 전달하는 과정에서 세부사항이 누락되어 오해가 생길 수 있다. 결과적으로 고객은 소프트웨어가 출시된 후에야 검증이 가능하고 개발팀은 검증에서 실패한 부분을 다시 손봐야 한다. 이 모든 것이 불필요한 재작업이다.

성공적인 개발팀에서는 한 사람이 독단적으로 정의한 명세에 의존하지 않고 사용자와 함께 문제에 대한 해결책을 구체화한다. 다양한 분야의 사람들이 참여할 때 다양한 아이디어와 각자의 경험을 활용해 문제를 해결할 수 있다. 기술 전문가는 인프라를 더 잘 활용하는 방법이나 신기술을 적용하는 방법을 알고 있다. 테스터는 잠재적인 문제를 찾기 위해 어디를 살펴야 할지 알고 있어 팀이 겪을 문제를 예방할 수 있다. 명세를 설계할 때 이러한 정보가 모두 도출돼야 한다.

*명세를 함께 구체화*함으로써 전체 팀원의 지식과 경험을 공유할 수 있다. 또한 명세에 대해 공동의 주인의식을 갖게 됨으로써 모든 사람들이 개발 프로세스에 더 주도적으로 참여하게 된다.

---

1 관련 사례는 다음을 참고한다. http://gojko.net/2009/12/10/challenging-requirements

예제를 활용해 설명하기

자연어는 모호할 수 있고 문맥에 의존적이기 마련이다. 그런 언어로만 작성된 요구사항은 개발하거나 테스트하는 데 필요한 상황을 완전하고 분명하게 제시하기 어렵다. 개발자와 테스터는 소프트웨어와 테스트 스크립트를 만들기 위해 요구사항을 해석해야 하고 까다로운 부분을 각자 다르게 해석하기도 한다.

겉보기엔 쉬워 보여도 실제로 완벽하게 이해하려면 도메인 지식이나 전문 용어를 이해해야 하는 분야에서는 이 같은 상황이 특히 문제가 될 수 있다. 작은 오해가 모여 큰 오류가 되고 소프트웨어를 출시한 이후에 오류 수정을 위한 재작업으로 이어진다. 이는 불필요한 지연을 초래한다.

성공적인 팀에서는 구현 과정에서야 비로소 명세가 프로그래밍 언어로 구체화되기를 기다리는 대신 *예제를 활용해 명세를 설명한다*. 팀은 사용자와 함께 기대하는 기능을 *주요 예제*로 도출한다. 이 과정에서 개발자와 테스터는 극단적 상황을 설명하는 예제를 비롯해 특히 문제가 되는 부분을 다루는 예제를 추가로 제시할 수 있다. 이렇게 함으로써 기능적인 차이와 모순이 제거되고, 무엇을 출시할지에 대해 모든 구성원이 동일하게 *이해하게 되어* 오해와 해석의 결과로 발생하는 재작업을 피할 수 있다.

이렇게 작성한 주요 예제에 대해 시스템이 올바르게 동작하면 시스템은 모두가 동의한 명세를 만족하게 되는 셈이다. 주요 예제는 소프트웨어가 실질적으로 수행해야 할 기능을 규정한다. 주요 예제가 개발 목표이자 개발이 완료됐는지 확인하는 객관적인 평가 기준이 된다.

주요 예제가 이해하기 쉽고 의사소통하기 좋게 작성돼 있다면 주요 예제들을 사실상 모호하지 않고 상세한 요구사항으로 활용할 수 있다.

명세 정제하기

협업 과정에서 이뤄지는 열린 토론은 모두가 도메인을 이해하는 데 기여하지만 그 결과로 나온 예제는 종종 필요 이상으로 자세히 작성되곤 한다. 이를테면, 비즈니스 사용자는 사용자 인터페이스의 관점에서 생각해서 링크를 클릭하거나 입력 필드에 뭔가를 입력했을 때 시스템이 어떻게 동작할지를 예제로 제공한다. 이 같은 장황한 설명은 시스템을 제한하는데, 필요한 바가 무엇인가가 아닌 뭔가가 어떻게 작동해야 하는가를 상세하게 밝히는 것은 낭비이기 때문이다. 불필요하게 상세하게 작성된 예제는 이해하기도 어렵고 의사소통에 사용하기도 힘들다.

주요 예제가 유용하려면 간결해야 한다. 성공적인 팀에서는 *명세를 정제*하면서 관련성이 떨어지는 정보를 제거하고 개발과 테스트에 필요한 구체적이고 정확한 문맥을 만들어 낸다. 그리고 구현과 확인에 적합한 정도로만 상세하게 목표를 정의한다. 또한 소프트웨어가 무엇을 어떻게 수행하는가가 아닌 무엇을 해야 하는가를 파악한다.

정제된 예제는 제품 출시를 위한 인수 기준으로 사용할 수 있다. 시스템이 모든 예제에 대해 올바르게 작동할 때까지 개발은 끝난 것이 아니다. 주요 예제를 쉽게 이해할 수 있는 추가 정보가 제공되고 나면 팀은 예제가 포함된 명세를 만드는데, 이것이 바로 작업에 대한 명세이자 인수 테스트, 그리고 만들어질 기능에 대한 회귀 테스트가 된다.

명세의 변경 없이 검증 자동화하기

팀에서 예제가 포함된 명세에 동의하고 그것을 정제하면 구현 목표 및 제품 검증 수단으로 사용할 수 있다. 개발 과정에서 시스템은 구현 목표에 부합하는지 확인하기 위해 테스트와 함께 여러 번에 걸쳐 검증이 이뤄진다. 이런 과정을 사람이 직접 수행한다면 불필요한 지연이 야기되고 검증에 대한 피드백 역시 느려진다.

빠른 피드백은 짧은 이터레이션이나 작업 흐름을 활용해 소프트웨어를 개발할 때 필수적이므로 시스템 검증 프로세스는 값싸고 효율적이어야 한다. 가장 분명한 해결책은 자동화다. 그러나 이런 자동화는 일반적인 개발자나 테스터가 하는 자동화와는 개념적으로 다르다.

전통적인 프로그래밍 (단위) 테스트 자동화 도구나 기능 테스트 자동화 도구를 이용해 주요 예제에 대한 검증을 자동화할 경우 비즈니스 명세와 기술적인 자동화 사이에 세부사항이 누락되는 문제가 발생할 위험이 있다. 기술적으로 자동화된 명세는 비즈니스 사용자가 쉽게 이해할 수 없다. 요구사항이 바뀌거나(가정이 아니라 실제로도 종종 발생한다) 개발자나 테스터가 좀 더 명확한 정보를 필요로 할 경우 이전에 자동화한 명세를 사용할 수 없을 것이다. 주요 예제는 테스트 가능하고 워드 문서나 웹 페이지처럼 좀 더 읽기 쉬운 형태로 유지할 수도 있지만 여기에 변경이 발생하면 동기화 문제가 발생한다. 이것이 바로 명세 작업을 할 때 종이 문서가 결코 이상적일 수 없는 이유다.

성공적인 팀에서는 주요 예제를 최대한 활용하기 위해 정보의 변경 없이 검증을 자동화한다. 즉, 자동화 과정에서 명세를 글자 그대로 똑같이 유지한다는 얘기다. 그러면 오역될 위험이 없다. 명

*세의 변경 없이 검증을 자동화*하면 주요 예제는 처음 화이트보드에 적혔던 때와 거의 동일한 형태를 유지하기 때문에 이해하기 쉽고 모든 팀원이 접근할 수 있다.

이해하기 쉽고 모든 팀원이 사용할 수 있는 예제가 포함된 명세를 자동화하면 *실행 가능한 명세*가 된다. 실행 가능한 명세는 개발의 목표로 사용할 수 있고 시스템이 합의한 대로 동작하는지 쉽게 확인할 수 있으며, 비즈니스 사용자에게서 설명을 들을 때도 사용할 수 있다. 또한 명세를 변경해야 할 때는 오직 한 곳에서만 수정하면 된다.

실행 가능한 명세에 관한 도구를 본 적이 없다면(믿기 어려운 일이지만) 그림 2.2와 그림 2.3을 보기 바란다. Concordion과 FitNesse는 명세를 자동화하는 가장 대중적인 도구다.

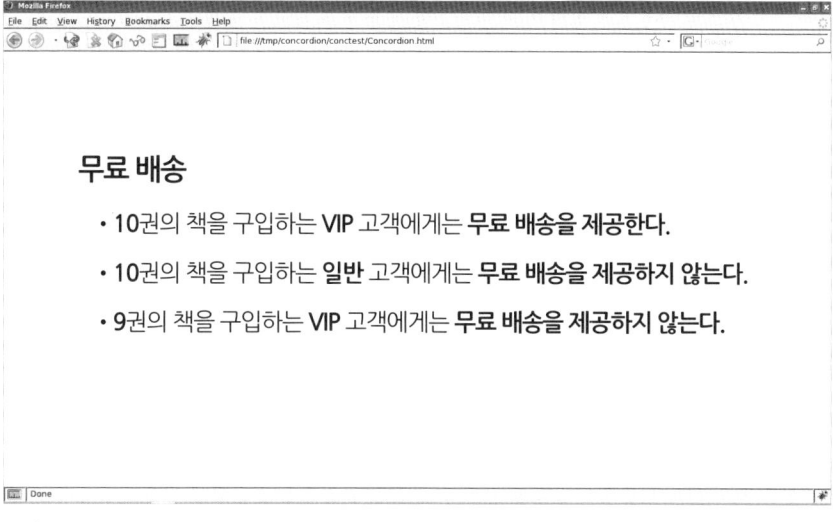

그림 2.2 Concordion으로 자동화한 실행 가능한 명세

상금은 다음과 같은 당첨 조합의 배분 규칙에 따라 당첨자에게 분배한다
(주어진 6개의 숫자를 정확히 맞춘 개수).
다음은 2만 달러 상금을 배분한 예다.

총 상금	2,000,000	
당첨 조합	상금 배분 비율?	지급액?
6	68	1,360,000
5	10	200,000
4	10	200,000
3	12	240,000

그림 2.3 FitNesse로 자동화한 실행 가능한 명세

주요 예제를 그대로 자동화할 수 있는 다른 자동화 프레임워크도 많다. 이 책에서는 도구보다는 **예제를 활용한 명세를** 성공적으로 구현한 팀이 활용한 실천법에 초점을 맞춘다. 도구에 대해 더 알고 싶다면 http://specificationbyexample.com을 참고한다. 이곳에서는 최신 도구에 대한 글을 찾아볼 수 있다. 또한 부록의 "도구"에도 참고할 수 있는 자료의 목록이 실려 있다.

테스트가 명세이고 명세가 곧 테스트다

매우 구체적인 예제로 설명된 명세는 시스템 테스트에 유용하다. 그런 명세가 자동화되면 그것이 바로 자동화된 인수 테스트가 된다. 이 책에서는 이러한 자동화된 명세에 대해서만 다루기 때문에 *명세*와 *테스트*를 목적에 따라 용어를 크게 구분하지 않고 쓸 것이다. 이 책의 목적상 두 용어 간의 차이는 없다.

그렇다고 다른 종류의 테스트가 없다는 의미는 아니다. 예를 들어, 탐색적 테스트(exploratory test)와 사용성 테스트(usability test)는 명세가 아니다. 맥락 지향적 테스트 커뮤니티(Context-driven testing community)에서는 기계적인 판단이 가능한 검증, 즉 자동화가 가능한 테스트를 체크(check)라는 용어를 사용해 사람의 의견과 전문 경험이 필요한 테스트와 구분한다[1]. 맥락 지향 테스팅 관점에서 보면 이 책은 설계와 자동 체크만 다루는 셈이다. 예제를 활용한 명세에서 테스터는 전문적인 의견과 통찰을 설계에 반영해 좋은 체크를 만드는 데 기여한다. 테스터는 이런 체크를 손으로 직접 수행하지 않기 때문에 다른 종류의 테스트를 더 많이 수행할 수 있다.

1 www.developsense.com/blog/2009/08/testing-vs-checking 참고

자주 검증하기

소프트웨어 시스템을 효율적으로 지원하려면 소프트웨어 시스템이 무엇을 왜 하는지 알아야 한다. 대부분의 경우, 직접 프로그램의 코드를 깊숙이 들여다 보거나 누군가 보고 알려줘야 한다. 문서는 프로젝트가 출시되기 전까지는 거의 갱신되지 않기 때문에 믿을 수 있는 것이 코드밖에 없는 경우가 많다. 이러한 경우 시스템이 어떻게 동작하는지 아는 사람은 프로그래머밖에 없기 때문에 프로그래머가 정보의 병목 구간이 되곤 한다.

실행 가능한 명세는 시스템에 대한 검증을 수월하게 만든다. 이러한 검증을 자주 수행할 수 있다면 실행 가능한 명세대로 코드가 작성됐다고 확신할 수 있다.

모든 실행 가능한 명세에 대해 자주 확인함으로써 명세와 구현된 시스템 간의 차이를 신속하게 발견할 수 있다. 실행 가능한 명세는 이해하기 쉬워서 비즈니스 사용자와 변경에 대해 논의하고 변경으로 인해 발생할 문제를 어떻게 다룰지 결정할 수 있다. 또한 시스템과 실행 가능한 명세를 지속적으로 동기화할 수 있다.

문서 시스템 발전시키기

대부분의 성공적인 팀에서는 실행 가능한 명세를 활용해 자주 검증하는 것만으로 만족하지 않는다. 명세를 잘 정리해 쉽게 찾거나 접근할 수 있고 일관성 있게 만들고 싶어 한다. 프로젝트를 수행하는 과정에서 도메인에 대한 이해도 변한다. 시장의 기회 또한 비즈니스 도메인 모델을 변화시킨다. **예제를 활용한 명세**를 최대한 활용하는 팀에서는 그러한 변화를 지속적으로 명세에 반영하고, 그렇게 함으로써 리빙 도큐멘테이션 시스템이 발전해간다.

리빙 도큐멘테이션은 누구나 쉽게 활용할 수 있고 시스템의 기능을 파악할 수 있는 믿을 만한 수단이다. 또한 코드만큼 신뢰할 수 있으면서 읽고 이해하기가 훨씬 더 쉽다. 지원부서 직원은 리빙 도큐멘테이션을 활용해 시스템이 무엇을 왜 수행하는지 쉽게 알 수 있고, 개발자는 개발 목표로 사용할 수 있다. 테스터는 테스트 업무에 사용하고, 비즈니스 분석가는 기능을 변경했을 때 어떤 영향이 있는지 파악하는 출발점으로 삼을 수 있다. 또한 그 자체가 자동화된 회귀 테스트가 된다.

실무 사례

여기서부터는 프로세스의 산출물보다는 프로세스 패턴에 초점을 맞추겠다. 용어의 의미를 큰 그림에서 이해할 수 있게 비즈니스 목표부터 리빙 도큐멘테이션까지 전체 프로세스의 산출물을 예제로 소개한다. 예제에 대한 토론은 각 프로세스가 포함된 장을 참고한다.

비즈니스 목표

비즈니스 목표는 프로젝트 또는 프로젝트 이정표의 기반이 되며, 내외부의 이해관계자에게 소프트웨어 개발에 대한 투자를 결정하게 하는 지침이 된다. 이익을 추구하는 회사에서는 비즈니스 목표가 이익 창출에 어떻게 기여하는지 명확하게 알 수 있어야 한다. "기존 고객에 대한 재판매율을 높이는 것"과 같은 것이 기초적인 비즈니스 목표가 될 수 있다. 이상적인 목표는 측정 가능해서 구현할 때 가이드라인을 제시할 수 있다. "향후 12개월 동안 기존 고객에 대한 재판매율을 10% 높인다"와 "향후 3개월 동안 기존 고객에 대한 재판매율을 500% 높인다"는 매우 다르게 느껴진다. 측정 가능한 목표를 활용해 프로젝트의 성공 여부를 확인하고, 진행 상황을 추적하며, 더 나은 우선순위를 매길 수 있다.

좋은 비즈니스 목표의 예

향후 12개월 동안 기존 고객에 대한 재판매율을 50% 높인다.

범위

5장에서 설명할 실천법을 적용해 비즈니스 목표로부터 개발 범위를 도출한다. 개발팀과 비즈니스 후원자는 구현 가능한 소프트웨어의 구성 요소가 될 아이디어를 도출한다.

고객 충성도 프로그램을 주제로 삼는다고 가정해 보자. 프로그램은 기본적인 충성도 시스템 기능과 추가 혜택 계획으로 나뉠 수 있다. 우선 기본적인 충성도 시스템을 구축하는 데 집중하기로 한다. 고객은 VIP 프로그램을 등록할 수 있고 VIP 고객은 특정 품목을 무료로 배송받을 수 있다. 추가 혜택 계획에 대해서는 나중에 논의하기로 한다. 다음은 이 예제에 대한 개발 범위다.

기본적인 충성도 시스템의 사용자 스토리

- 기존 고객에게 제품을 직접 마케팅하기 위해 마케팅 관리자는 VIP 프로그램에 가입하기 위한 개인 정보를 고객이 등록하기를 원한다.
- 기존 고객이 VIP 프로그램에 등록하는 것을 독려하기 위해 마케팅 담당자는 시스템이 VIP 고객에게 특정 품목에 대해 무료 배송을 제공하기를 원한다.
- 비용 절감을 위해 기존 고객은 혜택을 누릴 수 있는 특별 제안에 관한 정보를 받길 원한다.

주요 예제

6장과 7장에서 설명하는 실천법을 적용해 일단 개발팀이 개발을 시작할 수 있는 특정 기능의 상세화된 명세를 도출한다. 일례로 개발 범위의 두 번째 항목에 해당하는 무료 배송을 개발하려면 무료 배송에 대해 정의해야 한다. 협업을 통해 부피가 큰 품목과 가전제품을 무료로 배송하는 문제를 피하기 위해 책에 한정해서 무료 배송을 하기로 결정한다. 비즈니스 목표가 재판매를 활성화하는 것이므로 고객에게 몇 개의 품목을 사도록 유도한다. 이로써 "무료 배송"이 "5권 이상의 책을 구매할 때 무료 배송"으로 바뀐다. 주요 예제를 책을 5권 이상 구매하는 VIP 고객, 책을 5권 미만으로 구매하는 VIP고객, 책을 구매하는 일반 고객으로 나눈다.

이로써 책과 가전제품을 모두 구매하면 어떻게 할 것인가에 대한 토론으로 이어진다. 개발 범위를 확장하는 제안에 대한 예로 '주문을 두 개로 나누고 책에 대한 주문만 무료로 배송한다'와 같은 것이 있다. 여기서는 이 방법은 나중으로 미루고 가장 단순한 방법을 먼저 구현하기로 한다. 즉, 책 이외의 품목이 포함된 주문은 무료로 배송하지 않기로 한다. 여기에 또 다른 주요 예제를 추가해서 주요 예제를 다음과 같이 확장한다.

주요 예제: 무료 배송

- 장바구니에 책이 5권 들어있는 VIP 고객은 무료 배송 혜택을 받는다.
- 장바구니에 책이 4권 들어있는 VIP 고객은 무료 배송 혜택을 받지 못한다.
- 장바구니에 책이 5권 들어있는 일반 고객은 무료 배송 혜택을 받지 못한다.
- 장바구니에 세탁기 5대가 있는 VIP 고객은 무료 배송 혜택을 받지 못한다.
- 장바구니에 5권의 책과 1대의 세탁기가 들어있는 고객은 무료 배송 혜택을 받지 못한다.

예제가 포함된 명세

8장에서 다룰 실천법을 적용해 주요 예제로부터 명세를 정제하고 나중에 쉽게 검증 과정을 자동화할 수 있게끔 아래와 같이 명확하고 형식을 갖춘 문서를 만든다.

무료 배송

- 무료 배송은 정해진 수량 이상의 책을 구매한 VIP 고객에게 제공된다. 무료 배송은 일반 고객이나 책 이외의 다른 품목을 구매한 VIP 고객에게는 제공되지 않는다.
- 무료 배송이 가능한 최소한의 책 구매 수량이 5권이라면 다음과 같은 예제를 예상할 수 있다.

예제

고객 유형	장바구니의 내용	배송
VIP 고객	책 5권	무료, 일반
VIP 고객	책 4권	일반
일반 고객	책 10권	일반
VIP 고객	세탁기 5대	일반
VIP 고객	책 5권, 세탁기 1대	일반

이 명세는 그 자체로 이해할 수 있고 개발 목표로 사용하거나 테스트 자동화에 사용 가능하며, 개발이 완료되면 객관적인 지표로 활용할 수 있다. 이 명세는 명세 저장소에 저장되고 리빙 도큐멘테이션을 구성하게 된다. 명세 저장소의 예로 FitNesse 위키 시스템이나 Cucumber의 기능 파일 디렉터리 구조를 들 수 있다.

실행 가능한 명세

개발자들이 명세에 설명된 기능을 개발하기 시작할 때 처음에는 이 명세를 기반으로 작성한 테스트가 실패할 것이다. 왜냐하면 테스트는 아직 자동화되지 않았고 기능도 아직 구현되지 않은 상태이기 때문이다.

개발자는 관련 기능을 구현하고 그것을 자동화 프레임워크에 연결할 것이다. 자동화 프레임워크는 명세로부터 테스트 입력값을 가져와 실행 결과가 예상값 대로 나오는지 검증할 것이다. 이 과정에서 명세 문서를 추가로 손대는 일은 없다. 명세를 효율적으로 자동화하는 데 유용한 아이디어와 실천법은 9장을 참고한다. 검증이 자동화되면 명세는 실행 가능한 상태가 된다.

리빙 도큐멘테이션

구현된 모든 기능에 대한 전체 명세는 대부분 자동 빌드 프로세스에 의해 빈번하게 검증될 것이다. 이처럼 빈번한 검증은 명세를 최신 내용으로 유지해서 기능 회귀(functional regression)[2] 문제를 막는 데 이바지한다. 10장에서 설명하는 실천법을 활용하면 검증을 자주 수행하는 데 도움될 것이다.

전체 사용자 스토리가 구현되면 누군가가 구현이 완료됐는지 검증하고 이미 구현된 기능에 해당하는 명세에 맞게 명세를 재구성할 것이다. 점차 커져가는 명세의 규모에 따라 문서 시스템도 발전시키려면 11장에서 소개할 실천법이 도움될 것이다. 예를 들어, 무료 배송에 대한 명세를 배송과 연관된 기능 구조로 옮겨 잠재적으로 다른 여러 요인으로 발생하는 무료 배송 예제와 합칠 수도 있다. 또는 문서에 쉽게 접근하기 위해 무료 배송에 해당하는 명세와 다른 배송 형태에 관한 명세를 링크로 연결할 수도 있다.

그런 다음 다시 원점으로 돌아간다. 무료 배송 규칙에 관해 다시 논의할 필요가 있다면(가령 추가 혜택 계획을 개발하거나 책과 다른 품목의 주문을 나눌 필요가 있는 경우) 현재 기능을 이해하고 변경을 구체화하기 위해 리빙 도큐멘테이션을 활용할 수 있다. 기존 예제를 활용해 함께 명세를 구체화하거나 예제를 활용해 묘사하는 작업을 더 효과적으로 만들 수 있다. 그리고 나서 무료 배송에 대한 명세를 늘려나갈 또 다른 주요 예제들을 도출할 텐데, 이 같은 주요 예제는 궁극적으로 나머지 명세와 병합될 것이다. 그리고 처음으로 되돌아가 이 과정을 반복한다.

지금까지 주요 프로세스 패턴에 대해 간략하게 살펴봤다. 3장에서는 리빙 도큐멘테이션에 대해 좀 더 자세히 알아본다. 4장에서는 **예제를 활용한 명세**를 어떻게 도입할 수 있는지 아이디어를 제시하고, 2부에서는 개별 프로세스 패턴을 어떻게 구현할 수 있는지 살펴본다.

---

[2] (옮긴이) 기능 회귀(functional regression)란 이전에 제대로 동작하던 기능에 문제가 생기는 경우를 말한다. 이러한 현상은 변경 과정에서 의도치 않게 발생한다. 이 같은 현상을 막기 위해 회귀 테스트(regression test)를 수행하는데, 회귀 테스트는 이전에 실행했던 테스트를 재실행하는 방식으로 수행한다. 자세한 사항은 위키피디아의 '회귀 테스트' 항목(http://ko.wikipedia.org/wiki/회귀_테스트)을 참고한다.

정리

- 예제를 활용한 명세의 주요 프로세스 패턴으로 목표에서 범위 도출하기, 협업을 통해 명세 작성하기, 예제를 활용해 설명하기, 명세 정제하기, 명세의 변경 없이 검증 자동화하기, 자주 검증하기, 리빙 도큐멘테이션 발전시키기가 있다.
- 예제를 활용한 명세에서는 기능적 요구사항, 명세, 인수 테스트가 모두 같은 것이다.
- 결과물은 리빙 도큐멘테이션 시스템이다. 리빙 도큐멘테이션 시스템은 시스템이 무슨 일을 하는지 설명하며, 프로그래밍 언어 코드만큼 유의미하고 신뢰성 있을뿐더러 훨씬 더 이해하기 쉽다.
- 팀이 처한 상황이 다르면 프로세스 패턴을 구현하는 실천법도 다르다.

03
리빙 도큐멘테이션

- 믿을 만한 문서가 필요한 이유
- 테스트는 좋은 문서가 될 수 있다
- 실행 가능한 명세로부터 문서 만들기
- 문서 중심 모델의 이점
- 정리

예제를 활용한 명세의 프로세스와 산출물을 살펴볼 수 있는 두 가지 대중적인 모델이 있다. 하나는 인수 테스트 중심 모델(acceptance-testing-centric model)이고 다른 하나는 시스템 행위 명세 모델(system-behavior-specification model)이다.

인수 테스트 중심 모델(종종 인수 테스트 주도 개발(acceptance test-driven development)이나 ATDD 혹은 A-TDD)은 **예제를 활용한 명세** 프로세스에서 테스트 자동화 부분에 초점을 맞춘다. 이 모델의 주요 이점은 개발 목표가 분명해지고 기능 회귀가 예방된다는 것이다.

시스템 행위 명세 중심 모델(행위 주도 개발(BDD; Behavior-Driven Development)이라고 하는)은 시스템의 동작하는 시나리오를 명세화하는 프로세스에 초점을 맞춘다. 이 모델은 협업을 통해 명세를 명확하게 함으로써 이해관계자와 개발팀이 동일하게 이해하는 데 중점을 둔다. 더불어 테스트 자동화를 통해 기능 회귀를 예방하는 것을 중요시한다.

이 모델들 가운데 어느 하나가 더 낫다고 생각하진 않는다. 각 모델은 저마다 목적이 다르기 때문이다. 인수 테스트 중심의 모델은 기능적인 품질이 좋지 않은 팀에서 초기에 도입하기에 좋다. 품질 문제가 발생하지 않는다면 행위 명세 중심의 모델이 단기간 및 중기간의 소프트웨어 출시 활동을 설명하는 데 도움이 된다.

테스트 자동화를 통해 기능 회귀를 예방하는 것은 **예제를 활용한 명세**의 두 모델에 장기적으로 기대할 수 있는 효과다. 회귀 테스트 역시 중요하지만 **예제를 활용한 명세**의 장기적인 효과가 회귀 테스트에서 온다고 생각하지는 않는다. 그렇게 생각하는 첫 번째 이유는 **예제를 활용한 명세**가 기능 회귀를 예방하는 유일한 방법은 아니기 때문이다. 예를 들면, 유스위치의 팀에서는 관련 기능을 구현한 후에 많은 테스트를 비활성화했다(자세한 내용은 12장을 참고한다). 그럼에도 여전히 높은 수준의 품질을 유지하고 있다. 두 번째로 케이퍼스 존스(Capers Jones)는 『Estimating Software Costs』에서 회귀 테스트의 평균적인 결함 제거율이 23%밖에 되지 않는다는 사실을 지적했다.[1] 이것만으로는 성공적인 팀들이 **예제를 활용한 명세**를 구현하기 위해 장기적인 투자를 감행한 이유를 설명하기 어렵다.

---

1 케이퍼스 존스, 『Estimating Software Costs: Bringing Realism to Estimating』(McGraw-Hill Companies, 2007)의 509페이지를 참고. http://gojko.net/2011/03/03/simulating-your-way-out-of-regression-testing도 참고한다.

이 책을 준비하는 과정에서 **예제를 활용한 명세**를 사용하는 팀을 5년 이상 인터뷰했다. 그들의 경험, 특히 최근의 경험은 내게 문서 중심이라는 다른 관점을 볼 수 있게 만들었다. 인터뷰를 한 대부분의 팀이 **예제를 활용한 명세**가 장기적으로 문서로서의 활용 가치가 높다는 사실을 깨달았다. 대부분 몇 년 동안 명세를 정의하고 테스트에 대한 실험적인 경험을 한 후에야 이러한 사실을 발견했다. 이 책의 주요 목표 중 하나는 **예제를 활용한 명세**의 가장 중요한 산출물로서 리빙 도큐멘테이션을 소개하는 것이다. 이로써 독자들이 수년간 시행착오를 겪지 않고 신속하고 신중하게 리빙 도큐멘테이션 시스템을 구축하는 데 도움될 것이다.

3장에서는 문서 모델과 그 효과를 설명한다. 문서 모델은 비즈니스 프로세스를 문서화하는 데 초점을 두고 장기적인 유지보수와 비즈니스 프로세스를 효과적으로 지원하며, 특히 **예제를 활용한 명세**의 장기적인 이익을 보장하는 데 유용하다. 또한 테스트의 유지보수와 관련된 일반적인 문제를 방지하는 데도 효과적이다(자세한 사항은 3장의 후반부에서 다룬다).

믿을 만한 문서가 필요한 이유

"모두 정확한 것은 아닙니다"라는 경고가 포함된, 시스템을 설명하는 두꺼운 책을 전달받은 적이 셀 수 없이 많다. 싸구려 와인처럼 두꺼운 문서는 너무 빠르게 노화되어 문서 생성 후 1년 뒤에 사용하려고 하면 심각한 두통을 유발한다. 그렇다고 아무런 문서 없이 시스템을 유지보수하는 것 역시 골치 아픈 일이다.

제안된 변경사항의 영향을 분석하고, 변경을 지원하며, 문제를 해결하려면 시스템이 어떤 일을 하는지 알아야 한다. 그런데 시스템이 어떤 일을 하는지 알 수 있는 유일한 방법이 프로그래밍 언어로 작성된 소스코드를 보고 비즈니스 기능을 역으로 분석해야 하는 것일 때가 있다. 테크토크(TechTalk)를 만든 크리스찬 하사(Christian Hassa)는 이 책을 위한 인터뷰에서 코드에서 기능을 뽑아내는 프로세스를 "시스템 고고학"이라고 표현했다. 그는 대부분의 독자에게 익숙할 만한 상황을 다음과 같이 설명했다.

> 저희는 레거시 시스템을 대체할 차세대 시스템 프로젝트를 진행하고 있었습니다. 이해관계자 가운데 특정 계산과 보고서가 어떻게 만들어지는지 아는 사람은 아무도 없었습니다. 사용자는 단지 결과를 사용할 뿐이었고, 맹목적으로 구 시스템을 신뢰했습니다. 구 시스템 애플리케이션에서 요구사항을 역으로 추출하는 일은 끔찍한 경험이었습니다. 물론 그 덕분에 구 시스템의 오류를 발견하기도 했죠.

문서화되지 않은 코드가 제대로 동작하더라도 비즈니스 사용자, 테스터, 기술지원 엔지니어가 역공학 방식으로 구조를 분석한다는 것은 불가능한 일이며, 대부분의 프로젝트에서는 심지어 일반 개발자에게도 어려운 일이다. 이런 접근법은 분명 효과가 없다. 더 나은 방법이 필요하다.

훌륭한 문서화는 개발자에게만 유용한 것이 아니다. 많은 회사들이 잘 작성된 비즈니스 프로세스 문서의 효과를 보고 있다. 특히 기술적인 부분이 중요할수록 더욱 그렇다. 비즈니스 프로세스를 문서화하는 것은 시스템을 문서화하는 것만큼이나 힘들고 유지보수하는 데도 많은 비용이 든다.

이상적인 해법은 만들기 쉽고 유지보수하기도 쉬워서 시스템의 소스코드가 자주 바뀌더라도 시스템 기능과 쉽게 일치시킬 수 있는 문서화 시스템이다. 사실, 모든 포괄적인 문서화의 문제는 유지보수 비용이 크다는 점이다. 내가 경험한 바로는 변경이 필요한 부분을 고치는 데는 비교적 큰 노력이 들지 않는다. 오히려 어느 부분을 고칠지 파악하는 데 시간이 걸리는 경우가 많다.

테스트는 좋은 문서가 될 수 있다

자동화 테스트는 정반대의 문제를 가지고 있다. 자동화 테스트를 이용하면 갱신해야 할 모든 부분을 쉽게 찾을 수 있다. 자동화된 테스트는 자주 실행할 수 있어서 실패하는 테스트가 있다면 그와 관련된 코드가 더는 테스트와 일치하지 않음을 명백히 보여주기 때문이다. 그러나 테스트를 수정하기 쉽게 설계하지 않았다면 시스템을 변경한 후 테스트를 수정하는 데 오랜 시간이 걸린다. 인수 테스트 중심의 접근법이 지닌 위험 중 하나가 바로 이런 상황을 방치하는 데 있다.

테스트에 초점을 두고 있는 팀이라도 유지보수하기 쉬운 테스트를 작성하는 일을 소홀히 하는 경우가 있다. 하지만 시간이 지나 문제가 발생하기 시작하면 팀은 테스트를 갱신하기 쉽게 작성하고 자동화할 수 있는 방법을 찾는다. 테스트가 유지보수하기 쉬운 형태로 만들어지고 나면 팀은 **예제를 활용한 명세**의 갖가지 장기적인 효과를 보기 시작한다. 영국의 레인스토(RainStor)에서 온라인 데이터 보존(data-retention) 솔루션을 제작하는 아담 나이트(Adam Knight)의 팀은 테스트가 목적을 잘 드러낼 경우 쉽게 유지보수할 수 있다는 사실을 깨달았다. 아담은 다음과 같이 이야기한다.

> 자동화된 테스트를 구성할 때 테스트의 목적을 적절히 잘 드러낼 수 있게 구성한다면 테스트 자체가 문서가 될 수 있습니다. 저희는 실행된 테스트와 테스트의 목적을 함께 나열하는 HTML 보고서를 생성했습니다. 그러자 회귀 테스트 실패를 조사하는 일이 훨씬 수월해졌습니다. 다른 문서를 찾아보지 않고도 테스트의 목적을 이해할 수 있기 때문에 문제를 더욱 쉽게 해결할 수 있었던 것입니다.

나에게 가장 중요한 부분은 마지막 문장에 있다. 테스트가 명확하면 다른 어떤 문서도 사용할 필요가 없다.

이플랜 서비스의 리사 크리스핀은 자신의 가장 큰 깨달음 중 하나가 바로 테스트가 문서로서 얼마나 가치 있는지를 이해했을 때라고 한다.

> 대출 상환금을 받았는데 저희가 적용한 이자와 맞지 않았습니다. 버그가 있는 것 같았죠. 저는 FitNesse 테스트를 살펴보고 값을 입력해봤습니다. 요구사항이 잘못됐을지도 모르지만 코드가 어떻게 동작하는지 알 수 있죠. 덕분에 시간을 많이 절약할 수 있었습니다.

앤드류 잭맨은 시에라 팀이 테스트 결과를 지원 업무를 위한 지식 기반으로 활용한다고 이야기했다.

> 비즈니스 분석가는 항상 이런 장점을 느끼고 있습니다. 누군가가 시에라의 데이터가 어디서 나오는지 물어보면 테스트 결과의 링크를 보내줍니다. 그것이 적절한 문서이기 때문입니다. 저희는 별도의 워드로 된 명세를 가지고 있지 않습니다.

아이오와 학자금 대출 유동성 주식회사의 팀은 기존에 구축된 테스트를 활용해 비즈니스 모델 변경에 대한 영향력을 예측하고, 구현할 때 이를 활용한다고 이야기한 바 있다. 송킥의 팀에서는 시스템을 변경할 때 기존에 구축된 테스트를 활용했는데, 결과적으로 필요한 시간 대비 약 50% 가량의 시간을 줄일 수 있었다고 한다. 다른 여러 팀에서도 이와 비슷한 이야기를 들을 수 있었다.

팀이 하나의 정보를 사용해 개발, 시스템 지원, 혹은 변경에 의한 영향력을 추정할 경우 그 정보를 "테스트"라고 부르는 데는 오해의 소지가 있다. 시스템을 지원하고 발전시키는 데 사용하고 있다면 그것은 테스트가 아니라 문서다.

실행 가능한 명세로부터 문서 만들기

실행 가능한 명세를 활용해 소프트웨어 시스템을 지속적으로 검증하고 있다면 팀은 시스템이 명세대로 작동하리라는 것을 확신할 수 있다. 바꿔 말하면 명세는 시스템이 무슨 일을 하는지 지속적으로 설명할 것이라는 뜻이다. 이러한 명세는 시스템과 함께 살아있으며, 언제나 시스템과 일관성을 유지한다. 따라서 명세와 시스템 기능 간의 차이를 곧바로 알아낼 수 있기 때문에 이러한 명세는 적은 비용으로도 일관성을 유지할 수 있다. 아이오와 학자금 대출의 팀 앤더슨은 이 같은 문서만 믿을 수 있다고 이야기했다.

> 자동화된 방식의 문서가 아니라면 저는 그 문서를 신뢰하지 않습니다. 그것을 실행해볼 수 없기 때문이죠.

실행 가능한 명세는 문서의 주요 부분을 만든다. 시스템의 기능을 말해주는 믿을 만한 정보이고, "모두 정확한 건 아닙니다"와 같은 문제도 없고, 유지보수하기도 비교적 쉽다. 예제로 표현된 명세를 페이지에 비유한다면 리빙 도큐멘테이션 시스템은 책에 비유할 수 있다.

리빙 도큐멘테이션은 팀이 올바른 제품을 만드는 데 필요한 모든 산출물을 대체한다. 심지어 외부 사용자 매뉴얼을 (대체하지는 못하지만) 만드는 데도 유용하다. 리빙 도큐멘테이션은 짧은 이터레이션이나 흐름 기반의 개발에 적합하다. 시스템의 규모가 커짐에 따라 명세를 정의해 나갈 수 있기 때문에 그 결과로 만들어지는 문서는 점진적으로 작성될 것이고 작성하는 데 드는 비용도 저렴하다. 지원 시스템을 구축하는 동시에 비즈니스 프로세스 문서를 만들 수 있고, 그 문서는 소프트웨어를 개선하거나 사업을 수행하는 데 도움이 된다. 누군가가 500페이지 분량의 문서를 편집하길 기다리느라 온 세상이 6개월 동안 멈춰 있을 필요가 없다. 픽시스의 앙드레 브리셋은 이것이 애자일 개발에서 가장 이해도가 낮은 부분이라고 다음과 같이 말한다.

> 초보자의 경우 애자일에는 문서가 없다고 생각하지만 사실은 그렇지 않습니다. 애자일에서 문서는 실용적인 문서의 형식을 선택하는 문제입니다. 문서가 전혀 없는 것을 걱정하는 사람에게는 이런 종류의 테스트를 통해 애자일 프로세스에도 문서가 있지만 그 문서는 60센티미터 높이의 문서 더미가 아니라는 것을 보여줘서 그들을 안심시킬 수 있습니다. 이 문서는 가벼우면서도 실제 코드에 깊이 연관돼 있습니다. "시스템에 이런 기능이 있나요?"라는 질문에 어떤 작업이 완료됐는지가 적힌 워드 문서를 전달하는 것이 아닙니다. 시스템이 실제로 당신이 원하는 바를 수행하고 있음을 증명할 수 있는 실행 가능한 것을 줄 수 있습니다. 이것이 바로 진정한 문서입니다.

예제를 활용한 명세를 위한 대부분의 자동화 도구는 이미 웹사이트를 통해 명세를 관리할 수 있게 지원하거나 테스트 결과를 HTML 형식이나 PDF 형식으로 변환해준다. 이 정도면 문서화 시스템을 만드는 데 좋은 출발점에 해당한다. 예제가 포함된 명세로부터 문서를 만들어내는 도구가 몇 년 내에 크게 발전하리라 예상한다. 흥미로운 프로젝트 중 하나가 Relish 다.[2] Relish는 일부

---

2 www.relishapp.com 참고

자동화 도구에서 예제와 함께 정의된 명세를 읽어들여 사용하기 쉬운 문서 시스템을 만들 수 있게 형식화한다. 그림 3.1을 보자.

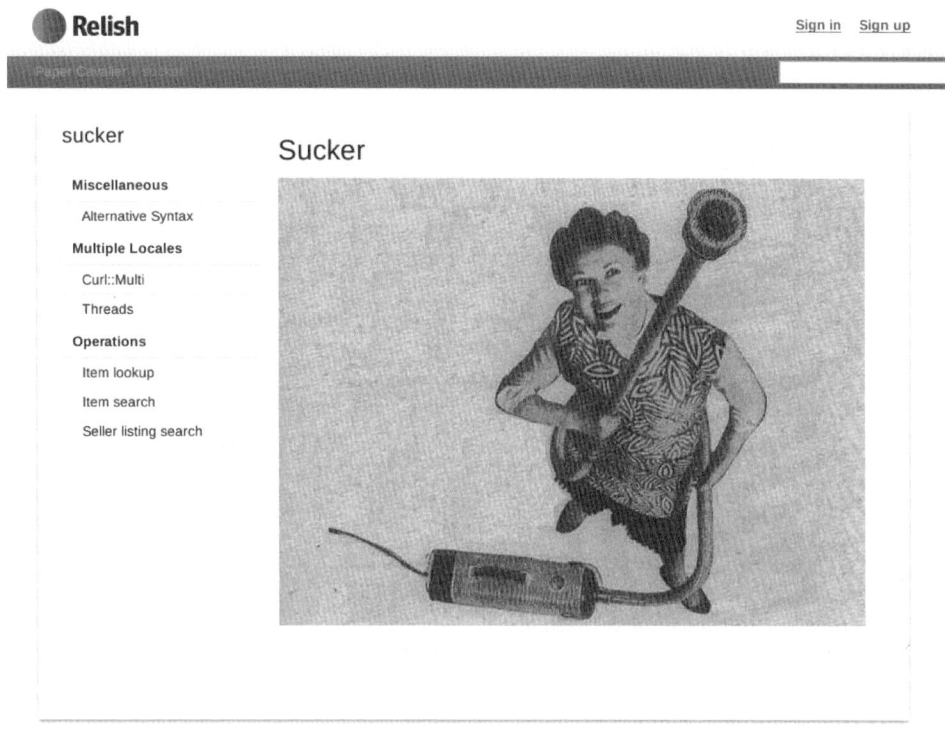

그림 3.1 Relish는 실행 가능한 명세를 토대로 문서 사이트를 생성한다.

문서 중심 모델의 이점

예제를 활용한 명세의 '문서 중심 모델'은 실행 가능한 명세를 장기간 유지보수하면서 발생할 수 있는 대부분의 공통적인 문제를 방지하는 데 도움이 된다. 또한 시간이 지남에 따라 소프트웨어의 개선을 촉진할 수 있는 유용한 문서를 만드는 데도 유용하며, 지식 공유의 부족으로 야기되는 유지보수 문제를 방지하는 데도 도움이 된다.

인터뷰를 했던 대부분의 팀에서는 시스템의 핵심적인 부분을 교체하거나 대부분 재작성했는데, 예제가 포함된 명세를 유지하면서 모든 작업에서 잘 활용했기 때문이다. 이것이 리빙 도큐멘테이션에 투자한 노력에 대한 진정한 결실이다. 시스템 고고학과 검증에 몇 달씩 허비하는 대신, 리빙 도큐멘테이션 시스템을 통해 이미 기술적인 갱신과 변경에 대한 요구사항을 제공받고 있는 것이다.

리빙 도큐멘테이션을 개발할 시스템만큼이나 중요한 개별적인 산출물로 여겨야 한다. 문서가 주요한 산출물이라는 생각이 바로 문서 중심 모델의 핵심이다. 나는 이 모델이 팀이 시간이 지남에 따라 **예제를 활용한 명세**를 활용하는 데 실패하는 공통적인 문제를 대부분 해결할 것으로 예상한다. 이 책의 어떤 사례연구에서도 증명되진 않았지만 이 전제가 미래를 위해 중요하다고 생각한다. 이 책의 독자는 이처럼 다른 관점에서 프로세스를 살펴봄으로써 더욱 쉽고 빠르게 훌륭한 성과를 거둘 수 있길 바란다.

예를 들어, 리빙 도큐멘테이션이 중요한 산출물이라는 점을 이해하고 있다면 인수 테스트를 버전 관리 시스템으로 관리할지 여부를 쉽게 결정할 수 있다. 비즈니스 프로세스 문서에 집중함으로써 명세가 너무 기술적인 내용으로만 작성되는 것을 방지하고, 테스트 스크립트가 아닌 비즈니스 관점에서 시스템이 수행해야 하는 기능에 초점을 두고 명세를 유지할 수 있다. 테스트 코드를 깔끔하게 유지하는 것에 대해 더는 부차적인 설명이 필요하지 않게 된다. 테스트의 구조를 확장하거나 명확하게 하는 일은 더는 기술적인 부가업무가 아니다. 이런 일은 제품 인도를 위한 표준 작업의 일부가 된다. 인수 테스트를 작성하는 일을 신입 개발자나 테스터에게 맡겼을 때 생기는 문제가 이제 분명하게 드러난다. 유용한 문서는 체계적으로 구성돼 있어야 한다는 사실을 이해하고 있다면 하나의 디렉터리에 수천 개의 이해할 수 없는 테스트를 쌓아두지 않을 것이다.

리빙 도큐멘테이션을 개발 과정의 독립적인 산출물로 생각함으로써 팀이 리빙 도큐멘테이션에 과도하게 노력을 투입하는 것도 방지할 수도 있다. 개발의 앞 단계에서 리빙 도큐멘테이션을 구축하는 데 얼마만큼의 시간을 들일지 논의할 수 있고, 주요 산출물에 소요될 노력을 고려함으로써 불필요한 테스트에 과도한 노력을 기울이는 실수를 방지할 수 있다.

명세를 너무 추상적으로 유지하는 것은 문서 모델의 잠재적인 위험일 수도 있다. 복잡한 비즈니스 프로세스를 구축하는 소프트웨어 시스템에서는 문서 모델이 더욱 효과적일 수 있다. 하지만 시스템의 복잡도가 높지 않은 사용자 인터페이스 중심의 프로젝트에서는 효과가 그리 크지 않을 수도 있다.

정리

- 예제를 활용한 명세에는 몇 가지 모델이 있다. 각 모델은 각기 다른 용도에 유용하다.
- 예제를 활용한 명세를 활용하면 유용한 문서화 시스템을 점진적으로 구축할 수 있다.
- 리빙 도큐멘테이션은 개발 프로세스에서 소스코드만큼 중요한 산출물이다.
- 비즈니스 프로세스 문서 시스템을 만드는 데 초점을 두면 명세와 테스트를 장기간 유지보수하는 과정에서 가장 흔히 발생하는 문제를 예방하는 데 도움이 된다.

04
변화의 시작

- 프로세스 변경을 시작하는 법
- 팀 문화를 바꾸는 방법
- 팀을 업무 흐름과 이터레이션으로 협업하도록 통합하는 방법
- 승인 및 추적성 다루기
- 경고 신호
- 정리

예제를 활용한 명세의 주요 아이디어는 지난 수십 년간 존재해 왔다. 80년대 후반에 제럴드 와인버그(Gerald Weinberg)와 도널드 가우스(Donald Gause)는 『Exploring Requirements: Quality Before Design』[1]에서 소프트웨어 요구사항에 대한 의사소통 문제를 다뤘다. 두 저자는 요구사항의 완결성과 일관성을 확인하는 가장 좋은 방법으로 요구사항에 대한 블랙박스 테스트 설계를 제안했는데, 그것은 사실상 **예제를 활용한 명세**의 명세와 테스트로 구성된 양면성을 제안하는 것이었다. 1986년에 독일 육군에서는 검증을 위해 구현 이전에 인수 테스트를 작성하는 방법(훗날 V 모델이 된)을 사용했다. 오늘날에도 이와 같은 방법을 사용할 수 있는데, 이를 예제가 포함된 명세로서의 인수 테스트라고 한다. 워드 커닝햄(Ward Cunningham)은 1989년에 WyCASH+ 프로젝트에서 예제를 사용해 설명하고, 명세의 변경의 없이 검증을 자동화하는 실천법을 적용했다.[2]

안타깝게도 그 당시에는 이런 아이디어가 각광받지 못했다. 긴 개발 단계에서 실현하기에는 비현실적이었기 때문이다. 사람들은 수년간 진행되는 프로젝트에서 추상적인 요구사항을 작성하느라 몇 달을 보내곤 했다. 예제를 통해 사전에 모든 사항을 구체화하려면 더 많은 시간이 필요할 것이다.

애자일 개발은 업계가 소프트웨어 제품 출시에 대해 생각하는 방식을 바꿨고, 개발 단계를 상당히 단축시켰다. 이것은 **예제를 활용한 명세**를 가능하게 한 원동력이 됐다. 이터레이션 및 흐름 기반 프로젝트는 **예제를 활용한 명세**를 통해 큰 이점을 누릴 수 있었다. 출시 단계가 짧아짐에 따라 불필요한 작업을 최대한 제거해야 한다. 바로잡아야 할 공통적인 문제로 의사소통 오류로 인한 재작업 및 중복 업무, 시스템을 이해하기 위해 코드를 살펴보면서 낭비되는 시간, 동일한 테스트를 손으로 일일이 수행하는 과정에서 반복적으로 낭비되는 시간이 있다.

짧은 이터레이션 혹은 지속적인 흐름에서 효과적으로 제품을 출시하려면 예상되는 장애물을 가능한 한 많이 제거해야 미처 예상치 못한 이슈를 해결할 수 있다. 아담 제라스(Adam Geras)는 이를 다음과 같이 매우 설득력 있게 말한다. "품질은 비정상적인(unusual) 문제를 해결할 시간을 마련할 수 있게 평상시에(for the usual) 대비하는 것이다." 리빙 도큐멘테이션은 이러한 공통적인 문제를 간단히 없앤다.

---

[1] 제럴드 M. 와인버그와 도널드 C. 가우스, 『Exploring Requirements: Quality Before Design』(Dorset House Publishing Company, 1989).
[2] http://fit.c2.com/wiki.cgi?FrameworkHistory

예제를 활용한 명세가 해결책이다. 예제를 활용한 명세를 이용하면 소프트웨어 출시 주기 중 해결하는 데 며칠 또는 몇 주가 필요한 문제를 처리하는 데 더 많은 시간을 확보할 수 있다. 이제 리빙 도큐멘테이션은 성공을 위한 필수조건이다.

4장에서는 예제를 활용한 명세를 도입하기 위한 프로세스와 팀 문화를 개선하는 방법을 살펴본다. 이터레이션 및 흐름 기반 개발에서 다양한 방법으로 협업을 통해 명세를 완성한 세 팀의 사례를 검토하겠다. 끝으로, 요구사항에 대한 추적 및 배포 승인이 필요한 개발 환경에 이러한 프로세스를 적용할 수 있는 유용한 아이디어를 제시하겠다.

프로세스 변경을 시작하는 법

프로세스 변경을 시작하는 것은 절대로 쉽지 않다. 특히 팀원들이 협업하는 방법을 근본적으로 바꾸려고 할 때는 더욱 그렇다. 초기 저항을 극복하고 더 많은 개선 사례를 만들기 위해 대부분의 팀에서는 단기간에 제품 품질을 향상시키거나 시간을 아낄 수 있는 실천법을 도입했다. 처음에 해볼 수 있는 가장 일반적인 실천법은 다음과 같다.

- 이미 프로세스 변경이 진행 중인 경우에는 그러한 프로세스 변경을 **예제를 활용한 명세**의 주요 아이디어를 구현하는 데 활용한다.
- 제품 품질 향상을 위한 자극제로서 **예제를 활용한 명세**의 아이디어들을 활용한다.
- 자동화된 기능 테스트를 갖추지 않는 팀은 기능 테스트 자동화를 구현한다.
- 개발과 별도로 테스트를 자동화한 팀은 자동화된 실행 가능한 명세를 도입한다.
- 테스트 주도 개발(TDD)을 실천하고 있는 팀은 테스트 주도 개발을 발판으로 활용한다.

위에서 언급한 초기 실천법은 단기간에 효과를 볼 수 있게 해줄 것이고 더 많은 개선으로 이어질 것이다.

예제를 활용한 명세를 전반적인 프로세스 개선의 일부로 적용하라
상황: 신규 프로젝트인 경우

인터뷰를 한 네 개의 팀에서는 애자일 소프트웨어 개발 프로세스를 도입하면서 예제를 활용한 명세의 핵심 아이디어를 적용했다. 프로세스 변경에 대한 저항이나 경영진의 지지를 받기 위해 분투할 필요가 없었다.

➡ 스크럼, XP, 또는 다른 애자일 프로세스를 도입하는 데는 충격이 따르므로 가능하다면 예제를 활용한 명세를 동시에 진행하는 것이 좋다.

이렇게 할 수 있었던 팀은 운영이 원활하지 않은 스크럼 환경에서 시작한 팀에 비해 보고된 문제가 적었고 좀 더 빠르게 프로세스를 적용했다. 이렇게 할 수 있었던 이유는 네 팀 모두 애자일 도입과 관련해 충분한 지원을 받았기 때문이다(세 팀에는 컨설턴트가 상주했고, 나머지 한 팀에는 예제를 활용한 명세를 경험한 팀원이 포함돼 있었다).

품질 향상에 집중하라

특정 프로세스에 집중하는 대신 유스위치(12장 참고)의 팀은 제품 품질 향상에 집중했다. 모든 구성원에게 개선을 위한 의견을 물었고 이를 개선을 위한 자극제로 활용했다. 결과적으로 **예제를 활용한 명세**의 거의 모든 주요 프로세스 패턴들을 큰 저항 없이 적용할 수 있었다.

관리적인 관점에서 팀원이 프로세스 변화에 대해 저항할 것이 우려되는 경우 이러한 방법은 매우 효과적이다. 사람들은 스크럼, 애자일, **예제를 활용한 명세**, 칸반과 같은 프로세스와 관계된 것에는 불평할 수 있지만 품질 향상을 위한 공개적인 활동에는 크게 불평하지 않는다. 데이비드 앤더슨(David Anderson)은 칸반[3]을 통해 품질에 초점을 둔 것이 성공 비결의 초석이라 주장한다.

➡ 고품질 소프트웨어 제품을 인도하는 데 가장 큰 장애물이 무엇인지부터 확인하라. 그런 다음 그것을 해결하라.

개발자와 테스터가 긴밀히 협업하지 않는 상태에서 인수 품질에 대한 이견이 있을 경우 제품 출시와 관련된 활동을 가시화하는 것이 유용할 수 있다. 전자상거래 회사인 LMAX의 조디 파커(Jodie Parker)는 세 팀의 진척 상황을 전체적으로 보여주는 상황판을 만들어 모든 출시 활동을 가시화했다. 이로써 출시가 계획된 모든 산출물의 상태, 출시의 주요 초점, 출시 전에 완료해야 할 작업 및 해결해야 할 주요 이슈를 볼 수 있었다. 모든 팀이 이 정보를 통해 제품 인도 흐름을 개선할 방법을 찾아낼 수 있었다.

---

[3] 데이비드 앤더슨, 『Kanban: Successful Evolutionary Change for Your Technology Business』(Blue Hole Press, 2010).

기능 테스트 자동화부터 시작하라
상황: 기존 프로젝트에 적용하는 경우

내가 인터뷰했던 대부분의 팀에서는 기능 테스트 자동화부터 시작해 **예제를 활용한 명세를** 적용했다. 그런 다음 선 개발, 후 테스트 방식에서 실행 가능한 명세를 활용해 개발을 이끌어가는 방식으로 점차 바꿔나갔다. 이미 많은 코드가 개발돼 있어 테스터가 수동으로 검증해야 하는 상황에서는 이 방법이 아마도 가장 저항이 적은 방법인 듯하다.

다수의 팀이 테스트 단계에서 생기는 병목 현상(테스터가 개발 속도를 지속적으로 따라 잡아야 함으로써 발생하는)을 해결하는 방법을 찾기 위해 노력했다. (몇 주 또는 심지어 며칠간의) 짧은 이터레이션으로 개발할 경우 대규모의 수동 테스트는 불가능하다. 한 이터레이션이 끝날 때마다 테스트 작업이 쌓이고 쌓여 다음 이터레이션으로 넘어가는 흐름을 방해한다. 기능 테스트 자동화는 이런 병목을 제거하고 테스터와 개발자가 긴밀하게 협업하게 만들어 프로세스를 개선하는 동기를 제공한다. 마커스 가트너(Markus Gärtner)는 다음과 같이 말한다.

> "테스트가 병목 지점이다" 현상을 겪으면서 개발의 변경과 지속적인 사투를 벌이고 있는 테스터 입장에서는 버그가 수정되기 전이라도 자동화 테스트를 통해 유용한 피드백을 제공하는 것은 아주 아주 매력적인 일이었습니다. 이것은 앞으로 나아가게 하는 비전이자 동기입니다.

➡ 아직 자동화된 기능 테스트가 없다면 기능 테스트 자동화는 손쉽게 얻을 수 있는 열매임을 명심한다. 다시 말해 테스트 자동화는 즉각적인 효과를 얻을 수 있는, 예제를 활용한 명세로 나아가는 쉬운 방법이다.

여러 측면에서 기능 테스트 자동화는 예제를 활용한 명세를 적용하는 첫 번째 단계로 매우 적합하다.

- 즉각적인 효과를 볼 수 있다. 자동화 테스트로 인해 테스트 단계에 걸리는 시간이 현격히 줄어들고 출시까지의 이슈 또한 줄어든다.
- 효과적인 테스트 자동화를 위해서는 개발자와 테스터 간의 협업이 필수적이고, 이는 두 그룹 간의 벽을 허물기 시작한다.
- 레거시 제품이 테스트하기 쉽게 설계된 경우는 흔치 않다. 하지만 기능 테스트 자동화를 시작하면 테스트 신뢰성과 테스트 환경에 대한 문제가 정리될뿐더러 팀이 이 문제를 인지하고 좀더 테스트하기 쉬운 아키텍처를 만들게 될 것이다. 이 과정에서 나중에 자동화된 실행 가능한 명세를 위한 기반이 마련될 것이다.

- 짧은 주기로 일하는 팀에서 수동으로 테스트할 경우 테스터가 병목 지점이 되는 경우가 많아 사실상 다른 일에는 참여하지 못할 때가 많다. 테스트 자동화는 테스터에게 명세 워크숍이나 탐색적 테스트[4]와 같은 다른 작업에 참여할 수 있는 여유를 가져다 준다.
- 초기에 테스트 자동화를 구축하면 수동 테스트보다 더 많은 테스트를 더욱 자주 수행할 수 있다. 이렇게 하면 버그와 모순을 없앨 수 있고, 가시성이 높아져서 비즈니스 이해관계자에게 테스트 자동화의 가치를 인식시키는 데 도움이 된다.
- 기능 테스트를 작성하고 이를 처음으로 자동화할 때는 버그 여부를 판단하고 시스템이 수행해야 하는 바를 설명해 줄 수 있는 비즈니스 사용자의 참여가 필요하다. 이는 테스터, 개발자, 비즈니스 사용자 간의 협업으로 이어진다. 또한 비즈니스 사용자가 이해할 수 있게 테스트를 자동화할 필요가 생겨 실행 가능한 명세를 구축하기 위한 토대가 마련된다.
- 빠른 피드백은 개발자에게 테스트 자동화의 효과를 느끼게 해준다.
- 기능 테스트 자동화는 팀원이 실행 가능한 명세의 자동화에 필요한 도구를 이해하는 데 도움이 된다.

> **단지 업무를 떠넘기는 것 아닌가?**
>
> 개발자가 테스트 자동화에 참여함으로써 테스터의 시간적 여유가 생긴다는 것에 대한 대표적인 반대 의견은 프로그래머가 일을 더하게 되어 기능 개발이 늦어진다는 것이다. 사실 업계의 일반적인 추세는 테스터보다 개발자가 더 많은 팀의 경우 테스터의 업무를 개발자에게 넘기는 것이 그리 나쁘지 않을뿐더러 프로세스의 병목을 제거할 수 있다는 것이다.

기능 테스트 자동화를 구현할 경우 팀은 더욱 긴밀하게 협업하게 되고 나중에 있을 실행 가능한 명세 시스템을 준비할 수 있다. 이 접근법을 최대한 활용하려면 실행 가능한 명세 도구를 사용해 기능 테스트를 자동화하고 9장 및 11장에서 설명할 아이디어를 활용해 그것들을 잘 설계한다. 동작을 기록하고 재생하는 전통적인 테스트 도구를 이용해 테스트를 자동화하면 이런 이점을 얻지 못한다.

> **시스템에서 가장 위험 요소가 많은 부분부터 자동화를 시작한다**
>
> 레거시 시스템 전체에 자동화 테스트를 적용하려는 것은 헛된 노력에 불과하다. 실행 가능한 명세로 나아가기 위한 한 단계로서 기능적 테스트 자동화를 이용한다면 테스트 자동화의 가치를 보여주고 도구에 익숙할 정도만 자동화해도 충분하다. 그 후 변경을 위해 실행 가능한 명세를 구현하기 시작하면 점점 테스트 커버리지가 올라갈 것이다.

---

4 (옮긴이) 테스트 스크립트 또는 테스트 케이스를 문서로 작성하지 않고 경험에 바탕을 두고 탐색적으로 기능을 수행해 보면서 테스트하는 기법이다. 이와 반대되는 개념은 스크립트 테스트(scripted testing)다.

> 초기 기능 테스트 자동화를 최대한 활용하려면 문제가 일어났을 때 많은 비용이 발생할 수 있는 시스템의 위험 요소를 자동화하는 데 초점을 둔다. 그곳에서 발생하는 문제를 예방하는 것은 즉시 가치를 입증할 것이다. 기능 테스트 커버리지가 높다면 팀은 더 확신을 가질 수 있을 것이다. 위험이 덜한 부분을 자동화해서 얻는 효과는 주목받지 못한다.[1]
>
> ---
> 1 http://gojko.net/2011/02/08/test-automation-strategy-for-legacy-systems 참고

실행 가능한 명세를 위한 도구를 도입하라
상황: 테스터가 자동화된 테스트를 가지고 있는 경우

테스터가 이미 기능 테스트 자동화를 수행하는 프로젝트에서의 핵심 과제는 테스터와 개발자 사이에 놓인 가상의 벽을 허무는 일이다. 테스트 자동화의 이점을 증명하거나 테스트 환경과 관련된 이슈를 제거하기보다는 좀 더 협력적인 사고방식이 필요하다.

이것은 주로 문화적인 문제지만 이따금 비용적인 문제일 때도 있다. QTP처럼 개인별 라이선스가 할당되는 고가의 테스트 자동화 프레임워크를 사용할 경우 개발자나 비즈니스 분석가는 테스트에서 멀어질 수밖에 없다. 하지만 일단 함께 변화하는 문화가 자리 잡으면 팀은 명세를 함께 작성하고 명세를 변경하지 않고도 검증을 자동화할 수 있다.

기존의 자동화 도구로 적절한 테스트를 수행하지 못하는 문제를 겪을 때 여러 팀은 이런 방식을 강행했다. 그들은 그러한 상황을 실행 가능한 명세를 위한 자동화 도구를 사용하는 명분으로 이용했다. (부록의 "도구" 절에 나오는 예제를 확인하거나 http://specificationbyexample.com에서 도구와 관련된 글을 참고한다.)

➡ 대부분의 팀이 실행 가능한 명세를 위한 자동화 도구를 사용하는 것이 개발자의 테스트 자동화 참여를 촉진하고 비즈니스 사용자가 테스트를 명확하게 이해할 수 있게 한다는 사실을 발견했다.

그 후 개발자는 테스트 자동화에 더욱 긴밀하게 참여했고 자신의 컴퓨터에서 테스트를 실행해 기능 테스트 자동화의 장점인 빠른 피드백의 효과를 볼 수 있다. 비즈니스 사용자는 실행 가능한 명세를 위한 도구를 이용해 자동화된 테스트를 이해하고 관련 인수 조건을 구체화하는 데 참여할 수 있다. 그 후로는 실행 가능한 명세로 설계하기 위해 프로세스를 변경하고 먼저 테스트하는 것이 비교적 쉬워졌다.

롭 파크의 팀은 대형 보험사와 일할 때 보험증명서 PDF를 실행 가능한 명세를 자동화하는 도구를 도입하는 명분으로 이용했고 기능 테스트를 개발 주기의 초기 단계로 옮겼다. 파크는 다음과 같이 말한다.

> QTP로 에러 메시지 없이 창이 뜨는지는 테스트할 수 있지만 그것뿐이었습니다. 저는 처음부터 개발자가 자신의 PC에서 테스트할 수 있는 환경을 제공하려 했지만 QTP의 개별 라이선스 비용 때문에 이렇게 하기가 불가능했습니다. 그래서 JBehave를 도입했고 정말 일주일 만에 모든 문제가 해결됐습니다. 저희는 이제 인수 테스트를 기반으로 기반 컨트롤러를 설계할 수 있습니다.

와이어하우저의 피에르 베라겐과 그의 팀은 사용자 인터페이스의 동작을 기록할 수 있는 자체적인 테스트 자동화 도구를 사용했는데, 이를 유지보수하는 데 많은 비용이 들었다. 한번은 시스템을 변경하고 나서 많은 테스트가 깨졌는데, 새로운 도구로 기존 테스트를 재작성하는 편이 모든 깨진 테스트를 다시 기록[5]하는 것보다 시간이 덜 걸릴 것이라고 추정하고 나서 FitNesse로 옮길 수 있었다. FitNesse를 도입한 이후로 팀은 실행 가능한 명세를 엔지니어와 좀 더 긴밀히 협업할 수 있었고, 예제를 활용한 명세로 발전하는 계기가 됐다.

테스트 주도 개발을 디딤돌로 활용하라
상황: 개발자가 TDD를 잘 이해하고 있는 경우

➡️ 특히 신규 프로젝트에서 작업할 때 예제를 활용한 명세를 도입하기 위한 다른 보편적인 전략은 (단위) 테스트 주도 개발을 통해 프로세스를 발전시키는 것이다.

테스트 주도 개발 실천법은 예제를 활용한 명세보다 자료도 많고 잘 알려져 있다. 팀에 이미 올바른 TDD 실천법이 자리 잡은 경우에는 자동화된 테스트의 가치를 입증하거나 소프트웨어를 더욱 테스트에 적합하도록 설계를 변경할 필요가 없다. 실행 가능한 명세는 비즈니스 요구사항에 대한 테스트 주도 개발의 확장으로 볼 수 있다(인수 *테스트 주도 개발*이라는 용어는 예제를 활용한 명세의 다른 이름으로 흔히 사용된다).

이플랜 서비스의 리사 크리스핀은 처음으로 **예제를 활용한 명세**를 적용할 때 이 같은 방법을 사용했다.

---

5 (옮긴이) 기록 후 재생(record-and-reply) 방식의 테스트 도구를 사용하는 경우를 의미한다.

> 사람들이 인수 테스트에 관심을 갖게 할 수 없었습니다. 그래서 마이크 콘(Mike Cohn)의 제안에 따라 스토리를 하나 골랐고 그 스토리를 개발 중인 개발자에게 가서 물었습니다. "이 스토리에 해당하는 테스트를 함께 작성할 수 있을까요?" 개발자는 그게 얼마나 쉬운 일인지 알아봤어요. 다른 스프린트에서는 다른 스토리를 골라 다른 개발자에게 갔습니다. 바로 그때 버그가 발견됐어요. 개발자가 요구사항을 정확하게 이해하지 못한 부분에서였죠. 그래서 개발자에게 이 방법의 가치를 바로 보여줄 수 있었습니다.

팀이 TDD를 올바르게 이해하고 있다면 실행 가능한 명세를 위한 사례를 만들기 쉽다. 실행 가능한 명세를 비즈니스 기능에 대한 테스트로 설명해 보라.

팀 문화를 바꾸는 방법

대부분의 경우 예제를 활용한 명세를 적용할 때 요구사항에 대해 비즈니스 관계자, 개발자 그리고 테스터가 협업을 통해 함께 명세에 기여하는 문화적 변화가 함께한다. 다음은 팀 문화를 바꾸기 위한 몇 가지 유용한 아이디어다.

"애자일"이라는 용어 사용을 자제하라
상황: 변화에 저항이 있는 경우

애자일 소프트웨어 개발 방법은 전문용어를 많이 만들어냈다. 스크럼, 스탠드업 회의[6], 사용자 스토리, 백로그, 마스터, 짝 프로그래밍을 비롯한 다양한 용어는 오해와 혼란을 주기 쉽다. 심지어 다소 위압적이고 두려울 수 있다. 전문용어로 인한 두려움은 사람들이 프로세스 변경에 저항하고 앞으로 나아가지 않거나 수동적으로 그러한 변화가 실패하기를 기다리게 만드는 주된 이유다. 내 경험상 비즈니스 사용자는 개발자들이 사용하는 기술적인 용어를 잘 이해하지 못하는 경우가 많아 프로세스 개선에 대한 아이디어를 내거나 팀에 적극적으로 참여하기가 어렵다.

➡ 기술적인 용어를 사용하지 않고도 예제를 활용한 명세를 충분히 적용할 수 있다. 변화에 저항하는 환경에서 시작할 때는 전문용어 사용을 자제한다.

---

6 (옮긴이) 팀원 전체가 정해진 시각에 모여 짧은 시간 동안 서서 진행하는 회의다. 팀원들은 돌아가면서 각자가 어제 했던 일, 오늘 할 일, 문제가 되는 일에 대해 이야기하면서 팀 전체의 진행상황과 이슈를 공유한다.

사용자 스토리, 인수 테스트 또는 실행 가능한 명세와 같은 것을 언급하지 말고, 용어 정의 없이 예제를 활용한 예제를 적용해 보라. 그렇게 하면 반대하는 사람들이 댈 핑계를 줄일 수 있다. **예제를 활용한 명세**는 요구사항을 구체화하기 위한 예제를 수집하고, 테스트를 도출해서 자동화하는 프로세스라고 설명한다. 그 밖의 사항은 모두 나중에 설명해도 좋다.

레인스토의 아담 나이트는 **예제를 활용한 명세**의 핵심 요소를 대부분 큰 문제 없이 적용했다. 프로세스가 선행 계획 없이도 잘 성장했지만 회사에 **예제를 활용한 명세**를 아는 사람은 없다고 전한다. "사람들은 구체적인 사항에 대해서는 전혀 모릅니다"라고 그는 말한다. 그 팀에게 **예제를 활용한 명세**는 스스로 만든 프로세스일 뿐이다.

피에르 베라겐은 와이어하우저에서 어떤 팀의 소프트웨어 프로세스를 개선하는 데 비슷한 방법을 사용했다. 그 팀에서는 백만 줄 이상의 코드로 구성된 레거시 애플리케이션을 유지보수하고 있었다. 그들은 "애자일"이라는 이름을 가진 구현 방식에 거부감을 가지고 있었다. 베라겐은 거창한 용어를 사용하지 않고 테스트를 효율적으로 만들기 위해 사용자 인터페이스 내부의 자동화 테스트를 제안했다. 또한 팀원들이 이 문제를 해결하기 위해 참여하기 시작했을 때 개발자가 빠른 피드백을 얻고 테스트와 개발의 보조를 맞추기 위해 개발자의 장비에서 테스트를 수행하길 제안했다. 사람들과 친해지고 그들을 관찰한 결과, 베라겐은 팀원들로 하여금 테스트가 개발 후에 오는 것이라고 더는 생각하지 않게 만들었다. 코드 변경에 따른 결함이 테스트를 실패하게 만들 정도로 테스트 스위트의 규모가 커지기까지 6개월이 걸렸다. 베라겐은 다음과 같이 말했다.

> 엔지니어들은 자신의 장비에서 테스트가 실패하는 것이 실제로 코드 상의 문제를 가리킨다는 사실을 깨달았습니다. 이후로는 왜 테스트를 실행해야 하는지 미심쩍어하지 않았습니다.

기술적인 용어 없이 프로세스를 변경하려면 문제를 명확히 드러나게 하고 이를 해결하기 위해 올바른 방향으로 부드럽게 사람들을 이끌어야 한다. 도움을 받아서라도 팀이 문제의 해법을 찾은 경우에는 사람들이 주인의식을 가지고 프로세스 변화에 적극적으로 임할 것이다.

경영진의 지원을 확보하라

대부분의 팀은 예제를 활용한 명세를 적용하는 동안 일하는 방식이 크게 변했다. 이것은 명세, 개발, 테스트에 대한 접근법이 바뀌었음을 의미하고 팀 내외부의 이해관계자와 효과적으로 협업하는 방법을 터득했음을 의미한다.

역할이 바뀌면서 많은 사람이 혼란스러워 했다. 테스터는 분석에 더 많이 참여했고 개발자는 테스트에 더 많이 참여했다. 분석가는 요구사항을 수집하고 의사소통하는 방법을 바꿔야 했고 비즈니스 사용자는 명세를 준비하는 데 훨씬 더 적극적인 역할을 수행했다. 이러한 큰 변화에는 경영진의 지원이 필요하다. 그렇지 않으면 예고된 실패만 있을 뿐이다. 클레어 맥레넌은 이와 관련해서 다음과 같이 이야기했다.

> 시스템이 이미 구축돼 있는 경우에는 프로젝트에 대한 경영진의 지원이 더욱 필요합니다. 이것은 실제로 우수하고 안정적인 테스트 시스템을 만드는 데 시간이 꽤 걸리기 때문입니다. 모든 이터레이션에서 안정적이지 못한 부분이나 이상한 결과를 제공하는 부분을 찾아 해결하는 작업을 반복해야 합니다. 여기에 1년 이상을 투자한다면 정말 값진 시스템을 구축할 수 있을 것입니다. 그렇게 하지 않거나 클릭을 반복하는 사용자 인터페이스 테스트로 빠른 해결책을 모색한다면 유지보수하기도 어렵고 값어치 없는 시스템이 만들어질 것입니다.

초기에는 테스트의 자동화가 테스터와 개발자가 해왔던 일과는 개념적으로 다르기 때문에 실행 가능한 명세를 자동화하는 것은 대다수의 팀에 도전적인 일이었다(이 문제는 9장에서 자세히 다룬다). 팀에서는 새로운 도구를 사용하는 법을 배우고 실행 가능한 명세를 올바르게 설계하는 방법을 찾아 리빙 도큐멘테이션을 구조화해야 했다. 처음 몇 개월 동안은 개발 팀의 생산성이 떨어졌다. 이 또한 경영진의 이해, 승인 및 지원이 필요한 부분이다.

➡ **경영진의 이해와 지원이 없다면 프로세스 변경이 성공할 가능성은 낮다.**

경영진이 지원하기는커녕 압박한다면 사람들은 협업하는 대신 과거에 했던 방식으로 되돌아가 자신의 역할을 방어할 것이다. 1장의 성공 사례와 이점을 공유하는 것이 지원을 받는 데 도움될 테지만 만약 실패한다면 프로세스를 개선하는 소소한 방법을 찾거나 좀 더 규모가 작은 단계를 밟는 편이 낫다.

인수 테스트를 더 잘할 수 있는 방법으로 예제를 활용한 명세를 홍보하라

규제가 심한 환경에서 일하는 팀을 포함해 일부 팀에서는 소프트웨어 인도 단계로 사용자 인수 테스트가 더는 필요하지 않은 시점이 있다. (일부 회사에서는 이 같은 단계를 고객 인수 테스트나 비즈니스 인수 테스트라고 부른다.) 이것이 사용자 인수를 위한 테스트를 수행하지 않는다는 의미는 아니다. 명세를 정의하고 인수 조건을 확인하는 것은 소프트웨어 인도 단계의 사용자 인수 테스트와 다르다. 너무나 중요하기에 막바지까지 미루면 안 된다. 실행 가능한 명세와 지속적인 검증은 팀에서 사용자 인수 조건을 지속적으로 확인하게 만든다. 모든 인수 테스트를 통과하지 않은 제품은 사용자에게 인도되지 않는다.

실행 가능한 명세가 이해하기 쉽고 지속적으로 검증되면 개발팀과 고객 사이의 신뢰가 쌓여 인도를 위해 수동으로 소프트웨어를 검증할 필요가 없어진다. (그렇다고 테스터들이 탐색적 테스트를 수행하지 말아야 한다는 의미는 아니다.)

➡ 대부분의 팀이 늦은 인수 테스트 대신 예제를 활용한 명세를 적용하는 것으로 비용을 정당화할 수 있을 것이라 기대한다. 프로세스를 개선해서 기민한 팀이 된 것도 비용적인 효과로 측정해야 하고 프로세스 개선의 투자 효과로 봐야 한다.

짧은 이터레이션이나 칸반의 흐름 기반 개발은 잠재적인 출시 주기를 빠르게 만들었다. 다음 12개월 동안 출시를 12번 하고(인터뷰한 팀의 대부분이 해당 수치의 두 배만큼 출시한다) 사용자 인수 테스트에 보통 3일이 걸린다고 가정해 보자. 1년 동안 개발하면서 36일을 사용자 인수 테스트하는 데 써야 한다는 의미다. 그것도 아무런 문제가 발견되지 않았을 경우에 그렇다. 좀 더 현실적으로 보면 결국 인수 테스트와 재작업, 재테스트하는 데 12개월 동안 2개월을 보내는 셈이다.

인수 조건을 구체화하고 검증을 자동화하기 위해 협업을 시작한다면 수동 테스트와 재작업으로 시간을 낭비할 필요가 없다. 물론 자동화를 위한 비용은 들겠지만 **예제를 활용한 명세**는 출시까지의 일정을 눈에 띄게 줄일 수 있다.

예제를 활용한 명세는 다른 많은 이점이 있지만 이것이 비즈니스 이해관계자에게 보여주기에 제일 쉽고 가장 쉽게 정량화할 수 있다. 비즈니스 이해관계자에게 이런 프로세스 개선을 설득하고자 한다면 시장에 매년 2개월 일찍 진출할 수 있다는 방법으로 홍보하기 바란다.

👎 테스트 자동화를 최종 목표로 잡지 마라

내가 인터뷰한 팀들이 초반에 저지른 가장 흔한 실수는 테스트 자동화를 프로세스 변경의 최종 목표로 설정하는 것이다. 일반적으로 비즈니스 사용자는 기능 테스트 자동화를 테스트와 관련된 것으로 생각하고 참여해야 한다는 필요성을 느끼지 않는다. 개발자는 자동화된 테스트가 의사소통을 향상시키기 위해 일반적인 사람이 이해할 수 있는 형식으로 작성돼야 한다고 생각하지 않는 이상 개발 노력이 가장 적게 드는 방식으로 테스트를 자동화할 것이다.

➡ 팀이 테스트 자동화에만 초점을 맞출 경우 협업 방식이 나아지지 않았다.

이러한 접근법은 명세로서의 테스트가 아닌 과도하게 기술적인 스크립트 형식의 테스트를 만들어내는데, 이것은 흔히 볼 수 있는 실패 패턴이다(8장의 "스크립트는 명세가 아니다"를 참고한다). 장기적인 관점에서 이런 식으로 자동화된 테스트는 변경에 도움되는 것이 아니라 장애물로 작용한다.

테스트 자동화를 예제를 활용한 명세로 나아가는 하나의 단계로 사용한다면 팀원 모두에게 최종 목표가 무엇인지 주지시켜야 한다. 기능 테스트 자동화가 자리를 잡으면 다음 단계로 나아갈 차례다.

👎 도구에 집착하지 마라

인터뷰한 세 명은 각자 사용하고 싶은 도구를 선택하는 것으로 **예제를 활용한 명세**를 적용하기 시작했다. 개발자들은 FitNesse나 Cucumber에 대해 들은 적이 있었고 이를 프로젝트에 적용하기로 했다. 꺼림칙한 기분을 느낀 이유는 이런 접근법은 성공 가능성이 낮기 때문이다.

➡ 예제를 활용한 명세는 프로그래머 중심이 아니며, 프로그래머만이 도구를 활용한다면 지속되기 어렵다.

이러한 접근법은 기술적이고 개발자 중심의 테스트를 관리하기 위해 프로그래머가 실행 가능한 명세를 위한 비기술적인 도구를 사용하는 것으로 끝나는 경우가 많다. 이것은 시간 낭비다.

특정 도구에 초점을 맞췄던 세 가지 사례 가운데 비즐리의 이안 쿠퍼의 팀만이 올바른 프로세스를 만드는 데 성공했다. 테스터와 비즈니스 분석가가 참여하도록 적극 독려한 다음 테스트를 작성하고 구성하는 법을 그들에게 맞춰 조정했다. 그뿐만 아니라 도구에서 얻을 수 있는 이점을 분석하고 가장 쉽게 이점을 누릴 수 있는 방법을 모색했다.

다른 두 사례에서는 상위 수준의 협업과 프로세스 변경이 아닌 도구에 집중했다. 테스터나 비즈니스 사용자가 활용할 수 없는 기술적인 테스트를 만드느라 시간과 노력을 허비했고, 예제를 활용한 명세의 이점을 누리지 못한 채 테스트 유지보수에 많은 노력과 시간을 들였다.

이전하는 동안 레거시 스크립트에 한 사람을 남겨 놓아라
상황: 레거시 시스템에 기능 테스트 자동화를 도입할 경우

새로운 도구를 이용해 기능 테스트를 다시 작성하고 자동화하는 데는 시간이 걸린다. 새로운 검증 시스템이 완성되기 전까지는 기존 테스트도 최신 내용으로 유지보수해야 할 것이다. 이 문제를 해결하는 좋은 방법은 기존 테스트를 유지보수하는 일을 한 사람에게 맡기고 가까운 미래의 계획에서 해당 공수를 제외하는 것이다.

제임스 쇼어(James Shore)와 셰인 워든(Shane Warden)은 『The Art of Agile Development』[7]에서 레거시 프로젝트의 프로세스 개선 패턴을 "배트맨"이라고 기술했다. 배트맨은 다른 팀원들이 새로운 기능을 개발하는 동안 중요한 버그를 고치고 긴급한 이슈의 해결을 전담하는 사람이다. 마커스 가트너는 테스트를 실행 가능한 명세를 지원하는 자동화 도구로 점진적으로 옮기는 데 이 접근법을 활용했다. 그는 자신의 경험을 다음과 같이 이야기했다.

> 셀 기반의 스크립트로 만들어진 테스트를 FitNesse 기반으로 이전할 때 두 명을 새로운 일에 배정하고 세 명은 기존 테스트 스크립트를 유지보수했습니다. 시간이 지나면서 새로운 접근법에 더 많은 인력을 투입했습니다. 처음에는 세 명을 배정했고, 이어서 한 명 더 투입했습니다. 결국 기존 스크립트를 완전히 버릴 수 있었습니다.
>
> 기본적인 아이디어는 문제 해결에 몰두하는 배트맨입니다. 동료 중 한 명은 배트모빌(Batmobile) 장난감 차를 사서 그에게 준 적도 있습니다. 초기에는 배트맨을 돌아가면서 하자는 아이디어도 있었지만 당

---

7 제임스 쇼어와 셰인 워든, 『The Art of Agile Development』(O'Reilly Media, 2007).

시는 팀원들이 서로의 업무를 잘 몰라서 적용하지 못했습니다. 새로운 접근법으로 이전하는 동안 기존 시스템과 새로운 시스템을 모두 알게 하기 위해 배트맨 역할을 돌아가면서 수행하는 것으로 바꿨습니다. 이때 모두의 동의를 얻는 것이 매우 중요합니다."

➡ 한 사람을 레거시 시스템에 할당함으로써 팀은 새로운 프로세스로 이전하는 목표에 빠르게 다가갈 수 있었다.

이 아이디어는 한 사람이 자잘한 일을 맡아주면 나머지 팀원이 전속력으로 나아갈 수 있다는 알리스테어 콕번(Alistair Cockburn)의 "한 사람을 희생시켜라" 전략과 비슷하다.[8]

👍 누가 자동 점검을 실행하고 누가 실행하지 않는지 관리하라
상황: 개발자가 참여하길 꺼리는 경우

프로그래머가 코드를 작성하고 테스터가 테스트를 수행하는 구조적인 프로세스에 익숙한 개발자가 많은 경우에는 프로그래머를 새로운 프로세스에 참여시키기 쉽지 않았다. 예제를 활용한 명세가 효과를 발휘하려면 이를 변화시켜야 한다.

피에르 베라겐은 프로그래머가 프로세스에 참여하게 하는 독특한 해법을 가지고 있다. 그는 실행 가능한 명세가 언제 어디서 실행됐는지를 수집해서 한곳에 보여주는 시스템을 만들었다.

" 저는 사람들이 각자의 장비에서 테스트를 수행하는 경우 이를 알려주는 기능을 픽스처(fixture) 코드에 집어넣었습니다. 프로그래머들은 수줍음이 많았거든요. 이 시스템을 이용해 테스트를 수행하지 않는 경우에는 직접 가서 무엇이 잘못됐고 어떤 문제가 있는지 확인했습니다. 이렇게 한 건 "예, 잘 되고 있습니다"라는 말보다 좀 더 객관적인 피드백을 얻기 위해서였습니다."

커밋하기 전에 테스트를 수행하지 않는 사람을 확인할 수 있어 이슈가 있거나 도움이 필요한 사람에게 집중할 수 있었다. 모든 프로그래머들이 프로젝트 초기부터 프로세스를 잘 알고 있었기 때문에 실제 테스트 결과를 확인하는 대신 누군가가 테스트를 실행했는지만 확인했다고 베라겐은 말했다.

➡ 테스트가 실행되는지 모니터링할 수 있다면 프로그래머는 자동화된 검사를 수행할 것이다.

---

8 http://alistair.cockburn.us/Sacrifice+one+person+strategy

이 방법은 팀의 규모가 커서 코치가 항상 모든 팀원과 함께 일할 수 없는 경우에 좋은 방법이다. 고속도로에서 과속단속 카메라의 위치를 노출하는 것과 비슷하다. 프로그래머는 누군가가 보고 있다는 사실을 알면 테스트를 수행하는 데 좀 더 관심을 기울인다.

팀을 업무 흐름과 이터레이션으로 협업하도록 통합하는 방법

제품 인도 주기에서 협업하는 방법을 이해하는 것은 팀이 **예제를 활용한 명세**를 적용하기 시작할 때 겪는 가장 큰 도전과제다.

예제를 활용한 명세와 폭포수 모델의 차이점

콘퍼런스에서 만난 대부분의 사람은 문서 시스템의 점진적 구축이 폭포수 모델의 대규모 사전 분석으로 회귀하는 것을 의미한다고 오해했다. 2009년 11월 댄 노스(Dan North)는 "사업적인 관점에서 BDD 홍보하기"[1] 프레젠테이션에서 BDD가 사실상 V모델을 2주로 압축한 것이라고 이야기했다. 이것은 전적으로 정확한 설명은 아니지만 훌륭한 출발점이다.

예제를 활용한 명세가 달성하고자 하는 바와 폭포수 모델의 분석 방법에는 몇 가지 중대한 차이가 있다. 현재 프로세스의 모습과 상관없이 프로세스에 실천법을 적용하는 데 도움이 되므로 이러한 근본 원리를 이해하는 것이 중요하다. 이것이 바로 더욱 확립된 분석과 **예제를 활용한 명세**를 차별화하는 핵심 요소다.

- 빠른 피드백을 제공하고 신속한 전환에 집중한다. 한번에 큰 규모의 소프트웨어를 다루는 대신 작은 규모로 처리하는 것이 효율적이다.
- 길고 지루한 문서 대신 효율적인 의사소통을 강조한다.
- 명세를 공동 소유로 만들어 가상의 벽 너머로 개발자나 테스터에게 전달되지 않게 한다.
- 올바른 명세를 만들기 위해 혼자서 일하는 대신 테스터, 분석가, 개발자가 함께 일하는 연합팀으로 통합한다.

---

[1] http://skillsmatter.com/podcast/agile-testing/how-to-sell-bdd-to-the-business

프로세스 변경에 대한 범용적인 해법은 없으므로 각 팀에서 소프트웨어를 인도하는 최선의 방법을 스스로 결정해야 한다. 다음은 시작할 때 도움이 되는 몇 가지 대표 사례다. 대표적인 세 가지 프로세스에 해당하는 사례를 하나씩 선별했다. 글로벌 탤런트 매니지먼트 팀에서는 흐름 기반 칸반 프레임워크에 따라 프로젝트를 진행하고 있다. 시에라 팀에서는 XP의 이터레이션 기반 프로세스를 활용해 소프트웨어를 인도하고 있다. 스카이 네트워크 서비스 그룹에서는 스크럼을 기반으로 한 이터레이션을 운영하고 있다.

얼티밋 소프트웨어의 글로벌 탤런트 매니지먼트 팀

얼티밋 소프트웨어의 글로벌 탤런트 매니지먼트 팀은 인재 관리 시스템을 개발하는 16개 팀 중 하나다. 팀은 제품 책임자, 사용자 경험(UX) 전문가, 4명의 테스터, 10명의 개발자로 구성돼 있다. 프로젝트 팀원인 스콧 베르거와 메이켈 수아레즈(Maykel Suarez)를 인터뷰했을 때는 프로젝트를 진행한 지 8개월이 지난 시점이었다. 팀은 칸반의 흐름 기반 프로세스를 사용하고 있었다.

제품 분석가(제품 책임자와 분석가의 합성어)가 바빴기 때문에 팀에서는 공동으로 명세를 작성할 때 제품 분석가의 시간을 효율적으로 사용하려고 노력했다. 제품 분석가는 상위 레벨의 스토리를 스토리 포인트를 이용해 설명했다(이 경우 스토리 포인트는 복잡도를 산정한 것이 아니라 스토리를 설명하는 아이템 목록에 해당한다). 스토리 포인트를 작성할 때는 가급적 기술과 관련된 전문용어는 자제했다. 그런 다음 스토리를 백로그의 일부분으로 칸반 보드에 추가했다.

30분으로 제한된 일일 회의에서 선임 엔지니어는 제품 분석가 및 백로그에 관심 있는 팀원과 만난다. 백로그에 스토리가 제대로 분리되고 명확한지 확인하고, 4일 이내에 구현 가능한 스토리를 선별해 기한을 부여하는 작업을 신속히 수행했다. 또한 공론화된 모든 질문을 명확하게 하고 스토리 간의 의존성을 살폈다.

그런 다음 스토리는 인수 테스트에 사용할 예제가 포함된 명세의 작성을 위해 큐로 보내진다. 팀 구성원은 스토리를 구현하는 사람과 명세의 개요를 작성해 테스트에 초점을 두는 사람으로 짝을 이룬다. (그 프로젝트에는 명시적으로 테스터와 개발자 역할이 구분되지 않지만 이해를 돕고자 이 단락에서는 한 명은 개발자, 다른 한 명은 테스터라는 역할로 나눴다.) 베르거는 다음과 같이 설명한다.

> 짝으로 일하면서 이 스토리에 필요한 테스트를 적당한 크기로 자를 수 있었습니다. 개발자는 코드에 더 친숙하기 때문이죠. 짝으로 일하면서 모순점을 찾아 해결하고 초기 스토리 검토에서 발견하지 못한 설계상의 결함을 찾아냈기 때문에 이 접근법은 매우 성공적이었습니다.

명세의 초안을 작성하고 나면 보통 테스터는 Given-When-Then 형식의 시나리오를 완성한다. 그 짝은 제품 분석가와 만나 SKIT(Story Knowledge and Information Transfer, 스토리 지식과 정보 전달)라고 하는 세션을 활용해 시나리오를 심층적으로 검토한다. 이를 통해 분석가 없이는 개발자와 테스터가 좋은 명세를 만들 수 없다는 위험을 방지하게 된다. 제품 분석가가 시나리오를 승인하면 팀에서는 승인된 시나리오를 요구사항으로 여긴다. 스토리가 인도될 때까지 자잘한 문구 수정 이외의 요구사항 변경은 허용되지 않는다.

일반적으로 개발자는 제품 코드를 작성하기 전에 시나리오를 자동화한다. 이렇게 해서 테스터는 탐색적 테스트에 시간을 더 할애할 수 있다. 테스터도 자동화에 참여할 수 있지만 더는 자동화에 관심을 두지 않는다. 베르거는 이러한 형태의 협업이 생산성을 높여준다고 다음과 같이 이야기한다.

> 많은 오류 조건과 그 조합이 명시적으로 기술돼 있기에 코드를 잘 알고 있는 개발자는 더 빨리 자동화하고 (사용자 인터페이스를 통한 자동화 대신) 객체를 질의할 수 있는 코드를 작성해 개발하는 동안 더 큰 가치를 만들어 냅니다. GUI 내부에서 테스트하기 때문에 테스트는 더 빠르고 안정적으로 수행됩니다. 테스터가 코드를 더 많이 실행하고 피드백을 줄 수 있는 여유가 있습니다.

개발 단계를 완료하려면 실행 가능한 명세를 모두 통과해야 한다. 모든 테스트는 다른 팀 작업과 통합되는 테스트 수행 단계에서 다시 실행된다. 팀은 승인 단계를 기다리면서 제품 분석가에게 짧게 데모를 하고 제품 분석가의 승인을 받는다.

베르거에 따르면 이러한 프로세스를 활용해 특히 높은 품질의 결과물을 얻었다고 한다.

> 제품 분석가와 긴밀하게 협력하고 요구사항을 기반으로 테스트를 활용해 매우 높은 품질을 달성할 수 있었습니다. 경영진은 지표를 수집하고 있었는데, 그 중에서 제가 생각하기에 품질 목표를 위한 노력에 통찰력을 주는 것은 결함 검출 효율(Defect Detection Efficiency)입니다. 글로벌 탤런트 매니지먼트 팀의 DDE는 2010년 1분기에서 3분기 동안 99%였습니다!

BNP 파리바의 시에라 팀

BNP 파리바의 시에라 팀은 사무 부서의 참고 자료 관리 및 분산 시스템을 구축하고 있다. 팀은 8명의 개발자와 2명의 비즈니스 분석가, 프로젝트 관리자로 구성돼 있다. 전문 테스터가 없기 때문에 팀원 모두가 테스트를 수행하는 책임을 진다. 고객은 외부 비즈니스 사용자다. 일반적으로 변경 요청에는 많은 분석과 고객과의 작업이 필요하다.

프로젝트는 5년간 진행되어 어느 정도 성숙했고 비즈니스 분석가는 예제로 활용할 수 있는 기존의 실행 가능한 명세를 많이 가지고 있었다. 팀원 중 한 명인 앤드류 잭맨은 인터뷰에서 이 프로젝트는 금융서비스 업계에서 XP를 거의 책 내용대로 적용한 드문 사례라고 말한다.

팀의 개발 프로세스는 프로젝트 관리자가 이터레이션에 앞서 스토리를 선택하는 것으로 시작한다. 비즈니스 분석가는 원격의 이해관계자와 함께 이터레이션이 시작되기 전에 상세한 인수 조건을 준비한다. 기존 명세의 예제를 이용해 새로운 명세의 구조를 잡는다. 새로운 명세가 기존 명세와 현저하게 다르다면 몇몇 개발자가 테스트를 검토해 피드백을 제공하고 테스트를 자동화할 수 있게 만든다.

이터레이션은 격주 수요일에 시작한다. 이터레이션을 시작할 때 팀 전체가 모여 계획 회의[9]와 대상 스토리에 대한 우선순위를 정한다. 모든 개발자가 스토리를 이해하고, 산정하고, 기술적인 의존성을 검토해 인도 순서를 조정하는 것이 목적이다. 또한 스토리를 개발 가능한 작업으로 나눈다. 계획 회의에서 스토리 검토를 마치고 나면 대체로 스토리의 인수 기준이 구체화된다.

때로는 충분히 이해하지 못한 스토리를 팀이 발견하는 경우도 발생한다. 일주일 단위의 이터레이션을 수행할 때는 그런 스토리가 흐름을 방해할 수 있지만 2주 단위의 이터레이션에서는 전체 프로세스가 방해받을 정도는 아니다.

스토리는 짝으로 구성된 개발자가 구현한다. 짝 개발자가 스토리를 개발하고 관련 테스트가 모두 성공하면 비즈니스 분석가는 탐색적 테스트를 수행한다. 분석가가 예상한 결과가 나오지 않거나 팀이 기존 시스템에 주는 영향을 잘못 이해하고 있으면 분석가는 명세에 관련된 예제를 추가하고 스토리를 개발자에게 돌려보낸다.

스카이 네트워크 서비스

브리티시 스카이 브로드캐스팅 컴퍼니의 스카이 네트워크 서비스 그룹은 광대역 지원 시스템을 유지보수하고 있다. 이 그룹에는 6개의 팀이 있고 각 팀은 대여섯 명의 개발자와 한두 명의 테스터로 구성돼 있다. 그룹에는 6명의 비즈니스 분석가가 있다. 각 팀은 서로 다른 기능 컴포넌트를 서로 다른 성숙도로 유지보수하고 있어 프로세스가 조금씩 달랐다.

---

[9] (옮긴이) 스프린트 동안 수행할 스프린트 목표와 이를 이루기 위한 작업 상세 내역을 정하는 회의다. 작업 상세 내역은 스프린트 동안 수행할 작업을 목록화한 스프린트 백로그로 정리하고 인수 기준을 정한다.

전체 그룹은 2주 단위의 스프린트로 스크럼을 진행한다. 공식적으로 스프린트가 시작되기 일주일 전에 각 팀에서 두세 명이 참석하는 공동 사전 계획 회의를 진행한다. 회의의 목적은 스토리 우선순위를 정하는 것이다. 회의가 시작되기 전에 비즈니스 분석가는 각 스토리에 해당하는 상위 레벨의 인수 기준을 준비한다. 회의 후 테스터는 비즈니스 분석가와 협력해 자동화를 위한 예제가 포함된 명세를 작성한다. 스프린트가 공식적으로 시작되기 전에 각 팀은 자동화를 대비한 예제가 있는 상세한 명세 스토리를 적어도 한두 개는 가지고 있다.

이터레이션은 격주 수요일에 모두에게 전체적인 진척도와 다음 이터레이션의 비즈니스 목표를 공유하는 연합 팀 계획 회의로 시작한다. 그리고 각 팀은 계획 회의를 진행한다. 어떤 팀은 15분 동안 스토리에 대해 간단하게 검토하고 어떤 팀은 몇 시간 동안 자세한 내용을 파악한다. 이 프로젝트에 참여하고 있는 라케쉬 파텔은 이러한 차이가 컴포넌트의 성숙도 때문이라고 이야기한다.

> 오랫동안 사용해온 컴포넌트를 대상으로 작업하고 거기에 메시지를 추가할 때는 모든 팀원이 해당 컴포넌트와 관련된 모든 사항을 알 필요는 없습니다. 그냥 스토리 카드를 뽑을 때까지 기다리면 됩니다. 반면 완전히 새로운 기능이나 새로운 GUI를 만드는 팀이라면 팀 전체가 모여 심도 있게 무엇을 해야 할지를 논의하는 편이 더 나을 수 있습니다. 이때 비기능적인 요구사항이나 아키텍처 등에 대해 이야기할 수도 있습니다.

계획 회의 후 개발자는 이미 작성돼 있는 예제가 포함된 명세와 스토리를 가지고 작업을 시작한다. 비즈니스 분석가와 테스터는 이터레이션에 계획된 모든 스토리에 대한 인수 기준을 작성한다. 스토리에 대한 명세를 다 작성하면 "스토리 챔피언"이라고 하는 개발자와 함께 테스트를 진행한다. 모두가 스토리를 완성하기에 충분한 정보를 확보했다고 생각하면 스토리 카드에 파란색 스티커를 붙인다. 이는 개발할 준비가 끝났다는 의미다.

개발이 완료되면 비즈니스 분석가는 명세를 다시 한번 검토하고 빨간색 스티커를 카드에 붙인다. 그런 다음 테스터는 스토리에 대한 추가 테스트를 실시하고 테스트가 통과하면 녹색 스티커를 붙인다. 스토리 중 일부는 테스터가 검토한 후 지원 팀, 데이터베이스 관리자, 또는 시스템 관리자가 검토한다. 검토가 끝나면 데이터베이스 관리자는 금색 별 스티커를, 시스템 관리자는 은색 별 스티커를 붙인다. 스티커는 스토리에 관계된 모든 사람들이 해당 내용을 알고 있음을 보장한다.

대규모 명세 회의 대신 스카이 네트워크 서비스의 팀은 흐름 프로세스를 체계화했다. 비즈니스 분석가와 테스터가 개발에 앞서 모든 예제를 준비하고 나중에 개발자와 함께 예제를 검토하는 두 단계의 명세 프로세스를 여전히 이용했다. 이 프로세스 덕분에 개발자는 개발에 집중할 시간이 늘어났다. 개발자가 모든 것을 이해할 수 있도록 모든 검토 과정에 참여시키는 대신 스토리 챔피언이 사실상 다른 개발자에게 정보를 전달하는 책임을 맡았다.

앞의 세 가지 사례는 팀이 짧은 이터레이션과 일정한 흐름 기반의 프로세스에서도 어떻게 협업 방법을 모색할 수 있는지를 보여주고, 동시에 프로세스를 구조화하는 일반적이고 범용적인 방법은 없음을 보여준다. 세 팀 모두 짧은 소프트웨어 인도 주기에서 성공적으로 협업하는 방법을 터득했지만 팀의 구조와 비즈니스 사용자의 참여도, 그리고 소프트웨어 인도 파이프라인으로 유입되는 변경의 복잡도에 따라 다른 접근법을 사용했다. 당신의 팀에 맞는 프로세스를 설계하는 데 도움될 만한 아이디어는 6장의 "협업 모델 선택"을 참고한다. 더 다양한 사례는 3부의 사례 연구를 참고한다.

> **스토리 챔피언**
>
> 스카이 네트워크 서비스 팀에서는 스토리 챔피언을 둬서 스토리에 개발자 짝이 바뀔 때 지식을 효율적으로 전달할 수 있게 했다. 프로젝트에서 비즈니스 분석가로 일하고 있는 쿠마란 시바파사순타람(Kumaran Sivapathasuntharam)은 이 아이디어에 대해 다음과 같이 이야기한다.
>
> > 스토리는 그것이 완성될 때까지 담당할 특정 개발자에게 할당됩니다. 이렇게 하면 스토리를 담당할 사람이 분명해져서 스토리와 관련된 이슈가 생기면 스토리 챔피언과 이야기하면 됩니다. 한 사람은 처음부터 끝까지 스토리를 담당하므로 둘 다 막혀있는 일이 없고, 짝이 계속 바뀌더라도 작업은 계속해서 진행됩니다.
>
> 얼티밋 소프트웨어의 글로벌 탤런트 매니지먼트 팀에서도 스토리 스폰서라고 하는 유사한 역할을 두고 있다. 메이켈 수아레즈에 따르면 스폰서는 다른 팀과의 의사소통을 담당하고, 칸반 보드 상의 진척도를 관리하며, 스탠드업 회의에서 상황을 점검하고, 장애물을 제거하는 일을 책임진다.

승인 및 추적성 다루기

어떤 팀에게는 애자일 프로젝트에서 문서가 거의 혹은 아예 없을 때 생기는 중대한 문제는 요구사항의 부족이다. 이 경우 요구사항이나 산출물 승인이 어려워진다. 전반적으로 소프트웨어 개발 업계는 10년 전에 비해 승인을 중요하게 여기지 않고 있다. 어떤 경우에는 승인이 법적 규제나 계약 때문에 여전히 필요할 때도 있다.

예제를 활용한 명세에서는 리빙 도큐멘테이션과 같이 추적하는 데 쓸 수 있는 요구사항 관련 산출물을 제공한다. 이를 활용하면 규제가 심한 업계에도 애자일 프로세스를 적용할 수 있다. 바스 보드(Bas Vodde)와 크레이그 라만(Craig Larman)은 『대규모 조직에 적용하는 린과 애자일 개발: 대규모 조직에 스크럼을 적용하기 위한 다양한 사고의 도구 및 조직의 도구』(케이앤피 IT, 2012)라는 책에서 미국 원자력 발전 업계[10]에서의 첫 번째 애자일 개발 프로젝트에 대해 쓴 적이 있다. 이 프로젝트에서 팀은 원자력 및 기타 안전이 중요한 분야에 필수적인 요구사항을 충실히 추적하기 위해 실행 가능한 명세를 활용했다. 반면 산출물을 구축하는 데 매우 역동적이고 반복적이며 협업이 필요한 접근법으로는 프로젝트 초기에 승인을 받기가 현실적으로 불가능했다. 다음은 승인 및 추적성을 달성하는 방법에 관한 몇 가지 아이디어다.

버전 관리 시스템을 통해 실행 가능한 명세를 유지하라

> 인터뷰를 한 몇몇 사람들은 제품의 소스코드처럼 버전 관리 시스템에 실행 가능한 명세를 유지하는 것이 성공적인 프로세스 구현을 위한 가장 중요한 방법 중 하나라고 말했다.

대부분의 자동화 도구는 일반적인 텍스트 파일 기반의 실행 가능한 명세로 작성되기 때문에 버전 관리 시스템과 잘 연동된다. 따라서 명세를 소스코드와 함께 태그나 브랜치로 쉽게 분기할 수 있어 현재 버전이나 특정 버전과 관련된 테스트를 찾아 어떤 버전의 소프트웨어도 테스트할 수 있다.

버전 관리 시스템을 이용하면 어떤 파일을 누가 언제 왜 고쳤는지 즉시 알 수 있기에 추적하는 데도 좋다. 실행 가능한 명세를 버전 관리 시스템으로 관리하면 요구사항과 명세에 대한 추적성을 별도의 노력 없이 얻을 수 있다. **예제를 활용한 명세**에서는 실행 가능한 명세가 자동화 계층을 통해 프로그래밍 언어 코드와 바로 연결되어 비교적 직관적으로 코드의 추적성 또한 보장된다.

실행 가능한 명세를 버전 관리 시스템에 보관하면 별도의 요구사항 관리 도구나 테스트 도구에 보관하는 것보다 잃어버릴 가능성도 낮다.

---

10 관련 사례를 이 책에 싣고자 했으나 아쉽게도 관련자와 연락할 수 없었다.

추출된 리빙 도큐멘테이션으로 출시 승인 받기
상황: 이터레이션별로 출시 승인을 하는 경우

예제를 활용한 명세는 프로젝트 스폰서와 개발팀 간의 신뢰를 구축하는 데 도움이 되어 출시 승인(sign-off)이 필요 없어진다. 요구사항에 대한 승인이 사업적 혹은 정치적 이유로 필요하다면 리빙 도큐멘테이션 시스템을 활용해 출시 승인을 받으면 된다.

➡ 기능 구현에 앞서 명세 승인이 필요하다면 이터레이션별로 정리하면 된다. 그런 다음 워드나 PDF 문서로 다음 이터레이션에 해당하는 실행 가능한 명세를 작성해 승인을 받으면 된다.

Cucumber 같은 자동화 도구는 직접 PDF로 내보내는 기능을 지원하며, 이것은 프로세스에 도움이 된다.

 ## 명세가 아닌 범위를 승인받기
상황: 좀 더 긴 마일스톤을 승인하는 경우

➡ 한 이터레이션에서 인도할 수 있는 분량보다 많은 소프트웨어를 승인받아야 한다면 상세한 명세가 아닌 범위를 대상으로 승인받는다. 예를 들어, 사용자 스토리나 유스 케이스로 승인을 얻는다.

롭 파크는 미국의 대형 보험사와 일할 때 이 접근법을 적용했다. 팀은 승인을 위해 폭포수 모델의 승인 프로세스를 유지하면서도 필요한 문서를 크게 간소화했다. 파크는 다음과 같이 설명한다.

> 저희가 감당하기 힘들 정도로 규모가 큰 프로세스였습니다. 비즈니스 분석가는 워드 문서 양식을 이용해 전체 분량을 8장에서 2장으로 줄였습니다. 고객이 스토리 카드를 승인하는 프로세스가 있었는데, 승인되기 전에는 비즈니스 분석가만 볼 수 있습니다. 회사 내에서는 폭포수 모델 프로세스를 사용했지만 팀에서는 다른 프로세스를 사용했습니다.

이 사례에서는 스토리를 개발하기 전에 종이 문서가 있어야 한다는 계약사항 때문에 어쩔 수 없이 워드 문서가 사용되고 있다. 범위가 승인되고 난 후 팀은 실행 가능한 명세를 유일한 요구사항으로 사용했다.

간소화된 유스 케이스로 승인받아라
상황: 승인에 상세 내용이 필요한 경우

규제가 심한 환경에서는 범위에 대한 승인이 허용되지 않을 수 있다. 날리전트 그룹(Knowledgent Group)의 마이크 보겔(Mike Vogel)은 제약 업계의 프로젝트를 수행하면서 안전 규약의 요구사항을 충족하도록 스크럼과 XP 기반의 프로세스를 확장 적용했다. 사용자 스토리만으로는 규제가 있는 시스템의 표준을 충족하기 어려워 팀에서는 유스 케이스를 활용했다.

팀은 "구조화된 스토리(structured stories)"라고 하는 간소화된 유스 케이스를 사용해 소규모로 시작했기에 꾸준히 발전할 수 있었다. 이러한 유스 케이스는 데이터와 의사결정에 관한 상세화를 피할 수 있다(이러한 상세 내용은 별도의 데이터 영역으로 분리했다). 보겔은 이 접근법을 다음과 같이 설명한다.

> 유스 케이스에서는 데이터에 사용자가 도메인 언어의 일부로 이해할 수 있는 별명을 부여할 겁니다. 데이터 영역에서는 예제가 아닌 데이터에 대한 구조와 규칙에 대해 설명합니다. 예제는 인수 테스트와 예제를 포함한 요구사항에 들어가는데, 이곳에서 유스 케이스를 활용해 우리가 이름 붙인 데이터들의 변화를 다루고 보여주는 예제를 만들게 됩니다. 아울러 추출한 데이터 묶음에 대한 예제를 다양화할 수 있습니다.

➡️ 예제가 없는 간소화된 유스 케이스로 승인을 받는다.

보겔의 팀은 예제가 없는 간소화된 유스 케이스로 요구사항 문서를 작성했다. 그 결과 대형 프로젝트의 규약과 진부함을 모두 표현했음에도 100페이지 미만의 산출물이 만들어졌다. 아울러 프로젝트 전반에 걸쳐 고객과 협업해 유스 케이스와 예제를 구체화했다.

> 고객과 같은 방에서 일하면서 예제와 함께 한 번에 하나씩 유스 케이스를 작성했습니다. 논의는 상세한 예제에 관한 것이고요. 그렇게 해서 저희가 몇 가지 상세한 내용을 추가하면 고객이 그것을 검토합니다.

이러한 접근법 덕분에 상세한 설명을 미리 작성하지 않고도 전통적인 명세와 유사한 형태로 승인받을 수 있다. 상세한 내용은 이터레이션과 협업 프로세스를 통해 도출했다. 상위 레벨의 유스 케이스가 고객 업무를 설명하는 백로그가 됐고 상세한 내용은 추후 이터레이션을 통해 도출했다.

유스 케이스 실체화하기
상황: 모든 세부사항에 승인이 필요한 경우

매튜 스티어는 RUP 같은 구조적인 프로세스 기반의 프로젝트에 참여했다. 프로세스는 모든 상세한 상황에 대한 승인을 필요로 했고 명세는 유스 케이스로 정의됐다. 이와 더불어 스티어와 팀은 예제와 함께 효과적인 설명을 위해 유스 케이스를 실체화했다. 이렇게 함으로써 팀은 예제를 활용한 명세를 도입할 수 있었다. 스티어는 다음과 같이 이야기한다.

> 책 내용을 그대로 따른 전통적인 방법으로 요구사항을 유스 케이스로 작성했고 비기능 요구사항을 추가했습니다. 유스 케이스를 기반으로 유스 케이스 실체화와 예제 및 시나리오를 채워 유스 케이스를 완성합니다. 많은 매개변수가 있는 테이블을 만들고 데이터를 연결해 유스 케이스가 어떻게 실체화될지 보게 됩니다. 유스 케이스 실체화는 실제 시나리오를 사용해 비즈니스의 의미를 표현하는 참고자료가 됩니다.

➡ 세부사항을 추가하는 것과 같이 유스 케이스를 실체화하는 것은 방법론자들의 감시하에 정규 프로세스에 예제를 활용한 명세를 적용하는 좋은 방법이다. 또한 계약된 요구사항을 대상으로 승인이 필요하지만 여전히 상세한 사항이 추가될 수 있는 경우에는 예제를 활용한 명세의 아이디어를 적용해보는 것이 도움이 된다.

앞에서 소개한 다른 팀들을 비롯해 스티어의 팀에서는 일반적인 요구사항을 대상으로 만들어진 유스 케이스나 테스트만을 사용하는 것만이 아니라 예제(유스 케이스 실체화라는 형태를 띠긴 했지만)도 사용했다. 이를 통해 인도 프로세스가 더 효과적으로 바뀌었다.

엄밀히 말하면 실행 가능한 명세를 버전 관리 시스템으로 관리하기 때문에 리빙 도큐멘테이션이 요구사항의 변경에 대한 추적성을 즉시 보장해 준다. 반복적인 개발은 대개 초기 단계의 승인과 어울리지는 않지만 이 절에서 소개한 팁을 활용해 프로세스가 변화하는 동안 그러한 문제를 다루고 비즈니스 사용자의 신뢰를 얻어 대응할 수 있다. 명세에 대한 협업과 리빙 도큐멘테이션이 주는 가시성은 승인의 필요성을 없애는 데 도움된다.

경고 신호

예제를 활용한 명세가 잘 적용되고 있는지 확인하기 위해 진척 상황을 추적할 수 있다. 다른 척도와 마찬가지로 척도 자체가 목적이 되지 않아야 한다. 그렇지 않으면 수치를 높이기 위한 프로세스만이 개선될 것이고 장기적인 결과는 실패할 것이다. 프로세스 조정이 필요한 경우에만 이 같은 척도를 사용한다.

자주 변경되는 테스트에 유의하라

2009년 XPDay에서 마크 스트라이벡(Mark Striebeck)은 구글 테스트 고도화 사례에 대해 말했다.[11] 인상 깊었던 것 중 하나는 (단위) 테스트가 좋은지 나쁜지 판단하는 방법이었다. 테스트가 실패하면 테스트가 다시 성공할 때까지 변경을 거슬러 올라간다. 해당 코드가 변경됐다면 테스트는 잘 작성된 것이다. 테스트가 변경되고 소스코드는 변경되지 않았다면 나쁜 테스트다. 이 통계를 수집해서 단위 테스트 패턴을 분석해 무엇이 테스트를 좋게 혹은 나쁘게 만드는지 파악하고자 했다.

실행 가능한 명세에도 같은 기준을 적용할 수 있다고 생각한다. 검증이 실패하고 코드를 변경한다면 문제를 발견하고 해결했다는 의미다. 검증이 실패했는데 명세를 바꿔야 한다면 명세가 제대로 작성되지 않은 것이다.

엄밀히 말하면, 비즈니스 규칙은 그것을 구현하는 기술보다 더 안정적이어야 한다. 자주 변경되는 실행 가능한 명세에 주의하라. 실행 가능한 명세를 더 잘 작성하는 방법을 찾아야 한다.

또한 올바른 관리를 위해 명세 및 명세 관련 자동화 코드를 리팩터링하는 시간을 측정해 볼 수 있다. 여기에 이터레이션의 상당 부분을 할애했다면 테스트 자동화를 위한 더 나은 방법을 찾아야 한다(9장의 팁 참고).

부메랑에 유의하라

뭔가를 잘못하고 있음을 확인하는 다른 좋은 척도는 *부메랑*이 나타나는지 점검하는 것이다. 부메랑은 출시된 지 한달 내에 다시 진행 프로세스로 돌아온 스토리나 제품 백로그 항목을 의미한다.

---

[11] http://gojko.net/2009/12/07/improving-testing-practices-at-google

완결됐다고 생각했지만 재작업이 필요한 것이다. 하지만 제품 개선을 위해 요구사항이 확장되어 돌아온 것은 부메랑이 아니다.

예제를 활용한 명세를 적용하고 나면 부메랑의 수가 찾기 어려울 정도로 크게 감소한다. 협업을 통해 작성한 명세와 테스트 및 개발은 서로 일치하므로 오해로 발생하는 불필요한 재작업이 없어질 것이다. 몇 개월 동안의 부메랑 발생 동향을 검토해 보면 얼마나 개선됐는지 알 수 있다. 부메랑의 수가 줄지 않았다면 프로세스 방식에 뭔가 문제가 있는 것이다.

부메랑을 추적하는 데는 많은 시간이 걸리지 않는다. 보통 모든 이터레이션마다 몇 분이면 충분하다. 하지만 이를 통해 **예제를 활용한 명세**가 제대로 동작하는지 검증할 수 있다. 규모가 큰 회사에서는 다른 팀을 수긍하게 만드는 명분을 제공하기도 한다. 좀 더 복잡한 통계로는 부메랑을 처리하는 데 소요된 시간을 측정할 수 있고, 이것은 불필요하게 개발 및 테스트에 낭비된 시간과 비용으로 고려할 수 있다. 실행 가능한 명세를 자동화하는 데 소요되는 시간이 낭비라고 불평하는 사람이 있다면 과거에 부메랑에 소요된 시간과 비교해보자. 분명 **예제를 활용한 명세**를 위한 비즈니스 사례를 만든 시간보다 클 것이다.

부메랑의 수가 감소하고 비교적 드물게 나타나면 더는 측정하지 않아도 된다. 부메랑이 나타나면 어디서 발생했는지 원인을 파악하려고 노력해야 한다. 고객 중 한 명은 금융부서에서 되돌아오는 부메랑이 많았다. 회사의 특정 부서와의 의사소통에 문제가 있다는 사실을 파악했고 결과적으로 그 부서와 일하는 방식을 개선하는 방법을 모색했다.

부메랑을 추적하는 것은 **예제를 활용한 명세**를 도입하기 위한 비즈니스 사례를 구축하는 좋은 방법이기도 하다. 모호한 요구사항과 명세의 기능 차이를 명확하게 드러내기 때문이다.

조직의 불일치에 유의하라

많은 팀이 이터레이션에서 팀 활동을 일치시키기 위한 더 나은 방법으로 **예제를 활용한 명세**를 적용하기 시작했다. 실행 가능한 명세 및 자동화 코드가 안정되고 익숙해지면 스토리 구현과 수동 테스트를 포함한 모든 테스트를 같은 이터레이션에서 완료할 수 있다. 테스터가 개발에 뒤처진다면 뭔가 잘못하고 있는 것이다. 비슷한 경고 신호는 분석이 불일치했다는 것이다. 어떤 팀은 분석을 해당 이터레이션보다 앞서 수행하지만 여전히 일정한 간격과 흐름이 있었다. 너무 앞서 분석해서 즉시 개발하지 않을 것을 분석하고 있거나 개발에 필요한 분석이 지연된다면 프로세스가 잘못됐다는 신호다.

대비성 코드에 유의하라

『린 소프트웨어 개발』[12]에서 매리 포펜딕(Marry Poppendieck)과 톰 포펜딕(Tom Poppendieck)은 소프트웨어 개발의 가장 큰 낭비는 필요하지도 않은 부분을 개발하는 "만약을 대비한 코드"라고 했다. 그것이 가장 큰 낭비 요소인지는 모르겠지만 아무도 필요로 하지 않고 요구하지도 않은 부분에 돈과 시간과 노력이 낭비되는 것을 똑똑히 목격했다. 예제를 활용한 명세는 무엇을 인도해야 하는가에 대해 모두가 이해하는 데 이바지하기 때문에 이런 문제를 현저히 줄여 준다. 조디 파커는 명세에 대한 대화와 협업이 해결책이었다고 다음과 같이 말한다.

> 개발자가 스토리 카드를 받으면 "해당 내용을 구현하기 위한 최소한의 일을 한다."라는 조언이 있음에도 기술적으로 굉장한 방법으로 스토리 카드에 담긴 모든 것을 개발하려고 합니다. 이를 효율적으로 바꿔야 하는데도 항상 구체화한 후에나 스토리를 가져올 수 있었습니다. 이런 문제는 달성하고자 하는 바를 비즈니스 모델로 그릴 수 있다면 대화와 지속적인 노력으로 해결할 수 있습니다. 도메인 모델링을 통해 아주 쉽게 작업을 도출할 수 있거든요. 당신이 할 수 있는 일이라곤 이것뿐입니다. 작업이 작은 단위이기 때문에 맘에 드는 것을 하나 골라 바로 시작할 수도 있지만 그렇게 하면 다른 팀원들도 곧 눈치채고 뭐라고 할 것입니다. 누군가가 며칠이 지나도 작업을 해결하지 못한다면 스탠드업 회의에서 이를 이야기합니다.

협의된 범위나 예제를 벗어나 개발을 하는 사람이 있는지 유의해야 한다. 만약을 대비하는 코드가 만들어지는 것을 예방하는 좋은 방법은 원하는 것이 무엇인지와 더불어 무엇이 범위를 벗어나는 가에 대해서도 이야기하는 것이다.

산탄총 수술에 유의하라

*산탄총 수술(shotgun surgery)*은 한 클래스를 수정할 때 관련된 다수의 클래스를 수정해야 할 때 발생하는 고전적인 프로그래밍 안티 패턴(또는 *코드 냄새*)이다. 리빙 도큐멘테이션에도 이런 안티 패턴이 적용될 수 있다. 제품 코드 하나를 수정하는 데 다수의 실행 가능한 명세를 수정해야 한다면 뭔가 잘못된 것이다. 코드를 조금 바꾸면 테스트도 조금만 바뀌도록 리빙 도큐멘테이션을 정리한다(11장의 '리빙 도큐멘테이션에 귀 기울여라'를 참고한다). 이는 자동화와 관련된 장기적인 유지보수 비용을 줄이는 핵심 단계 중 하나다.

---

[12] 매리 포펜딕과 톰 포펜딕, 『린 소프트웨어 개발: 속도 경쟁에서 승리하기』(위키북스, 2007)

정리

- **예제를 활용한 명세**는 명세를 적기에 공급하는 좋은 방법이고 짧은 이터레이션이나 흐름 기반 개발의 성공을 위한 핵심 요소다.
- 자그마한 소프트웨어 조각들을 효율적으로 다뤄서 빠른 처리 시간과 피드백을 이끌어낸다.
- 길고 지루한 문서보다 효과적이고 효율적인 의사소통을 강조한다.
- 올바른 시스템 명세를 작성하려면 테스터, 분석가, 개발자가 함께 일할 수 있는 연합팀을 만들어야 한다.
- 프로젝트 초기에 자동화 비용을 계획에 반영한다.

II
주요 프로세스 패턴

05 _ 목표에서 범위 도출하기
06 _ 협업을 통해 명세 만들기
07 _ 예제를 활용해 설명하기
08 _ 명세 정제하기
09 _ 명세의 변경 없이 검증 자동화하기
10 _ 자주 검증하기
11 _ 문서 시스템 발전시키기

05
목표에서
범위 도출하기

- 올바른 범위 설정하기
- 상위 수준의 권한 없이 범위에 대해 협업하기
- 추가 정보
- 정리

F-16 팰콘 전투기는 역사상 가장 성공한 제트 전투기다. 모든 난점을 극복하고 성공했기에 더욱 주목할 만하다. F-16을 설계하던 1970년대에 제트 전투기의 가장 중요한 요소는 속도였고 항속거리, 무기, 기동성은 계약 체결을 위한 부차적인 요소였다.[1] 하지만 F-16이 전투에서 이상적인 역할을 수행하고 성공을 거두게 한 것은 항속거리와 기동성이었다.

에이너 랜더(Einar Landre)는 『소프트웨어 아키텍트가 알아야 할 97가지』[2]에서 F-16의 수석 설계자였던 해리 힐레이커(Harry Hillaker)가 F-16의 초기 요구사항이 마하 2~2.5라고 이야기한 것을 인용했다. 힐레이커가 마하 2~2.5가 중요한 이유를 묻자 미공군은 전투기의 '전투 회피 능력' 때문이라 답했다. 힐레이커의 설계는 마하 2에 미치지 못했지만 뛰어난 민첩성 덕에 조종사가 전투를 회피할 수 있었다. 넓은 시야를 제공하고 프레임이 없는 버블 캐노피, 조종사에게 가해지는 중력을 줄여주는 기울어진 좌석, 시야를 방해하지 않고 조종사 정면에 전투 정보를 보여주는 디스플레이, 고속에서도 조작성을 향상시켜주는 측면 부착형 조종간을 비롯한 많은 혁신을 이뤄냈다. 이런 기능 덕분에 F-16은 다른 설계에 비해 월등했고 생산 비용도 저렴했다. F-16은 설계 경쟁에서 승리했다. 그리고 30년도 더 지난 지금도 생산되고 있으며, 25개국에 4,400 대 이상이 판매되는[3] 상업적 성공도 거뒀다. 심지어 '엑스맨2', '트랜스포머: 패자의 역습' 같은 액션 영화에 자주 등장할 만큼 유명한 제트 전투기가 됐다.

F-16의 성공은 고객이 원하는 것보다 나으면서도 저렴한 해결책을 제공했기에 가능했다. 마하 2.5를 포함한 초기 요구사항은 문제를 해결하기 위한 하나의 방법이었지만 이 문제는 효과적으로 논의되지 않았다. 설계자는 초기 요구사항의 구현에만 신경 쓰지 않고 문제 자체를 더 정확히 이해하려 했다. 이 과정을 통해 진정한 목표를 설정하고 제안된 해결책이나 기능에 대한 막연한 예상이 아닌 진짜 목표로부터 설계를 이끌어낼 수 있었다. 이것은 성공적인 제품 디자인의 핵심 요소로서 항공기 개발뿐 아니라 소프트웨어 설계에도 중요하다.

대부분의 비즈니스 사용자와 고객은 요구사항을 해결책으로 제시하려는 경향이 있고, 달성 목표나 문제 해결의 본질에 대해 토론하는 경우는 드물다. 고객은 항상 옳고, 고객의 요구는 변경 불가능하다는 위험한 오해 때문에 고통받는 개발팀을 많이 봐왔다. 이로 인해 개발팀은 제안된 해결책을 맹목적으로 받아들이고 그것을 구현하기 위해 몸부림치게 된다. 성공적인 팀은 그렇게 하지 않는다.

---

1 케브 달링(Kev Darling)의 『F-16 Fighting Falcon(Combat Legend)』(Crowood Press, 2005) 참고
2 리차드 몬슨-해펠(Richard Monson-Haefel), 『소프트웨어 아키텍트가 알아야 할 97가지』(지앤선, 2011)
3 http://www.lockheedmartin.com/products/f16 참고

F-16 설계자들과 마찬가지로 성공적인 팀은 진짜 문제에 대해 더 많은 정보를 공유하며 해결책을 설계하기 위해 협업한다. 심지어 범위[4]도 그렇게 다룬다. 범위는 해결책을 내포한다. 성공적인 팀은 범위를 정의하는 책임을 다른 사람에게 떠넘기는 대신 주도적으로 행동하고 적절한 범위를 결정하기 위해 비즈니스 사용자와 협업해서 목표를 달성한다. 이것이 목표에서 범위를 도출하는 핵심이다.

목표에서 범위를 도출하기 위해 협업하는 것은 이 책에서 다루는 주제 중 가장 논란이 많은 주제다. 지난 5년 동안, 소프트웨어 개발에서의 가치 사슬(value chain)[5]이 대중화되어 협업을 통해 범위를 정하고 비즈니스 목표에서 범위를 도출하는 것에 대한 인식이 높아졌다. 그러나 함께 일하는 대부분의 팀은 여전히 프로젝트 범위가 그들의 통제 밖에 있고 고객이나 비즈니스 사용자가 전적으로 정의해주길 기대한다. 이 책을 준비하는 과정에서 협업을 통해 목표에서 프로젝트 범위를 도출하는 팀의 패턴을 발견했지만 이 실천법은 다른 핵심 패턴에 비해 보편성이 많이 떨어진다.

그래서 처음에는 이번 장을 책에서 제외하려고 했다. 그러다 다음의 세 가지 이유로 책에 싣기로 마음먹었다.

- 범위 정의는 올바른 소프트웨어를 구축하는 프로세스에서 중요한 역할을 수행한다. 범위를 잘못 정하면 나머지 과정은 무의미하다.
- 앞으로 소프트웨어 개발의 중요한 주제가 될 것이기에 그에 대한 인식을 제고하고 싶었다.
- 범위를 정하는 일은 가치 사슬을 통한 설계 과정에 적합하며, 린 개발 방법 때문에 점점 더 대중화될 것이다.

다음의 두 절에서는 직접 범위를 결정할 수 있는 팀과 그렇지 못한 팀이 범위 결정에 영향력을 발휘할 수 있는 기법을 설명한다. 프로젝트 범위에 상위 수준의 결정권을 가진 팀은 주도적으로 활동할 수 있으며, 즉시 올바른 범위 설정을 시작할 수 있다. 아쉽게도 내가 근무했던 여러 큰 조직에 속한 팀에는 그런 결정권이 없었지만, 그렇다고 범위 결정에 전혀 영향을 줄 수 없다는 의미는 아니다.

---

4 (옮긴이) 프로젝트 범위를 말하며, 제품이나 서비스의 기능을 제공하기 위해 수행해야 하는 업무를 말한다.

5 (옮긴이) 가치 사슬 모델(Value Chain Model)이란 기업에서 경쟁전략을 세우기 위해, 자신의 경쟁적 지위를 파악하고 이를 향상시킬 수 있는 지점을 찾기 위해 사용하는 모델이다. 가치 사슬의 각 단계에서 가치를 높이는 활동을 어떻게 수행할 것인지 비즈니스 과정이 어떻게 개선될 수 있는지를 조사하여야 한다. (출처: 위키피디아)

올바른 범위 설정하기

유스 케이스, 사용자 스토리, 혹은 백로그 항목은 프로젝트 범위에 대한 폭넓은 정의를 제공한다. 많은 팀이 이런 산출물에 대한 책임이 비즈니스 사용자, 제품 책임자, 혹은 고객에게 있다고 생각한다. 비즈니스 사용자에게 범위를 정해달라는 것은 사실상 소프트웨어 설계 경험이 전무한 개인에게 고수준의 해결책을 요구하는 것과 마찬가지다. 해결책을 설계하는 일은 가장 도전적이고 핵심적인 단계 중 하나다. 프레드 브룩스(Fred Brooks)는 『맨먼스 미신(The Mythical Man-Month)』[6]에서 "소프트웨어 시스템을 만들 때 가장 어려운 일은 무엇을 만들 것인지 결정하는 일이다"라고 했다. 또한 알베르트 아인슈타인(Albert Einstein)은 "어떤 문제를 명확하게 서술하는 것이 때로는 그 문제의 해법보다 더 중요하다"고 했다.

사용자 스토리는 최근 애자일과 린 프로젝트에서 범위를 정의하는 가장 각광받는 방법이다. 사용자 스토리는 프로젝트에서 비즈니스의 가치에 대한 인식을 높이는 데 크게 기여했다. 비즈니스 사용자에게 통합 플랫폼의 개발과 트랜잭션 CRUD(Create, Read, Update, Delete) 화면의 개발 중 하나를 선택하도록 요구하는 대신, 드디어 사용자 스토리를 사용해 그들이 이해하고 합리적으로 우선순위를 매길 수 있는 것을 이야기할 수 있게 됐다. 여기서 각 스토리는 비즈니스 가치와 명확하게 연관되는 것이 중요하다. 비즈니스 사용자는 가치에 대해 임의로 표현할 때가 많다(그리고 이것이 빙산의 일각일 때가 많다). 하지만 스토리가 제공해야 할 것을 알면 더 조사해서 대안을 제시할 수 있다. 테크토크의 크리스찬 하사는 다음과 같이 설명한다.

> 사람들이 필요하다고 생각하는 것을 말할 때 그들에게 "왜"라는 질문을 던져서 그들의 새로운 암시적 목표를 파악할 수 있습니다. 대부분의 조직은 자신들의 비즈니스 목표를 명확하게 기술하지 못합니다. 어찌됐건 목표를 도출해 냈다면 역으로 파악한 목표에서 범위를 도출해야 하고, 초기에 가정했던 범위를 버릴 수 있습니다.

이것이 내가 『Bridging the Communication Gap』에서 *요구사항에 대한 문제 제기 (challenging requirements)*라고 명명한 필수 실천법이다. 요구사항에 대한 문제 제기가 여전히 중요한 실천법이라 생각하지만 실천에는 저항이 따른다. 하지만 수동적인 자세를 취하는 것(내가 봤던 대부분의 팀이 그렇다)보다 확실히 나은 방법이며, 팀이 비즈니스 목표를 성취하는 데 더욱더 적극적일 수 있도록 돕는 최신 기법과 실천법이 있다. 잘못된 스토리에 반응하는 대신

---

[6] 프레드 브룩스, 『맨먼스 미신 : 소프트웨어 공학에 관한 에세이』(케이앤피북스, 2007)

초기부터 비즈니스 사용자와 함께 올바른 스토리를 만들 수 있다. 핵심 아이디어는 사용자 스토리뿐 아니라 비즈니스 목표와 범위 도출까지 협업을 통해 시작하는 것이다.

👉 "왜"와 "누구"를 이해하라

사용자 스토리는 일반적으로 세 부분으로 구성된다. "나는 __ 로서 __ 을 하기 위해 _을 원한다." 다른 형식도 있지만 모두 이 세 요소는 포함한다.

➡ 어떤 것이 필요한 이유와 그것을 필요로 하는 사람이 누구인지 이해하는 것은 제시된 해결책을 평가하는 데 핵심적인 요소다.

좀 더 상위 수준인 프로젝트 범위를 결정하는데도 "왜"와 "누구"라는 질문을 던져볼 수 있다. 상위 수준에서 이 같은 질문에 대한 대답에 따라 프로젝트는 전혀 다른 방향으로 나아갈 수 있다. 벨기에에 위치한 아이린(iLean)에 근무하는 피터 잰슨스(Peter Janssens)는 프로젝트에서 이와는 반대로 요구사항을 해결책 형태로 제공하는 사람이었다. 잰슨스는 지역 교통신호정보를 저장하는 애플리케이션을 맡고 있었다. 그 애플리케이션은 벨기에의 교통신호정보를 저장하기 위해 단순히 마이크로소프트 액세스(Access) 데이터베이스로 시작했지만 전 세계 대부분의 국가를 대상으로 할 만큼 빠르게 성장했다. 회사는 각 국가별로 데이터 수집기를 가지고 있었고, 각 데이터 수집기는 모두 로컬에 설치된 액세스 데이터베이스를 사용했기 때문에 종종 병합 과정이 필요했다.

작업을 좀 더 효율적으로 수행하고 병합의 문제를 피하기 위해 그들은 온라인 데이터베이스를 도입하고 그것을 관리하기 위한 웹 애플리케이션을 만들기로 했다. 최종 제안을 선택하기 전 넉 달 동안 공급자들과 만났고 입찰 조건을 비교했다. 애플리케이션의 추정 비용은 100,000유로였다. 그러나 '누가', '왜' 애플리케이션을 필요로 하는가를 고민한 후 프로젝트는 완전히 달라졌다. 잰슨스는 다음과 같이 말한다.

> 진행 여부를 결정하기 전날 엔지니어 한 명이 문제를 명확히 이해하기 위해 다시 질문을 했습니다. 저는 "우리는 중앙 데이터베이스를 대상으로 쓸 웹 솔루션이 필요해요"라고 답했죠. 그러자 그는 "아니, 아니에요. 바로 결론으로 넘어가지 마세요. 당신이 원하는 해결책이 아니라 해결해야 할 문제를 설명해주세요."라고 말했습니다. 그래서 다시 문제를 설명했지요. 그러자 그는 "그러니까 실제 문제는 병합

> 에 드는 시간 때문에 단일 소스로 작업하길 원하는 거군요."라고 했고, 저는 "네. 맞아요"라고 얘기했습니다.
>
> "누가 그 작업을 하고 있죠?"라고 그는 두 번째 질문을 했습니다. 그래서 저는 "그러니까 현재 10개 그룹의 국가에서 운영되고 있으니 10명의 담당자가 있죠"라고 답했습니다. 저희는 데이터베이스를 살펴보고 이러한 형태의 교통정보가 자주 바뀌지 않는다는 사실을 깨달았습니다. 국가별로 일 년에 한두 번 정도였습니다. "피터, 내일까지 문제를 해결해 줄게요."라고 그가 말했습니다. 다음날 그는 시트릭스(Citrix) 서버(원격 데스크톱 서버)에 해당 데이터베이스를 추가했습니다.[7]

애플리케이션은 총 10명이 사용하고, 비정기적으로 교통신호정보를 업데이트할 때만 이 애플리케이션을 사용한다. 애플리케이션은 데이터의 규모에 맞게 잘 작동하고 있었고, 오직 병합할 때만 문제가 있었다. 한 개발자가 실제 문제를 이해하게 되자 원래 제시됐던 해결책보다 훨씬 더 비용이 적게 드는 해결책을 찾을 수 있었다. 잰선스는 다음과 같이 설명한다.

> 이를 통해 실제 대립 상황에서 요청의 배경이 되는 문제의 핵심을 이해하는 것이 정말로 중요하다는 교훈을 얻었습니다. 즉, "왜"를 이해하는 것은 정말 중요합니다. 결국 "누구"라는 질문을 통해 시트릭스를 사용하는 해결책을 찾을 수 있었죠. 그 애플리케이션을 사용하는 사람은 평균적으로 고작 한 달에 한 명뿐이었던 것이죠.

범위 수준에도 해결책은 이미 내포돼 있다. 가능한 사용자 스토리나 유스 케이스를 다루거나 작업의 명세를 논의하지 않고 진행하면, 누군가가 웹 애플리케이션을 제안한 것이 하나의 해결책으로 간주된다. 공급자를 선택하는 데 5개월을 보내고 프로젝트 출시에 그보다 더 긴 시간을 보내는 대신 그들은 비용도 들이지 않고 문제를 빠르게 해결했다. 극단적인 예이긴 하지만 누군가가 특정 애플리케이션을 필요로 하는 이유와 어떻게 사용할지를 이해하는 것이 때로는 더욱 나은 해결책을 유도한다는 것을 보여준다.

어디서 가치가 창출되는지 이해하라

어디서 가치가 창출되는지 이해하면 더 나은 해결책을 설계하는 데 도움될뿐더러 우선순위를 정하는 데도 큰 도움이 된다. 미국의 대형 보험사에 속한 롭 파크의 팀은 상위 기능 수준에서만 우선순위를 정하고, 하위 스토리 수준에서는 동일한 과정을 따르지 않게 함으로써 많은 시간을 절약할 수 있었다. 파크는 다음과 같이 이야기한다.

---

7 (옮긴이) 10개의 로컬 데이터베이스를 사용함으로써 생기는 병합 문제를 시트릭스 서버를 사용해 단일 데이터베이스로 만들어 문제를 해결했다는 얘기다. 즉, 애플리케이션을 수정하지 않고 문제를 해결했다.

> 저희는 비즈니스 가치와 무엇이 기능의 핵심인지를 상위 수준에서 기술합니다. 저희는 그 기능을 여러 개의 스토리로 쪼개는데, 가능한 한 작은 스토리로 만듭니다. 그런 기능의 예로 '14개 주를 위한 PDF 보험 증명서 발급'을 들 수 있습니다. 특히 비즈니스 관점에서 적극적으로 시도했던 것은 "그것이 얼마나 가치 있는지 금전가치를 부여하는 일"이었습니다. 저희는 고위직 직원에게서 특정 케이스에 대한 이야기를 들을 수 있었습니다. 이를테면, "음, 요청의 50% 정도가 이런 케이스이고, 그 요청의 50%가 보험증명서 발급에 대한 것입니다. 즉, 요청의 25% 정도가 보험 증명서 발급에 대한 것이죠."와 같은 것이죠. 얼마나 많은 고객 요청을 받고 있는지, 예전처럼 모두 복사해서 붙이는 대신 PDF를 생성함으로써 얼마나 시간과 노력을 줄일 수 있는지 알게 됐죠. 그래서 거기에 실제 금전으로 환산한 가치를 매길 수 있었고요. 이것은 정말 멋진 일이었습니다.

➡ 목표 수준에서 토론하면 스토리 수준에서 토론하는 것보다 범위와 우선순위를 좀 더 효율적으로 다룰 수 있다.

이것이 도움이 될 수 있는 좋은 예는 추정(effort estimation)이다. 롭 파크의 팀은 목표에 대해 토론함으로써 개별 스토리를 추정할 때 생기는 시간 낭비를 줄일 수 있다는 사실을 발견했다.

> 저희는 개별 스토리를 추정하는 것에는 신경 쓰고 싶지 않았습니다. 예를 들어, 피보나치 수를 사용해 스토리를 추정해보면 8 이상의 수는 한 이터레이션 내에서 개발하기에 너무 크다는 것을 곧 깨닫고 추정치를 1, 2, 3, 5로 만들게 됩니다. 그다음에는 5 역시 너무 크다고 말하게 됩니다. 결국 모든 추정치를 1, 2, 3으로 만들게 되어 차이가 없어집니다. 스토리를 적당한 크기로 나누고 각 부분의 추정은 신경 쓰지 않는 대신 단지 스토리가 사용자에게 인도될 때 순환주기(cycle time)[8]만 측정합니다.

『Software by Numbers』[9]에서 마크 덴(Mark Denne)과 제인 클레랜드-후앙(Jane Cleland-Huang)은 범위를 최소 시장성 기능(Minimum Marketable Features)으로 나누어 비즈니스 가치에서 우선순위를 도출할 수 있는 정규화 기법을 소개했다. 내 경험에 따르면 어떤 상품이 얼마만큼의 돈을 벌어들일지 예측하는 일은 기능을 구현하는 데 어느 정도의 기간이 걸릴지 예상하는 일만큼이나 어렵고 오차도 크다. 그러나 여러분의 도메인에서 기능의 가치를 수치화할 수 있다면 비즈니스 사용자를 끌어들이는 데 도움이 된다. 비즈니스 사용자에게 저수준의 스토리나 작업의 우선순위를 결정하게 하기보다는 기능이나 비즈니스 목표의 우선순위를 요청하는 편이 낫다.

---

8   (옮긴이) 순환주기는 아이디어가 실제 개발되어 사용자에게 전달될 때까지 걸리는 시간을 의미한다. 순환주기가 짧다는 것은 개발에 불필요한 낭비가 없이 사용자에게 빠르게 가치 전달을 할 수 있게 조직이 고도화됐다는 의미다.
9   마크 덴과 제인 클레랜드-후앙, 『Low-Risk, High-Return Development』(Prentice Hall, 2003).

비즈니스 사용자가 기대하는 결과를 이해하라

목표를 확정하기 어려운 상황이라면 시스템에 기대하는 바가 무엇인지를 생각해보는 것으로 시작해도 좋다. 즉 왜 그들이 그것을 필요로 하며, 어떻게 소프트웨어가 그것을 제공할 수 있는지 조사한다. 시스템에 기대하는 바를 정의하면 거기서 도출된 요구사항을 만족시키는 데 집중할 수 있다. 그 기능이 필요한 이유를 분석하면 프로젝트의 목표를 도출해낼 수 있다.

➡ 어떻게 시스템에 기능을 넣을지 비즈니스 사용자와 논의하기보다 시스템에서 얻고자 하는 것에 대한 예제에서 시작해야 한다. 그렇게 하면 비즈니스 사용자를 토론에 끌어들이기가 쉬워지고 그들에게 시스템이 나아갈 방향을 명확하게 제시할 수 있다.

웨스 윌리엄스는 사브르에서 수행하는 한 프로젝트에 참여 중이었는데, 재작업이 많아 사용자 인터페이스 구축이 지연되고 있었다.

> 고객이 GUI를 볼 수 있기 전에 도메인(애플리케이션 계층)에 대한 인수 테스트가 먼저 만들어졌습니다. UI는 4달 정도 지연됐죠. 고객이 UI를 봤을 때 자신이 생각했던 애플리케이션과는 완전히 달랐어요. UI에 대한 테스트를 작성하기 시작하자 도메인에 대한 테스트를 만들 때보다 고객이 더 많이 참여했죠. 그래서 도메인 코드를 변경해야 했지만 고객은 그 부분이 이미 완료된 것으로 간주했어요. 고객은 이미 원하는 테스트를 갖게 됐고, 테스트가 통과하고 있었기 때문에 완료된 것으로 생각했죠.

시스템에 기대하는 바는 목표를 찾아내고 그 목표를 달성하기 위해 만들어야 하는 것이 정확히 무엇인지 결정하는 데 도움을 준다. 아담 제라스는 애자일 프로젝트를 적용하기 전이었음에도 이 아이디어를 올바른 것을 만드는 데 집중하기 위해 사용했다.

> 저희는 대부분의 프로젝트에 이른바 "보고서-우선(report-first)"이라고 하는 방법을 사용해왔지만 큰 규모의 스토리(epic)로 기술한 것에 불과했고 대부분 ERP 구현 분야의 경험이었습니다. 애자일 프로젝트는 아니었죠. 보고서에 누락된 데이터 항목을 찾는 재작업은 매우 규모가 큰 일이어서 이 기법은 아주 효과가 좋았습니다. 결과를 먼저 고려하는 식으로 이런 재작업을 피할 수 있었습니다.

시스템의 기대 결과에서 시작해 범위를 도출하는 방식은 BDD 커뮤니티에서 나온 아이디어다. 그 아이디어는 공통의 문제를 제거할 수 있다는 점에서 최근 많은 주목을 받고 있다. 이전에 담당한 여러 프로젝트에서는 프로세스 흐름과 시스템의 초기 데이터 구성에 집중했다. 보고서 등의 산출물은 프로세스의 마지막 단계의 산출물로 남겨졌다. 이러한 접근법의 문제는 비즈니스 사용자가 결과를 가시적으로 확인할 수 있는 산출물을 만드는 단계에서야 참여하게 되어 종종 재작업이 필요하다는 점이다. 기대 결과를 토대로 작업하는 방식을 사용하면 비즈니스 사용자가 항상 피드백을 제공할 수 있다.

개발자가 사용자 스토리의 '원하는 것은 __이다' 부분을 작성하라
상황: 비즈니스 사용자가 개발팀을 신뢰할 때

유스위치의 개발팀은 비즈니스 사용자와 함께 사용자 스토리를 작성했다. 비즈니스 사용자는 사용자 스토리에서 이해관계자의 역할 정의와 기대 효과 부분을 기술했고 개발팀은 해결책을 내포하는 부분을 기술했다. 이렇게 하면 표준적인 사용자 스토리 포

사용자 스토리		
	비즈니스 사용자	개발자
사용자 역할(As a)	X	
필요한 기능(I want)		X
목적(So What)	X	

맷에서 "(누구)로서(as a __)"와 "(무엇)을 위해(in order to __)"라는 문장은 비즈니스 사용자가 기술하고, 개발자는 "원하는 것은 (무엇)이다(I want __)" 문장을 기술하게 된다는 것을 의미한다.

➡ 목표에 대한 올바른 범위를 도출하는 최선의 방법은 해결책에 대한 책임을 전적으로 개발팀에 주는 것이다.

당신에게 프로젝트 범위를 조정할 수 있는 상위 수준의 권한이 있다면 범위에 대한 토론에 개발자와 테스터를 참여시키고 비즈니스 목표를 만족시킬 수 있는 해결책을 제시하는 데 집중하게 해야 한다. 그렇게 하면 나중에 불필요한 작업을 제거할 수 있고 명세에 대한 더 나은 협업 단계를 구축할 수 있다.

> **사용자 스토리의 구성**
>
> *사용자 스토리*는 사용자가 시스템으로부터 얻을 수 있는 특정 가치를 기술한다. 보통 팀은 단기간 작업 범위를 계획하고 우선순위를 정하는 데 사용자 스토리를 사용한다. 사용자 스토리는 보통 세 부분으로 정의된다.
>
> - 어떤 *이해관계자*로서
> - *가치 있는 뭔가*를 얻기 위해
> - *어떤 시스템 기능*이 필요하다.

> 이를테면, "마케팅 매니저로서, 고객에게 직접 상품을 판매하기 위해, 우대 프로그램에 등록된 고객의 개인정보를 요청하고 기록할 수 있는 시스템이 필요하다"와 같은 식이다.
>
> 저자마다 이 세 가지 부분에 대해 제안하는 순서와 이름은 다르지만 세 부분이 필수적이라는 점에는 모두가 동의한다. 사용자 스토리를 구성하는 각 부분의 순서와 명칭의 변형은 이 책에서 다루지 않겠다.

상위 수준의 권한 없이 범위에 대해 협업하기

함께 작업했던 대부분의 팀, 특히 대기업의 경우 프로젝트 범위는 상위 조직에서 하달된다. 많은 팀이 거대한 시스템의 일부분을 담당하는 상황에서 비즈니스 목표를 논의하기란 불가능하다고 생각한다. 이런 상황이라도 비즈니스 사용자가 무엇을 얻고자 노력하는지 이해하면 프로젝트의 실제 문제에 집중하는 데 도움이 된다.

다음은 프로젝트에 대한 상위 수준의 권한이 없는 경우에도 범위에 대해 효과적으로 협업할 수 있는 몇 가지 팁이다.

 ### 어디에 유용한 것인지 질문하라

스튜어트 어빈(Stuart Ervine)이 비즈니스 사용자가 계약자와의 관계를 트리 같은 계층구조로 관리할 수 있게 하는 대형 은행의 사무지원 애플리케이션을 개발했던 상황이 대규모 시스템의 일부분을 담당하는 완벽한 예라 할 수 있다. 하지만 그들은 작업을 미루고 실제 요구사항을 얻을 수 있었다.

어빈의 팀은 제대로 된 비즈니스 요구사항으로 명확한 이득이 있을 것처럼 보이는 계층 구조의 성능 개선을 담당했다. 하지만 팀은 담당 부분에서 어떤 성능 문제도 재현하지 못했고 그 결과 중대한 성능 개선을 하려면 기반구조를 변경해야 했다.

사용자에게 성능이 개선되면 무엇이 좋아지는지 물었다. 그리고 비즈니스 사용자가 계층구조하에서 계좌 잔고를 합산하는 등의 복잡한 계산을 수작업으로 하고 있다는 사실을 알게 됐다. 비즈니스 사용자는 트리 형태의 사용자 인터페이스를 열고 닫으며 매우 많은 계약자 정보에 접근하고 계좌 금액을 계산해야 했다. 이것은 매우 느리고 실수하기 쉬운 방식이었다.

개발팀은 계층 구조의 성능을 개선하는 대신 비즈니스 사용자의 계산 과정을 자동화했다. 그 결과 계산은 즉시 이뤄졌고 오류가 발생할 가능성이 대폭 감소했다. 이 해결책으로 더 나은 결과를 얻을 수 있었고 원래 요구사항을 만족시키는 것보다 비용도 적게 들었다.

➡ 기술적인 기능 명세를 사용하는 대신 그 기능이 어디에 유용한지 상위 수준의 예를 요청해야 한다. 그러면 실제 문제를 알 수 있다.

『Bridging the Communication Gap』에서는 금전 가치를 언급하는 답변이 나올 때까지 그 이유를 반복적으로 질문하길 권했다. 하지만 이제는 그 기능이 유용한 예를 물어보는 것이 좀 더 나은 방법이라고 생각한다. 그것이 왜 필요하냐고 묻는 것은 다소 도전적으로 보여서 다른 사람을 방어적으로 만들 수 있고 특히 규모가 큰 조직일수록 더욱 그렇다. 어떤 기능이 어디에 유용한지를 묻는 것은 누군가의 권위에 도전하지 않고도 논의를 시작하는 데 도움이 된다.

다른 해결책에 대해 질문하라

어디에 유용한지에 대한 예를 묻는 것 외에도 크리스찬 하사는 실제 비즈니스 목표를 달성하기 위한 다른 해결책을 논의해보라고 조언한다.

> 66 사람들은 특정 기능의 가치에 대해 설명하는 것을 힘들어합니다. 심지어 어떤 예에 대해 물어볼 때조차도 그렇습니다. 한 걸음 더 나아가 사람들에게 예제를 하나 주고 그 기능이 제공되지 않을 경우 다른 방법으로 어떻게 그것을 처리할지 설명해 달라고 요청합니다. 보통 이 방식은 그들이 특정 기능의 가치를 표현하는 데 도움이 됩니다. 99

➡ 비즈니스 관점에서 추가 선택지를 찾는 좋은 전략은 대안을 묻는 것이다.

어떤 기능에 대한 대안을 질문하면 제안한 해결책이 최선의 방법인지 다시 생각하게 된다. 아울러 대안에 대해 출시팀과 논의하는 것도 시작해야 한다.

최하위 수준에서만 보지 마라

한 이터레이션에 적합하도록 출시 항목을 축소해야 할 필요성 때문에 많은 팀이 백로그에 있는 항목을 하위 수준으로 나눈다. 이렇게 하면 작업 프로세스 흐름에는 도움이 되지만, 자칫 팀이 큰 그림을 놓칠 수도 있다.

▶ 프로세스로서 예제를 활용한 명세는 상위 수준과 하위 수준의 스토리를 모두 다룬다. 어떻게 그것이 유용한지를 보여주는 상위 수준의 예제를 가지고 있으면 상위 수준의 명세를 수집할 수 있다. 이러한 상위 수준의 예제가 있으면 인도해야 할 기능을 객관적으로 측정할 수 있다.

이스모 아로(Ismo Aro)는 노키아 지멘스 네트워크(Nokia Siemens Networks)의 프로젝트에 참여할 때 팀이 상위 수준의 명세를 가지고 있지 않아 프로젝트 진행에 차질을 겪은 경험이 있다. 그는 다음과 같이 이야기한다.

> 사용자 스토리의 크기는 스프린트에 맞춰야 합니다. 몇몇 사용자 스토리가 완료되면 그것들은 독립적으로 테스트되죠. 큰 사용자 스토리는 실제로 테스트되지 않습니다. 사용자 스토리가 너무 작은 단위라면 백로그에서 실제 완료된 것이 무엇인지 이야기할 수 없습니다.

큰 사용자 스토리를 출시 가능한 작은 단위로 나누는 것은 좋은 실천법이다. 하지만 개발이 완료되는 시점을 알기 위해 상위 수준의 스토리는 여전히 필요하다. 두 가지 수준을 모두 보려면 평면적이고 직선적인 백로그 대신 계층적인 백로그가 필요하다.

하위 수준의 명세와 테스트는 출시한 부분의 논리가 정확한지 알려주며 상위 수준의 인수 테스트는 각 부분이 함께 잘 작동하는지 알려준다.

팀이 완전한 기능을 출시하게 하라
상황: 규모가 큰 복합 프로젝트인 경우

웨스 윌리엄스는 "비즈니스 사용자가 기대하는 결과를 이해하라" 절에서 설명한 작업 분배의 문제점을 비판했다. 각 팀이 시스템 컴포넌트 단위로 개발을 하다 보니(이 경우에는 도메인 계층과 사용자 인터페이스) 고객과 각 팀이 기대 산출물에 대해 논의할 수 있게 작업을 배분하기가 어려웠다. 그래서 작업을 각 팀이 완전한 기능 단위로 개발하고 출시할 수 있도록 조정했다. 윌리엄스는 다음과 같이 설명했다.

> 기능 팀 단위로 작업을 조정하기까지 6개월 정도가 걸렸습니다. 이로 인해 큰 변화가 생겼는데, 특히 약간의 중복과 잦은 반복, 그리고 많은 재작업을 제거할 수 있었죠. 다행히도 이미 많은 테스트를 보유하고 있어 이런 방식으로 작업할 수 있었습니다. 기능을 추가해야 하긴 했지만 대부분은 변경이 아닌 추가였습니다.

➡️ 개발팀이 완전한 기능 단위로 개발하게 되면 범위를 계획하고 무엇이 필요한지 결정하는 데 비즈니스 사용자를 좀 더 깊이 참여시킬 수 있다. 이는 개발자가 비즈니스 사용자와 함께 전체 기능에 대해 토론할 수 있기 때문이다. 기능 팀에 대한 정보는 *기능 팀 입문(Feature Team Primer)*[10]을 참고한다.

프로젝트 범위에 대한 상위 수준의 권한이 없더라도 개발팀은 개발 범위에 대해 다음과 같은 방법으로 영향을 줄 수 있다.

- 요구사항에 대한 적극적인 문제 제기
- 실제 비즈니스 목표의 이해
- 기능을 누가, 왜 필요로 하는지 이해

그 결과는 처음부터 비즈니스 목표에서 올바른 범위를 도출해낸 것만큼 효과적이지는 않을 것이다. 그러나 이 접근법을 통해 프로세스 후반에 불필요한 재작업을 방지하고 비즈니스 사용자가 원하는 것을 얻을 수 있다.

추가 정보

이 순간에도 이 분야에 많은 혁신이 진행 중이다. 사실 이 책에서는 단지 내가 인터뷰한 팀이 사용했던 기법만 이야기했다.

언급할 가치가 있는 새로운 기법도 있지만 그것은 이 책의 범위를 벗어난다. 목표에서 범위를 도출하고 그러한 목표 간의 관계를 매핑하는 최신 기법을 배우고 싶다면 다음과 같은 주제의 자료를 참고하길 바란다.

- 기능 주입(feature injection): 상위 수준의 예제를 통해 목표에서 범위를 반복적으로 도출하는 기법
- 효과 매핑(effect mapping): 목표, 이해관계자, 기능을 계층적으로 분석해 프로젝트 범위를 시각화하는 기법
- 사용자 스토리 매핑(user story mapping): 거시적 관점을 제공하는 사용자 스토리를 위한 계층적 매핑 기법

---

10 http://www.featureteams.org

아쉽게도 이러한 최신 기법을 주제로 출간된 자료는 많지 않다. 내가 아는 한 기능 주입에 대한 출간물은 만화책[11] 한 권뿐이고 그다음으로 좋은 자료는 피카사(Picasa)에 올려진 크리스 매츠(Chris Matts)의 노트를 스캔한 자료[12]다. 효과 매핑에 대한 유일한 출간물은 스웨덴어로 돼 있으며, 형편없는 영어로 번역된 『Effect Managing IT』[13]라는 책이 있고, 내가 온라인에 출간한 백서[14]가 있다. 제프 패튼(Jeff Patton)은 자신의 블로그[15]에 수동적이고 민감한 범위 문제를 다룬 훌륭한 글을 많이 올렸고, 개인적으로 더 많이 다뤄주길 바라는 분야인 애자일 제품 설계에 대한 책을 쓰는 중이다.

정리

- 요구사항을 받았다면 일단 작업을 미뤄두고 실제 문제를 이해하는 데 필요한 정보를 모으고 협력적으로 해결책을 설계한다.
- 작업을 피할 수 없다면 어떻게 그것들이 유용한지에 대한 상위 수준의 예제를 요청한다. 그러면 누가, 왜 그것을 필요로 하는지 이해할 수 있게 되어 그에 대한 해결책을 만들 수 있다.
- 적절한 범위를 도출하려면 마일스톤의 비즈니스 목표와 마일스톤에 기여하거나 영향을 받을 이해관계자를 고려한다.
- 비즈니스 사용자가 더 관심을 갖는 비즈니스 결과부터 시작한다.
- 개발팀이 완결성 있는 기능 단위로 개발할 수 있게 팀을 재구성한다.
- 목표에서 범위를 효과적으로 도출하기 위해 기능 주입, 사용자 스토리 매핑, 효과 매핑을 비롯한 최신 기법을 조사한다.

---

[11] http://www.lulu.com/shop/chris-matts/real-options-at-agile-2009/ebook/product-17416200.html에서 무료 배포본을 내려받을 수 있다.
[12] http://picasaweb.google.co.uk/chris.matts/FeatureInjection#
[13] 미조 발릭(Mijo Balic)과 인그리드 오터스턴(Ingrid Ottersten), 『Effect Managing IT』(Copenhagen Business School Press, 2007)
[14] http://gojko.net/effect-map/
[15] www.agileproductdesign.com

06
협업을 통해
명세 만들기

- 왜 협업을 통해 명세를 작성해야 하는가?
- 가장 인기 있는 협업 모델
- 협업 준비하기
- 협업 모델 선택하기
- 정리

예제를 활용한 명세는 전통적인 명세 정의나 테스트 프로세스와 개념적으로 다른데, 특히 협업에 의존하는 방식이 다르다. 이 책에서 설명하는 모든 패턴을 적용하는 경우라도 문서를 홀로 작성한다면 예제를 활용하는 명세 기법은 효과가 없을 것이다.

『Bridging the Communication Gap』에서는 명세 협업을 위한 주요 방안으로 모든 팀원이 참여하는 명세 워크숍에 주로 초점을 맞췄다. 이 책을 쓰면서 내가 배운 가장 큰 교훈은 상황이 훨씬 더 복잡하다는 것이다. 서로 다른 상황에 있는 각 팀은 명세에 대한 협업 방식이 저마다 달라서 같은 그룹 내의 팀일지라도 협업하는 방식이 다를 수 있다.

이번 장에서는 가장 일반적인 명세 작성의 협업 모델을 설명한다. 여기에는 큰 규모와 작은 규모의 워크숍 및 대중적인 워크숍의 대안들이 포함된다. 이를 통해 협력적인 명세 작성을 위한 다양한 접근법의 장단점을 이해하는 데 도움될 것이다. 또한 팀을 위한 좋은 협업 모델을 선택하는 데 도움될 만한 아이디어와 협업을 위해 준비하는 데 좋은 실천법을 설명한다. 하지만 우선은 협업이 정말 필요한가라는 질문에 답해보자.

협업으로 작성하는 명세의 사례를 적절하게 제시하기 위해 이와 관련된 실천법인 '예제를 활용하여 설명하기'를 검토해볼 필요가 있다. 7장의 '예제를 활용해 설명하기: 예제' 절에서 명세 워크숍을 진행하는 방법의 예를 볼 수 있다.

왜 협업을 통해 명세를 작성해야 하는가?

협업으로 만드는 명세는 무엇이 완료돼야 하는가를 모두 이해하게 하고, 시스템의 다양한 측면에서 명세가 다뤄지도록 보장한다. 또한 협업은 팀이 이해하기 쉬운 명세와 유지보수하기 쉬운 테스트를 만드는 데 도움이 된다.

조디 파커는 LMAX에서 **예제를 활용한 명세**를 도입할 때 협업을 통한 명세 작성에 실패한 것이 가장 큰 문제였다고 한다. 그녀는 다음과 같이 이야기한다.

> 사람들은 대화가 얼마나 가치 있는 것인지 깨닫지 못했습니다. 처음에 개발자는 기술적인 내용에 대한 대화에 테스터가 관심을 갖지 않는다고 생각했지만, 테스터는 코드 기반에서 정보를 얻는 방법을 배우거나 다른 테스트 혹은 언어 변경에 대한 잠재적인 영향에 대해 조언할 수 있었습니다. 또한 테스터는 개발자가 너무 바쁘다고 생각했습니다. 직접 경험해 봐야만 이것이(협업을 통한 명세 작성) 얼마나 가치 있는 일인지 알 수 있습니다.

소프트웨어 시스템이 다루는 비즈니스 도메인을 완전히 이해하고 있는 경우라도(그런 팀을 본 적은 없지만) 여전히 협업을 통해 명세를 작성하는 것은 가치 있는 일이다. 분석가와 테스터는 자신들이 원하는 명세와 테스트에 대해 알고 있지만 자동화와 개발이 용이하게끔 정보를 구성하는 방법을 알지 못하곤 한다(개발자가 할 것이기 때문이다). 마르타 곤잘레즈 페레로(Marta Gonzalez Ferrero)가 참여했던 프로젝트에서 테스터는 테스트가 곧 명세라는 생각 없이 초기에 모든 인수 테스트를 작성했다. 그녀는 개발자가 그런 테스트를 사용할 수 없었다는 이야기를 했다.

> 처음에 테스터는 FitNesse 테이블에서 작업했고 그것을 개발자에게 전달했습니다. 하지만 이 방법에는 문제가 있었는데, 개발자가 답하길 그것은 이해하기도 어렵고 자동화하기도 쉽지 않다고 이야기했기 때문입니다. 결국 그들은 함께 작업하기 시작했습니다.

명세를 정의하고 인수 테스트를 작성할 때 협업이 실패하면 테스트를 유지보수하는 비용이 많이 든다. 리사 크리스핀에게 이것은 테스트 설계에 관해 깨달은 중요한 교훈 중 하나였다. 그녀는 다음과 같이 설명한다.

> 변경할 때마다 수정할 (실행 가능한 명세) 테스트가 너무 많았습니다. 테스트가 많으면 리팩터링하기 힘듭니다. 그래서 테스트 설계를 도와줄 개발자와 함께 작업해야 했습니다. 의문은 쉽게 풀렸고 뭐가 잘못됐는지 알게 됐습니다. 테스터는 '반복하지 말라(Don't Repeat Yourself)'는 기본 개념은 알고 있었지만 도구에 대한 이해는 부족했습니다.

크리스핀은 실행 가능한 명세를 작성하고 자동화할 때 개발자와 협업하지 않았기 때문에 너무 많은 명세를 작성했고 그 명세를 장기적으로 유지보수할 수 있는 형태로 자동화하지 못했다.

내가 인터뷰했던 대부분의 팀은 초기에 이와 유사한 실수를 저질렀다. 개발자끼리만 명세를 작성하면 소프트웨어 설계에 가깝고 이해하기 어려운 문서가 만들어진다. 테스터끼리 명세를 쓰면 유지보수하기 힘든 형태로 문서가 만들어진다. 반면 성공적인 팀은 일찍이 협업 모델을 적용했다.

가장 인기 있는 협업 모델

내가 인터뷰했던 모든 팀은 협업을 통해 명세를 작성하고 있었지만 협업에 대한 접근법은 큰 워크숍에서부터 작은 워크숍, 심지어 격식 없는 대화에 이르기까지 매우 다양했다. 이어서 몇 가지 일반적인 협업 모델과 그로 인해 얻게 되는 이점을 함께 소개하겠다.

 ### 전체 팀원이 참여하는 큰 워크숍을 열어라
상황: 예제를 활용한 명세를 처음 시작할 경우

명세 워크숍은 개발팀, 비즈니스 이해관계자, 도메인 전문가가 시스템이 수행해야 할 내용을 일관성 있게 이해하기 위해 도메인과 범위를 집중적이고 직접적으로 탐색하는 과정이다. 『Bridging the Communication Gap』에서 나는 명세 워크숍에 대해 자세히 설명했다. 워크숍은 개발자와 테스터가 현재 이터레이션에서 완료해야 할 작업에 대한 충분한 정보를 갖게 해준다.

> 전체 팀이 참여하는 큰 규모의 명세 워크숍은 모두가 이해하고 기능을 설명할 수 있는 예제를 만드는 대단히 효과적인 방법 중 하나다.

이러한 워크숍을 진행하는 동안 개발자와 테스터는 비즈니스 도메인에 대해 배울 수 있다. 비즈니스 사용자는 시스템의 기술적인 제약을 이해하기 시작할 것이다. 전체 팀이 참여했기 때문에 워크숍은 비즈니스 이해관계자의 시간 효율을 높이고 추후 지식 전파가 필요하지 않다.

처음에 유스위치의 팀은 예제를 활용한 명세의 도입을 촉진하려고 명세 워크숍을 열었다. 존 닐(Jon Neale)은 그 효과에 대해 다음과 같이 설명한다.

> 명세 워크숍은 특히 비즈니스 사용자가 사람들이 선택할 수 있는 불분명한 사항에 관해 생각해보는 데 도움이 됩니다. 예를 들어, 누군가 특정 금액 미만의 대출을 신청한다면 그것은 일반적인 대출 신청과는 완전히 다른 시나리오입니다. 비즈니스 사용자들이 마지막 순간까지 언급하지 않을 수 있는 수많은 비즈니스 규칙이 있습니다.
>
> 명세 워크숍을 통해 그와 같은 시나리오를 미리 생각해볼 수 있고, 그렇게 함으로써 작업 진행이 조금 더 빨라질 수 있었습니다. 또한 개발팀이 다른 사람들과 상호 협력하는 데도 도움이 됐고요. 사전 토론은 전체 프로세스가 진행되는 데 도움이 되는데, 이 과정에서 많은 의사소통이 이뤄졌기 때문입니다.

PBR 워크숍에서 명세 워크숍 수행하기

제품 백로그 정제(PBR: Product Backlog Refinement) 워크숍은 잘 적용된 스크럼 프로세스의 중요한 요소 중 하나다. 하지만 스크럼을 수행한다고 하는 대부분의 팀이 실제로는 PBR 워크숍을 하지 않는다. PBR 워크숍에서는 보통 팀 전체가 참여해 백로그 상위에 있는 큰 항목 분할, 상세 분석 및 재추정을 한다. 『Practices for Scaling Lean and Agile』[1]에서 바스 보드와 크레이그 라만은 각 이터레이션에서 PBR 워크숍에 5~10% 정도의 시간을 할애하길 권장한다.

PBR 워크숍을 진행하는 동안 예제를 사용해 요구사항을 기술하는 일은 성숙한 스크럼 팀에서 예제를 활용하는 명세를 도입해볼 수 있는 가장 쉬운 방법이다. 추가적인 회의나 특별한 스케줄도 필요하지 않다. PBR 워크숍 중에 조금 다른 접근법을 시도해 보는 정도다.

픽시스 테크놀러지스의 탈리아 팀에서는 이 같은 워크숍을 진행한다. 앙드레 브리셋은 이 과정을 다음과 같이 설명한다.

> 제품 책임자와 스크럼 마스터가 백로그의 최상위 스토리가 충분히 구체화되지 못했다고 판단할 때 워크숍을 엽니다. 예를 들어, 스토리가 20 스토리 포인트로 추정되면 해당 스프린트 동안 유지보수 워크숍(maintenance workshop)을 계획합니다. 백로그 상위 스토리에 대한 작업이 용이하도록 매주 혹은 격주로 이런 워크숍을 여는 것이 좋은 습관이라고 생각합니다. 그 스토리를 보고 제품 책임자와 개발자들이 실행 가능성에 대해 의견을 나눕니다. 저희가 화이트보드에 몇 가지 예제를 그리고 기술적 위험과 사용성 위험을 파악하면 개발자는 범위에 대한 평가나 판단을 합니다. 이때 플래닝 포커를 이용합니다. 모든 사람이 기능의 범위와 추정값에 대해 합의하면 그걸로 끝납니다. 여기에 이견이 있으면 스토리가 충분히 명확해져서 추정에 대한 합의가 이뤄질 때까지 스토리를 나누는 과정을 진행합니다.

---

1 크레이그 라만과 바스 보드, 『린과 애자일 개발: 대규모 조직에 적용하는』(케이앤피북스, 2012)

큰 규모의 워크숍은 수행 계획을 세우기가 어려울 수 있다. 사전에 워크숍 일정을 잡지 못하면 사람들이 다른 회의를 잡았거나 토론에 참여하기가 어려울 수 있다. 정기적인 회의를 통해 이런 문제를 해결할 수 있다. 이 방법은 특히 기여하고 싶지만 너무 바쁜 고위 이해관계자에게 도움이 된다. (힌트: 고위 이해관계자의 비서에게 워크숍 일정을 잡도록 요청한다.)

비즈니스 사용자나 다른 이해관계자의 시간을 충분히 얻지 못한다면 그들의 일정에 맞추거나 그들이 참석하는 제품 데모 시간에 명세를 다룬다. 이 방법은 비즈니스 사용자와 개발팀이 같은 장소에서 일하지 않는 경우에도 효과적이다.

큰 규모의 워크숍은 팀 전체가 요구사항을 동일하게 이해하고 지식을 전파하는 데 효과적인 방법이다. 그래서 예제를 활용한 명세를 막 도입하는 팀에게 적극 권장한다. 반면 시간 비용은 크다. 하지만 프로세스가 성숙해지고 팀에 도메인 지식이 쌓이면 더욱 쉬운 다른 방법으로 변경할 수 있다.

작은 규모의 워크숍("Three Amigos")을 열어라
상황: 도메인에 대해 많은 설명이 필요한 경우

도메인이 복잡하고 테스터와 개발자에게 자주 설명해야 한다면 아무리 검토 과정이 있더라도 혼자 테스트를 작성하는 책임을 지는 것은 바람직하지 않다.

➡ 한 명의 개발자와 한 명의 테스터, 그리고 한 명의 비즈니스 분석가만 참여하는 작은 워크숍을 진행한다.

이러한 회의를 'Three Amigos'(옮긴이: 존 랜디스 감독의 1986년작 영화)라고 한다. 자넷 그레고리(Janet Gregory)와 리사 크리스핀은 『애자일 테스팅』[1]에서 이와 유사한 'The Power of Three'라는 이름의 협업 모델을 제안했다. (사람들이 불평하기 전까지 나는 이런 워크숍을 인수 테스팅 3인조(Acceptance Testing Threesomes)라고 불렀다.)

이 3인조 회의만으로도 여러 관점에서 좋은 피드백을 얻는 데 충분하다. 큰 규모의 워크숍과 비교하면 전체 팀이 동일하게 이해하는 것은 보장하지 못하지만 큰 회의보다 구성하기가 쉽고 사전에 일정을 잡지 않아도 된다. 또 작은 회의는 참가자들의 업무 진행 방식을 유연하게 한다. 자그마한 모니터 한 대를 놓고 그 주위로 커다란 워크숍을 여는 것은 무의미하지만, 세 사람이면 편하게 앉아서 쉽게 한 화면을 볼 수 있다.

3인조 회의를 효과적으로 수행하려면 세 참가자 모두 도메인에 대해 비슷한 수준으로 이해하고 있어야 한다. 그렇지 않다면 필요할 때 회의를 하는 대신 사람들에게 회의를 준비할 시간을 갖게 하는 방안을 고려한다. 이안 쿠퍼는 이렇게 설명한다.

---

1 리사 크리스핀과 자넷 그레고리, 『애자일 테스팅: 테스터와 애자일 팀을 위한 실용 가이드』(정보문화사, 2012)

> 3인조 회의 구성의 문제는 팀 내에 도메인 지식이 불균형해져서 도메인 전문 지식을 가진 사람이 대화를 주도하게 된다는 점입니다. 이 점은 짝 프로그래밍의 문제와 유사합니다. 도메인에 대해 많이 아는 사람이 대화를 주도하는 경향이 있습니다. 하지만 도메인 전문성이 적은 사람도 때로는 흥미 있는 통찰을 얻을 수 있는 질문을 합니다. 그러려면 그들이 사전에 준비할 수 있게 해야 합니다.

워크숍에서 얻은 정보를 잊지 않기 위한 일반적인 방법은 최종 명세의 형식에 가까운 형태로 산출물을 만드는 것이다. 3인조 회의처럼 그룹이 작다면 한 대의 모니터와 키보드를 이용해 파일을 만들 수 있다. 롭 파크는 미국의 대형 보험사에 속한 팀에서 3인조로 일했다. 파크는 다음과 같이 이야기한다.

> 3인조 회의의 산출물은 Given-When-Then으로 구성된 실질적인 기능 명세 파일이었습니다. 저희는 픽스처나 그 아래에 있는 어떤 하위 계층에 대해서도 걱정하지 않았고, 인수 기준 자체가 산출물이었습니다. 때로는 명확하지 않은 것이 있었습니다. 예를 들면, 저희는 실제 보험 증권 번호가 필요하다는 것을 알지만 거기에 메모를 하거나 표시만 해둡니다. 나중에 다소 정리 작업이 필요하다는 것은 알고 있습니다. 그러나 중요한 점은 기능 개발을 시작하기 전에, 우리가 함께 합의한 바(적어도 내용 면에서는)를 모두 테스트로 갖게 된다는 것입니다.

트레이더미디어(TraderMedia)에 있는 스튜어트 테일러의 팀은 각 스토리에 대해 격식 없이 대화를 나누고 그것에 대한 테스트를 만든다. 각 개발자와 테스터가 함께 이 작업을 한다. 테일러는 그 과정을 다음과 같이 설명한다.

> 스토리에 대한 작업을 시작할 때 개발자는 QA에게 "이 스토리에 대한 작업을 시작할 거예요"라고 말합니다. 그리고 그것을 어떻게 테스트할지 서로 이야기를 나눕니다. 개발자는 TDD를 이용해 이후에 어떻게 개발할지 얘기합니다. 예를 들면 "전화번호 필드에는 정수형 타입을 쓸 거예요"라고 하면 QA는 "음, 앞에 ++나 괄호, 혹은 0을 붙이면 어떻게 될까요"라고 얘기합니다.
>
> QA는 비즈니스 인수 기준을 기반으로 인수 테스트를 작성하기 시작합니다. QA는 테스트 중심의 사고 방식을 가지고 극단적인 상황들도 고려하죠. 그러면 작성된 테스트는 비즈니스 분석가와 개발자가 확인합니다. 그리고 시연 중에 실행되는 것을 함께 확인합니다.

협업을 통해 어느 정도 형식을 갖춘 테스트를 만들면 나중에 자동화할 때 정보가 왜곡되지 않는다. 또한 예제를 활용해 좋은 명세를 쓰는 방법을 공유할 수도 있다. 이것은 참여자 모두가 하나의 모니터와 키보드 앞에 둘러앉아 있을 수 있을 때 가능한 방법이다. 팀원 전체가 참여하는 워크숍에서는 형식을 갖춘 문서를 작성하려고 해서는 안 되는데, 그렇게 하면 모든 사람들이 참여하고 싶어하지는 않을 것이기 때문이다.

➡ 팀이 성숙도가 높은 제품을 개발하고 있고 대상 도메인을 충분히 잘 알고 있다면 스토리에 대한 인수 기준을 논의하기 위해 회의를 하거나 별도의 대화를 할 필요는 없다. 개발자와 테스터는 명세를 위해 사전에 많은 사항을 준비할 필요 없이, 구현하면서 작은 기능적 차이를 해결할 수 있다. 이런 팀은 격식 없는 대화와 리뷰를 통해 협업할 수 있다.

짝으로 작성하라
상황: 성숙도가 높은 제품의 경우

개발자가 큰 워크숍 없이도 충분히 일할 수 있는 경우에도 예제를 활용해 협력적으로 명세를 작성하는 것은 팀에 도움이 된다.

➡ 분석가는 올바른 기대 행동을 제공할 수 있지만, 개발자는 나중에 자동화하기 쉽고 리빙 도큐멘테이션 시스템의 다른 부분에 잘 맞는 테스트를 작성하는 최선의 방법을 안다.

BNP 파리바에서 앤드류 잭맨의 팀은 비교적 성숙도가 높은 제품을 담당하고 있다. 테스트를 작성하는 여러 모델을 실험해보고 나서 테스트를 작성할 때는 비즈니스 분석가와 개발자가 모두 필요하다고 결론 내렸다. 그는 다음과 같이 말한다.

> 개발자가 테스트를 작성할 경우 스토리가 무엇에 대한 것인지 오해하기 쉽습니다. 비즈니스 분석가와 상호협력하지 않는다면 그것은 단지 개발자의 관점에 불과합니다. 저희는 비즈니스 분석가에게 테스트를 작성하게 했는데, 그 결과 큰 차이가 있었습니다. 스토리를 작성할 때의 도전과제는 스토리를 작성하면 기존의 많은 테스트에 영향을 주게 되는데 비즈니스 분석가는 이를 예측할 수 없다는 점이었습니다. 비즈니스 분석가는 하나의 스토리에 대해 워크플로우를 보여주는 테스트를 작성하길 좋아합니다. 일반적으로 많은 워크플로우가 같기 때문에 그것은 많은 중복을 야기합니다. 그래서 저희는 워크플로우의 일부를 그것에 대한 테스트 내부로 옮겼습니다.

어떤 팀은(특히 비즈니스 분석가가 병목 지점에 해당하거나 아예 없는 경우) 테스터가 개발자와 짝을 이뤄 테스트를 작성하게 한다. 그렇게 하면 테스터는 실행 가능한 명세가 무엇을 다룰 수 있는지 전반적으로 이해하게 되고, 테스터가 개별적인 확인이 필요한 것이 무엇인지 이해하는 데 도움이 된다. 송킥의 팀이 좋은 예다. 필 코완스는 자신들의 프로세스에 대해 다음과 같이 설명한다.

> QA는 개발자를 위해 인수 테스트를 작성하지는 않습니다. QA와 개발자는 함께 일합니다. QA 담당자는 테스트 계획을 통해 나타나는 명세를 소유하고, 기능이 출시될 때까지 명세를 유지합니다. 개발자는 포함돼야 할 내용을 조언해줄 QA와 함께 기능 파일(명세)을 작성합니다. QA는 기능 파일에서 누락된 것을 찾고, 포함되지 않은 것을 지적하며, 수동 테스트를 위한 테스트 스크립트를 만듭니다.

짝을 이뤄 명세를 작성하는 것은 좁은 시야를 피하고 테스트에 대한 다양한 관점이 포함되게 하는 저렴하고 효율적인 방법이다. 또한 테스터는 명세를 작성하는 최선의 방법을 배워 테스트를 쉽게 자동화할 수 있으며, 개발자는 특별한 주의가 필요한 위험성 있는 기능 영역을 파악할 수 있다.

이터레이션 전에 개발자가 테스트를 자주 검토하게 하라
상황: 분석가가 테스트를 작성하는 경우

➡ 선임 개발자가 명세를 검토하게 한다.

노르웨이의 낙농 가축 기록 시스템(Norwegian Dairy Herd Recording System)에서 벡 컨설팅과 일하는 비즈니스 사용자는 인수 테스트 작성을 개발자와 함께 하지는 않지만 테스트를 검토할 때 개발자를 자주 참여시킨다. 벡 컨설팅의 선임 개발자인 미카엘 빅(Mikael Vik)에 따르면 이 방법으로 비슷한 결과를 얻을 수 있었다고 한다.

> 저희는 비즈니스 사용자가 Cucumber[2] 테스트를 정의할 때 항상 근처에서 일합니다. 그들은 사용자 스토리를 선택하고 Cucumber 테스트를 작성할 때 그 테스트가 괜찮은지 와서 묻곤 합니다. 저희는 단계(step)를 작성하는 방법에 대한 힌트를 주며 Cucumber 도메인 언어로 테스트의 의도를 효과적으로 표현하는 방법을 제안합니다.

명세 작성에 개발자가 참여하지 않으면 기능 구현에 더 많은 시간이 걸릴 수 있다. 또한 구현에 필요한 모든 정보가 명세에 포함되지 않거나 자동화가 더욱 어려워질 위험이 커진다는 점에 유의한다.

---

2 (옮긴이) Cucumber는 BDD 방식의 테스트 프레임워크로서 처음에는 루비 언어를 대상으로 만들어졌지만 현재는 JVM 상의 주요 언어를 모두 지원한다(http://cukes.info/ 참고).

형식에 얽매이지 말고 대화하라
상황: 비즈니스 이해관계자가 쉽게 참여할 수 있는 경우

질문에 바로 대답해줄 수 있을 정도로 비즈니스 사용자나 이해관계자와 가까운 곳에서 일하는 최적의 상황이라면 팀은 격식 없이 즉흥적인 대화를 통해 좋은 결과를 얻을 수 있다. 장시간에 걸친 워크숍 대신 스토리와 관련이 있는 사람이라면 누구나 구현을 시작하기 전에 간단히 모여서 얘기하면 된다.

➡ 작업을 수행할 사람만 참여해 자유롭게 대화를 나누는 것만으로도 완료해야 하는 것에 대한 명확한 정의를 얻기에 충분하다.

"이해관계에 있는 사람"은 다음과 같다.

- 스토리를 연구/조사하는 분석가
- 구현을 담당할 개발자
- 수동으로 탐색적 테스트를 수행할 테스터
- 궁극적으로 혜택을 누리고 소프트웨어를 사용할 비즈니스 이해관계자 및 사용자

이러한 자유로운 대화의 목표는 참여한 모든 사람이 어떤 스토리에 대해 동일하게 이해하도록 보장하는 것이다. LMAX에서 스프린트의 첫 며칠 동안 이러한 대화가 진행됐다. 조디 파커는 다음과 같이 설명한다.

> 필요할 때마다 대화를 나눕니다. 아이디어와 그림을 얻고 그것이 어떻게 구현될 것인지 제대로 이해합니다. 인수 테스트가 작성되지 않은 상태라면 개발자와 테스트가 함께 인수 테스트를 작성할 수 있습니다. 서로 대화하지 않으면 인수 테스트를 만들더라도 제대로 만든 것이 아닙니다.

유스위치의 팀과 같은 일부 팀에서는 그 시점에 모든 인수 기준을 처리하려고 하지 않는다. 그들은 공통의 기준선을 만들고 테스터와 개발자가 일을 시작하기에 충분한 정보를 제공한다. 그들은 비즈니스 사용자와 가까이 있기 때문에 필요하면 언제든 짧은 대화를 나눌 수 있다(자세한 내용은 12장을 참고한다).

어떤 팀은 스토리에서 도출된 변경의 유형에 따라 자유로운 토론을 할지 큰 명세 워크숍을 할지 결정한다. 노키아 지멘스 네트웍스의 이스모 아로는 다음과 같은 방법을 사용했다.

> 저희는 회의 대신 ATDD 테스트 케이스(명세)를 만들기로 합의했습니다. ATDD 테스트 케이스가 자연스럽게 느껴지면 회의를 하지 않아도 상관없습니다. 그것만으로는 힘들고 다른 이해관계자로부터 정보가 필요하다면 ATDD 회의(명세 워크숍)를 소집합니다. 이것은 팀이 도메인에 대해 많이 알고 있기 때문인지도 모릅니다. 기존 기능을 조금 변경할 때는 테스트 케이스를 만드는 것이 더 쉬운 것처럼 말입니다.

협업 준비하기

협업을 통한 명세 작성은 서로 동일하게 이해하는 것을 보장하고, 혼자서는 생각해낼 수 없는 복잡한 세부사항을 줄이는 좋은 방법이다. 토론의 주제가 많은 사전 분석이 필요하거나 팀원이 동일한 수준의 지식을 가지고 있지 못한 경우에는 무작정 토론을 시작하는 것이 비효율적이고 짜증스러울 수 있다. 이러한 이유로 많은 팀은 그림 6.1에 나온 것과 같은 준비 단계를 둬서 유익한 토론을 진행하기에 충분할 만큼 기능을 상세히 기술한다.

예제에 대한 작업 시작하기

시작 2주전	시작 며칠 전	이터레이션 킥오프	이터레이션 중
상세분석이 가능할 정도의 예제를 준비	주요 논의사항 수집 및 질의응답	진행하지 않을 사항 재협의	심각한 흐름 중단의 위험 파악

그림 6.1 예제로 작업을 시작하는 시점에 따라 팀을 4개의 그룹으로 나눈다. 분석에 더 많은 시간이 필요하고 논의할 안건을 정리할 사람은 좀 더 일찍 시작한다.

이 준비 과정에는 이해관계자가 초기 예제와 초기 분석을 준비하는 작업이 포함된다. 팀원의 투입 가능 여부에 따라 한 명이(종종 분석 역할을 맡은 사람) 수행할 수도 있고, 소수의 선임 업무담당자가 수행할 수도 있다.

사전 회의를 열어라
상황: 프로젝트에 이해관계자가 많은 경우

이해관계자가 많은 팀(예를 들면, 소프트웨어를 회사 내의 여러 부서가 이용하거나 요구사항을 내는 여러 외부 고객이 있는 경우)에서는 보통 이터레이션이 시작되기 전 며칠 동안 사전 회의를 진행해야 한다. 어떤 팀은 이 회의를 사전 계획이라고도 한다.

➡️ 사전 회의의 목적은 예정된 스토리의 초기 피드백을 수집하고, 계획에 넣기에는 너무 막연한 것들은 걸러내는 것이다.

사전 회의는 완벽하게 정제된 명세를 만들어내기 위한 것이 아니고, 빠르게 식별할 수 있는 중요한 이슈에 대한 외부 피드백을 수집할 충분한 시간을 확보하는 것이 목적이다. 사전 회의는 이터레이션 계획이나 스크럼 계획을 위한 것이 아니다. 스프린트가 시작되기 전에 며칠 간 진행하는 사전 회의를 통해 실제 명세의 정제나 계획 회의 전에 멀리 떨어진 이해관계자와 공론화된 안건들을 토론할 기회를 갖게 된다.

대부분의 팀이 사전 회의에서 세부적인 예제 대신 주요 항목과 상위 수준의 인수 기준을 정한다. 이 과정을 통해 테스트할 기본 사항들을 정의해 이후 작업에 집중할 수 있다.

이플랜 서비스의 팀처럼 규모가 작은 팀에서는 개발자, 이해관계자, 프로젝트 관리자, 제품 책임자가 사전 회의에 참석한다. 큰 팀이나 다수의 팀으로 구성된 그룹의 경우 몇몇 사람들만 참석한다. 6개의 팀이 있는 스카이 네트워크 서비스에서는 각 팀마다 2~3명이 사전 회의에 참석한다.

이해관계자가 참여하게 하라

협업을 통한 명세 작성은 비즈니스 사용자와 개발팀원의 집단지성을 활용하기 때문에 모든 참여자가 같은 방식으로 명세를 이해하게 된다.

대부분의 팀은 비즈니스 분석가와 제품 책임자가 토론에 참여하지만 고객 측의 이해관계자는 참여하지 않는다. 이런 경우 팀은 계속 비즈니스 분석가나 제품 책임자의 기대에만 부합하는 제품을 출시하게 된다. 하지만 그것이 사용자가 원하는 바가 아닌 경우가 자주 발생한다. 내가 생각하기에 비즈니스 분석가는 개발팀의 일원이지 고객의 대표는 아니다.

➡️ 최선의 결과를 얻으려면 실제 이해관계자가 명세 작성에 참여해야 한다. 그들이야말로 진짜 결정을 내릴 수 있는 사람들이다.

프로젝트에 이해관계자가 많은 경우, 모든 요구사항이 단 한 사람(대개 제품 책임자)에 의해 좌우되곤 한다. 범위와 우선순위에 대해서는 그 방식이 좋지만 명세에 대해서는 그렇지 않다. 이플랜 서비스의 리사 크리스핀의 팀이 이런 문제를 경험했다.

> 제품 책임자는 모든 것을 관장하길 원했지만 그가 모든 것을 제대로 할 수는 없었습니다. 그는 3~4명 분량의 일을 하고 있었습니다. 모든 것을 다 할 수 있는 사람은 없죠. 때론 스토리를 완전하게 할 답이 필요했지만 그는 답변을 해줄 수 없었습니다. 이를테면 그는 회계와 관련된 요구사항을 이해하지 못했습니다. 저희는 그것을 이해하고 있는 이해관계자를 찾아가 직접 얘기할 수밖에 없었습니다.
>
> 제품 책임자는 저희가 그를 거치지 않고 일을 진행한다고 느꼈기 때문에 의사결정이 필요한 사항에는 제품 책임자를 적절히 참여시키는 일과 기능을 사용할 사람을 찾아서 정보를 얻는 일 사이의 균형이 필요했습니다. 다만 차이점이라면 논의할 사람을 방으로 모셔야 했다는 것입니다.[3]

한 사람이 모든 것을 다 알 수는 없다. 우선순위를 결정할 한 명의 의사결정권자는 반드시 있어야 겠지만 가장 우선순위가 높은 스토리가 결정되면 팀은 해당 스토리의 명세와 관련된 사람들과 협업해야 한다. 『린과 애자일 개발』에서 라만과 보드는 명확히 하는 것과 우선순위를 정하는 것의 차이를 이야기했다. 라만과 보드는 우선순위는 항상 한 사람이 결정해야 하지만 명료화 작업은 팀이 수행해야 한다고 주장했다.

팀이 스스로 좋은 명세를 만들어 낼 만큼 도메인을 잘 안다고 해도 이해관계자를 참여시키는 것은 중요하다. 마이크 보겔은 학술 데이터 관리 프로젝트에 참여한 적이 있는데, 그곳의 개발자는 도메인의 각 부분을 이해하고 있었고 기술적 제약에 대해 최종 사용자보다 잘 알고 있었다. 개발 일정을 맞추기 위해 그들은 협업을 통해 명세를 작성하는 과정에서 이해관계자를 배제하거나 참여를 제한하곤 했다. 보겔은 이것이 큰 실수였다고 생각한다.

> 저희는 너무 많은 테스트를 만들고 인수 기준을 정의했습니다. 그래서 시스템을 더 빠르게 만들어줄 메타 프로그래밍을 준비할 수는 있었지만 일정 압박이 심했습니다. 하지만 저희도 고객이 이해할 수 없는 미묘한 부분이 있었고 테스트에서 그것을 집어낼 수 없었습니다.

가능하다면 실제 이해관계자를 명세 작성을 위한 협업 과정에 참여시켜라. 그러면 권위 있고 믿을 만한 출처에서 올바른 정보를 얻을 수 있고, 사전 분석에 대한 필요를 줄일 수 있다.

큰 조직에서 이렇게 하려면 약간의 설득과 정치력이 필요할 수 있지만 충분히 가치 있는 일이다. 그렇게 할 수 있다면 제품책임자의 이해관계자 관리 책임을 방해하지 않고도 이해관계자와 직접 일할 수 있는 방법을 제품 책임자와 함께 찾아야 한다.

---

3   (옮긴이) 제품 책임자의 눈에 띄면 자신을 무시한다고 여길 수 있으므로 숨어서 협의를 진행했다는 의미다.

상세한 준비와 사전 검토에 착수하라
상황: 이해관계자가 멀리 떨어져 있을 경우

➡️ 이해관계자가 멀리 떨어져 있다면 다른 팀원들보다 먼저 상세한 예제를 준비할 팀원이 최소한 한 명은 있어야 한다.

내가 인터뷰했던 팀에서는 다른 팀원보다 앞서서 일하는 사람이 대개 분석가나 테스터였다. 그들은 이해관계자와 함께 요구사항을 분석하고 예제의 구조에 대해 합의하며, 가장 중요한 사례의 가치를 파악했다. 분석과 명료화 과정이 많이 필요하고 모호한 요구사항을 가진 팀에도 팀보다 앞서 일하는 사람이 있었다.

대부분의 팀에서는 개발자 또한 기술적인 피드백을 제공하기 위해 초기 예제를 검토한다. 이렇게 하면 팀이 기능 차이와 논의가 필요한 사항들을 대부분 초기에 파악할 수 있다. 이해관계자는 미리 이러한 논의가 필요한 사항에 대한 답변을 준비할 수 있어 팀이 함께 스토리를 검토할 때 막히는 부분 없이 진행할 수 있다.

많은 팀이 이 단계를 진행하면서 실패를 겪곤 하는데, 특히 시간이 한정된 이터레이션을 기반으로 하는 프로세스를 이용하는 팀은 더욱 그렇다. 특정 스토리와 관련된 모든 것이 하나의 스프린트나 이터레이션 내에서 완료돼야 한다는 것은 논리적으로 타당해 보인다. 하지만 도메인이 복잡할 경우 명세 작성과 개발을 하나의 이터레이션에 넣으면 개발자의 작업이 자주 중단된다.

BNP 파리바의 시에라 팀은 같은 이터레이션에서 모든 작업을 하려 했지만 그 방법으로는 효율적으로 일할 수 없다는 사실을 깨달았다. 그래서 비즈니스 분석가는 팀의 다른 사람들보다 한 단계 빨리 작업을 시작했다. 앤드류 잭맨은 다음과 같이 이야기한다.

> 실질적인 제품 책임자인 프로젝트 관리자가 수행할 스토리를 앞서 준비합니다. 프로젝트 관리자와 비즈니스 분석가는 이미 다음 이터레이션의 스토리를 보드에 쓰고, 비즈니스 분석가는 그에 대한 인수 테스트를 준비했습니다. 나머지 사람들은 사전 준비를 하지 않았지만 개발자가 인수 테스트를 작성할 때 갑작스럽게 질문을 했고, 우리가 분석에서 놓친 것을 찾아냈습니다.

이터레이션에 앞서 초기 예제를 공유하면 팀원이 토론을 더 잘 준비할 수 있다. 비즐리의 이안 쿠퍼의 팀이 이 방법을 사용한다. 비즐리의 비즈니스 분석가와 이해관계자는 미국에 있지만 개발팀은 영국에 있다. 그는 다음과 같이 이야기한다.

> 제품의 성격과 미국 내 고객에게 서비스를 제공한다는 특성 때문에 시차가 문제가 됐고, 고객에게 연락하기가 정말 쉽지 않았습니다. 비즈니스 분석가는 대리인으로서 질문을 받아 나중에 답변을 줬습니다. 개발자는 도메인에 대한 지식이 풍부했기에 분석가와 개발자는 일을 진행할 수 있었습니다. 하지만 테스터의 실제 참여는 없었습니다.
>
> 저희는 분석가가 먼저 요구사항을 전달해준 후에 회의를 하는 방식이 쉽다는 것을 알게 됐습니다. 테스터는 가능한 한 매우 자주 모든 시나리오를 검토하고 극단적인 상황에 대해 질문하게 됩니다. 테스터에게는 꼼꼼히 읽고, 이해하고, 문제가 될 만한 사항을 고민할 수 있는 시간이 더 많이 생깁니다. 그러면 테스터가 더 잘 참여할 수 있습니다.

이해관계자들이 협업을 통해 명세를 작성하는 과정에 참여할 수 없다면 개발팀이 목표를 잘못 이해할 가능성이 커진다. 위험을 줄이려면 사용자와 멀리 떨어져 있는 팀은 비즈니스 사용자에게 직접 접근할 수 있는 팀보다 더 많은 사전 분석을 수행해야 한다. 그러자면 분석가가 비즈니스 사용자 및 이해관계자와의 업무에 집중해야 하므로 다른 팀원은 분석가의 다른 업무 중 일부를 맡아야 한다.

이터레이션 전에 분석을 시작하기로 결정했다면, 분석 업무를 특정 팀원 한 명에게만 할당해서 전체 팀이 분석 업무에 끌려 들어가는 일을 방지해야 한다. 그렇게 하지 않으면 이터레이션 범위가 무너질 수 있다.

팀원이 스토리를 일찍 검토하게 하라
상황: 분석가나 도메인 전문가가 병목인 경우

업무를 수행하는 중에 분석가나 도메인 전문가가 병목인 경우 관련 이터레이션 전에 충분한 분석이 이뤄지지 않을 수 있다. 하지만 이해관계자에게 직접 질문하고 답을 들을 수 있거나, 개발 후반에 기능의 차이가 나타나지 않을 만큼 제품이 충분히 성숙도가 높아진 경우라면 문제가 되지 않을 수 있다.

반면 실행 가능한 명세를 작성하는 데 충분한 정보를 가지고 있지 않다면 누군가는 일찍 분석을 시작해야 한다. 그 사람이 비즈니스 분석가나 도메인 전문가일 필요는 없다. 테스터나 개발자도 가능하다.

➡️ 도메인 전문가가 병목일 때 개발자와 테스터는 도메인 전문가의 짐을 덜어줄 수 있고 일반적인 문제를 파악하기 위한 선행 검토를 수행할 수 있다. 이렇게 함으로써 팀의 전반적인 업무처리량을 높이고 다기능적 팀을 구성할 수 있다.

클레어 맥러넌은 웹 광고 프로젝트에 참여했는데, 이해관계자는 독일에, 팀은 뉴질랜드에 있었다 (거의 12시간 차이가 난다). 테스터는 현지에서 분석가 역할을 수행했다. 고객을 대신해서 의사결정을 내릴 수는 없었기 때문에 팀보다 앞서 작업했다. 맥러넌은 다음과 같이 이야기한다.

> 시간대 문제를 피하려면 다루는 스토리에 대한 확신이 필요했습니다. 테스터가 꼼꼼하게 읽어서 이해하고 나면 개발자들에게도 그것을 이해할 때까지 설명했습니다.

얼티밋 소프트웨어에 있는 글로벌 탤런트 매니지먼트 팀의 경우 제품 책임자가 바빠서 나머지 팀원이 분석 작업을 돕는다. 2명의 개발자와 1명의 테스터로 구성된 하나의 셀(cell)이 제품 책임자와 함께 회의 전에 개별 스토리를 검토하고 논의할 사항을 확인한다. 메이켈 수아레즈는 이 방법이 모든 사람이 시간을 효율적으로 사용하는 데 도움이 됐다고 말한다.

> 17명 정도 되는 큰 팀에서 의사결정을 내리기란 쉽지 않은 일입니다. 해결책은 셀을 만드는 것이죠. 하나의 셀(1명의 테스터와 2명의 개발자)은 좀 더 빠르게 의사결정을 내릴 수 있습니다. 이러한 구성을 통해 2주 이터레이션 미만의 짧은 기간에 회의 준비를 할 수 있게 됩니다. 3명이 3~5일 동안 15~30분 정도 회의를 하는 것은 시간 낭비나 리소스 낭비로 볼 수 없죠.

초기 예제만 준비하라
상황: 질문에 답해줄 이해관계자가 있을 경우

질문에 대답해 줄 수 있는 이해관계자가 함께 있는 팀은 세부적인 예제를 준비하는 데 많은 시간을 쓰지 않아도 된다. 하지만 약간의 초기 예제를 확인하고, 토론하기 전에 기본적인 구조를 만드는 것은 여전히 유용하다.

➡️ 초기 예제를 파악해 미리 기본 구조를 정해두면 토론을 더욱 효율적으로 진행할 수 있다.

앙드레 브리셋은 픽시스 테크놀러지스의 탈리아 프로젝트에서 명세 작업을 할 때 외부 고객이 제공한 예제를 자주 사용했다. 그는 비즈니스 이해관계자였으며, 외부 고객과도 일했다. 고객이 새로운 기능을 제안할 때 시스템이 어떻게 작동하는가를 보여주는 예제를 보냈고 그 예제는 이후 명세의 일부가 됐다.

유스위치의 팀은 이해관계자들과 같은 곳에서 일하기 때문에 선행 준비를 많이 할 필요는 없었다. 스탠드업 회의에서 팀의 누구라도 새로운 스토리를 제안할 수 있고, 제안을 하는 사람이 기본 예제를 미리 준비하기도 했다.

시작할 때 초기 예제가 있으면 토론을 좀 더 효율적으로 진행할 수 있다. 초기 예제가 있다면 굳이 어떤 요구사항을 설명하거나 핵심 요소를 파악하기 위해 예제를 최적으로 구성할 필요는 없기 때문이다. 대신 초기 예제를 이해하고 확장하는 데만 집중할 수 있다.

지나친 준비로 토론을 망치지 말라

준비 단계가 협업 과정을 대체해서는 안 된다. 준비 단계는 단지 협업을 효율적으로 만들어줄 뿐이다. 어떤 팀에서는 테스터가 실행 가능한 명세를 기능 조합에 대한 회귀 테스트 관점에서 접근해 사전에 과도한 준비를 했다. 그 팀에서는 테스트에 가능한 모든 입력의 조합을 명시했다.

> 복잡한 명세는 이해하기 어려워서 대부분의 사람들은 기능상의 차이와 명세의 불일치를 파악하지 못할 것이다.

명세가 복잡할 경우 사전 분석은 전통적인 요구사항을 분석가가 개발자에게 전달하는 것과 비슷한 효과를 낸다. 협업을 통해 서로 이해한 바를 공유하는 대신 개발자에게 요구사항만 전달하면 잘못 이해할 가능성이 높아지고 프로세스 후반부까지 발견되지 않을 기능상의 차이가 만들어질 가능성이 높다.

LMAX의 조디 파커의 팀은 너무 많이 준비함으로써 꽤나 완벽해 보이는 예제를 만들었다. 이로 인해 팀은 토론 과정을 건너뛰었고 결국 명세에서 기능상의 차이가 발생했다. 파커는 '그저 충분한 정도'의 예제만 사전에 만드는 것이 좋다고 충고한다.

> 저희는 그 프로세스를 처음 접했기 때문에 초반에 개발자가 작업하기에 충분한 정보가 없다는 얘기를 했습니다. 그러자 비즈니스 분석가는 완벽하게 모든 것을 정의했고 저희는 거기에 얽매이게 됐습니다. 어떤 스토리 카드에 대해 개발할 때가 됐을 때 창의력을 발휘할 수도 없었고, 더 나은 해결책을 만들 수도 없었습니다. 왜냐하면 너무 많이 명세화했기 때문이었습니다.

카드를 읽고 "좋아. 난 이걸 완벽히 이해했어"라고 말할 수 있다면 그냥 가서 그 일을 하겠지만 수많은 가정을 하게 될 겁니다. 만약 카드를 읽고 "좀 확신이 안 서는데"라는 생각이 들면 이터레이션을 시작할 때 더 많은 대화를 하고 그것들을 그려보며, 그것의 효과와 다양한 구현 방법을 고민하게 됩니다. 테스터는 그것이 테스트에 어떤 영향을 미칠지 고민해야 합니다. 비즈니스 분석가는 곧 무슨 일이 발생하고 그것을 어떻게 적용할지 생각해야 합니다. "단지 충분할 만큼"이란 개발자, 분석가, QA가 화이트보드 앞에 서서 어떻게 그 작업을 할지 토론할 수 있을 정도를 의미합니다. 🙸

누군가에게 한 주 미리 초기 예제를 준비하게 하거나, 논의 사항을 확인하기 위한 사전 회의를 진행하는 목적은 토론을 준비하기 위한 것이지 토론을 건너뛰기 위한 것이 아니라는 사실을 기억해야 한다.

협업 모델 선택하기

나는 여러분의 팀이 개개의 사전 작업과 좀 더 실질적인 협업 사이의 균형을 유지할 수 있는 최적의 모델을 선택하는 데 도움될 만한 단 한 가지 방법이 있다고 생각하지는 않는다. 그 대신 프로세스가 유사한 팀을 비교해 보고 나서 이런 결정에 도움될 만한 다음과 같은 다음과 같은 기준들을 제시한다.

- 제품의 성숙도는 어느 정도인가?
- 팀은 어느 정도의 도메인 지식을 가지고 있는가?
- 일반적인 변경에 어느 정도의 분석이 필요한가?
- 비즈니스 사용자와 개발팀은 얼마나 가까이에 있는가? 그들은 토론하고 예제를 검증할 준비가 돼 있는가?
- 프로세스의 병목은 어디인가?

성숙도가 낮은 제품에는 큰 규모의 워크숍과 많은 사전 분석이 필요하다. 제품이 성숙되지 않은 경우 명세화 과정에서 테스터와 개발자의 적극적인 참여가 중요한데, 하부 시스템은 자주 변경되고 테스터와 개발자는 비즈니스 사용자가 갖지 못한 통찰력을 가지고 있기 때문이다.

성숙된 제품은 사전 분석이 많이 필요하지 않아 다른 협업 모델을 선택할 수 있다. 성숙된 제품에서는 예상치 못한 상황이 아마도 거의 없을 것이다. 비즈니스 분석가와 제품 책임자는 기술이 그들에게 제공할 수 있는 것이 무엇인지에 대한 식견을 가지고 있어 사전에 예제를 준비하는 것에 능하다.

비교적 신생 팀이거나 테스터와 개발자가 비즈니스 도메인을 잘 이해하고 있지 못한 경우에는 큰 규모의 워크숍을 진행해보는 것이 좋다. 모든 사람이 참여하는 워크숍은 비즈니스 도메인에 대한 지식을 팀 전체에 전파하는 효율적인 방법 중 하나다. 팀이 비즈니스 도메인을 더 잘 이해하게 되면 작은 규모로 좀 더 집중적인 토론을 하는 것만으로도 충분할 것이다.

일반적인 사항을 변경하는 데도 많은 분석이 필요하면 분석가 중 한 명이 팀에 앞서 이해관계자들과 함께 상세한 예제를 준비하게 한다. 그렇지 않으면 워크숍 동안 토론이 빨리 끝나게 되고 수많은 논의 사항들만 남게 될 것이다. 상대적으로 규모가 작고 이해하기 쉬운 기능은 개발할 때가 됐을 때 기본적인 예제를 사전에 준비해 토론을 원활하게 진행하는 것만으로 충분하다.

비즈니스 사용자와 멀리 떨어져 있는 팀은 그렇지 않은 팀보다 미리 많은 준비를 해야 한다. 명세 워크숍에 비즈니스 사용자가 참여할 수 없다면 대부분의 논의 사항과 기능상의 차이를 미리 파악해서 다뤄야 한다.

마지막으로, 이미 프로세스의 병목으로 작용하는 팀원에게 더 많은 부담을 주는 것은 의미 없는 일이다. 테스트가 병목인 팀은 개발자와 비즈니스 분석가가 사전 작업을 더 많이 해야 하고, 비즈니스 분석가나 도메인 전문가 병목인 팀이라면 테스터가 사전 분석을 도와야 한다.

정리

- 예제를 활용한 명세는 비즈니스 사용자와 개발팀원의 협업이 잘 되느냐에 전적으로 달렸다.
- 개발팀의 모든 구성원은 올바른 명세에 대한 책임감을 지녀야 한다. 개발자와 테스터는 기술적 구현과 검증 관점에 대한 정보를 제공해야 한다.
- 대부분의 팀은 명세에 대한 협업을 2단계로 나눠서 진행한다. 누군가가 기능에 대한 초기 예제를 사전에 준비한 후 해당 기능과 관련된 사람들이 기능에 대해 토론함으로써 명세를 명확하고 완전하게 만들 예제를 추가한다.
- 준비 과정의 작업량과 협업 과정에서의 작업량 간의 균형은 제품의 성숙도, 개발팀의 도메인 지식 수준, 일반적인 변경 요청의 복잡도, 프로세스의 병목, 비즈니스 사용자의 가용성과 같은 요소에 달려 있다.

07
예제를 활용해 설명하기

- 예제를 활용해 설명하기: 예제
- 예제는 명확해야 한다
- 예제는 완전해야 한다
- 예제는 현실적이어야 한다
- 예제는 이해하기 쉬워야 한다
- 비기능 요구사항 기술하기
- 정리

예제는 모호함을 방지하고 정확하게 의사소통할 수 있는 좋은 방법이다. 우리는 특별히 의식하지 않으면서도 매일 예제를 사용해 대화를 나누고 문서를 작성한다. 구글에 "예를 들어(for example)"라는 표현을 검색하면 2억 1천만 개 이상의 페이지가 검색된다.

전통적인 명세에서도 소프트웨어 개발 프로세스 상에 예제가 여러 번 나타나고 사라진다. 비즈니스 분석가는 비즈니스 사용자에게서 주문서, 송장, 보고서 예제를 받아 추상적인 요구사항으로 옮겨 쓴다. 개발자는 극단적인 상황을 설명하기 위한 예제를 만들고 비즈니스 사용자나 분석가와 함께 그것을 명확하게 한 후에 코드를 작성하지만 그 예제를 기록하지는 않는다. 테스터는 시스템에 기대하는 동작 방식을 예제로 표현한 테스트 케이스를 설계한다. 하지만 예제를 그 자체로 유지할 뿐 개발자나 분석가와 의사소통하는 데 쓰지는 않는다.

모든 이가 자신만의 예제를 만들지만 그 예제의 일관성이나 완결성은 보장되지 않는다. 소프트웨어 개발에서 처음 기대했던 것과 최종 결과가 다른 이유가 바로 여기에 있다. 이 문제를 방지하려면 서로 다른 역할 간에 오해가 생기지 않게 해야 하며, 명세를 한곳에서 유지보수해야 한다.

예제는 의사소통 문제를 방지하는 좋은 도구다. 시작할 때부터 끝날 때까지 모든 예제를 수집한 후 분석, 개발, 테스트에 예제를 일관되게 사용함으로써 텔레폰 게임(telephone game)[1]의 문제를 피할 수 있다.

비즐리에서 **예제를 활용한 명세**를 도입할 때 마르타 곤잘레즈 페레로는 테스트팀의 리더였다. 페레로에 따르면 개발팀은 과도한 업무 부하가 있었고 개발에 필요한 정보가 부족한 상황이 자주 발생했다. 개발팀과 비즈니스 분석가가 서로 다른 대륙에 떨어져서 6주 단위의 이터레이션을 진행했기 때문에 상황은 더 복잡했다. 비즈니스 분석가가 개발자에게 전달해준 인수 기준은 다소 추상적이었다. 예를 들어 "이 비즈니스 유닛에 맞는 모든 제품들이 표시됨"과 같은 것이었다. 이터레이션 중간에 중요한 사항이 누락된 경우가 발견되면 결과는 심각할 만큼 엉망이 됐다. 어떤 이터레이션에서는 기대했던 바와 완전히 다른 것을 개발했다는 고객의 불만도 있었다. 각 이터레이션의 마지막 주에는 모델 오피스(보통 이터레이션 데모라고 하는)가 있었다. 페레로는 모델 오피스를 위해 미국으로 왔고 이틀 동안 비즈니스 분석가와 함께 예제를 사용해 요구사항을 정리했다. 팀은 다음 이터레이션에 20% 적은 양의 일을 하기로 했고 결국 약속한 것을 개발해 냈다.

---

1 (옮긴이) 4~5명의 사람이 순서대로 옆 사람에게 단어를 귓속말로 전달해서 단어를 끝까지 제대로 전달하는 게임

페레로는 그로 인해 팀 분위기가 많이 좋아졌다고 말했다. "그 전에는 개발자는 일단 되는 대로 만들고 비즈니스 분석가의 피드백을 기다려야 했어요". 페레로에 따르면 예제를 사용해 요구사항을 정리한 후부터는 재작업해야 할 것이 눈에 띄게 줄었다고 한다.

이런 경험을 페레로 팀만이 한 것은 아니었다. 이 책에 나온 대부분의 팀은 예제를 사용해 요구사항을 기술하는 것이 추상적인 문장으로 명세를 기술하는 것보다 훨씬 더 효과적이라고 생각했다. 예제는 구체적이고 명백하기 때문에 예제야말로 요구사항을 명확하게 할 수 있는 이상적인 도구다. 이것이 일상적인 대화에서 의미를 명확히 하는 데 예제를 사용하는 이유이기도 하다.

『Exploring Requirements』[2]에서 제럴드 와인버그와 도널드 가우스는 요구사항이 완전한지 확인하는 가장 좋은 방법은 그것에 대한 블랙박스 테스트 케이스를 설계해보는 것이라고 했다. 좋은 테스트 케이스를 설계하는 데 필요한 정보가 충분하지 않다면 그 시스템을 만들 충분한 정보가 없다는 얘기다. 예제를 사용해 요구사항을 기술하는 일은 확인할 수 있을 만큼 자세하게 시스템의 작동 방식을 기술하는 것이다. 요구사항을 기술하는 데 사용한 예제가 좋은 블랙박스 테스트에 해당한다.

내 경험상 예제를 사용해 요구사항을 기술하는 편이 그것을 구현하는 것보다는 적은 시간이 든다. 결국 예제를 통해 어떤 것을 기술하는 데 충분한 정보가 없다는 사실을 알게 되는 경우가 개발을 진행하다가 그 사실을 알게 되는 경우보다 더 적은 시간이 들 것이라는 얘기다. 불완전한 스토리로 개발을 시작해 이터레이션 중간에 그것을 포기하기보다는 협업을 통해 명세를 만들어가는 동안(여전히 비즈니스 사용자와 이야기할 수 있을 때) 정보가 불충분한 부분을 논의함으로써 이런 문제를 방지할 수 있다.

2009년 5월, 나는 Progressive .NET 강좌에서 예제를 활용하는 명세[3]에 대해 3시간짜리 워크숍을 진행했다. 워크숍에는 50여명의 개발자와 테스터가 참석했다. 우리는 일반적인 상황을 시뮬레이션했는데, 고객이 개발팀에 경쟁사 사이트를 보여주고 일부 기능을 복제하도록 요구하는 것이었다.

유명 웹사이트에서 블랙잭 게임의 규칙을 가져와 참가자들에게 그 규칙을 예제를 사용해서 설명하게 했다. 진짜 웹사이트에서 가져온 고작 한 장 분량의 요구사항이었음에도 요구사항은 모호하

---

[2] 제럴드 M. 와인버그, 도널드 C. 가우스, 『Exploring Requirements: Quality Before Design』(New York, Dorset House, 1989).
[3] http://gojko.net/2009/05/12/examples-make-it-easy-to-spotinconsistencies 참고

고 중복됐으며 불완전했다. 내 경험상 이런 일은 워드 문서에 요구사항을 정리할 경우 종종 발생한다.

참가자들을 7개의 팀으로 나눴고 각 팀에서는 오직 한 사람만 블랙잭에 대해 알고 있었다. 워크숍이 끝난 후 모든 참가자는 실제 예제에 대해 토론하는 것이 기능 차이와 모순을 없앨 수 있다는 데 동의했다. 나는 피드백 활동을 통해 각 팀이 얼마나 동일하게 이해하고 있는가를 측정했다. 7개 중 6개의 팀은 복잡한 극단적인 상황에 대해서도 같은 대답을 했다. 그 전까지 팀 내의 사람들이 대부분 대상 도메인에 대해 알지 못했음에도 말이다. 예제를 활용해 요구사항을 기술하는 것은 도메인 지식에 대해 소통하고 이해한 바를 공유하는 데 매우 효과적인 방법이다. 나는 실제 소프트웨어 프로젝트에서도 이런 효과를 봤고, 이 책을 쓰기 위해 인터뷰했던 대부분의 팀도 마찬가지였다.

> **피드백 활동**
>
> 피드백 활동은 어떤 그룹의 구성원들이 명세를 동일하게 이해하고 있는지 확인하는 좋은 방법이다. 하나의 스토리에 대해 토론을 진행한 후 누군가가 특별한 경우를 제시하면 그 사람은 워크숍의 다른 참가자에게 시스템이 어떻게 작동해야 할지 쓰게 한다. 답변이 모두 일치하면 모든 사람이 명세를 같은 방식으로 이해하고 있는 것이다. 사람들의 답변이 일치하지 않으면 다른 결과에 대해 그 이유를 설명하는 것이 좋다. 토론을 통해 오해의 원인을 파악할 수 있다.

예제를 사용해 요구사항을 기술하는 것은 단순한 아이디어지만 실행하기는 쉽지 않다. 요구사항을 설명할 수 있는 올바른 예제를 찾기란 매우 어려운 일이다.

이번 장에서는 프로세스에 대한 예를 사용해 시야를 넓혀가겠다. 그리고 비즈니스 기능을 설명하는 올바른 예제를 식별할 수 있는 아이디어를 소개한다. 마지막으로 횡단 기능(cross-cutting functionality)[4]이나 정량적인 값을 얻기 힘든 개념에 대해서도 예제를 사용해 설명하는 방법을 다룬다.

---

4   (옮긴이) 횡단 기능이란 보안이나 데이터베이스 트랜잭션과 같이 여러 다른 기능에 걸친 기능을 의미한다. 이 장의 후반부에서 자세히 다룬다.

예제를 활용해 설명하기: 예제

예제를 사용해 요구사항을 설명하는 기법이 어떻게 작동하는지 명확히 보여주기 위해 ACME 온라인숍(ACME OnlineShop)이라는 가상의 회사를 예로 들어보자. 이 회사는 가상의 회사지만 예제를 단순하게 만들기 위해 필요했다. Acme는 작은 인터넷 쇼핑몰이고 개발팀은 명세 워크숍을 시작했다. 비즈니스 분석가인 바바라는 회사 소유주인 오웬과 함께 지난 주에 초기 예제를 만들었다. 바바라는 워크숍을 진행하면서 첫 스토리를 소개한다.

바바라: 작업 목록 상의 다음 작업은 무료 배송입니다. 저희는 매닝의 책을 무료로 배송해주기 위해 협상해왔습니다. 기본 예제는 이렇습니다. 한 사용자가 『Specification by Example』이라는 매닝의 책을 구입하면 장바구니에서 무료 배송을 제공하게 됩니다. 질문 있습니까?

개발자인 데이비드는 잠재적인 기능 차이를 발견하고 물었다.

데이비드: 어느 곳이든 무료로 배송해주는 겁니까? 고객이 남미의 한 섬에 살고 있는 경우에는 어떻게 됩니까? 무료로 배송하는 데 저희가 책으로 버는 돈보다 더 많은 비용이 들 수도 있습니다.

바바라: 아니에요. 국제배송은 안 되고, 국내 배송만 됩니다.

테스터인 테사가 다른 예제에 대해 물었다.

테사: 테스트를 위해 제가 확인하고 싶은 건 우리가 모든 책에 대해 무료 배송을 제공하지는 않는다는 겁니다. 무료 배송은 오직 매닝 책에 대해서만 제공된다는 걸 보여줄 수 있는 다른 케이스를 추가하는 것이 좋을 듯합니다.

바바라: 네. 예를 들면, 『Agile Testing』은 에디슨 웨슬리에서 출판됐습니다. 사용자가 그 책을 사면 장바구니에서 무료 배송을 제공하지 않습니다. 이 예는 비교적 단순해서 그렇게 많은 케이스가 있을 것 같진 않네요. 누구 다른 예제 없습니까? 유효하지 않는 데이터를 만들 상황을 얘기해볼까요?

데이비드: 수의 범위에 대한 조건이 없는 것 같네요. 그리고 장바구니의 목록에 대한 예도 필요할 것 같습니다. 예를 들면, 『Agile Testing』과 『Specification by Example』이 모두 장바구니에 들어 있으면 어떻게 되나요?

바바라: 두 책에 대해 무료 배송을 받게 됩니다. 매닝의 책이 장바구니에 있는 한 무료 배송을 받을 수 있습니다.

데이비드: 알겠습니다. 그런데 『Specification by Example』과 냉장고를 사면 어떻게 되죠? 배송 비용이 우리가 책을 팔아서 얻는 수익보다 클 텐데요.

바바라: 그건 문제가 되겠군요. 그 얘기는 오웬과 해보지 않았어요. 나중에 다시 얘기하죠. 다른 문제는 없나요?

데이비드: 그거 말고는 없어요.

바바라: 알았어요. 냉장고 문제를 제외하고 작업을 시작하는 데 충분한 정보를 얻으셨나요?

데이비드와 테사: 네

바바라: 좋아요. 그럼 다음 주 초에 냉장고 문제에 대해 다시 얘기합시다.

예제는 명확해야 한다

좋은 예제는 모호함을 방지한다. 그러자면 오해의 여지가 없어야 한다. 각 예제는 문맥을 정의하고 특정 상황에서 시스템이 어떻게 작동해야 하는지를 명확하게 정의해야 하며, 가능한 한 쉽게 확인할 수 있는 사항을 기술해야 한다.

 예/아니오 형태로 정의되는 예제를 만들지 마라
상황: 기본 개념이 별도로 정의되지 않았을 경우

프로세스에 대해 설명할 때 내가 인터뷰한 대부분의 팀이 예/아니오 형태로 정의된 너무 단순한 예제를 사용했다. 이것은 충분히 이해하지 못했음에도 모두 이해하고 있다는 착각을 불러올 수 있다.

예를 들어, 테크토크에서는 웹 기반 환불 시스템의 이메일 통지에 대한 요구사항을 기술할 때 이런 문제가 있었다. 그들은 이메일 발송 조건에 대한 예제를 가지고 있었지만 이메일 내용에 대해서는 토론하지 않았다. 해당 시스템의 개발자였던 개스퍼 나기(Gaspar Nagy)는 "고객은 실패하는 경우와 그에 대한 해결책이 포함되길 기대했지만 저희에겐 그 부분이 없었습니다"라고 말했다.

나는 큰 투자 은행을 위한 스펙 워크숍을 진행했고, 팀은 서로 다른 시스템으로 어떻게 지급 배분이 이뤄지는가에 대해 토론했다. 그들은 표를 사용해 예제 목록을 만들었다. 왼쪽에 조건을 쓰고 오른쪽에는 다른 서브시스템을 썼다. 그리고 해당 서브시스템이 그 트랜잭션을 접수할 수 있는지에 따라 예/아니오를 컬럼에 표시했다. 나는 예/아니오 대신 각 시스템으로 보내지는 메시지의 주요 속성들을 써달라고 요청했다. 그러자 대부분의 개발자가 오해하고 있는 흥미로운 케이스가 발견됐다. 예를 들면, 어떤 시스템은 트랜잭션을 업데이트하는 대신 기존 트랜잭션을 취소하고 새로운 트랜잭션을 만들었다.

➡️ 예/아니오로 대답할 수 있는 예제에 주의를 기울이고 좀 더 명확하게 재작성한다.

기본 개념을 나눠서 설명할 수 있다면 예/아니오 형태의 예제를 그대로 둬도 된다. 예를 들어, 이메일을 보낼지 말지에 대한 예제는 이메일 내용을 설명하는 예제와 다르다.

추상적인 동치분류를 사용하지 말라
상황: 구체적인 예제를 쓸 수 있는 경우

'10보다 작은'과 같은 동치분류나 변수는 오해를 낳을 수 있다. 구체적인 예를 선정하지 않으면 다른 사람들은 음수가 포함되는지 여부를 오해할 수 있다.

입력 매개변수에 동치분류를 사용하면 예상 결과는 입력값에 나타내는 변수를 사용한 공식으로 표현해야 한다. 이 방법은 기능 설명을 효과적으로 표현한다. 하지만 이것은 검증할 수 있는 구체적인 예를 제공하지 못한다. 그리고 예제를 활용한 설명의 가치가 사라진다.

값의 분류는 자동화를 위한 구체적인 것으로 변환돼야 한다. 이것은 검증을 자동화하는 사람이 명세를 자동화 코드로 변환해야 한다는 얘기다. 즉, 오해와 오역의 가능성이 많아진다.

내 경험에 비춰보면 요구사항에서 명확하게 보였던 것이 오히려 더 많이 우리를 속일 수 있다. 개념을 혼동하는 것은 토론을 통해 밝혀질 수 있지만 다른 사람이 다르게 이해할 수 있는 것은 잘 발견되지 않고 문제를 만들어낸다.

➡️ 동치분류 대신 항상 대표성이 있는 구체적인 예제를 사용한다. 구체적인 예제는 해당 예제를 변경할 필요 없이 검증을 자동화하는 데 사용할 수 있고, 모든 팀원이 동일하게 이해할 수 있다.

설명하려는 프로세스가 결정적이지(deterministic) 않은 경우에는 예상 결과로 동치분류를 마음 놓고 사용할 수 있다. 예를 들면 연산의 결과가 0.1와 0.2 사이여야 한다는 것 역시 명세를 테스트할 수 있게 만들어준다. 프로세스가 결정적일 경우에도 구체적인 값은 그것을 좀 더 명확하게 해줄 것이다. 결과에 대해서도 구체적인 값을 사용하라.

예제는 완전해야 한다

기능 전체를 설명하기에 충분한 예제를 가지고 있어야 한다. 주요 비즈니스 케이스에 대한 기대행동과 간단한 예제로 시작해보는 것도 좋다. 그러나 그것만 구현하면 되는 경우는 드물다. 초기 예제가 기능에 대한 전체적인 그림을 제공할 수 있게 예제를 확장하는 방법을 소개한다.

데이터를 가지고 실험하라

➡ 완전하다고 생각하는 예제를 가지고 있다면 예제의 구조를 살펴보고 규칙을 깨뜨릴 수 있는 유효한 입력의 조합을 생각해보라. 이를 통해 무엇을 놓칠 수 있는지 알 수 있고 명세를 좀 더 완전하고 튼튼하게 만들 수 있다.

예제에 수치가 포함돼 있다면 다른 범위 조건에서 크고 작은 숫자를 사용해보라. 또 0이나 음수값을 사용해 볼 수도 있다. 예제에 엔티티가 포함돼 있다면 그것을 하나 이상 사용할 수 있는지, 엔티티 없이도 예제가 유효한지, 같은 엔티티가 두 번 나타나면 어떻게 되는지 생각해보라.

협력적인 명세화 동안 테스터가 이런 예제를 찾는 데 도움되리라 생각한다. 테스터는 잠재적인 문제 상황을 찾아낼 수 있는 기술과 경험을 가지고 있을 것이다.

여러분이 파악한 기술적으로 극단적인 상황 중 다수는 유효한 예제가 아닐 수 있다. 그것은 괜찮다. 단, 유효하지 않은(기능적으로 유효한 예이지만) 입력에 대한 오류 메시지를 보여줘야 할 경우가 아니라면 그것을 너무 자세하게 다루지 마라. 그러나 이처럼 다양한 케이스를 생각하다 보면 그전에는 생각하지 못했던 불일치나 극단적인 상황을 없앨 수 있다.

데이터 실험의 문제는 그 결과로 심각할 정도로 다른 많은 예제가 만들어질 수 있다는 점이다. 이것이 다음 단계로 명세의 정제가 필요한 이유다(다음 장에서 설명하겠다).

기능을 확인할 수 있는 다른 방법을 물어보라
상황: 복잡하거나 레거시 인프라일 경우

복잡한 IT 시스템에서는 정보를 전송해야 하는 곳이 어디인지 잊기 쉽다.

➡️ 스토리를 설명하는 좋은 예제를 가지고 있는지 확인해보려면 구현된 것을 검증할 수 있는 다른 방법을 비즈니스 사용자에게 물어보면 된다.

초기 테스트   다른 테스트

"이걸 테스트해 볼 수 있는 다른 방법이 있을까요?"라는 질문은 토론을 시작하기에 좋은 질문이다. 바스 보드는 "이것 말고 다른 일이 일어날 수 있나요?" 같은 질문을 제안한다. 내가 "예/아니오로 답할 수 있는 예제를 만들지 말라"는 이야기를 했던 그 명세 워크숍에서 동일한 질문을 했을 때 레거시 데이터 웨어하우징에 대해 어떤 사람은 트랜잭션을 수신해야 한다고 생각했고, 어떤 사람은 무시해야 한다고 생각한다는 사실을 알게 됐다. 이 때문에 우리는 토론을 했고 기능 차이를 줄였다.

파스칼 메스트다크도 IHC의 중앙 환자 관리 프로젝트에서 비슷한 경험을 했다. 고객은 마이그레이션 기간 동안에 새로운 애플리케이션에서 저장한 데이터가 레거시 애플리케이션으로 전송됐으리라 가정했지만 팀은 그러한 요구사항을 이해하지 못했다. 고객에게 기능을 테스트할 수 있는 다른 방법에 대해 물어봄으로써 그들이 레거시 시스템에서도 해당 정보를 볼 수 있으리라 기대한다는 사실을 확인할 수 있었다.

기능을 확인할 수 있는 다른 방법을 묻는 것은 팀이 검증을 자동화하기에 가장 알맞은 지점에 대해 토론하게 하는 유용한 방법이다.

예제는 현실적이어야 한다

예제를 통해 기능을 설명하면 모호함과 불일치성은 사라진다. 예제는 추상적인 규칙이 아니라 실제 상황에 대한 토론에 초점을 맞추고 있기 때문이다. 그렇게 되기 위해 예제는 현실적이어야 한다. 만들어지고, 단순화되고 혹은 추상화된 예제는 충분한 세부사항이 없거나, 충분한 변형을 보여주지 못할 것이다. "고객A"와 같이 추상화된 개체에 유의하라. 설명하고자 하는 특징을 가진 진짜 고객을 찾아라. 더 나은 방법은 고객이 아니라 그 특징에 초점을 맞추는 것이다.

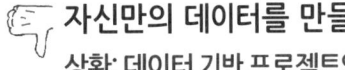
자신만의 데이터를 만들지 마라
상황: 데이터 기반 프로젝트인 경우

> 작은 변경과 불일치에도 큰 변화가 있을 수 있으므로 데이터 기반 프로젝트에서 실제 데이터를 사용하는 것은 중요하다.

날리지던트 그룹의 마이크 보겔은 메타데이터 기반의 ETL을 사용해 제약 연구를 위한 데이터 저장소를 채우는 신규 프로젝트에서 일했다. 그 프로젝트에서는 **예제를 활용한 명세**를 사용했는데 팀과 고객 모두 실제 데이터 샘플을 보지 않고 기능을 묘사하는 예제를 만들었다. 그는 그 방법이 불일치를 없애는 데 도움이 되지 않았다고 이야기한다.

> 고객 측 담당자는 예제는 만들었지만 실제 데이터를 다루지는 않았습니다. 고객 측 담당자는 확실한 것은 알아서 할 것이라고 생각했고, 그것들을 예제에서 제외했습니다. 실제 시스템에서 데이터를 가져오면 항상 놀라운 일이 생겼습니다.

레거시 데이터는 예측된 무결성 원칙을 깨뜨리는 일이 종종 있기 때문에 레거시 시스템을 포함하는 프로젝트는 더 큰 문제를 안고 있다.

조나스 반디(Jonas Bandi)는 테크토크에서 학생관리시스템에 대한 레거시 애플리케이션을 재작성하는 일을 했다. 그 시스템은 기존의 레거시 데이터 구조와 관계를 이해하는 일 때문에 끔찍하게 복잡했다. 그들은 예제를 사용하는 명세가 부메랑(4장의 '부메랑에 유의하라' 참고)과 버그를 막아줄 것이라고 생각했지만 그렇지 않았다. 그들은 도메인에 대한 이해를 기반으로 예제를 만들었다. 실제 레거시 데이터에는 놀랄만큼 예외가 많았다. 반디는 다음과 같이 이야기한다.

> 시나리오 테스트의 결과가 녹색이고 아무런 문제가 없다고 판단될 때조차도 저희는 레거시 애플리케이션의 데이터 때문에 여전히 많은 버그를 가지고 있었습니다.

이터레이션 후반에 레거시 데이터 때문에 야기되는 위험을 줄이려면 실제 레거시 시스템의 현실적인 데이터를 사용해 예제를 만들어야 한다.

이미 존재하는 데이터를 사용할 경우 민감한 데이터를 자동으로 숨겨주는 과정이 필요한데, 이것은 자동화에 대한 데이터 관리 전략에 영향을 준다. 이 문제에 대한 몇 가지 좋은 해결책은 9장의 "테스트 데이터 관리"를 참고한다.

고객으로부터 직접 기본 예제를 얻어라
상황: 기업 고객과 함께 일할 경우

기업용 소프트웨어를 여러 고객에게 판매하는 팀의 경우에도 협력적인 명세 워크숍에 고객 측 대표가 참여하는 경우는 거의 없다. 제품 관리자는 서로 다른 고객에게서 요구사항을 수집하고 출시 계획을 수립한다. 이 경우 모호함과 오해를 낳을 가능성이 있다. 우리에게는 완벽하게 정확하고 명료한 예제지만 고객이 원하는 바를 반영한 것이 아닐 수 있다.

➡️ 명세를 기술하는 데 사용된 예제가 현실성을 띠게 하라. 대체로 현실적인 예제는 고객이 준 데이터를 포함하고 있다.

외부의 이해관계자와 함께 일하는 경우 팀 내에 이해한 바를 공유하는 데도 같은 방법을 사용할 수 있다. 앙드레 브리셋은 탈리아 시스템의 자동화된 다이얼로그에 대한 토론의 출발점으로 고객 이메일을 사용했다.

> 고객은 다음과 같은 이메일을 쓸 것입니다. "내가 탈리아에게 묻고, 탈리아가 내게 답해주면 난 말해준 대로 하는 형식이었으면 해요." 이 경우 사용자는 다이얼로그의 첫 번째 초안을 제공한 셈이다.

브리셋은 이 같은 이메일을 기록했고, 이러한 이메일을 요구 기능을 설명하는 초기 예제로 사용했다. 이렇게 해서 외부 이해관계자의 요구를 만족시킬 수 있었다. 그림 7.1은 결과 명세의 예제를 보여준다. 이 예제가 나중에 정제된 것이라는 점을 참고한다. 아울러 8장의 "스크립트는 명세가 아니다" 절을 참고한다.

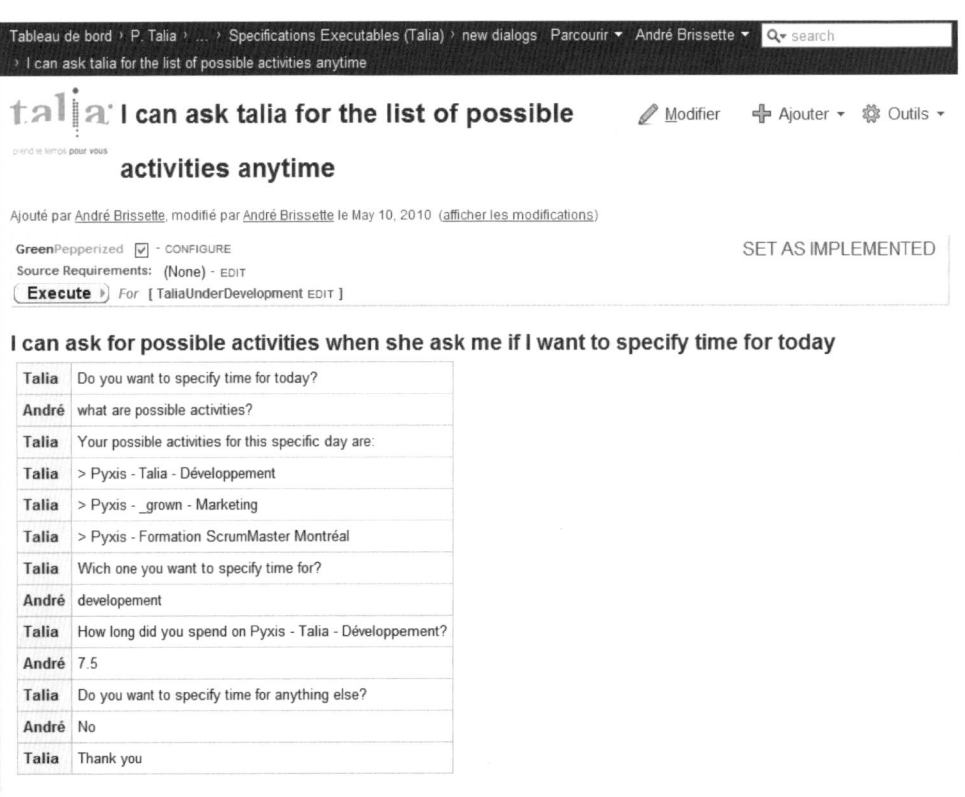

그림 7.1 탈리아 시스템의 명세로 사용된 고객 다이얼로그 예제

레인스토에 있는 아담 나이트의 팀은 이 방법을 사용해 구조화된 데이터를 위한 아카이빙 시스템을 개발했다. 그들은 현실적인 데이터 집합을 얻고 대표적인 질의에 대한 기대 목표를 얻기 위해 고객과 함께 일했다. 고객이 그들에게 특정 유스 케이스를 줄 수 없으면 그들은 다른 일을 제쳐놓고 예제를 요청했고, 종종 고객과 함께 워크숍을 진행했다. 고객이 구체적인 유스 케이스를 줄 수 없을 때의 일반적인 예는 아직 구매자가 없는 재판매업자가 판매에 도움될 것이라는 생각으로 시스템에 지원을 요청하는 상황이 있다. 한 예로 이메일 아카이빙 시스템의 기능을 반영해 달라는 요청이 있었다. 나이트는 이렇게 이야기한다.

> 그들은 이메일 아카이빙 시스템을 보고 저희도 같은 방식으로 일하면 좋겠다고 했습니다. 이메일 아카이빙 시스템에는 수천 개의 이메일이 있을 수 있었지만 저희 시스템은 수십억 개의 레코드를 담을 수 있었습니다. '정말 같은 수준의 상세함을 원하는가?'나 '로깅은 어떻게 할 것인가?'와 같은 것은 매우 어려운 요구사항입니다. 보통 저희는 그것을 제쳐두고 예제를 만듭니다. 그리고 기능 프로토타입 데모를 준비하고 그것을 보여줍니다.

제품 관리자가 생각한 고객의 요구와 고객이 요청한 것 사이의 모호함과 오해를 없애려면 고객과 의사소통할 때 예제를 강력히 요구한다. 명세 워크숍이 진행되는 동안 그 예제를 토론의 출발점으로 사용할 수 있다. 그러한 예제는 고객의 기대와 부합함을 보장하기 위해 최종 실행 가능한 명세에 포함된다.

예제는 이해하기 쉬워야 한다

예제를 활용한 명세를 시작할 때 흔히 저지르는 실수 중 하나는 복잡하고 난해한 예제를 사용해 요구사항을 기술하는 것이다. 정확하게 세부사항을 반영하는 현실적인 예제를 수집하는 데 집중하느라 수십 개의 행과 열이 포함된 크고 혼란스러운 테이블을 만든다. 이런 예제는 명세에 대한 일관성이나 완전성을 평가하기 어렵게 만든다.

내가 요구사항으로서 추상적인 문장보다 예제를 선호하는 중요한 이유 중 하나는 예제는 기능 차이와 불일치에 대해 고민할 수 있게 해준다는 점이다. 명확하게 만들면 놓치고 있는 사항을 발견하기가 쉽다. 이 경우 특정 기능에 대한 모든 예제를 이해할 필요가 있다. 예제를 이해하기 어렵다면 해당 예제의 완전성이나 무결성을 평가할 수 없을 것이다. 그러한 문제를 어떻게 피하고 예제를 명확하고 현실적으로 유지할 수 있는 몇 가지 방법을 살펴보자.

가능한 모든 조합을 다루려는 유혹에 빠지지 마라

예제를 사용해 요구사항을 설명하기 시작할 때 테스터는 종종 그 과정을 오해해서 가능한 모든 입력값의 조합을 포함시켜야 한다고 주장하기도 한다. 이미 알고 있는 내용을 설명하는 예제를 살펴보는 것이 중요한 게 아니다. 그런 예제는 요구사항을 이해하는 데 도움이 되지 않는다.

▶ 예제를 활용해 설명하려고 할 때 토론을 이끌어갈 수 있고 이해를 증진시킬 수 있는 예제를 찾아라.

토론 중에 제시되지 않은 극단적인 케이스에 대한 예제를 과감히 버려라. 다른 사람들은 이미 다른 예제에 포함된 경우라고 생각하는 것에 대해 누군가가 극단적인 케이스에 대한 예제를 제안한다면 두 가지 이유가 있을 수 있다. 제안을 한 사람이 기존의 예제를 이해하지 못하고 있거나, 혹은 기존의 설명을 깨뜨릴 수 있는 놀라운 것을 발견한 경우다. 두 경우 모두 그 예제에 대해 토론하고 나면 그 방에 있는 모든 사람들이 극단적 상황으로 제시된 예제를 동일한 수준으로 이해하게 될 것이다.

암시적인 개념을 찾아라

하나의 기능을 설명하는 데 너무 많은 예제를 사용했거나 혹은 예제가 너무 복잡해졌다면 예제를 좀 더 높은 추상화 수준에서 기술해야 한다는 것을 의미하기도 한다.

➡ 예제를 살펴보고 거기에 숨겨진 개념을 찾아라. 그 개념을 명확하게 하고 개별적으로 정의한다. 이처럼 예제를 재구성하면 명세를 이해하는 데 도움될뿐더러 더 나은 소프트웨어 설계를 이끌어낼 수 있다.

누락되고 암시적인 개념을 찾아 시스템 설계에서 그것을 명확하게 만드는 것은 도메인 주도 설계(domain-driven design)의 핵심 아이디어 중 하나다.[5]

나는 어떤 팀을 위한 워크숍을 진행한 적이 있는데, 그 팀은 회계 서브시스템을 재개발하고, 결과적으로 레거시 시스템에서 새로운 시스템으로 거래 내역을 마이그레이션하고 있었다. 그 워크숍은 네덜란드의 거래 내역을 새로운 시스템으로 마이그레이션하는 요구사항에 집중했다. 화이트보드에 예제를 작성하기 시작해 빠르게 화이트보드를 가득 채웠다.

예제를 살펴보면서 그것이 세 가지 내용을 설명하고 있다는 사실을 발견했다. 즉, 어떤 거래 내역이 네덜란드의 거래 내역이고, 어떤 거래 내역이 마이그레이션돼야 하는지, 그리고 마이그레이션된 거래를 어떻게 처리하는가에 관한 내용이었다.

우리는 한 번에 모든 것을 기술하려고 했기 때문에 관련된 케이스의 조합까지 다뤄야 했다. 예제를 요약할 때 우리는 두 개의 암시적인 개념을 찾았다. 바로 거래 지역과 마이그레이션 상태였다. 다음으로 요구사항을 세 부분으로 나누고 각 부분을 설명하는 예제에 집중했다. 우리는 거래 지역을 계산함으로써 거래가 네덜란드에서 발생했는지 판단할 수 있는 명세를 얻었다. 또 다른 예제 집합은 거래 지역이 마이그레이션 상태에 어떤 영향을 주는가에 초점을 뒀다. 이 예제 집합에서 네덜란드 거래를 구성하는 모든 경우를 사용하지 않고, 단 하나의 네덜란드 거래만 사용했다. 세 번째 예제 집합은 마이그레이션된 거래와 그렇지 않은 거래의 차이를 설명하는 것이었다.

이처럼 명세를 분리하면 시스템 설계가 눈에 띄게 향상될 수 있다. 세 종류의 다른 예제 집합이 명백하게 모듈 개념에 맞기 때문이다. 그다음에 그들은 거래 내역의 마이그레이션에 대한 요구사항

---

5 에릭 에반스, 『도메인 주도 설계: 소프트웨어의 복잡성을 다루는 지혜』 (위키북스, 2011)

을 가지고, 마이그레이션된 거래 내역의 정의를 변경하는 데만 집중할 수 있었다. 거래 내역이 마이그레이션된 후에도 거래 내역은 동일했다. 마찬가지로 거래 장소가 결정되는 방식도 변하지 않았다.

개념을 분리하자 거래 장소에 대한 좀 더 의미 있는 토론으로 이어졌는데, 이는 작은 예제 집합만 집중해서 다룰 수 있기 때문이다. 어떤 사람은 주식거래가 이뤄지는 회사 등록지가 지역을 결정한다고 생각하고, 어떤 사람은 회사가 명시된 주식 거래소가 이와 관련이 있다고 생각한다는 사실을 발견했다.

놓치고 있는 개념을 찾아 그것의 추상화 수준을 높이는 것은 우리가 매일 대화하면서 벌어지는 일과 다르지 않다. "차로 오시려면 미리 예약하세요" 같은 간단한 지시문에서 '차'라는 단어 대신 그것의 속성에 초점을 맞춰보자. 차를 기술하는 한 가지 방법은 4개의 바퀴, 4개의 문, 4개의 좌석 그리고 디젤 엔진이 장착된 교통수단이라고 할 수 있다. 하지만 문이 2개이거나 다른 형태의 엔진, 좌석 수가 다른 것들도 있다. 모든 예제를 열거하려면 지시문이 터무니없이 복잡해질 수 있다. 대신 우리는 의사소통을 위해 상위 수준의 개념을 만든다. 어떻게 만들어진 차인지는 주차 안내문과 무관하다. 중요한 것은 사람이 차로 왔느냐 그렇지 않느냐다.

명세에 예제가 너무 많거나 복잡한 예제가 있다면 설명의 추상화 수준을 올리고 기저에 있는 개념을 분리해서 기술한다.

정확하고 현실성 있는 예제를 사용해 요구사항을 설명하고 그것을 이해하기 쉽게 구성함으로써 필요한 기능의 본질을 알 수 있다. 또한 개발자와 테스터가 일을 시작하기에 충분한 정보를 확보할 수 있게 요구사항을 자세히 조사하게 한다. 이러한 예제는 개발 프로세스상의 추상적인 요구사항을 대신할 수 있을뿐더러 명세이자 개발 목표, 그리고 인수 테스트를 위한 검증으로 사용된다.

비기능 요구사항 기술하기

독립적인 기능 요구사항을 예제로 기술하면 비교적 이해하기가 수월하지만 대부분의 팀은 횡단기능이나 별개의 답으로 묘사하기 어려운 기능을 예제로 기술하는 데 어려움을 겪는다. 내가 진행한 대부분의 예제를 활용한 명세 워크숍에서는 "기능" 요구사항에 대해서는 예제로 설명하는 것이 가능하지만 "비기능" 요구사항은 정확하게 기술하기 어렵기 때문에 예제로 설명할 방법이 없다고 주장하는 사람이 꼭 한 명씩은 있다.

> **비기능 요구사항이란 무엇인가?**
>
> 성능, 사용성, 응답 시간 같은 특징은 특정 기능과 관련되지 않기 때문에 종종 비기능적이라고 한다. 아마도 다른 책에서는 이것을 주제로 다루겠지만 나는 요구사항을 기능적, 비기능적인 요구사항으로 분류하는 데 동의하지 않는다. 보통 비기능적이라고 말하는 특징은 대부분 기능을 내포하고 있다. 예를 들면, 성능 요구사항은 캐싱 함수, 퍼시스턴스 제약 등을 내포하고 있을 수 있다. 내 경험에 비춰 보면 사람들은 횡단 기능 요구사항(예: 보안)이나 상황에 따라 측정 가능하지만 분리해낼 수 없는 기능 요구사항(예: 성능)을 *비기능적*이라고 생각하는 것 같다. 나와 개인적인 대화를 나누는 중에 댄 노스(Dan North)는 비기능적이라고 열거된 요구사항은 팀이 아직 명확하게 식별해내지 못한 이해관계자가 있음을 의미한다고 지적했다.

지금까지 나는 예제로 설명하지 못할 비기능적인 요구사항을 보지 못했다. 막연하고 상당히 주관적이라고 생각하는 사용성조차도 예제로 설명할 수 있다. 사용성 전문가에게 물어보면 자신이 좋아하는 웹사이트를 보여줄 것이다. 바로 그것이 현실적인 예제다. 그런 예제에 대한 검증은 자동화할 수 없겠지만 그 예제는 토론을 시작하기에 충분할 만큼 현실적이고 정확하다. 이제 비기능적 요구사항을 설명할 예제를 만드는 데 도움될 만한 아이디어를 소개하겠다.

 ## 더 정밀한 성능 요구사항을 확보하라
상황: 성능이 중요한 특징인 경우

성능 테스트는 종종 분리된 환경과 실제 제품이 사용하는 것과 비슷한 하드웨어를 필요로 한다. 성능이 중요한 많은 시스템에서 개발자는 자신의 하드웨어에서 테스트를 수행할 수 없다. 그렇다고 성능 요구사항에 대한 논의를 건너뛰어도 된다는 의미는 아니다.

▶ 예제를 사용해 명확히 설명된 성능 지표가 있으면 이해한 바를 공유하고 개발팀이 구현해야 할 뚜렷한 목표를 전달할 수 있다.

레인스토에서 성능은 데이터 아카이빙 툴의 매우 중요한 요소였다. 그래서 그들은 성능 요구사항을 자세하게 표현하려고 했다. 성능 요구사항을 "시스템은 X개의 레코드를 Y 분 안에 Z개의 CPU를 써서 가져올 수 있어야 한다" 같은 문장으로 표현했다. 개발자는 개발장비에 접근하거나 테스트를 통해 이러한 요구사항에 피드백했다.

➡️ "현재 시스템보다 빠르게" 같은 표현은 좋은 성능 요구사항이 아니다. 정확하게 얼마만큼 빨라야 하는지 이야기해야 한다.

UI에 대해 저수준 프로토타입을 사용하라

사용자 인터페이스 레이아웃과 사용성은 진리표나 자동화 테스트 등에 맞는 예제로 표현하기가 쉽지 않다. 물론 그 예제에 대해 논의할 수 없다는 얘기는 아니다.

나는 종이를 잘라서 붙이는 식으로 사용자 인터페이스나 웹사이트의 프로토타입을 만들곤 한다. 한두 개의 예제를 그렇게 해보면 고객이 화면에서 필요로 하는 것이 무엇인가에 대한 정보를 얻을 수 있다.

비즈니스 사용자는 사용자 인터페이스 너머에 있는 것이 무엇인지 생각하지 못할 때가 많다. 그것은 시스템의 작동 방식에 대한 것이기 때문이다. 이러한 이유로 고객이 소프트웨어를 화면 상에서 볼 때 부메랑이 발생하는 것이다.

➡️ 백엔드 처리에 대해 논의하는 대신 사용자 인터페이스 예제로 논의하면 사전에 좀 더 구체적인 정보를 얻을 수 있다.

내가 인터뷰한 몇몇 팀은 Balsamiq Mockup을 사용했다[6]. Balsamiq Mockup은 저수준 사용자 인터페이스 프로토타입을 만들기 위한 웹/데스크톱용 애플리케이션이다. 종이 프로토타입은 자르고 메모하기는 쉽지만 그것을 공유해야 할 때는 소프트웨어를 이용하는 편이 더 낫다.

레인스토의 아담 나이트는 여기서 더 나아가 막연한 고객 요구사항을 조사하기 위해 상호작용이 가능한 프로토타입을 만들었다.

> 저희는 종이 프로토타입 대신 셸 스크립트를 사용하는 몇 가지 예제 명령행 프로토타입 인터페이스를 가지고 고객과 함께 작업하면서 시스템에서 새로운 기능을 어떻게 사용할지에 대한 세부사항을 얻을 수 있었습니다.

---

6 www.balsamiq.com/products/mockups

이런 쌍방향 워크숍은 나중에 개발팀이 요구사항을 기술할 때 사용하게 될 기능적인 예제를 제공한다. 이 접근법은 범위를 파악하는 데도 사용할 수 있다. (5장의 "최하위 수준에서만 보지 마라" 참고)

QUPER 모델을 시도하라
상황 : 슬라이딩 스케일[7] 요구사항인 경우

요구사항을 개별적으로 분리하거나 정밀한 결과를 토대로 다룰 수 없으면 해당 요구사항에 관해 토론하기가 힘들다. 웹 페이지가 3초나 1초가 아닌 2초 이내에 로딩돼야 하는 이유에 관해 의미 있는 토론을 한 적이 언제인가? 대부분의 경우 이러한 요구사항은 토론이나 이해 없이 받아들여진다.

2009년 외레순드 개발자 콘퍼런스(Oresund Developer conference)에서 비요른 레그넬(Björn Regnell)은 QUPER를 발표했다[8]. 그것은 별개로 분리할 수는 없지만 슬라이딩 스케일 방식으로 다룰 수 있는(예: 구동 시간이나 응답 시간) 요구사항을 설명할 수 있는 흥미로운 모델이었다. 나는 아직 프로젝트에 그 방법을 써보지 못했지만 그것이 재미있는 생각할 거리를 제공하기 때문에 이 책에서 다루기로 했다.

QUPER는 슬라이딩 스케일 요구사항을 비용, 값, 품질 축을 통해 시각화한다. 이 모델의 아이디어는 슬라이딩 스케일에 대한 비용-이익의 구획점(breakpoint)과 장벽(barrier)을 측정하고 이를 토론에 활용하는 것이다.

QUPER 모델에서는 이러한 요구사항들이 S자 곡선 형태의 이익을 만들어낼 것이라고 가정한다. 이 곡선에는 세 가지 중요한 포인트(구획점이라고 하는)가 있다. *유용성*은 제품이 유용하지 않은 상태에서 유용한 상태로 옮겨가는 지점이다. *차별점*은 그 기능이 개발되기 시작할 때 판매에 영향을 줄 수 있는 경쟁우위 요소를 가리킨다. 예를 들면, 모바일폰의 차별점은 5초 내에 구동된다는 것이다. *포화도*는 품질 증가가 과잉인 지점이다. 예를 들어, 사용자에게 휴대폰이 구동하는 데 0.5초가 걸리든 1초가 걸리든 차이가 없다고 하면 휴대폰 구동에 대한 포화도는 1초가 될 것이다.

---

7 (옮긴이) 슬라이딩 스케일(Sliding scale)
   임금의 전부 또는 일부를 물가지수 등과 결부시켜, 물가 변동에 따라서 자동적으로 조정하는 임금지불방식(출처: 두산백과)을 말하는데, 여기서는 불연속 값을 갖는 요소의 변동에 따른 비용 대비 이익을 모델링하는 데 사용하고 있다.

8 http://oredev.org/videos/supporting-roadmapping-of-quality-requirements와 IEEE Software journal, Mar/Apr 2008 참고.

레그넬은 포화도 이상의 일을 하는 것은 잘못된 영역에 리소스를 투자하는 꼴이라고 주장했다.

이 모델의 또 다른 전제는 품질의 증가가 비용을 선형적으로 증가시키지는 않는다는 것이다. 즉, 비용이 급격하게 증가할 수 있다는 얘기다. 그러면 제품은 다른 기술을 사용해서 다시 작성해야 하거나, 아키텍처에 심각한 영향을 줄 수 있다. 이를 모델에서는 비용 장벽(cost barriers)이라 한다.

➡ 슬라이딩 스케일 요구사항에 대한 장벽과 구획점을 정의하면 제품에 적합한 시장이 어디이고, 우리가 원하는 위치가 어디인지에 대해 좀 더 의미 있는 토론을 할 수 있다.

우리는 프로젝트의 다른 단계에서 관련 목표를 정의하고 슬라이딩 스케일 요구사항을 측정 가능하게 만드는 데 구획점과 장벽을 사용할 수 있다. 레그넬은 이 작업은 품질 요구사항의 지속적인 특성과 함께 다루는 것이 좋기 때문에 별도로 분리하기보다는 시간을 두고 이것들을 설정하길 권장했다. 예를 들어, 경쟁 제품도 가지고 있는 어떤 기능에 대한 목표는 차별점 관점이 아니라 유용성 관점에 가까울 것이다. 제품의 고유한 장점에 대한 목표는 차별점과 포화점 사이에 있을 것이다. 비용 장벽을 같은 곡선에 시각화하면 이해관계자가 기대치 이상으로 투자하지 않고 어떤 목표를 추진해야 할지 이해하는 데 도움이 된다.

토론에 체크리스트를 사용하라
상황: 횡단 관심사에 대해

고객들은 포괄적이고 일반적인 요구사항을 요청할 때 안전하다고 느낀다. 나는 성능 요구사항을 포괄적으로 정의하는 프로젝트를 많이 봐왔다. "모든 웹페이지는 1초 이내에 로드된다." 같은 것이 한 예다. 대부분의 경우 그와 같은 요구사항을 구현하는 것은 돈을 낭비하는 일이다. 대체로 홈페이지와 일부 주요 기능만 1초 이내에 로드될 필요가 있고, 다른 많은 페이지는 그보다는 느려도 괜찮다. QUPER 모델 언어로 보자면 소수의 핵심 페이지에 대한 로딩 타임만 차별점에 가깝게 만들 필요가 있다. 다른 페이지는 유용성 정도의 시간 안에만 로딩될 수 있으면 된다.

문제는 제품이 어떤 모습이어야 할지 알 수 없는 프로젝트 초기에 이러한 요구사항이 정의된다는 것이다.

크리스찬 하사는 이런 요구사항은 액면가 그대로 이야기하기보다는 토론을 위한 체크리스트로서 이러한 횡단 요구사항을 사용하길 제안한다.

> 전체 시스템에 대해 포괄적으로 "시스템은 10밀리초 내에 응답해야 한다"고 정의하는 것은 쉽습니다. 그러나 모든 기능이 그와 비슷한 수준의 응답 시간을 보일 필요는 없습니다. 10밀리초 내에 시스템이 해야 하는 것은 정확히 뭔가요? 이메일을 발송하거나 동작을 기록하거나 응답해야 하나요? 저희는 각 기능에 대해 이러한 비기능 기준과 함께 인수 기준을 정했습니다.

➡ 토론을 위한 체크리스트가 있으면 스토리를 검토할 때 모든 중요한 질문을 고려할 수 있다. 이것을 사용해 특정 스토리에 어떤 횡단 관심사를 적용할지 결정할 수 있다. 그리고 그 관점을 설명하는 데 집중한다.

참조 예제를 만들어라
상황: 요구사항을 정량화할 수 없는 경우

사용성은 주관적이고 많은 요소에 의존적이라서 정량화하기 어렵다. 그렇다고 해서 사용성을 예제를 사용해 명세화할 수 없다는 의미는 아니다. 사실, 오직 예제를 사용해서만 사용성을 명세화할 수 있다.

즐거움과 재미와 같은 사용성 및 비기능적 기능은 비디오 게임의 중요한 요소다. 이러한 품질 요소는 전통적인 요구사항을 자세히 기술한 문서로 명세화하기가 쉽지 않다. 영국에 위치한 비디오 게임 스튜디오인 수퍼매시브 게임즈(Supermassive Games)에서는 게임 개발에 애자일 프로세스를 적용한다. 슈퍼매시브의 팀은 품질을 다양한 관점에서 다룰 수 있도록 체크리스트를 사용하는데, 체크리스트만으로는 이러한 기능(사용성과 같은)의 불확실성과 주관성을 다루는 데 충분하지 않다.

수퍼매시브의 스튜디오 디렉터인 하비 위튼(Harvey Wheaton)은 SPA2010 콘퍼런스의 발표에서 이러한 기능들은 "규정하기 어려운 품질(elusive quality)"이라고 표현했다[9]. 위튼에 따르면 팀에서는 보통 초기에 기능의 최종 품질이 어떠해야 하는가에 초점을 맞춘다고 한다. 그러고 나면 그와 같은 최종 품질을 "완료"의 의미를 나타내는 예제로 사용할 수 있다.

---

9 http://gojko.net/2010/05/19/agile-in-a-start-up-games-development-studio

> 저희는 프로세스 초기(보통 제품 준비 단계의 마지막)에 "수직면(vertical slice)"이라고 하는 것을 만듭니다. 이 수직면은 게임의 작은 섹션(예: 레벨, 레벨의 부분, 게임 소개)이고 최종 품질과 관련이 있습니다. 그리고 수직면은 보통 "수평면(horizontal slice)"에 의해 보완됩니다. 즉, 수평면은 전체 게임에 대한 대략적인 모습을 담고 있는 넓은 단면이며, 게임의 스케일과 너비에 대한 아이디어를 줍니다.
>
> 이를 통해 최종 산출물의 시각적인 요소와 정확성을 설명하기 위한 참조나 콘셉트 아트를 더 잘 이용하고, 게임이 어떤 모습일지 보여줄 수 있는 고품질 아트워크를 만들어낼 수 있는 사람을 고용할 수 있게 됩니다.

품질을 정의하기 어려운 기능을 정량화하려는 대신 수퍼매시브 게임즈에서는 팀원이 그들의 작업을 비교할 수 있는 참조 예제를 만들었다.

➡ 참조 예제를 만드는 것은 정량화할 수 없는 기능을 예제를 사용해 설명할 수 있는 효과적인 방법이다.

정리하자면, 어려운 대화를 피하기 위해 "비기능 요구사항"이라는 분류를 사용하는 대신 횡단 관심사를 포함해 비즈니스 사용자가 시스템에 기대하는 바를 팀원들이 동일하게 이해하게 해야 한다. 결과 예제가 나중에 자동화하기 어렵더라도 사전 토론을 하고 기대하는 바를 명확하고 정확하게 만들기 위한 예제를 사용한다면 개발팀이 올바른 제품을 만드는 데 집중할 수 있을 것이다.

정리

- 개발과 테스트에 일관되게 명세를 설명하는 공통의 예제를 사용할 수 있다면 무엇을 만들어야 하는가에 대해 모든 사람들이 똑같이 이해하게 될 것이다.
- 기능을 설명하는 데 사용되는 예제는 명확하고 완전해야 하며, 현실적이고 이해하기도 쉬워야 한다.
- 현실적인 예제를 이용하면 불일치와 기능 차이를 구현하기 전에 발견할 수 있다.
- 초기 예제를 만들면 데이터로 실험해보고 기능이 명세를 만족하는지 테스트할 수 있는 대안을 찾아보라.
- 예제가 복잡하고 너무 많거나, 너무 많은 요소가 나타난다면 놓치고 있는 개념을 찾아보고 좀 더 추상적인 수준에서 예제를 해석해보라. 그리고 새로운 개념을 개별적으로 설명할 때는 각 개념에 초점을 맞춘 예제를 사용한다.

08
명세 정제하기

- 좋은 명세의 예
- 나쁜 명세의 예
- 명세를 정제할 때 중점을 둬야할 사항
- 정제하기 연습
- 정리

> 다이아몬드 원석은 광택이 없고 반투명 결정에 불과해서 깨진 유리 조각과도 같다. 보석으로 가공하기 위해 특유의 모양으로 절단하고 나면 모든 면에 광택을 띤다.
>
> 에드워드 제이 엡스타인(Edward Jay Epstein), 다이아몬드의 발명(The Diamond Invention)[1]

토론을 통해 협업하는 것은 이해한 바를 공유하는 데 좋은 방법이다. 하지만 규모가 작은 프로젝트를 제외하면 이것만으로는 충분하지 않다. 팀의 규모가 작고 프로젝트가 매우 짧은 경우가 아니라면 사람들의 단기 기억에 의존하기보다는 지식을 기록할 필요가 있다.

핵심 예제에 대해 토론한 후 화이트보드를 사진으로 찍어 놓는 것은 이 지식을 보관하는 간단한 방법이다. 그러나 이 예제는 단지 원석에 불과하다. 가공하지 않은 예제는 원석 상태의 다이아몬드와 같아서 가치는 있지만 가공된 것에 비할 바는 아니다. 돌에서 진짜 다이아몬드를 분리해서 광택을 내고 판매할 수 있는 크기로 쪼개고 나면 그 가치는 크게 상승한다. 요구사항을 설명하는 데 사용했던 핵심 예제도 마찬가지다. 그 예제는 훌륭한 출발점이지만 더 나은 가치를 얻기 위해서는 그것을 정제하고, 핵심요소를 명확하게 보여줄 수 있게 광을 내야 한다. 그리고 현재와 미래에 사용할 수 있는 명세로 만들어야 한다.

예제를 활용하는 명세가 실패하는 가장 일반적인 이유 중 하나는 예제를 정제하는 시간을 보내지 않기 때문이다. 명세에 대해 토론하다 보면 실험해보는 것이 필요할 때가 생긴다. 새로운 통찰을 발견하고 좀 더 추상화된 관점에서 그것을 볼 수 있게 예제를 재구성한다. 그 결과, 훌륭한 예제가 만들어지기도 하고 많은 아이디어와 예제가 버려지기도 한다. 모든 중간 단계의 예제를 보관하거나 결과가 어떻게 얻어졌는지를 보관할 필요는 없다.

하지만 어떠한 설명도 없이 필요한 핵심 예제만 기록하면 그 토론에 참가하지 않은 사람과는 명세에 관해 효과적으로 소통하기가 어렵다.

성공적인 팀은 가공되지 않은 예제를 사용하지 않는다. 대신 예제에서 *명세를 정제한다.* 그들은 핵심 예제에서 본질적인 것만 추출해서 모호하지 않은 명확한 정의를 만들어 낸다. 이 같은 정의는 어떠한 추가적인 세부사항 없이도 구현을 완전하게 만들어준다. 누구나 결과 명세를 뽑아서 이해할 수 있게 인수 기준을 설명하고 보관한다. **예제를 활용한 명세**에는 완료 조건, 기능에 대한 기대 결과, 그리고 인수 테스트가 담긴다.

---

1 http://www.edwardjayepstein.com/diamond/chap11.htm

> **예제가 포함된 명세는 인수 테스트다**
>
> 예제가 포함된 좋은 명세는 사실상 기능을 설명하는 인수 테스트다.

이상적으로 예제가 포함된 명세는 시스템의 구현 방식과는 상관없이 비즈니스 관점에서 요구되는 기능을 모호하지 않게 정의해야 한다. 이로써 개발팀은 요구사항에 부합하는 최선의 해결책을 찾을 수 있다. 이러한 목표를 효과적으로 달성하기 위해 명세는 다음과 같은 조건을 만족시켜야 한다.

- 명확하고 테스트할 수 있어야 한다.
- 스크립트가 아닌 진짜 명세여야 한다.
- 소프트웨어 설계에 대한 것이 아니라 비즈니스 기능에 대한 것이어야 한다.

일단 기능이 구현되고 나면 그것을 설명하는 명세는 다른 목적으로 사용된다. 시스템의 작동 방식을 설명하는 문서가 되고, 기능 회귀 테스트를 통해 경고할 수도 있다. 기능 문서가 장기적으로 유용하려면 명세는 작성된 후 몇 달 혹은 몇 년 후에 누가 그것을 보더라도 그것이 무엇에 대한 것이고, 왜 있으며, 무엇을 설명하는지 이해하기 쉽게 작성돼야 한다. 이러한 목표를 효과적으로 달성하려면 명세는 다음과 같은 특성을 지녀야 한다.

- 부연설명이 필요 없을 만큼 명확해야 한다.
- 한곳에 집중해야 한다.
- 도메인 언어로 기술돼야 한다.

이번 장에서는 이러한 목표를 달성하기 위해 명세를 정제하는 방법에 초점을 맞춘다. 그러나 구체적인 관점으로 옮겨가기 위해 먼저 좋은 명세의 예와 나쁜 명세의 예를 보여주겠다. 이번 장이 끝날 때쯤에는 여기서 설명한 조언을 적용해 나쁜 명세를 정제할 것이다.

좋은 명세의 예

예제를 활용하는 좋은 명세의 예는 다음과 같다.

무료 배송

- 무료 배송은 VIP 고객이 책을 특정 수량만큼 구입할 때 제공된다. 일반 고객이나 VIP 고객이 책 외의 다른 것을 구입할 때는 무료 배송을 제공하지 않는다.
- 무료 배송을 받기 위한 책의 최소량이 5권일 경우, 다음과 같은 사항을 기대할 수 있다.

예제

고객 유형	장바구니 내용	배송
VIP	책 5권	무료, 일반 배송
VIP	책 4권	일반 배송
일반	책 10권	일반 배송
VIP	세탁기 5대	일반 배송
VIP	책 5권, 세탁기 1대	일반 배송

이 명세는 부가 설명이 필요 없을 만큼 자명하다. 나는 콘퍼런스와 워크숍에서 이 예제를 자주 보여주는데, 예제를 설명하기 위해 부연 설명을 할 필요가 없었다. 제목과 설명이 예제의 구조를 설명하고, 읽는 사람은 명세 규칙을 있는 그대로 이해할 수 있다.

또한 이것은 예제를 어떻게 테스트할지에 대한 스크립트가 아니라 명세이기도 하다. 애플리케이션 워크플로우나 세션 제약에 대해 이야기하고 있지도 않고, 책을 어떻게 구매하는지를 설명하고 있지도 않다. 단지 이용 가능한 배송 방법을 설명하고 있을 뿐이며, 구현과 관련된 어떤 것도 이야기하지 않는다. 가능한 최선의 방법을 찾는 것은 개발자의 몫이다.

이 명세는 무료 배송에 대한 특정 규칙에만 초점을 맞추고 있다. 그리고 그 규칙과 관련된 속성만 포함하고 있다.

나쁜 명세의 예

표 8.1에 나온 예제와 앞에서 본 명세를 비교해보자. 이것은 매우 나쁜 명세의 예다[2].

---

[2] 이 예제는 실제 프로젝트에서 나온 것이며 FitNesse에 포함돼 있었다. 우리는 2010년 7월 런던에서 명세를 정제하는 워크숍에서 이것을 사용했다. 그 결과, 그 예제는 FitNesse 배포판에서 수정됐다.

급여에 대한 간단한 인수 테스트

먼저 직원 몇 명을 추가한다.

직원			
id	이름	주소	급여
1	Jeff Languid	10 Adamant St; Laurel MD 20707	1005.00
2	Kelp Holland	128 Baker St; Cottonmouth, IL 60066	2000.00

다음으로 직원들의 급여를 지급한다.

지급일	
지급일	수표번호
1/31/2001	1000

급여가 정확한지 확인한다. 빈 칸은 급여 검사기 픽스처에 의해 채워질 것이다. 데이터가 있는 칸은 이미 확인된 것들이다.

급여 검사기				
id	금액	번호	이름	날짜
1	1005			
2	2000			

마지막으로 결과에 단 2개의 급여가 포함돼 있고 그 값이 맞는지 확인한다.

급여 검사기
번호
1000
1001

그림 8.1 혼란스러운 명세

표와 함께 제목과 텍스트가 있고 무엇을 설명하는 것 같지만 별로 효과적이지 않다. 이 문서를 '단순하다'고 할 수 있을까? 이 문서는 급여와 관련돼 있지만 정확하게 무엇을 설명하고 있는가?

이 문서가 기술하고 있는 바는 분명하지 않다. 규칙을 이해하려면 테스트 데이터에서부터 거꾸로 접근해야 한다. 매개변수로 지정된 숫자에서 시작해 출력된 숫자가 맞는지 확인해야 하는 것처럼 보인다. 또한 출력 결과 내의 각 데이터를 검증해야 할 것 같다. 그리고 직원당 출력된 급여를 말로 설명하고 있다.

이 문서에는 불필요하게 복잡한 사항이 포함돼 있다. 이름과 주소는 문서의 앞부분을 제외하고는 어느 곳에서도 사용되지 않는다. 표에 나타난 데이터베이스 식별자는 비즈니스 규칙과 아무런 관계가 없다. 이 예제에서 데이터베이스 식별자가 직원과 급여 검사기를 매칭하는 데 사용되고 명세에 기술적인 소프트웨어와 관련된 개념을 가져오고 있다.

급여 검사기는 오직 테스트를 위해 만들어진 것이다. 처음에 이 문서를 읽을 때 나는 '형사 클루조(Inspector Clouseau)'[3]에서 피터 셀러즈가 밖에 나갈 때 옷을 꼼꼼히 확인하는 장면을 상상했다. 이것은 비즈니스 개념과는 무관하다.

또 다른 흥미로운 부분은 명세의 단언부에 있는 빈 칸과 두 개의 급여 검사 표는 서로 관련이 없다는 점이다. 이 예제는 FitNesse에서 가져왔다. 그 곳의 빈칸들은 아무것도 확인하지 않은 채로 테스트 결과를 출력한다. 이로써 이 명세는 사람이 읽어봐야만 하는(자동화의 목적에서 벗어난) 자동화 테스트가 돼 버린다. FitNesse에서 빈 칸은 보통 테스트가 불완전하다는 것이고, 뭔가를 놓치고 있다는 신호. 자동화 테스트가 잘못된 곳에서 시스템을 후킹하고 있거나 암묵적인 규칙이 숨겨져 있는 경우 테스트 결과는 반복 불가능하고 신뢰할 수 없게 된다.

명세에서 사용하는 언어에 모순이 있으면 입력과 출력을 연결하기가 어려워진다. 하단의 표에서 1001이라는 값은 무엇인가? 컬럼 헤더에는 그것이 번호라고 돼 있는데 엄밀히 따지자면 번호가 맞을지 모르지만 전혀 유용하지 않은 정보다. 두 번째 박스에 있는 수표번호는 어떤 숫자일까? 이 두 숫자는 어떤 관계가 있을까?

자동 봉투 패키지에 주소를 출력하기 위해 주소가 필요한 것이라고 가정해보자. 이 명세를 기반으로 하는 테스트는 매우 중요한 한 가지, 즉 맞는 직원에게 맞는 금액이 지불돼야 한다는 것을 검증하지 못한다. 첫 번째 사람이 수표를 둘 다 받더라도 테스트는 별탈 없이 통과할 것이다. 직원들이 다른 사람의 급여를 받게 되더라도 테스트는 통과할 것이다. 수표에 미래의 날짜가 출력되면 직원은 그것을 현금으로 바꿀 수 없겠지만 테스트는 여전히 통과한다.

이제 빈 칸이 생긴 진짜 이유를 생각해보자. 수표의 순서는 명시돼 있지 않다. 이러한 기능 차이가 시스템을 반복적으로 테스트하기 어렵게 한다. 이 FitNesse 페이지를 작성한 사람은 기술적인 어려움을 자동화 계층이 아닌 명세에서 우회하기로 결정했고 결국 허위 검증을 하는 테스트가 만들어졌다.

---

3 (옮긴이) '형사 클루조'는 피터 셀러즈가 주연으로 출연한 코믹 영화다. 자신이 세계최고의 수사관이라 믿는 프랑스 파리 경시청 소속의 클루조 경감이 실수투성이 수사 과정을 통해 사건을 해결하는 과정을 그렸다.

추가적인 문맥 정보 없이는 이 테스트가 검증하는 바가 무엇인지 말하기 어렵다. 이것이 수표출력 시스템에 대한 것이라면 나는 수표번호가 유일하고 미리 설정된 값에서 시작한다는 사실을 별도 페이지로 분리하는 방식을 선호할 것이다. 단지 급여 수표를 출력한다면 이것은 급여 수표 출력의 일부일 것이다.

후반부에서 이 끔찍한 문서를 정제하겠지만 먼저 좋은 명세를 어떻게 만드는지 살펴보자.

명세를 정제할 때 중점을 둬야 할 사항

3장의 도입부에서는 좋은 명세를 만들기 위해 갖춰야 할 조건을 제시했다. 이제 그 조건을 만족시킬 수 있는 좋은 아이디어를 소개하겠다.

예제는 명확하고 테스트할 수 있어야 한다

개발 완료를 명백하게 확인할 수 있게 명세에서는 결과를 객관적으로 측정할 수 있어야 한다. 그래서 명세에는 검증할 수 있는 정보(시스템을 체크할 수 있는 매개변수 조합과 기대 결과 등)를 포함해야 한다.

이 기준을 충족하기 위해 명세는 명확하고 현실적인 예제를 기반으로 해야 한다. 7장의 "예제는 명확해야 한다" 절에서 예제를 명확하게 만드는 몇 가지 유용한 기법을 확인할 수 있다.

스크립트는 명세가 아니다

비즈니스 사용자는 시스템이 어떤 일을 하느냐보다는 시스템을 통해 무엇을 얻을 수 있는지 설명하기 위해 사용자 인터페이스나 작업 단계들을 어떤 절차로 실행해야 할지에 대해서 생각한다. 이러한 예제는 명세가 아니라 스크립트다.

스크립트는 어떤 것을 어떻게 테스트할 수 있는지를 설명한다. 스크립트는 시스템과의 저수준 상호작용을 통해 비즈니스 기능을 설명한다. 스크립트의 경우 스크립트를 읽는 사람들은 동작에 대해 과도하게 알아야 하고, 또 무엇이 중요하고, 정확히 무엇을 설명하고 있는 것인지에 대해서도 이해해야 한다. 또한 스크립트는 테스트가 워크플로우와 세션 제약 등과 관련해서 비즈니스 규칙이 변경되지 않을 때조차도 변경이 필요할 수 있다.

*명세*는 시스템이 무슨 일을 하는지 설명한다. 가능한 한 직접적인 방법으로 비즈니스 기능에 초점을 맞춘다. 명세는 비즈니스 개념을 직접적으로 설명하기 때문에 가능한 한 짧아야 한다. 그렇게 하면 명세가 스크립트보다 읽기 쉽고 이해하기 쉬워진다. 또한 명세는 워크플로우나 세션 제약의 변경에 영향을 받지 않기 때문에 스크립트보다 훨씬 더 안정적이다.

다음은 스크립트의 예다.

1. *톰*이라는 사용자로 로그인한다.
2. *홈페이지*로 이동한다.
3. *Specification by Example*을 검색한다.
4. *첫 번째* 결과를 장바구니에 추가한다.
5. *Beautiful Testing*을 검색한다.
6. *두 번째* 결과를 장바구니에 추가한다.
7. 장바구니에 있는 품목의 개수가 *2개*임을 확인한다.

이 스크립트는 어떤 것이 어떻게 완료되는지 말해주지만 명세하고 있는 바를 직접적으로 설명하지는 않는다. 나머지 단락을 읽기 전에 이 예제가 정확히 무엇을 기술하는지 직접 써보라. 조금이라도 쓸 수 있는 것이 있었는가? 그렇다면 예제가 설명할 수 있는 것이 오직 그것뿐이라고 생각하는가?

이 예제가 무엇을 설명하고 있느냐에 대해서는 다양하게 해석할 수 있다. 그 중 하나는 장바구니에 다수의 품목을 추가할 수 있다는 것이다. 또 다른 상태는 사용자가 로그인한 후 장바구니가 비어 있는 상태다. 세 번째는 Specification by Example에 대한 첫 번째 검색 결과와 Beautiful Testing에 대한 두 번째 검색 결과를 장바구니에 추가할 수 있다는 것이다.

이것은 매우 명확하고 테스트할 수 있는 예제다. 우리는 이것을 실행할 수 있고 시스템이 예상하는 결과를 돌려주는지 확인할 수 있다. 이 스크립트의 문제는 표현하고 있는 기능이 무엇인지에 대한 정보는 포함하고 있지 않다는 것이다. 이 스크립트를 작성한 사람은 처음 기능을 구현할 때 시스템이 무슨 일을 할지 정확히 알고 있었을 것이다. 하지만 반년이 지난 후에는 더는 명확하지 않을 것이다.

이 스크립트는 좋은 의사소통 도구가 아니다. 우리는 스크립트가 무엇에 대한 것인지 알 수 없고 시스템의 어느 부분이 잘못됐는지 알 수 없다. 이 스크립트를 기반으로 하는 테스트가 갑자기 실패하기 시작하면 누군가가 매우 넓은 범위의 코드를 분석하느라 많은 시간을 소비하게 될 것이다.

처음 톰이 로그인하는 단계는 웹사이트의 워크플로우로 요구된 제약이기 때문에 꼭 필요할 것 같다. 이 예제가 꼭 이 사용자와 관련된 비즈니스 규칙을 설명하는 것이 아니라면 로그인하는 사용자가 톰이라는 사실은 중요하지 않다. 어떤 이유로 톰의 사용자 계정이 비활성화됐다면 이 테스트는 실패하기 시작할 테지만 시스템에 문제가 발생하지 않을 수도 있다. 하지만 누군가는 그것을 밝히기 위해 많은 시간을 낭비할 것이다.

명세 대신 스크립트로 인수 기준을 잡는 데는 장기적으로 많은 시간적인 비용이 든다. 몇 분만 시간을 들여서 예제를 먼저 재구성한다면 낭비를 줄일 수 있다. 이러한 스크립트를 좀 더 유용한 명세로 정제하는 예는 8장의 후반부에 나오는 "정제하기 연습" 절을 참고한다. 릭 머그리지(Rick Mugridge)와 워드 커닝햄(Ward Cunningham)은 『Fit, 통합 테스트 프레임워크』(인사이트, 2010)에서 스크립트를 더 나은 명세로 재구성하는 것과 관련된 많은 조언을 남겼다.

흐름 위주의 설명을 피하라

흐름에 대한 설명(맨 먼저 뭘 하고, 그다음에는 뭘 하고 등등)에 주의하라. 실제 프로세스의 흐름을 설명하고 있지 않다면 이것은 비즈니스 규칙을 스크립트를 이용해 설명하고 있다는 신호다. 이러한 스크립트는 장기적인 유지보수 문제를 야기한다.

▶ 시스템의 작동 방식에 대한 설명에 주의하라. 시스템이 무엇을 해야 하는지를 생각하라.

비즐리에 있는 이안 쿠퍼의 팀은 **예제를 활용한 명세**를 적용한 지 6개월쯤 됐을 때 이 문제를 인지하게 됐다. 그들은 팀 회고 과정에서 인수 테스트를 유지보수하는 데 매우 많은 비용이 들어가고 있다는 점에 대해 논의했고, 그러한 비용을 줄이는 방법을 찾아 스크립트를 명세로 재구성했다. 쿠퍼는 다음과 같이 이야기한다.

> 저희가 테스트에 사용한 모델은 스크립트로 변환한 수동 테스트와 동일했습니다. 초기 테스트는 스크립트 접근법을 따랐습니다. 즉, 테스트는 몇몇 체크 항목을 포함한 순서였습니다. 이것을 "해야 하는 것(what should it do)"으로 바꾸자 테스트하기가 훨씬 수월해졌습니다.

명세 대신 스크립트로 인수 테스트를 기술하는 것은 팀이 초기에 가장 흔히 저지르는 실수다. 처음에 그것을 구현할 때는 스크립트에서 설명하는 내용을 기억할 수 있기 때문에 스크립트가 짧은 이터레이션에서의 개발 목표로 비교적 잘 작동한다. 하지만 스크립트는 유지보수하기 어렵고 나중에 이해하기도 어렵다. 이 문제가 드러나는 데는 몇 달 정도 걸리는데, 문제가 드러나기 시작하면 몹시 곤란해진다.

명세는 소프트웨어 설계가 아닌 비즈니스 기능에 대한 것이어야 한다

이상적으로 명세는 소프트웨어 설계를 내포하지 않아야 한다. 명세는 소프트웨어가 어떻게 구현될 것인지를 규정하지 않고 비즈니스 기능을 설명해야 한다. 이것은 두 가지 목적에 부합한다.

- 명세는 개발자가 현재 최선의 해결책을 찾는 것을 가능케 한다.
- 명세는 나중에 개발자가 설계를 개선하는 것을 가능케 한다.

구현에 관해 설명하지 않고 비즈니스 기능에 초점을 맞춘 명세는 구현 방법을 쉽게 바꿀 수 있다. 소프트웨어 설계에 대해 어떤 것도 담고 있지 않는 명세는 설계가 개선될 때 아무것도 변경할 필요가 없다. 이러한 명세는 불변 항목으로 나중에 다른 것을 변경하기도 수월하다. 소프트웨어 설계를 개선한 후 이전의 기능이 여전히 작동하는지 확인하기 위해 해당 명세를 기반으로 하는 테스트를 변경하지 않고도 수행해볼 수 있다.

코드와 긴밀하게 결합된 명세를 작성하지 않는다

➡ 코드와 긴밀하게 결합되거나 소프트웨어 구현을 반영하는 명세는 쉽게 깨지는 테스트를 만든다.

테스트에서 설명하는 비즈니스 기능이 변경되지 않더라도 소프트웨어가 변경되면 이런 테스트는 깨지기 마련이다. **예제를 활용한 명세**가 깨지기 쉬운 테스트를 만들어 낸다면 변경을 용이하게 하기보다는 추가적인 유지보수 비용을 유발한다. 아즈락 헬레소이는 **예제를 활용한 명세**에서 배운 중요한 교훈으로 이 부분을 지적했다.

> 저희는 너무 많은 인수 테스트를 작성했고 때로는 저희가 작성한 코드가 테스트에 너무 긴밀하게 결합돼 있었습니다. 단위 테스트가 완전히 결합된 상태는 아니었지만 여전히 결합돼 있었습니다. 최악의 경우에는 큰 규모의 리팩터링을 한 후 테스트 스크립트를 변경하는 데 8시간이 걸렸던 적도 있습니다. 저희는 테스트를 얼마만큼 작성하고 그것을 어떻게 작성할 것인가를 절충해야 한다는 교훈을 얻었습니다.

➡ 비즈니스 도메인이 아니라 소프트웨어 개발에서 나온 명세의 이름과 개념에 주의해야 한다. 예를 들면, 데이터베이스의 식별자, 기술적인 서비스 이름, 혹은 일차적인 도메인 개념이 아닌 객체 클래스 이름과 순전히 자동화 목적으로 만들어진 개념이 여기에 해당한다. 이러한 개념을 피해서 명세를 재구성하면 명세를 이해하기가 쉬워지고 장기적인 유지보수도 수월해질 것이다.

기술적인 테스트는 중요하며, 소프트웨어 설계와 밀접하게 결합된 테스트를 만드는 것에 반대하지 않는다. 그러나 이러한 테스트가 실행 가능한 명세와 섞여서는 안 된다. 예제를 활용한 명세를 도입하는 팀이 흔히 저지르는 실수는 모든 기술적인 테스트(단위 테스트 혹은 통합 테스트)를 버리고 실행 가능한 명세가 시스템의 모든 면을 포괄하기를 기대하는 것이다. 실행 가능한 명세는 우리가 올바른 비즈니스 기능을 개발할 수 있게 도와준다. 기술적인 테스트는 시스템의 저수준 측면에서의 기술적인 품질을 보장해준다. 둘 다 필요한 것이지만 이것들을 섞어서는 안 된다. 기술적인 테스트의 자동화 도구는 실행 가능한 명세를 자동화하는 데 사용하는 도구보다 기술적인 테스트를 하는 데 더 적합하다. 그러한 도구는 기술적인 테스트를 더욱 쉽게 유지보수할 수 있게 해준다.

👎 명세에서 기술적인 난관을 회피하려는 유혹에 맞서라
상황: 레거시 시스템에서 작업하는 경우

레거시 시스템은 보통 기술적으로 해괴한 부분이 많고, 이를 변경하기란 쉽지 않다. 사용자는 이러한 기술적인 어려움을 피해야만 하고, 실제 비즈니스 프로세스와 이러한 제2의 해결책을 구별하기는 어렵다.

어떤 팀은 명세에 이러한 프로세스상의 회피 수단을 포함시키는 함정에 빠진다. 그 결과, 명세가 구현뿐 아니라 기술적 이슈에도 얽매이게 된다. 이러한 명세는 레거시 시스템을 변경하기 어렵게 만든다. 아울러 유지보수하는 비용을 급격하게 증가시킨다. 코드를 조금 변경하는 경우에도 실행 가능한 명세를 수 시간에 걸쳐 변경해야 한다.

요하네스 링크(Johannes Link)의 프로젝트에서는 기본적인 테스트 시나리오를 수행하는 데 200여 개의 서로 다른 객체를 만들어야 했다. 이런 의존성이 자동화 계층이 아닌 실행 가능한 명세 자체에 명시돼 있었다. 1년 뒤 테스트 유지보수 비용은 증가했고, 결국 팀은 변경을 미뤘다. 링크는 다음과 같이 이야기한다.

> 기능을 하나만 변경해도 많은 테스트가 깨졌습니다. 테스트 관련 비용의 증가로 인해 몇 가지 새로운 요구사항을 구현하는 것조차 어려웠고, 버그 비율을 낮게 유지하는 테스트가 필요하다는 사실을 깨닫게 됐습니다.

실행 가능한 명세를 위한 대부분의 자동화 도구[4]는 명세와 자동화 프로세스를 분리한다(더 자세한 내용은 9장의 초반부에 나오는 "이것은 어떻게 작동하는가" 팁에서 다루겠다). 명세는 사람이 읽을 수 있는 형태이고 자동화 프로세스는 프로그래밍 코드로 구성된 별도의 자동화 계층을 사용해 만들어진다.

➡ 자동화 계층에서 기술적 어려움을 해결하라. 테스트 명세에서 그것을 해결하려고 하지 마라.

그러고 나면 시스템을 좀 더 쉽게 변경하고 개선할 수 있다. 자동화 계층에서 기술적인 어려움을 해결함으로써 기술적인 검증 프로세스를 설명하거나 유지보수할 때 프로그래밍 언어의 기능 및 도구의 이점을 얻을 수 있다. 프로그래머는 중복을 줄이고, 유지보수하기 쉽고 변경하기 쉬운 코드를 만드는 데 그러한 기법과 도구를 적용할 수 있다. 기술적인 우회책이 자동화 계층에 있는 경우에는 기술적인 설계가 개선되거나 우회책이 필요 없어졌을 때 명세가 그에 따른 영향을 받지 않을 것이다.

기술적인 워크플로우를 자동화 계층에 넣으면 명세가 짧고 이해하기 쉬워진다. 그 결과, 명세는 높은 추상화 수준에서 비즈니스 개념을 설명할 수 있고, 특정 예제의 핵심적인 측면에 집중할 수 있다(자세한 사항은 이번 장의 "명세는 한곳에 집중해야 한다" 절에서 설명하겠다).

---

[4] 자동화를 지원하는 도구에 관한 자세한 사항은 http://specificationbyexample.com을 참고한다.

사용자 인터페이스 세부사항에 매몰되지 마라
상황: 웹 프로젝트의 경우

> 예제를 활용한 명세를 시작할 때 많은 팀이 사용자 인터페이스의 사소한 세부사항에 대한 불필요한 예제를 기술하느라 시간을 낭비하곤 한다. 이것은 명세에 대한 이해를 넓혀나가기보다는 예제를 활용한 명세 기법을 프로세스로 이용하는 경우다.

사용자 인터페이스는 시각적인 것이다 보니 쉽게 생각해볼 수 있다. 팀과 고객이 메뉴 링크에 대한 내비게이션을 묘사하는 데 많은 시간을 소모하는 프로젝트를 본 적이 있다. 사용자 인터페이스의 해당 부분은 실질적으로 위험 요소가 없는 부분이어서 좀 더 중요한 기능에 관해 논의하는 데 시간을 쓸 수도 있었다.

필 코완스도 송킥에서 예제를 활용한 명세를 도입할 때 비슷한 경험을 했고, 그 역시 이것이 중요한 초기 실수 중 하나라고 생각했다.

> 저희는 초기에 다소 사소한 사용자 인터페이스를 테스트하는 데 많은 시간을 보냈습니다. 그렇게 하기가 쉬웠기 때문이죠. 그래서 저희는 예외적인 상황과 애플리케이션의 대안 실행 경로[5]를 충분히 검토하지 못했습니다. 볼 수 있는 것을 테스트하기는 쉽지만 궁극적으로는 보여지는 사용자 인터페이스보다 소프트웨어가 무엇을 하는지 깊이 이해할 필요가 있습니다. 이때 사용자 스토리와 애플리케이션의 실행 경로에 관해 생각해 보는 것이 큰 도움이 됩니다.

사용자 인터페이스의 세부사항에 집착하는 대신 사용자가 웹사이트를 둘러보는 경로에 대해 고민하는 편이 더 낫다. 협력해서 명세를 작성할 때 비즈니스에 중요한 부분에 시간을 투자하라. 중요하고 위험도가 있는 항목은 더 자세히 조사할 필요가 있다. 그다지 중요하지 않은 것들에 대해 꼼꼼하게 명세화할 필요는 없다.

명세는 설명이 필요 없을 만큼 자명해야 한다

실행 가능한 명세가 기능 회귀 테스트에 실패하면 누군가 그것을 보고, 무엇이 잘못됐는지 알아내서 해결책을 찾을 것이다. 이런 일은 명세가 작성된 후 몇 년 후에 발생할 수 있고, 그때는 이미 해

---

5 (옮긴이) 코드 상에서 분기에 따른 실행 경로(path)를 말하며, 여기서 대안 실행 경로(alternative path)란 예외 상황에서 코드가 분기되어 실행되는 경로를 의미한다.

당 명세를 작성했던 사람이 프로젝트에 없을 수도 있다. 이것이 바로 명세가 설명이 필요 없을 만큼 자명해야 하는 중요한 이유다.

물론 명세가 자명하면 명세로 작성된 기능을 처음으로 개발할 때 오해를 줄이는 데도 도움이 된다.

 ### 설명적인 제목을 사용하고 짧은 단락으로 목표를 설명하라

➡ 명세를 시작할 때 단지 몇 단어만으로도 큰 차이가 생기고 나중에 많은 시간을 줄일 수 있다.

명세에 단지 입력과 예상되는 출력만 포함돼 있다면 그것을 읽는 사람은 그 예제에서 비즈니스 규칙을 재구성해야만 할 것이다.

이것이 바로 명세에 설명적인 제목을 사용해야 하는 결정적인 이유다. 제목은 의도를 함축하고 있어야 한다. 명세가 웹의 어딘가에 있다면 구글 검색창에 뭐라고 입력할지 생각해보라. 그리고 그것을 제목으로 사용하라. 이렇게 하면 누군가가 일부 기능의 설명을 찾을 때 적절한 명세를 찾기가 수월해질 것이다.

명세를 읽는 사람은 명세의 구조와 그것의 문맥을 이해할 필요가 있다. 명세의 목표와 예제의 구조를 몇 개의 단어로(짧은 단락이면 된다) 설명하고 그것을 앞부분에 배치하라. 설명을 쓸 때 도움될 만한 기법은 먼저 예제를 쓰고 그다음에 그것들을 설명하는 것이다. 예제를 설명하는 동안 말하려고 했던 것을 명세의 서두 부분에 배치하면 된다.

 ### 말하지 말고 보여줘라

상황: 명세에 노력을 들이는 경우
목적: 명세에 부연설명이 필요 없는지 확인하기 위해

➡ 명세가 부연설명이 필요 없을 만큼 자명한지 확인하기 위해 다른 사람에게 그것을 보여주고 아무 말도 하지 말고 그것을 이해해보라고 하라.

명세가 정말 자명한지 확인하려면 다른 사람에게 이해한 바를 설명해 보라고 하고 여러분이 의도한 바와 일치하는지 보면 된다.

나는 명세를 누군가에게 보여줄 때 뭔가 설명이 필요하다는 사실을 알게 되면 명세의 서두에 그 설명을 쓴다. 나는 예제를 설명하면서 의미 있는 이름을 찾아 사용하기도 하고 예제를 조금 더 이해하기 쉽게 주석을 덧붙이기도 한다.

예제를 과도하게 서술하지 마라

기본적인 자동화 인프라를 사용할 때 많은 팀은 가능한 모든 입력 매개변수의 조합을 명세에 담는 실수를 저지른다. 이 같은 현상에 대한 일반적인 해석은 테스터가 자동화 프레임워크를 재사용해서 추가적인 예제에 대해서도 검증하려 한다는 것이다.

이 접근법의 문제는 최초의 핵심 예제를 다른 수많은 가치 속에서 잃어버리게 된다는 것이다. 명세는 이해하기 어려워지고 더는 자명하지 않게 된다.

➡ 세 가지 핵심 예제를 적절히 정의한 명세가 불충분한 100개의 예제가 담긴 명세보다 훨씬 유용하다.

이 접근법의 또 다른 문제는 동일한 케이스를 검증하기 위해 더 많은 예제를 실행해야 하므로 더 많은 시간이 걸리게 되어 테스트 수행이 느려지고 개발팀이 피드백을 늦게 받게 된다는 점이다.

리사 크리스핀의 팀은 준거성 테스트(compliance testing)[6]를 자동화하는 과정에서 이 문제를 겪었다. 준거성 테스트는 담당자가 규정한 규칙에 대한 테스트였지만 어떤 로직도 따르지 않았다. 크리스핀은 제품 담당자와 함께 많은 수열을 다루는 알고리즘을 명세화해서 개발에 앞서 여러 스프린트에 걸쳐 복잡하고 실행 가능한 명세를 작성했다. 개발자는 그 명세를 보자마자 기겁했다. 크리스핀은 이렇게 이야기한다.

---

6 (옮긴이) 시스템이 규정된 대로 일관되고 지속적으로 수행되는지 평가하는 테스트. 관리자에 의해 설정된 정책이나 규칙에 따라 테스트한다.

> ❝ 개발자들은 테스트(실행 가능한 명세)를 보고 혼란스러워했습니다. 거기서 나무만 보고 숲은 볼 수 없었던 거죠. 개발자들은 무엇을 코드로 작성해야 할지 알 수 없었기 때문에 그 테스트를 사용할 수가 없었습니다. 그래서 테스트는 모든 세부사항이 아니라 큰 그림을 제시해야 한다는 점을 알게 됐습니다. ❞

명세에는 오직 핵심적인 대표 예제만 나열해야 한다. 그러면 명세를 짧고 이해하기 쉽게 유지할 수 있다. 핵심 예제는 보통 다음과 같은 사항을 포함한다.

- 비즈니스 기능의 각 주요 관점을 묘사하는 대표적인 예제. 보통 비즈니스 사용자, 분석가 혹은 고객이 이것을 정의한다.
- 기술적인 경계 조건과 같이 기술적으로 중요한 극단적인 상황을 묘사하는 예제. 보통 개발자가 걱정하는 기능 차이나 불일치 등에 대해 이런 예제를 제안한다. 비즈니스 사용자, 분석가 혹은 고객은 이에 대해 시스템의 정확한 기대 행동을 정의한다.
- 구현상 특별히 까다로우리라 예상되는 부분을 묘사하는 예제. 기존 예제에서 명확하게 묘사하지 않았거나 경계 조건이나 예전에 버그가 있었던 케이스에 대한 예제가 여기에 해당한다. 보통 테스터가 이런 예제를 제안하고 비즈니스 사용자, 분석가 혹은 고객이 정확한 기대 행동을 정의한다.

물론 핵심 예제에 대해 자동화된 구조를 재사용해서 테스터가 더 많은 테스트를 할 수 있게 하는 것도 좋은 점이라 할 수 있다. 이미 존재하는 명세에 다른 경계 값을 추가해 시스템의 기대 행동을 쉽게 조사할 수도 있다. 하지만 이렇게 하면 명세가 더 길어질뿐더러 집중도가 떨어지고 이해하기 어려워진다.

핵심 명세를 복잡하게 만드는 대신 이와 별개로 분리된 자동화 테스트를 만들어라. 리빙 도큐멘테이션을 위한 웹 기반 시스템을 사용한다면 두 페이지를 연결하는 링크를 사용할 수 있을 것이다. 파일 기반 시스템이라면 명세를 설명하는 부분에 파일 경로나 단축 경로를 포함시켜라.

그렇게 새롭게 만들어진 테스트는 원래 명세와 동일한 구조를 사용하고 다수의 추가적인 예제를 포함할 수 있다. 어떤 기능의 핵심 명세는 여전히 의사소통에 유용한 도구이면서 빠른 피드백을 제공해준다. 추가적인 테스트는 광범위한 테스트를 목적으로 다양한 조합에 대한 결과를 제공할 것이다. 주요 명세는 변경이 일어날 때마다 검증되어 빠르게 피드백을 제공할 것이며, 부가 테스트는 야간에 수행되어 팀에 모든 추가적인 케이스에 대해서도 신뢰할 수 있게 될 것이다.

> **모든 개별 상황을 다루지 마라**
>
> 예제를 과도하게 기술하는 일반적인 원인은 분석가나 고객이 자신들이 놓친 기능 때문에 받게 될 비난에 대한 두려움 때문이다. 협력적인 명세화 과정에서 올바른 명세를 도출해야 하는 책임 역시 모두에게 있다. 따라서 그런 것에 대해 변명할 필요가 없다. 픽시스의 탈리아 제품 책임자였던 앙드레 브리셋은 주요 교훈 중 하나로 그것을 꼽았다.
>
> " 스토리의 완료 조건과 관련이 있는 것과 없는 것을 구별하십시오. 여러분이 생각하기에 그러한 테스트가 정말로 스토리의 완료 조건을 다룰 수 있다면 괜찮습니다만, 그렇지 않다면 문제가 있는 겁니다. 스프린트가 끝나는 시점 혹은 그 이후에라도 뭔가를 놓쳤다는 것이 밝혀지더라도 한 가지는 명확합니다. 여러분이 만든 것은 완료 조건이었고 그것은 모든 사람들이 함께한 계약이었다는 점입니다. 이런 관점에서 부가적인 기능은 필요하지 않습니다. 여러분은 분석가로서 그러한 비난을 받을 필요가 없습니다. "

 ## 기본 예제로 시작한 후 조사하면서 확장하라
상황: 매개변수 조합이 많은 규칙을 설명할 경우

앞 절에서 설명한 문제를 해결하기 위해 크리스핀의 팀에서는 스토리 작업을 시작할 때 세부사항에 대한 테스트는 미뤄두고 고수준의 명세만 작성하기로 결정했다.

스토리에 대한 작업을 시작할 때 테스터와 개발자는 함께 주요 흐름(happy path)에 대해서만 명세로 작성했다. 개발자는 명세를 자동화하고 코드를 작성했고, 테스터는 자동화 프레임워크를 재사용해서 테스트 케이스를 추가했다.

그다음 테스터는 시스템을 조사하고 다른 예제를 실험했다. 실패한 테스트 케이스가 발견되면 테스터는 개발자에게 가서 명세를 확장하고 그 문제를 수정했다.

➡ 과도하게 복잡한 명세 대신 기본적인 예제를 사용하면 주요 흐름을 도출하고 자동화 구조를 쉽게 구축할 수 있다.

다른 부수적인 예제는 위험 기반[7]으로 시도해볼 수 있고, 명세는 점진적으로 확장될 수 있다[8]. 이

---

7 (옮긴이) Risk based testing 방식을 의미함
8 (옮긴이) 주요 흐름과 관련되지 않은 예제에 대해서는 위험도가 높은 것 위주로 시도해서 효율을 추구한다는 의미다.

것은 처음에 결정하기 쉽지 않은 등가성 문제나 극단적인 상황에 대한 구현 등을 다루는 흥미로운 해결책이다.

명세는 한곳에 집중해야 한다

명세는 한 가지(비즈니스 규칙, 기능, 프로세스의 한 단계)만 설명해야 한다. 이처럼 하나에 집중하는 명세는 여러 관련 규칙을 설명하는 명세보다 이해하기 쉽다. 명세는 예제가 보여주려고 하는 중요한 핵심 속성에만 집중해야 한다.

집중은 명세에 두 가지 중요한 이점을 준다. 하나에 집중하는 명세는 짧다. 그래서 길거나 초점이 분명하지 않은 명세보다 이해하기 쉽다. 또한 유지보수하기도 더 쉽다. 여러 가지 규칙을 설명하는 명세는 그것이 포함하고 있는 시스템의 모든 범위에서 발생하는 변경에 영향을 받는다. 그래서 그 명세를 기반으로 하는 자동화 테스트는 자주 깨질 것이다. 게다가 이런 테스트 실패는 문제를 정확히 파악하기 힘들다.

 ### 명세를 "조건-수행-결과" 형태로 작성하라
목적: 테스트를 쉽게 이해할 수 있도록

➡ 경험상 명세는 문맥을 선언하고, 하나의 동작을 기술하며, 기대되는 상태를 정의해야 한다.

이를 기억하는 가장 좋은 방법은 *조건-수행-결과(Given-When-Then)* 혹은 *준비-행위-단언(Arrange-Act-Assert)*이다. 조건-수행-결과는 시스템의 기대 행동을 설명할 수 있는 일반적인 형태이고, 일찍이 행위 주도 개발(behavior-driven-development)에 대한 글들을 통해 알려졌다. 조건-수행-결과를 따르면 시스템의 기대 행동을 다음과 같은 세 부분으로 나누어 작성하게 된다.

- 주어진 선조건 하에서 (Given)
- 어떤 액션이 일어났을 때 (When)
- 다음과 같은 후조건을 충족해야 한다 (Then)

Cucumber[9]와 SpecFlow[10] 같은 자동화 도구는 실행 가능한 명세에 이 구문을 그대로 사용한다. 그림 8.1의 예를 보자. 표나 키워드 기반 혹은 자유 형식의 텍스트를 사용하는 다른 도구를 사용할 수도 있지만 명세를 조건-수행-결과의 흐름을 따라 구성하는 것은 매우 좋은 아이디어다.

단 하나의 액션을 수행하는 것이 핵심이다. 이렇게 하면 명세가 오직 그 액션에만 집중할 수 있기 때문이다. 명세에 다수의 액션이 포함돼 있다면 명세를 읽는 사람은 그 액션이 최종 결과를 만들어내기 위해 어떻게 상호작용하는지 이해하고 분석해야만 한다.

비즈니스 흐름 관점에서 액션의 집합이 중요하다면 그것에 하나의 이름을 부여해서 고수준의 개념으로 사용할 만큼 중요할 수 있다. 그렇다면 도메인 코드 내에 고수준 메서드로 포함해야 할 것이고, 이러한 고수준 메서드가 명세에 포함될 수 있다.

테스트에 명시된 기능과 직접적으로 관련돼 있다면 명세에는 다수의 선조건과 후조건이 정의될 수 있다(Given, Then 절이 여러 개인 형태). 다음의 Cucumber 테스트 예제에는 두 개의 선조건과 후조건이 포함돼 있다.

시나리오: 새로운 사용자, 의심스러운 트랜잭션

이전에 트랜잭션 이력이 없는 어떤 사용자가 있다

그리고 그 사용자의 계정등록국가는 영국이다

만일 그 사용자가 미국으로 배달되는 주문을 한다면

그러면 그 트랜잭션은 '의심스러운' 상태로 표시된다

하지만 사용자에게는 그 주문의 상태를 "지연 상태"로 보여준다

조건-수행-결과 구문의 잠재적인 위험요소는 이것이 산문체라는 것이다. 그래서 사람들은 이것이 비즈니스 기능을 직접 설명하는 것이라기보다는 상호작용의 흐름으로 생각하는 경우가 많다. 이러한 문제를 피하려면 앞서 "스크립트는 명세가 아니다" 절에서 했던 조언을 되새겨보자.

---

9 http://cukes.info
10 http://specflow.org

명세에서 모든 의존관계를 명시적으로 설정하지 마라
상황: 복잡한 의존관계나 참조를 다룰 경우

복잡한 설정을 필요로 하는 데이터 중심의 프로젝트에서 객체가 독립적으로 생성되는 경우는 극히 드물다. 예를 들면, 결제 수단에 대한 도메인의 검증 규칙은 고객 객체를 필요로 하고, 또 고객은 유효한 계정을 가지고 있어야 한다는 식으로 이어진다.

➡ 대부분의 팀이 모든 설정을 명세의 필수조건으로 넣는 실수를 저지르곤 한다. 그렇게 하는 것이 개념적으로는 명세를 더 명확하고 완전하게 만들어주기는 하지만 명세를 읽고 이해하기 어렵게 만들 수도 있다.

또한 설정에 있는 객체나 속성을 변경하면 해당 명세를 기반으로 하는 테스트가 깨질 것이다. 그것이 명세에서 설명하는 규칙과 직접적인 관련이 없더라도 말이다.

모든 의존관계를 명시적으로 설명하면 데이터 관련 이슈가 보이지 않게 될 수도 있다. 그래서 데이터 중심의 프로젝트에서는 각별히 조심해야 한다.

조나스 반디는 학교의 레거시 데이터 관리 시스템을 재작성하는 프로젝트에 참여한 적이 있는데, 큰 문제 중 하나가 기존 데이터를 이해하는 것이었다. 그의 팀은 전체 문맥을 동적으로 설정하는 명세를 작성했다. 그 명세 내에서의 문맥은 실제 데이터 변수가 아니라 그의 팀이 이해하고 있는 바를 토대로 했다. 이터레이션 중반에 레거시 시스템에서 데이터를 가져오기 위해 코드를 연결하고 나서야 요구사항에 많은 차이와 불일치가 있다는 사실을 알게 됐다(7장의 "예제는 현실적이어야 한다" 절을 참고).

노르웨이의 낙농 가축 기록 시스템 프로젝트를 진행한 벡 컨설팅 팀도 다른 관점에서 이와 비슷한 이슈를 경험했다. 그 프로젝트 역시 복잡한 준비 과정이 필요한 객체가 많은 데이터 중심 프로젝트였다. 먼저 그들은 실행 가능한 명세에 대한 문맥을 전부 정의했다. 그러자면 사람들이 모든 의존관계를 완벽하게 알아야만 했다. 일부 데이터가 누락되면 코드가 적절히 구현됐음에도 데이터 통합 조건 때문에 해당 명세를 기반으로 한 테스트는 실패했다.

이런 이슈는 명세가 아닌 자동화 계층에서 해결할 수 있다. 명세의 목적과 관련이 없는 모든 의존관계를 자동화 계층으로 옮기고, 명세는 오직 중요한 속성과 객체에만 집중하게 한다. 기술적인 데이터 관리 문제를 위한 좋은 해결책은 9장의 "테스트 데이터 관리" 절을 참고한다.

자동화 계층에 기본값을 적용하라

➡ 유효한 객체를 생성하는 책임을 자동화 계층에 부여하라.

자동화 계층이 적절한 기본값을 갖는 객체를 만들고 의존관계를 설정할 수 있다면 그것을 명시적으로 기술할 필요가 없다. 그렇게 되면 명세를 작성할 때 중요한 속성에만 집중할 수 있게 되어 명세를 이해하고 유지보수하기가 쉬워진다.

예를 들어, 고객 객체를 만들 때 상세한 주소 정보와 유효한 신용카드를 등록하기 위한 모든 신용카드 속성을 명시하기보다는 지불하기 전에 어떤 사용자가 100달러를 쓸 수 있는 카드를 가지고 있다고 명세로 나타내는 편이 나을 것이다. 그 밖의 모든 것은 자동화 계층에서 동적으로 구성할 수 있다.

이러한 기본값은 비즈니스 사용자가 그 값을 변경할 수 있게 할 것이냐에 따라 자동화 계층에서 설정하거나 전역 설정 파일을 통해 제공할 수 있다.

항상 기본값에 의존하지는 마라
상황: 많은 속성을 지닌 객체를 다룰 경우

적절한 기본값을 사용하면 명세를 작성하고 이해하기가 수월해지지만 어떤 팀은 거기에 과도하게 의존하기도 한다. 중복 제거는 코드에서는 좋은 실천법이지만 명세에서도 항상 그런 것은 아니다.

➡ 자동화 계층에서 제공되는 기본값이 어떤 예제의 핵심 속성이라면 그것을 생략할 수 있더라도 명시적으로 그것을 기술하는 편이 좋다.

그렇게 하면 명세를 읽는 사람이 전체 문맥을 알 수 있고, 자동화 계층에서 기본값을 변경할 수 있다. 이안 쿠퍼는 다음과 같이 조심하길 당부했다.

> 예제에서 사용하는 속성값이 기본값과 동일하더라도 거기에 의존하지 말고 명시적으로 정의하게 하세요. 그래야 나중에 기본값을 변경할 수 있고, 중요한 것이 무엇인지 명확하게 알 수 있습니다. 명세를 읽다가 이러한 값이 명시된 예제를 보면 "왜 이게 중요하지?"라고 물어볼 수 있습니다.

명세는 도메인 언어로 작성해야 한다

기능 명세는 사용자, 비즈니스 분석가, 테스터, 개발자 그리고 그 시스템을 이해하려는 사람에게 중요하다. 이러한 사람들이 명세를 모두 읽을 수 있으려면 명세는 이 모든 사람이 이해할 수 있는 언어로 작성돼야 한다. 또한 이 문서에서 사용되는 언어는 모순 없이 일관성을 지녀야 한다. 그래야 해석에 대한 필요성이나 오해의 가능성을 최소화할 수 있다.

유비쿼터스 랭귀지(Ubiquitous Language, 보조 단락 참조)는 이러한 요구사항에 안성맞춤이다. 명세에 유비쿼터스 랭귀지를 사용하고, 클래스의 이름이나 개념이 테스트 목적으로 만들어진 것처럼 보이거나 소프트웨어 구현과 관련된 개념처럼 보이지 않도록 주의해야 한다.

> **유비쿼터스 랭귀지**
>
> 소프트웨어 개발팀은 프로젝트에서 기술적인 구현 개념을 기반으로 한 전문용어를 사용하곤 한다. 이러한 전문용어는 비즈니스 사용자의 용어와 달라서 이 두 그룹이 의사소통하려면 번역 과정이 필요해진다. 그래서 비즈니스 분석가가 그것을 번역함으로써 정보의 병목이 된다. 또한 전문용어가 번역되면서 정보가 손실되거나 오해를 낳기도 한다. 서로 다른 전문용어를 사용하는 대신 에릭 에반스는 자신의 저서인 『도메인 주도 설계』[1]에서 서로 이해한 바를 공유하기 위해 유비쿼터스 랭귀지라고 하는 공통의 언어로 개발하기를 제안했다.
>
> ---
> 1 에릭 에반스, 『도메인 주도 설계: 소프트웨어의 복잡성을 다루는 지혜』(위키북스, 2011)

명세가 이 절에서 제시하는 목표를 만족시키면 개발하기 좋은 목표가 확보되고 의사소통의 도구로서 장기적으로도 가치 있는 문서를 얻게 된다. 또한 시스템을 진화시키고 점진적으로 리빙 도큐멘테이션을 만들어가는 데 도움될 것이다.

정제하기 연습

초반부에서 본 나쁜 명세를 정리하고 개선해보자. 먼저 나중에 쉽게 찾을 수 있게 명세에 '급여 수표 출력'과 같은 서술적인 제목을 붙이자. 또 이 명세의 목적을 설명하는 단락도 추가하자. 우리는 다음과 같은 규칙을 발견했다.

- 시스템은 한 명의 직원당 하나의 수표를 출력하고, 수표에는 직원의 이름, 주소, 급여가 기재된다.
- 시스템은 수표에 지급일을 출력한다.

- 수표번호는 유일해야 하고, 그다음의 유효한 수표번호에서 시작해 오름차순으로 증가한다.
- 수표는 직원의 이름순으로 출력된다.

보통 수표에는 수취인, 금액, 지급일이 있지만 이름이나 급여 같은 직원에 대한 정보는 표기하지 않는다. 자동으로 발송되는 우편물의 일부분으로서 수표를 출력하는 것이라면 자동 봉투 패키징에서 사용할 목적으로 수표가 주소를 포함한다고 할 수 있다. 이런 명칭을 지속적으로 사용해 유비쿼터스 랭귀지를 적용해보자.

이름과 주소의 조합으로 직원과 수표를 매치할 수 있으므로 데이터베이스 식별자는 필요하지 않다.

순서 규칙을 따르면 시스템을 더욱 테스트하기 쉽게 만들 수 있다. 예를 들어 직원의 이름순으로 수표를 출력하게 하는 것이다. 이처럼 더 강력한 명세를 고객에게 만들도록 제안할 수 있다.

명세에 부연설명이 필요하지 않게끔 문맥 정보를 빼서 명세의 앞부분에 놓자. 급여일과 다음으로 유효한 수표번호는 직원의 급여 정보와 더불어 문맥정보에 해당한다. 그리고 그 숫자의 용도를 명확하게 밝혀 나중에 명세를 읽는 사람이 이해하기 쉽게 만든다. 그 숫자를 "다음 유효 수표번호"라고 칭하겠다. 또한 검증할 것이 아닌 준비해야 할 데이터로 보이게끔 문맥 정보를 시각적으로 부각시켜 명세를 이해하기 쉽게 만든다.

명세에 불필요한 동작을 나열할 필요는 없다. 급여 지급은 지급 결과를 검증하는 테이블에 의해 암묵적으로 수행된다. 이것은 어떻게 검증할 것이냐가 아니라 무엇을 테스트할 것인가에 초점을 둔 예제다. 그래서 "그다음에 그들에게 지급한다" 같은 별도의 단계가 필요하지 않다.

급여 검사기는 실재하지 않는 만들어진 개념이고 유비쿼터스 랭귀지의 규칙을 위반한다. 이것은 이 비즈니스 도메인에서 특별한 개념이 아니다. 의미적인 측면에서 그것이 무엇을 하는지 설명해보자. 우리는 누구든지 출력된 모든 수표를 대상으로 자동으로 검사해볼 수 있기를 원했으므로 이것을 "모든 수표 출력 완료"라고 하자. 그렇게 하지 않으면 누군가가 수표의 일부분만 사용할 수도 있고, 시스템이 모든 수표를 두 번 출력할 수도 있지만 이를 알아차리지 못할 것이다.

그림 8.2에서 정리된 버전을 볼 수 있다.

급여 수표 출력

시스템은 자동으로 급여 수표를 출력한다.

- 직원당 하나의 수표(수표에는 직원의 이름, 주소, 급여를 표기)
- 지급일이 사용됨
- 수표번호는 유일해야 함
- 다음 유효 수표번호에서 시작해 오름차순으로 증가함
- 직원 이름을 기준으로 알파벳 순서로 출력됨

▼ 급여 지급 상황

급여 지급일	10/10/2010
다음 유효 수표번호	1000

시스템 상의 직원 목록

이름	주소	급여
Jeff Languid	10 Adamant St; Laurel MD 20707	1005.00
Kelp Holland	128 Baker St; Cottonmouth, IL 60066	2000.00

급여 지급 시 모든 수표 출력 완료

수표번호	수표발행일	수취인	주소	금액
1000	10/10/2010	Jeff Languid	10 Adamant St; Laurel MD 20707	1005.00
1001	10/10/2011	Kelp Holland	128 Baker St; Cottonmouth, IL 60066	2000.00

표 8.2 그림 8.1에서 본 나쁜 명세의 정제된 버전. 더 짧고 부연설명이 필요 없으며 명료한 제목으로 바뀌었다.

이 버전은 원래 버전과 비교해서 짧고 잡다한 부수정보가 없어 더 이해하기 쉽다. 명세를 정제하고 나면 놓친 것이 있는지 자문해볼 수 있다. 입력값에 대한 실험과 규칙에 위배되지만 유효한 입력일 수 있는 극단적 상황을 고민해봄으로써 이 명세가 완벽한지 확인해볼 수 있다. (유효하지 않은 직원 정보에 대해서는 고려하지 않는다. 그것은 시스템의 다른 부분에서 확인해야 할 사안이다.)

데이터로 실험해보는 휴리스틱한 방법 중 하나는 경계 조건의 수치를 사용해보는 것이다. 예를 들어, 어떤 직원의 급여가 0이면 어떤 일이 벌어질까? 이것은 유효한 경우다. 무급이거나 지급 중단 혹은 더는 근무하지 않는 직원일 수 있기 때문이다. 그래도 여전히 수표를 출력해야 할까? "직원당 하나의 수표"라는 규칙상, 몇 년 전에 해고되어 더는 급여를 받지 않는 직원도 여전히 출력된 금액이 0인 수표를 받을 수 있다. 이 문제와 관련된 규칙을 보강해 원치 않는 직원에게 수표가 발송되지 않게 비즈니스 사용자와 토론한다.

급여 지급이 단지 수표 출력을 위한 유스 케이스인지에 따라 이를 더 정제하고 여러 개의 명세로 분리할 수도 있다. 하나는 유일한 수표번호와 같은 일반적인 수표 출력 기능을 설명하는 명세일 것이다. 다른 하나는 출력된 수표의 수, 정확한 급여 등과 같은 급여 지급과 관련된 기능을 설명하는 명세일 것이다.

> **문제는 도구가 아니다**
>
> 많은 사람들은 그림 8.1에서 보여준 망가진 실행 가능한 명세 때문에 FitNesse에 대해 불평한다. Concordion 같은 도구는 이런 문제를 방지하기 위해 만들어졌다. Cucumber 같은 도구는 이해하기 힘든 표를 사용하는 문제를 피하기 위해 서술적인 조건-실행-결과의 문장 구조를 사용한다.
>
> 특정 도구가 이러한 문제의 해결책이라는 결론으로 넘어가기 전에 한 가지 알아야 할 것이 있다. 나는 이와 비슷한 나쁜 명세들이 거의 모든 주요 도구로 작성되는 경우를 봤다. 문제는 도구가 아니다. 도구에 해결책이 있는 것도 아니다. 문제는 명세를 이해하기 쉽게 만들려고 노력하지 않는 데 있다. 명세를 정제하는 데 아주 많은 노력이 필요하지는 않지만 그 결과는 훨씬 큰 가치를 줄 것이다.

명세에 대한 협업은 기대하는 기능에 대해 우리 모두가 동일하게 이해해가는 과정이므로 명세를 정제함으로써 얻는 이점이 곧바로 명시적으로 드러나지 않기도 한다. 이것이 바로 많은 팀이 명세의 정제를 중요하게 여기지 않는 이유이자, 이해하기 힘든 대량의 문서만을 만든 채 프로젝트가 끝나는 이유다. 핵심 예제로부터 정제해가는 과정은 명세가 의사소통의 수단으로서 장기적으로 가치를 갖게 하고 리빙 도큐멘테이션 시스템을 위한 든든한 기반을 다지는 중요한 단계다.

정리

- 처음 만든 예제를 그대로 쓰지 말라. 그러한 예제로부터 명세를 정제하라.
- 예제를 최대한 활용하려면 결과 명세가 엄밀하고 테스트할 수 있어야 한다. 또한 부연 설명이 필요 없을 만큼 자명하고, 초점이 분명해야 한다. 그리고 도메인 언어로 기술되고 비즈니스 기능에 대해 설명해야 한다.
- 명세가 스크립트가 되지 않게 하고 소프트웨어 설계에 대해 설명하지 않게 하라.
- 모든 개별적인 상황을 다루려고 하지 마라. 명세는 모든 조합에 대한 회귀 테스트의 대체재가 아니다.
- 각각의 중요한 상황에 대한 예제로 시작한 후 개발자나 테스터가 관심을 둘 만한 특별한 상황을 설명하는 예제를 추가하라.
- 유비쿼터스 랭귀지를 이용해 명세, 소프트웨어 설계, 테스트를 정의하라.

09
명세의 변경 없이 검증 자동화하기

- 자동화가 정말 필요한가?
- 자동화 시작하기
- 자동화 계층 관리하기
- 사용자 인터페이스 자동화하기
- 테스트 데이터 관리
- 정리

정제된 명세는 구현을 위한 명확한 목표이자 개발된 결과를 확인하는 정확한 수단이기도 하다. 또한 나중에 시스템이 변경되더라도 필요한 기능이 여전히 정상적으로 동작하는지 정제된 명세를 활용해 확인할 수 있다. 예제를 활용해 작성한 명세는 상세화 수준이 높기 때문에 중간 규모의 프로젝트일지라도 짧은 이터레이션 내에 모든 것을 손으로 직접 실행해서 확인하기란 불가능하다. 그에 대한 해결책은 명확하다. 가능한 한 많은 확인을 자동화하는 것이다.

예제가 포함된 명세를 검증하는 올바른 자동화 기법은 소프트웨어 프로젝트에서 전통적으로 해온 테스트 자동화와는 상당히 다르다. 자동화하는 동안 명세의 상당 부분을 변경해야 한다면 텔레폰 게임을 다시 처음부터 시작해야 하고, 명세를 정제해서 얻은 이점을 잃게 될 것이다. 이상적으로는 어떠한 정보 왜곡도 없이 명세의 검증 프로세스를 자동화해야 한다. 이 경우 일반적인 테스트 자동화 이슈 외에도 별도의 도전과제가 생긴다.

이번 장에서는 명세를 변경하지 않고 검증을 자동화하는 방법과 자동화의 장기적인 유지보수 비용을 통제하는 방법에 대해 조언하고자 한다. 그리고 인터뷰했던 팀들이 가장 골칫거리로 여겼던 사용자 인터페이스 자동화와 자동화 테스트 실행을 위한 데이터 관리라는 두 영역에 대해 다룬다. 여기서 제시하는 사례는 어떤 도구에도 적용할 수 있다. 개별 도구에 대해 논하지는 않겠지만 특정 주제에 대해 더 자세히 알고 싶다면 http://specificationbyexample.com을 방문해 추가적인 자료를 내려받길 바란다. 그리고 시작하기에 앞서 "이러한 새로운 형태의 자동화가 필요한가?"에 대한 메일링 리스트와 온라인 포럼에서 제기된 문제에 대해 검토하겠다.

자동화는 대단히 기술적인 문제라서 이번 장에서는 기술적인 부분을 더 많이 다루고자 한다. 프로그래머 또는 자동화 전문가가 아니라면 일부 영역을 이해하기가 어려울 수 있으므로 처음 두 절의 내용을 읽고 나머지 부분은 건너뛰어도 무방하다.

> **이것은 어떻게 작동하는가?**
>
> 실행 가능한 명세의 자동화를 위한 가장 인기 있는 도구는 모두 두 가지 유형의 산출물을 대상으로 동작한다. 이러한 두 가지 산출물은 바로 사람이 읽을 수 있는 형태의 명세와 프로그래밍 언어로 작성된 자동화 코드다. 도구에 따라 명세는 텍스트, HTML 또는 사람이 읽을 수 있는 다른 어떠한 형식으로 제공된다. 도구는 이러한 명세에서 입력과 예상한 출력을 추출하는 방법을 알고 있고, 자동화 코드에 전달해서 결과가 기대한 바와 일치하는지 평가할 수 있다. 자동화 코드는 픽스처 또는 *단계 정의(step definition)*라고 하는 도구와 함께 애플리케이션 API를 호출하거나 데이터베이스와 상호작용하거나 또는 애플리케이션 사용자 인터페이스를 통해 액션을 실행한다.
>
> 자동화 코드는 명세에 의존하지만 그 반대는 아니다. 그래서 이러한 도구를 이용하면 명세를 변경하지 않고도 명세 검증을 자동화할 수 있다.
>
> 어떤 도구는 개발팀이 프로그래밍 언어 코드로 예제를 저장하고 그것으로부터 사람이 읽을 수 있는 명세를 만들어내게 한다. 엄밀히 말하면 이러한 도구로도 동일한 효과를 얻을 수 있겠지만 프로그래밍 언어로 작성된 코드에 능숙하지 않는 이들에게는 효과적으로 명세를 작성하거나 수정하는 것이 어렵다.

자동화가 정말 필요한가?

예제를 활용한 명세를 적용할 때 실행 가능한 명세의 장기적인 유지보수 비용은 오늘날 팀이 직면한 가장 큰 이슈 중 하나다. 실행 가능한 명세를 자동화하기 위한 도구는 빠르게 발전하고 있지만 기존 단위 테스트 도구보다 유지보수의 용이성 및 개발 도구 통합 측면에서는 아직까지 멀게만 느껴진다. 또한 자동화는 팀의 추가적인 업무 부담을 가져온다. 이로써 자동화에 대한 필요성과 함께 가치 대비 많은 비용을 들이는 것에 대한 논쟁을 자주 불러일으키곤 한다.

자동화에 반대하는 입장에서는 자동화는 소프트웨어를 개발하고 유지보수하기 위한 작업량을 늘리고, 굳이 자동화하지 않더라도 예제를 활용해 설명하면 팀이 해야 할 일에 대해 이해한 바를 공유할 수 있다고 주장한다. 필 코완스는 이런 시각이 **예제를 활용한 명세**의 장기적인 이득을 경시하는 것이라고 말했다.

> 예제를 활용한 명세를 자동화하는 일은 마치 동일한 기능을 구축할 때 두 배나 많은 코드를 작성하는 것처럼 느껴질 겁니다. 그러나 코드 줄 수는 개발 프로세스에서 제한 요소가 아닐뿐더러 이것은 매우 고지식한 생각입니다. 이미 개발된 것을 유지보수하거나 개발과 테스트 사이의 잘못된 의사소통을 처리하는 데 더 적은 시간이 든다는 사실을 감안하지 않는 것이죠.

일반적으로 자동화는 규모가 큰 팀에 중요한데, 이는 자동화 테스트를 마쳤을 때 공정하고 객관적인 측정을 보장하기 때문이다. 이안 쿠퍼는 이를 적절히 비유했다.

> 피곤할 때 설거지를 하면 그릇을 닦아 말리기가 싫습니다. 저는 설거지를 거의 다 했지만 아내는 다 했다고 생각하지 않습니다. 아내의 관점에서 "완료"란 그릇을 닦아 말리고 싱크대를 깨끗이 정리하는 것입니다. 이처럼 자동화는 개발자에게 솔직해지길 강요합니다. 개발자는 본인이 관심 있는 것만 할 수는 없습니다.

또한 자동화는 더 자주 더 많은 사례를 확인할 수 있게 해주므로 장기적으로 매우 중요하다. 피에르 베라겐은 회사 관리자들이 이러한 가치를 빨리 이해했다고 이야기했다.

> 관리자들은 테스트하는 동안 저희가 단지 두세 개의 숫자를 확인하는 것이 아니라 이제는 스무 개 또는 서른 개 이상의 숫자를 확인할 수 있는 것(자동화된 테스트)을 가지고 있고 문제점도 더욱 쉽고 정확하게 찾아낸다는 사실을 깨달았습니다.

어떤 팀은 기술적인 도구를 바꿔서 자동화 비용을 줄였다. 이 책을 쓰기 위해 인터뷰를 준비하는 동안 애자일 커뮤니티의 사상 지도자이자 예제를 활용한 명세의 얼리 어답터 중 한 명인 짐 쇼어 (Jim Shore)가 실제로 비용 때문에 실행 가능한 명세를 자동화하는 것을 포기했다고 해서 매우 놀란 적이 있다.[1] 짐 쇼어는 예제를 활용해 설명하는 것이 명세를 변경하지 않고 검증을 자동화하는 것보다 더 많은 가치를 제공했다는 경험담을 썼다.

> 제가 경험한 바로는 FIT 및 다른 애자일 인수 테스트 도구는 가치에 비해 비용이 많이 듭니다. FIT 및 이와 유사한 "자연 언어" 도구를 사용해 얻게 되는 가치보다 실제 고객 및 비즈니스 전문가로부터 구체적인 예제를 얻는 것이 더 가치가 큽니다.

하지만 내가 경험한 바로는 실행 가능한 명세의 자동화가 우선순위에서 밀리면 단기간의 시간을 절약하는 데는 도움이 되지만 예제를 활용한 명세의 가장 중요한 장기적인 이점을 얻지 못한다.

---

[1] 우리의 이메일 대화의 일부는 온라인에서 확인할 수 있다. http://jamesshore.com/Blog/Alternatives-to-Acceptance-Testing.html, http://jamesshore.com/Blog/The-Problems-With-Acceptance-Testing.html, http://gojko.net/2010/03/01/are-tools-necessary-for-acceptance-testing-or-are-they-just-evil/를 참고한다. 또한 해당 글의 주제에 대한 다른 커뮤니티 회원의 의견이 담긴 링크를 찾을 수 있다. 쇼어가 실행 가능한 명세 자동화의 대안에 관해 논의한 글을 읽어보길 적극 권장한다.

기술적인 도구 또는 실행 가능한 명세를 위한 도구를 사용해 명세의 검증을 자동화할지 결정할 때 그것으로부터 어떤 혜택을 누리고 싶은지 생각하라. 기술적인 도구를 통해 예제를 자동화한다면 쉽게 자동화하고 적은 비용으로 유지보수할 수 있지만 나중에 비즈니스 사용자와의 의사소통에 그것을 활용할 수 없다. 우리에게는 매우 훌륭한 회귀 테스트가 생기지만 개발자만이 명세를 이용할 수 있게 된다. 상황에 따라 이것은 바람직할 수도 있고 아닐 수도 있다.

명세를 변경하지 않고 검증을 자동화하는 것은 리빙 도큐멘테이션을 통해 얻을 수 있는 중요한 부분이다. 이것 없이는 사람이 읽을 수 있는 명세의 정확성을 보장할 수 없다. 많은 팀에서 **예제를 활용한 명세**의 장기적인 이점은 리빙 도큐멘테이션에서 나온다. 명세의 변경 없는 자동화를 줄이는 대신 유지보수 비용을 통제할 수 있다. 팀이 장기적인 유지보수 비용을 줄이는 데 사용한 갖가지 훌륭한 기법에 대해서는 이후 절에 나오는 "자동화 계층 관리"와 10장에서 확인할 수 있다.

자동화 시작하기

실행 가능한 명세의 검증 자동화는 개발자와 테스터가 자주 사용하는 단위 테스트나 기록[2]되거나 스크립트로 만들어진 기능 자동화와는 확실히 다르다. 이처럼 뭔가를 자동화하지만 사람이 읽을 수 있게 유지하려면 새로운 도구의 사용법과 시스템에 적용하는 가장 좋은 방법을 발견하고 익혀야 한다. 이어서 자동화 프로세스를 구현하는 방법에 관한 아이디어와 내가 인터뷰한 팀들이 자동화 프로세스를 구현하는 과정에서 흔히 저지른 실수들을 살펴보겠다.

도구를 익히기 위해 간단한 프로젝트를 진행해보라
상황: 레거시 시스템에서 작업하는 경우

많은 팀에서 간단한 프로젝트 또는 스파이크(spike)[3]를 새로운 자동화 도구의 사용법을 익히는 데 활용했다. 규모가 작고 비교적 격리된 부분을 대상으로 작업하고 있다면 이것이 좋은 전략일지도 모른다.

➡ 규모가 작은 프로젝트는 복잡한 통합 및 비즈니스 규칙을 처리하는 대신 위험을 최소화하고 도구의 사용법을 익히는 데 집중할 수 있게 해준다.

---

2 (옮긴이) 기록 및 재생(Record & Replay) 방식의 테스트를 의미하며, UI 테스트 자동화가 대부분 기록 및 재생 방식으로 동작한다.
3 (옮긴이) 불확실한 요소에 관해 충분히 알기 위해 수행하는 일련의 실험

애자일 개발 프로세스와 동시에 **예제를 활용한 명세**를 적용할 경우 이 방법은 탁월한 효과를 발휘할 것이다.

유스위치에서는 Cucumber(실행 가능한 명세를 위한 인기 있는 자동화 도구)를 사용할 때 이러한 접근법을 사용했다. 유스위치에서는 기존 테스트를 새로운 도구로 변환하는 일을 시작할 전담 개발 팀을 구성했다. 이로써 모든 팀 구성원은 새로운 도구를 빠르게 경험할 수 있었다. 또한 실행 가능한 명세의 위력을 보여줬다고 스티븐 로이드는 이야기한다.

> 저희는 완전히 다른 차원의 테스트를 수행해야만 했고 개발 주기의 막바지에 테스트하는 것은 의미가 없다는 사실을 깨달았습니다.

소규모 프로젝트는 큰 위험 없이 새로운 기술을 익히고 실행하는 데 용이하므로 지속적인 발전을 가능하게 하고 훨씬 더 큰 위험이 우려되는 어떠한 실험보다 승인받기가 훨씬 수월하다.

외부 컨설턴트의 검토 결과를 받는 것이 도움될지도 모른다. 일단 외부 컨설턴트가 뭔가를 검토한다면 훨씬 심층적인 의견을 제공받을 수 있고 더 나은 해결책에 대해서도 토론할 수 있다. 그때까지 팀은 도구를 사용해보고 기초적인 사항을 검토할 기회를 얻게 되므로 좀 더 고급 기술을 이해하게 되어 컨설턴트가 검토하는 시간에 더 많은 가치를 얻을 수 있다.

사전에 자동화를 계획하라

자동화된 테스트를 기반으로 설계되지 않은 시스템에서 작업하는 팀은 실행 가능한 명세를 처음으로 자동화하기 시작할 때 실제 생산성이 떨어질 것으로 예상한다.

새로운 도구의 사용법을 학습하지 않더라도 프로젝트 초기에는 자동화된 검증이 상당한 부담을 준다. 자동화에는 초기 비용이 들어가므로 자동화를 시작할 때 작업의 불균형 비용은 감안해야 한다. 여기에는 기본적인 자동화 구성 요소를 만드는 것, 실행 가능한 명세의 최적의 형식과 시스템에 통합하는 최선의 방법을 결정하는 것, 테스트 안정성 및 전용 환경을 통한 이슈를 해결하는 것, 그리고 그 밖의 많은 다른 이슈들이 포함된다. 9장과 10장에서 이러한 이슈를 대부분 다루지만 지금은 자동화를 시작할 때 생산성이 떨어지는 것을 이해하는 것이 중요하다.

일단 이러한 문제가 해결되고 실행 가능한 명세의 구조가 안정되면 새로운 명세 작업을 할 때 기본적인 자동화 구성 요소를 재사용할 수 있다. 프로젝트가 성숙해질수록 자동화에 들이는 노력은 현저히 줄어들고 생산성은 배가될 것이다.

일부 프로젝트에서 개발자들은 스토리를 구현하는 데 필요한 노력을 산정할 때 이를 고려하지 않았다. 그러나 자동화가 막 시작되면 제품 코드에 필요한 변경을 구현하는 것보다 실행 가능한 명세를 자동화하는 데 더 많은 노력이 들 수도 있다.

➡ **초기 생산성 하락을 대비한 계획을 세워야 한다. 팀은 이터레이션 내에 계획한 자동화를 완료하기 위해 전념해야 한다.**

이 계획이 완료되지 않으면 자동화는 다음 이터레이션으로 초과 진행되고 흐름을 방해한다. 이것은 픽시스 테크놀러지스에서 탈리아의 제품 책임자인 앙드레 브리셋이 배운 중요한 교훈 중 하나다.

> 처음부터 모든 것을 다시 할 수 있다면 테스트(실행 가능한 명세) 작성에 더욱 매진할 겁니다. 이러한 테스트를 작성하는 것이 팀을 위한 도전이라는 사실을 알기에 인내할 수 있습니다. 또한 테스트를 만들기 위해서라면 해당 스프린트(이터레이션)에 이전보다 더 많은 공수가 드는 것을 허용할 겁니다. 프로젝트가 시작되고 내가 실행 가능한 명세에 대해 얘기하자 팀은 이렇게 말했습니다. "이번 스프린트에는 업무 부하가 커서 그걸 학습할 시간적인 여유가 없어요." 사실 업무 부하가 컸던 이유 중 하나는 내가 해당 스프린트에 많은 기능을 계획했기 때문이었습니다. 그런 이유로 자동화는 더디게 진행됐고, 제대로 된 명세를 구축할 때까지 많은 이터레이션을 진행해야 했습니다.
>
> 초기의 난관을 더 성공적으로 극복할 수도 있었을 테고, 처음에는 일부 기능에 대해서만 자동화하기로 결정할 수도 있을 겁니다. 다음에는 꼭 그렇게 할 거에요. 오랜 시간에 걸쳐 그러한 실천법들을 통합하고 전파하려고 하면 이득은 없이 비용 부담만 생깁니다. 결국 더 큰 비용만 치르고 끝나버리죠.

초기 자동화에 드는 노력이 계획에 포함되게 하는 한 가지 방법으로 자동화 도구를 별도의 백로그를 가진 개별 제품으로 보고, 팀 업무시간의 일정 비율을 해당 제품(자동화 도구)에 전념하게 하는 방법이 있다. 분명히 밝히자면 개발하는 제품과 자동화 프레임워크 모두 같은 팀에서 개발되고 제공돼야만 팀이 향후 자동화에 익숙해진다. 그리고 제품 납기에 대한 영향을 방지하기 위해 완전한 별도의 제품으로 자동화 작업을 수행하길 권장한다.

자동화를 미루거나 위임하지 마라

자동화 비용 때문에 일부 팀은 이를 미루곤 한다. 그들은 예제가 포함된 명세를 기술하고 코드를 작성한 후 자동화를 나중에 하기로 한다. 개발 및 테스트 자동화 팀이 별도로 분리돼 있거나 외부 컨설턴트에 의해 테스트를 자동화하는 프로젝트인 경우 이 같은 상황이 곧잘 생긴다. 이는 많은 재작업과 혼란을 초래한다.

개발자는 사용자 스토리에 대한 명확히 자동화된 인수 기준 없이 사용자 스토리가 완료됐다고 표시했다. 결국 인수 테스트가 자동화됐을 때 문제가 자주 발생했고 문제를 해결하기 위해 스토리를 재등록해야만 했다.

자동화와 개발을 함께 진행한다면 개발자는 테스트가 가능하도록 시스템을 설계해야만 한다. 자동화를 테스터나 컨설턴트에게 위임할 경우, 개발자는 시스템을 검증하기 쉬운 방법으로 구현하는 일에 신경 쓰지 않는다. 이로 인해 자동화는 더욱 비용이 많이 들고 어려워진다. 또한 테스트가 다음 이터레이션으로 미뤄지고, 문제가 재발했을 때 작업 흐름을 방해하게 된다.

▶ 작업 부담 때문에 실행 가능한 명세 자동화를 미루기보다는 자동화 문제를 처리해서 작업을 나중에 처리하기 쉽게 만들어라.

자동화를 미루는 것은 그저 임시방편에 불과하다. 초기 개발 관점에서 빠르게 스토리를 처리하겠지만 장차 개선해야 할 과제로 되돌아올 것이다. 데이비드 에반스는 종종 이를 시내 버스에 비유하곤 한다. 버스가 승객을 태우기 위해 정차하지 않는다면 훨씬 빨리 갈 수 있겠지만 그건 해야 할 일을 하지 않는 것이다.

기존 수동 테스트 스크립트를 자동화하는 것을 피하라

일을 시작할 때 기존의 수동 테스트 스크립트에서 실행 가능한 명세를 만드는 것이 합리적으로 보일 수 있다. 이러한 스크립트는 이미 시스템이 무슨 일을 하는지 설명하고 있고, 테스터는 이러한 스크립트를 실행하므로 자동화에 확실히 도움될 것이다. 그렇지 않은가? 사실은 그렇지 않다. 이것은 가장 일반적인 실패 패턴 중 하나다.

수동 검사와 자동화된 검사는 완전히 다른 제약된 환경의 영향을 받는다. 수동 테스트에서 시간을 잡아먹는 주된 병목 지점은 컨텍스트를 준비하는 일이다. 자동화된 테스트에서는 테스트가 실패했을 때 무엇이 문제인지 파악하는 데 대부분의 시간을 보낸다.

예를 들어, 사용자 계정 관리 규칙을 검사하는 테스트 스크립트를 준비하기 위해 테스터는 관리 애플리케이션에 로그인해서 사용자를 생성하고 고객 애플리케이션에 새로운 사용자로 로그인해서 암호를 변경해야만 한다. 테스트하는 동안 이 같은 일을 여러 번 하는 것을 피하기 위해 테스터는 각 수동 스크립트마다 컨텍스트를 재사용할 것이다. 즉, 테스터는 사용자 계정을 한번 생성한 후 해당 계정을 차단하고 로그인이 불가능한지 확인하고, 계정이 다시 활성화되는지 확인하기 위해 비밀번호를 재설정한 후 사용자 설정을 변경하고 홈페이지에 정상적으로 반영됐는지 확인한다. 이런 접근법은 테스터가 스크립트를 좀 더 빠르게 실행하는 데 도움을 준다.[4]

자동화된 테스트에서는 사용자 정보를 구성하는 데 소요되는 시간은 더는 문제가 되지 않는다. 자동화된 테스트는 일반적으로 수동 검사보다 더 많은 사항을 확인한다. 자동화 테스트가 올바르게 실행되면 아무도 그것을 들여다 보지 않는다. 하지만 자동화된 테스트가 실패하면 누군가가 무엇이 잘못됐는지 파악해야 한다. 테스트가 연속된 상호 의존적인 단계로 기술된 경우라면 스크립트 전체에 걸쳐 컨텍스트가 변하기 때문에 정확히 무엇이 문제를 일으키는지 이해하기가 매우 어려워진다.

10가지 사항을 확인하는 하나의 스크립트는 코드의 서로 다른 영역에 많은 영향을 받기 때문에 작고 초점이 분명한 테스트보다 실패할 가능성이 높다. 이전 예제인 사용자 계정 관리 예제에서 비밀번호 재설정 기능의 작동이 중지되는 경우 사용자 정보를 제대로 설정할 수 없다. 그 결과, 홈페이지에 변경사항을 적용한 것을 확인하는 것도 실패할 것이다. 만약 하나의 큰 스크립트를 통하지 않고 10개로 세분화해서 규모가 작고 초점이 분명한 독립적인 테스트로 수행한다면 비밀번호 재설정 기능의 버그는 사용자 정보 설정에 대한 테스트 결과에 영향을 미치지 않을 것이다. 그로 인해 테스트는 더욱 견고해지고 유지보수 비용도 줄어든다. 또한 좀 더 신속하고 정확하게 문제를 파악하는 데 도움을 준다.

▶ **수동 테스트 스크립트를 그대로 자동화하기보다는 해당 스크립트가 무엇을 테스트하는지 생각해보고, 독립적이고 초점이 분명한 테스트의 그룹으로서 자동화 스크립트를 기술해야 한다. 이렇게 하면 자동화로 인한 부하와 유지보수 비용이 상당 부분 줄어들 것이다.**

---

4 (옮긴이) 위 순서대로 작업함으로써 계정 생성, 계정 차단 등이 다음 작업의 컨텍스트로 사용된다는 얘기다. 수동 테스트에서 테스트 스크립트는 확인을 위한 작업 절차를 기술한 문서이므로 이처럼 절차를 효과적으로 배치해서 컨텍스트를 재사용할 수 있게 하면 테스트 수행 효율을 높일 수 있다.

사용자 인터페이스 테스트를 통해 신뢰를 쌓아라
상황: 팀 구성원이 실행 가능한 명세에 회의적인 경우

실행 가능한 명세를 자동화하는 각종 도구는 테스트가 사용자 인터페이스 아래에 있는 소프트웨어와 통합될 수 있게 한다. 이를 통해 유지보수 비용이 절감되고 자동화가 좀 더 수월해지며, 피드백을 빠르게 제공할 수 있다(후반부의 "애플리케이션 내부에 대한 자동화"를 참고한다)[5].

하지만 처음에는 비즈니스 사용자와 테스터는 이 같은 자동화를 신뢰하지 않을지도 모른다. 그들은 화면을 통해 동작하는 모습을 두 눈으로 보기 전까지는 올바른 코드가 실제로 실행된다고 믿지 않는다.

> 예제를 활용한 명세를 적용할 때 자동화에 대해 의구심을 갖는 팀원이 있다면 사용자 인터페이스를 통해 명세를 실행하는 방법을 시도해 본다. 사용자 인터페이스의 상호작용을 기술하기 위해 명세를 변경해서는 안 되지만 자동화 계층에서 그러한 활동을 숨길 수 있다는 점을 알아두자.

노르웨이의 낙농 가축 기록 시스템 프로젝트에서는 비즈니스 사용자가 실행 가능한 명세를 신뢰하게 만드는 것이 가장 중요한 도전과제 중 하나였다. 이 프로젝트에 참여한 벡 컨설팅에서 관리자로 있는 보르게 로트레(Børge Lotre)는 실행 가능한 명세에 있는 검증 항목의 개수가 증가하는 만큼 신뢰가 쌓여 갔다고 말했다.

> 비즈니스 사용자는 수동 테스트와 더불어 Cucumber 사용을 고집했습니다. 제가 생각하기에 새로운 기능을 추가할 때마다 매번 기존 요구사항에 대한 테스트를 직접 할 수가 없었기 때문에 비즈니스 사용자도 Cucumber 테스트의 가치를 보게 된 것이죠.

사용자 인터페이스 자동화는 피드백 속도를 떨어뜨리고 자동화 계층의 복잡도를 상당히 높이므로 사용자 인터페이스를 통해 실행 가능한 명세를 자동화하는 것은 최종 수단으로만 고려해야 한다. 반면 사용자 인터페이스를 통해 자동화된 명세를 실행하면 초기에 비기술적인 사용자에게서 신뢰를 얻을 수 있는 좋은 해결책이 될 수 있다. 자동화 계층을 유연하게 만들어 나중에 애플리케이션 내부로도 통합할 수 있게 하자.

---

5 (옮긴이) 사용자 인터페이스를 통하지 않고 테스트를 자동화하는 것이 비용 및 유지보수에 좀 더 효율적이라는 의미다.

통합 API가 깔끔하지 않은 레거시 시스템을 이용할 경우 사용자 인터페이스를 통해 실행 가능한 명세를 실행하는 것 또한 좋은 방법이다(이 경우 테스트를 자동화하는 유일한 방법은 프론트엔드 사용자 인터페이스로 시작해 데이터베이스를 통한 검증 또는 사용자 인터페이스를 사용해 전 구간을 대상으로 결과를 검증하는 것이다). 아키텍처가 테스트할 수 있게 바뀌면 실행 가능한 명세를 사용자 인터페이스 내부로 옮기고 싶어질 것이므로 이 같은 상황에서는 자동화 계층을 유연하게 만드는 것도 좋은 방법이다.

신뢰를 얻는 것과는 별도로 사람들로 하여금 자동화 테스트를 하는 동안 애플리케이션 화면을 볼 수 있게 하면 이따금 추가적인 예제를 생각하게 하는 데 도움이 된다.

내 경험과 이 책에 실린 여러 사례 연구에 따르면 사용자 인터페이스를 통해 테스트를 수행하는 방법은 확장성 면에서 좋지 않다. 일단 이해관계자와 신뢰관계가 구축되면 아마도 나중에 UI를 통해 수행되는 테스트의 수를 줄이고 싶을 수도 있다.

사용자 인터페이스를 통해 명세를 자동화하고 싶다면 이후에 나올 "사용자 인터페이스 자동화"에서 설명하는 아이디어를 최대한 활용해 필요하다면 사용자 인터페이스 내부로 자동화를 옮길 수 있을 것이다.

자동화 계층 관리하기

리빙 도큐멘테이션 시스템을 유지보수하는 데 드는 비용을 통제하는 것은 내가 인터뷰한 팀들이 장기적으로 직면한 가장 큰 도전과제 중 하나였다. 이 경우 효과적인 자동화 관리는 굉장히 중요한 요인이다.

이번 절에서는 팀이 자동화 계층의 장기적인 유지보수 비용을 줄이는 데 사용하는 몇 가지 좋은 아이디어를 제시하겠다. 여기서 조언하는 내용은 자동화를 위해 선택한 도구에 관계없이 적용된다.

자동화 코드를 부차적인 코드로 취급하지 마라

팀에서 가장 흔히 저지르는 실수 중 하나는 명세 또는 그와 관련된 자동화 코드를 제품 코드보다 덜 중요하게 취급하는 것이다. 한 예로 미숙한 개발자와 테스터에게 자동화 업무를 배정해 제품 코드에 들이는 노력만큼 자동화 계층을 유지하는 데 공을 들이지 않는 경우가 있다.

대부분의 경우 이 같은 현상은 테스트 코드는 중요하지 않다고 생각하는 개발자가 *예제를 활용한 명세*가 단지 기능 테스트 자동화에 대한 것이라고 오해하는 데서 비롯된다(그래서 *애자일 인수 테스트* 혹은 *인수 테스트 주도 개발*이라 불린다).

웨스 윌리엄스는 단위 테스트 도구에 대한 초기 경험을 이렇게 떠올렸다.

> 저는 그것이 JUnit 테스트를 작성하는 것과 학습 곡선이 비슷할 거라고 생각했습니다. 저희는 JUnit 테스트를 작성하는 것과 같은 일을 시작했고, 모두가 작성하기 시작했습니다. "어이 친구들, JUnit 테스트는 코드야. 깔끔하게 작성해야 한다고." 그렇게 하지 않는다면 유지보수하는 데 문제가 될 겁니다. 그다음으로 저희가 배운 것은 테스트 페이지(즉, 실행 가능한 명세) 자체가 "코드"라는 것입니다.

필 코완스는 송킥에서 그의 팀이 *예제를 활용한 명세*를 구현하는 초기에 겪은 가장 큰 실수 중 하나로 이를 꼽았다. 그는 이렇게 덧붙였다.

> 테스트 스위트는 코드의 일급 부속으로서 일반적인 애플리케이션 코드처럼 유지할 필요가 있습니다. 이제 [인수] 테스트는 일급이고 [제품] 코드 자체는 일급보다 낮다고 생각합니다. 테스트는 애플리케이션에서 무슨 일을 하는가에 대한 기준이 되는 설명서입니다.
>
> 궁극적으로 성공이란 잘 구축하는 것보다 옳게 만드는 것입니다. 테스트가 단순히 코드가 무슨 일을 하는지 설명하는 것이라면 이것은 개발 프로세스에서 매우 중요한 부분은 아니지만 제품을 구축하고 만든 것을 이해하고 복잡성을 관리하는 차원에서는 매우 중요한 부분입니다. 이를 깨닫기까지 아마도 1년 정도 걸렸던 것 같습니다.

클레어 맥레넌은 자동화 계층의 설계 및 구축을 가장 잘 할 수 있는 사람을 얻는 것이 중요하다고 말한다.

> 일전에 다시 방문했을 때 다른 개발자 중 한 명이 테스트 통합 프레임워크 설계는 실제 제품 설계보다 더 중요하다고 말했습니다. 즉, 테스트 프레임워크는 유지보수가 필요하기 때문에 실제 제품처럼 설계가 좋아야 한다는 것이죠. 테스트 시스템이 성공한 이유 중 하나는 구조에 대해 잘 알고 코드를 읽을 수 있었기 때문입니다.
>
> 일반적으로 프로젝트에서는 초급 개발자를 투입해서 테스트를 작성하고 시스템을 테스트합니다. 하지만 자동화된 테스트 시스템을 옳게 만들기란 쉽지 않습니다. 초급 개발자는 잘못된 방식으로 접근하고 안정성이 떨어지게 만드는 경향이 있습니다. 거기에는 최고의 설계자를 배정해야 합니다. 최고의 설계자는 설계를 이렇게 바꿀 경우 더 좋고 훨씬 더 쉽게 테스트할 수 있다고 말할 수 있는 능력이 있습니다.

자동화 코드가 제품 코드보다 더 중요하다고까지는 말하지 않겠다. 결국 가장 중요한 것은 제품 코드가 일부 비즈니스 목표를 달성하는 데 도움이 되기 때문에 소프트웨어가 만들어진다는 것이다. 하지만 전 세계 최고의 자동화 프레임워크라고 해도 좋은 제품 코드 없이는 프로젝트가 성공할 수 없다.

➡ 예제가 포함된 명세는 결국 리빙 도큐멘테이션 안에서 제품 코드보다 더 오랫동안 유지될 것이다. 올바른 리빙 도큐멘테이션 시스템은 더 나은 기술로 제품 코드를 재작성할 때 매우 유용하다. 그것은 코드보다 더 오래 지속될 것이다.

자동화 계층에서 검증 프로세스를 기술하라

실행 가능한 명세를 자동화하기 위한 대부분의 도구는 일반적으로 텍스트 또는 HTML 형식으로 기술된 명세를 토대로 작동한다. 이를 통해 어떤 프로그래밍 언어 코드로 재컴파일하거나 재배포할 필요 없이 명세를 변경할 수 있다. 반면 자동화 계층은 그것을 변경할 경우 프로그래밍 언어 코드로 재컴파일하고 재배포해야 한다.

많은 팀이 자동화 계층을 자주 변경하는 것을 방지하기 위해 자동화 계층을 일반화하려고 노력한다. 그들은 UI 자동화 명령어와 같이 자동화 계층에서 저수준의 재사용 가능한 컴포넌트를 만든 다음, 이러한 명령어를 가지고 웹사이트 워크플로우와 같이 검증 프로세스를 기술했다. 이 문제에 대한 명백한 징후는 명세에 사용자 인터페이스 개념(링크 클릭이나 윈도우 열기와 같은) 또는 심지어 Selenium 연산과 같은 저수준 자동화 명령어가 포함된다는 것이다.

예를 들어, 얼티밋 소프트웨어의 글로벌 탤런트 매니지먼트 팀에서는 모든 작업 워크플로우를 자동화 계층 밖으로 빼야 할 때 테스트 명세 쪽으로 옮기기로 결정했다. 그들은 UI 자동화에 특화된 전용 도구인 SWAT을 사용해 직접적으로 픽스처를 노출했다. 명세를 위해 의미 있는 도메인에 SWAT 명령어를 함께 그룹화했다. 스콧 베르거와 메이켈 수아레즈에 따르면 이 방법은 처음에는 명세를 작성하기가 쉬웠으나 이후 많은 유지보수 문제를 야기했다.

> 66 SWAT을 유지보수하고 매크로를 작성하는 중앙 팀이 있습니다. 어떤 시점에서는 그것을 유지보수하기가 불가능했습니다. 저희는 매크로를 기반으로 한 매크로를 사용하고 있었는데, 그렇게 하자 [테스트] 리팩터링이 힘들어졌고 그것은 마치 악몽과도 같았습니다. [테스트 컨텍스트]는 축소 가능하지만 그것을 확장한다면 규모가 방대해질 것입니다. 저희는 워크플로우를 픽스처에 구현했습니다. 그래서 각 [명세] 페이지마다 픽스처를 하나씩 두게 됐습니다. 99

➡ 명세에서 검증 프로세스를 설명하기보다 자동화 계층에서 담당해야 한다. 그 결과 명세 자체에 더욱 집중하게 되어 이해하기 쉬워질 것이다.

자동화 계층에서 검증 프로세스(무엇을 테스트할 것인가와 반대로 어떻게 테스트할 것인가)를 기술하면 계층이 더 복잡해지고 유지보수가 힘들어지지만 IDE와 같은 도구는 작업을 더욱 수월하게 한다. 스콧 베르거의 팀이 일반 텍스트 형식의 명세에 재사용 가능한 구성 요소로 워크플로우를 기술했을 때 그들은 본질적으로 어떠한 개발 도구의 지원 없이 일반 텍스트로 프로그래밍한 셈이다.

일반 텍스트로 기술하는 것보다 검증 프로세스 구현의 효율적인 유지보수를 위해 프로그래밍 도구를 사용할 수 있다. 또한 더 쉽게 관련 명세에 대한 자동 검증 프로세스를 재사용할 수 있다. 이 주제에 대한 자세한 사항은 후반부에 나올 "사용자 인터페이스 자동화의 세 단계"를 참고한다.

자동화 계층에 비즈니스 로직을 복제하지 마라

➡ 자동화 계층에 애플리케이션 비즈니스 흐름 또는 로직 부분을 복제하면 테스트를 쉽게 자동화해서 만들 수 있지만 자동화 계층은 더욱 복잡해지고 유지보수하기 힘들어질 것이다. 최악의 경우 테스트 결과를 신뢰할 수 없게 만든다.

실제 제작 흐름에서는 자동화 계층에 복제되지 않은 것으로 인해 문제가 될 수 있다. 그러한 흐름에 의존하는 예제는 실제 시스템을 대상으로 실행될 때 실패할 테지만 자동화된 테스트는 통과되어 아무런 문제가 없다는 잘못된 정보를 제공할 수 있다.

이것은 아이오와 학자금 대출에서 팀 앤더슨이 가장 중요하게 느낀 초기 교훈 중 하나다.

> 테스트를 돕는 코드로부터 가상의 대출을 만드는 대신 저희는 유효한 상태로 대출을 설정하기 위해 이와 관련된 애플리케이션 코드를 수정했습니다. 저희는 사람의 행위를 기반으로 하는 애플리케이션 테스트 추상화 계층을 통해 자동화 계층에 있는 테스트 코드의 3분의 1 가량을 삭제할 수 있었습니다. 여기서 얻은 교훈은 가상의 상태를 만들지 말라는 것입니다. 가상의 상태는 버그가 자주 발생하고 더 많은 유지보수 비용이 듭니다. 상태를 만드는 데 실제 시스템을 사용하세요. 저희의 경우 다수의 테스트가 중단되어 잔뜩 쌓여 있었습니다. 저희는 이 새로운 방식을 토대로 검토했고 기존 테스트에 버그가 있었다는 사실을 발견했습니다.

레거시 시스템에서 자동화된 제품 코드를 사용하는 것은 때론 아주 나쁜 결과로 이어질 수 있다. 예를 들어, 클라이언트 중 한 명이 사용자 인터페이스 코드와 비즈니스 로직이 혼재된 서드파티 제품을 확장했는데 우리는 그것에 대해 아무것도 할 수 없었다. 해당 클라이언트는 서드파티 컴포넌트의 소스코드에 읽기 권한으로 접근할 수 있었다. 처음에 누군가가 서드파티 기능 중 일부를 복사해서 테스트 픽스처에 붙여넣는 바람에 모든 사용자 인터페이스 바인딩이 사라졌다. 이렇게 하자 서드파티 공급자가 자신들이 작성한 클래스를 갱신했을 때 문제가 발생했다.

서드파티 클래스를 초기화하고 실제 비즈니스 워크플로우를 실행하는 리플렉션을 사용해 비공개 변수에 접근하게끔 재작성했다. 제품 코드를 개발하는 동안에는 그와 같은 일을 절대 하지 않겠지만 이것은 그 두 가지 폐해 중에서 좀 더 나은 쪽이었다. 우리는 픽스처 코드의 90%를 삭제하고 이따금 서드파티 공급자가 비공개 변수를 사용하는 방식을 변경할 때 자동화와 관련된 문제를 해결해야 했다. 하지만 이것은 매번 거대한 코드 덩어리를 복사하고 수정하는 것보다 훨씬 작업량이 적었다. 또한 이로써 테스트가 신뢰할 수 있게 바뀌었다.

시스템 경계를 따라 자동화하라
상황: 복잡한 통합을 할 경우

➡ 복잡한 이기종 시스템에서 작업할 때 책임의 경계가 어디에 있는지 이해하는 것이 중요하다. 그 경계를 따라 테스트를 구체화하고 자동화한다.

복잡한 이기종 시스템의 경우 자동화된 테스트를 통해 전체 종단 간 흐름을 포함하기 힘들거나 심지어 불가능할 수 있다. 내가 롭 파크를 인터뷰했을 때 롭 파크의 팀은 음성을 데이터로 변환하는 외부 시스템과의 통합 작업을 진행 중이었다. 모든 자동화된 상황에 대한 전체 흐름을 통과하기란 불가능하지는 않지만 비현실적일 것이다. 그들의 목표는 음성 인식을 개발하는 것이 아닌 단지 이러한 시스템과 통합하는 것이었다.

그들의 임무는 음성 메시지를 데이터로 변환한 후 어떤 일을 발생시키는 것이다. 롭 파크는 시스템을 분리하고 쉽게 자동화할 수 있게 대체 입력 경로를 제공하기로 했다고 한다.

> 지금 저희는 대화형 음성 응답 기능(IVR; Interactive Voice Response)을 위한 기능을 작성 중입니다. 보험증권 번호와 신원정보가 자동으로 IVR 시스템에서 애플리케이션으로 전송되어 미리 지정된 화면에 나타나게 됩니다. 처음으로 3인조 대화를 한 후에 IVR에서 보낸 데이터를 준비하는 테스트 페이지가 필요하다는 사실을 명확히 알 수 있었습니다.

이러한 외부 시스템까지 포함한 종단간 자동화 예제 대신 롭 파크의 팀은 시스템에서 외부 입력을 분리하고 그들이 책임져야 할 시스템에 대한 검증을 자동화했다. 이로써 실행 가능한 명세를 사용해 모든 중요한 비즈니스 규칙을 확인할 수 있었다.

비즈니스 사용자는 자연스럽게 종단간 인수 테스트에 대해 생각할 것이다. 외부 시스템을 포함하지 않은 자동화된 테스트는 그들에게 기능이 완벽히 작동한다는 확신을 주지 못한다. 그것은 별도의 기술 통합 테스트에서 다뤄야 한다. 이 경우 간단한 녹음 메시지를 재생하고 전체 과정을 확인하는 방법을 사용한다. 그러한 테스트는 모든 컴포넌트가 서로 올바르게 상호작용하는지 검증할 것이다. 모든 비즈니스 규칙이 각각 명시되고 테스트됐기 때문에 모든 중요한 유스 케이스에 대한 고수준의 통합 테스트를 실행하지 않아도 된다.

크고 복잡한 인프라를 다루는 방법에 관한 자세한 사항은 10장을 참고한다.

사용자 인터페이스를 통해 비즈니스 로직을 확인하지 마라

전통적인 테스트 자동화 도구는 주로 사용자 인터페이스 객체를 조작해서 작동한다. 실행 가능한 명세를 위한 대부분의 자동화 도구는 사용자 인터페이스 내부에서 애플리케이션 프로그래밍 인터페이스와 직접적으로 상호작용할 수 있다.

➡ 기능에 대한 자동화된 명세로부터 확신을 얻는 방법으로 사용자 인터페이스를 통해 처음부터 끝까지 실행해 보는 것 말고도 다른 방법이 있다면 다른 방법으로 하라.

사용자 인터페이스 자동화는 일반적으로 서비스나 API 수준의 자동화보다 훨씬 느리고 유지보수 비용이 매우 높다(이번 장의 초반부에서 설명했듯이). 신뢰를 얻기 위해 눈에 보이는 사용자 인터페이스 자동화를 사용하는 것을 제외하면 사용자 인터페이스 내부로 옮기는 것이 비즈니스 로직을 검증하는 훨씬 더 나은 방법이다.

애플리케이션 내부를 자동화하라
상황: 세션 및 워크플로우의 제약조건을 확인하는 경우

워크플로우 및 세션 규칙은 사용자 인터페이스 계층에 대해서만 주로 확인할 수 있다. 하지만 브라우저를 실행하는 것이 확인을 자동화하는 유일한 방법이라는 의미는 아니다. 웹 애플리케이션을 개발하는 여러 팀에서는 브라우저를 통해 명세를 자동화하는 대신 애플리케이션 내부의 HTTP 계층에 많은 시간과 노력을 들였다. 팀 앤더슨은 이 접근법에 대해 다음과 같이 설명한다.

> 저희는 HTTP 요청과 같이 생긴 해시맵을 보냅니다. 저희한테는 테스트에 중요한 것들로 재작성된 기본값이 있고, 기본적으로 HTTP 요청이 전달된 곳으로 가는 식으로 테스트했습니다. 페르소나[픽스처]에서는 객체를 이용해 HTTP 요청을 만드는 방식으로 동작하는데, 이런 식으로 실제 상태와 실제 객체를 사용했습니다.

브라우저로 실행하지 않으면 자동화 검증을 병렬적으로 훨씬 빠르게 실행할 수 있다. 크리스찬 하사는 이와 비슷한 방식을 사용했지만 애플리케이션 내부의 웹 컨트롤러를 통해 한 단계 더 낮은 쪽에서 수행했다. 그뿐만 아니라 이 방법은 HTTP 호출을 수행하지 않았고 피드백 속도를 훨씬 더 빠르게 만들었다. 그는 이 방법에 대해 다음과 같이 설명한다.

> 명세 부분은 Selenium을 이용해 UI에 직접 연동했지만 다른 부분은 MVC 컨트롤러에 직접 연동했습니다. UI에 직접 연동하는 방법에는 상당한 비용이 들고, 이것이 이 기법이 주는 주된 가치라고 생각하지 않습니다. 모든 명세를 컨트롤러에 연동하거나 명세의 일부를 UI에 연동하는 것 중에서 선택할 수 있다면 저는 언제나 컨트롤러에 모든 명세를 실행하는 방법을 선택할 겁니다. UI에 연동하는 것은 선택사항이지만 시스템과 관련된 모든 명세를 연동하지 않는 것은 선택사항이 아닙니다. 그리고 UI에 연동하는 데는 훨씬 더 많은 비용이 듭니다.

➡ 애플리케이션 내부를 자동화하는 것은 실제 비즈니스 흐름을 재사용하고 자동화 계층의 중복을 피하는 좋은 방법이다. 브라우저를 통하지 않고 직접 HTTP를 호출해서 확인하는 방법은 검증 속도를 상당히 빠르게 만들고 병렬로 확인할 수 있게 한다.

브라우저 자동화 라이브러리는 종종 느리고 사용자 프로파일을 잠그곤 해서 이러한 확인은 오직 한 컴퓨터에서 지정된 시간에 실행할 수밖에 없다. 직접적인 HTTP 자동화를 위한 여러 도구 및 라이브러리로 *WebRat*[6], *Twill*[7], *Selenium 2.0 HtmlUnit* 드라이버[8]가 있다. 현재 많은 MVC 프레임워크에서는 이러한 확인을 훨씬 더 효율적으로 할 수 있게끔 HTTP 계층 내부의 자동화를 지원한다. 이러한 도구를 이용하면 브라우저 자동화와는 달리 브라우저를 실제로 작동시키지 않기 때문에 테스트를 병렬적이고 빠르게, 그리고 좀 더 안정적으로 실행할 수 있다.

자동화 대상 선택하기

나는 『Bridging the Communication Gap』에서 모든 명세를 자동화하기를 권장했다. 이 책을 준비하는 동안 다른 여러 팀과 대화한 후 자동화가 성과를 내지 못할 만한 상황을 알게 됐다. 개스퍼 나기는 내게 두 가지 좋은 예를 제시했다.

> 인수 기준의 혜택과 비교해서 자동화 비용이 너무 높은 경우가 있습니다(예: 정렬 가능한 그리드 표시). 사용자 인터페이스 컨트롤(위젯)은 다양한 정렬을 지원합니다. 데이터가 실제로 정렬됐는지 확인하려면 다양한 상황에 대한 테스트 데이터가 필요합니다. 이것은 신속한 수동 확인의 몫으로 남기는 것이 가장 좋습니다.
>
> 저희가 만든 애플리케이션에서는 오프라인 기능도 필요했습니다. 아주 특별한 오프라인의 특정 상황은 자동화하기가 매우 힘들기 때문에 아마 수동 테스트만으로도 충분할 것입니다.

이러한 두 가지 경우 모두 신속한 수동 확인이 오히려 고객이 납득할 만한 시스템의 신뢰 수준을 보장한다. 자동화에는 장기적으로 절감하게 될 비용보다 더 많은 비용이 들 것이다.

대부분의 경우 레이아웃 예제를 확인하는 것은 자동화하기에 적절하지 않다. 기술적으로는 가능하지만 대부분의 팀에게는 자동화해서 얻는 이익이 비용을 상쇄하지 못할 것이다. 참조 사용성 예제를 자동화하기란 사실상 불가능하다 (7장 "참조 예제를 만들어라" 절에서 제안한 바와 같이). 사용성과 재미는 사람의 눈과 주관적인 측정을 필요로 한다. 자동화의 가치가 없는 검증의 다른 좋은 예는 뭔가 좋은 방법을 찾거나 사용하는 것이 얼마나 쉬운지를 주장 또는 직관하는 것이다. 이러한 예가 예제를 검토하거나 설명, 또는 명세 시스템에 등록하는 데 유용하지 않다는 의미는 아니다. 오히려 그 반대다. 예제를 검토해 보면 모든 사람이 동일하게 이해하고 있는지 확인할 수 있지만 수작업을 통해 좀 더 효율적으로 결과를 확인할 수 있다.

그러한 기능들을 최대한 자동화하면 초기에 자동화하거나 장기적으로 유지보수하는 데 많은 비용이 드는 일부 측면을 수동으로 테스트하는 데 도움이 된다.

---

6 http://wiki.github.com/brynary/webrat
7 http://twill.idyll.org
8 http://seleniumhq.org/docs/09_webdriver.html#htmlunit-driver

사용자 인터페이스에 대해 이야기할 때 주로 웹 애플리케이션을 예제로 소개하지만 이 같은 조언은 사용자 인터페이스의 다른 유형에도 적용된다. 애플리케이션 내부를 자동화하는 것만으로 워크플로우 및 세션 제약조건을 검증할 수 있고 여전히 사용자 인터페이스를 통해 수행되는 테스트와 비교할 때 피드백 시간이 단축된다. 대체로 자동화 관리를 주의 깊게 살펴본 결과 대부분의 팀이 겪는 자동화 문제는 사용자 인터페이스와 데이터 관리에 들이는 시간이었다.

사용자 인터페이스 자동화하기

내가 연구했던 팀에서는 사용자 인터페이스를 통해 **예제를 활용한 명세**를 자동화하는 것을 가장 어려운 부분으로 여겼다. 내가 인터뷰한 거의 모든 팀은 초기에 이 같은 실수를 범했다. 그들은 일련의 기술적인 단계로 사용자 인터페이스를 통해 명시된 테스트를 자동화했고, 종종 명세에 직접 사용자 인터페이스 자동화 명령어를 작성하기도 했다.

사용자 인터페이스 자동화 라이브러리는 화면 객체의 언어(본질적으로 소프트웨어 설계에 해당하는)를 통해 동작한다. 해당 언어에 직접 명세를 기술하는 것은 명세 정제의 핵심 개념과 모순된다(8장의 "스크립트는 명세가 아니다"와 "명세는 소프트웨어 설계가 아닌 비즈니스 기능이어야 한다" 절을 참고한다). 이렇게 할 경우 명세가 이해하기 힘들어질뿐더러 자동화된 테스트를 장기적으로 유지보수하기가 굉장히 어려워진다. 피에르 베라겐의 팀은 사용자 인터페이스를 조금 변경한 후 모든 테스트를 버려야만 했다.

> 사용자 인터페이스 테스트는 활동 지향적이기보다 작업 지향적(클릭, 지점)이어서 GUI 구현에 긴밀하게 결합돼 있었습니다. 테스트에는 중복도 많았습니다. FitNesse 테스트는 UI에 설정된 방식에 따라 구성됐습니다. UI가 수정되면 그에 해당하는 테스트를 모두 수정해야만 했습니다. 개념적인 것을 기술적인 것으로 옮기는 방법이 바뀌었습니다. 리본 컨트롤을 추가하는 것과 같이 GUI를 조금만 바꿔도 모든 것이 망가졌습니다. 저희가 테스트를 업데이트할 수 있는 방법은 없었습니다.

테스트를 수정하는 것보다 모든 테스트를 없애는 편이 쉬웠기 때문에 테스트에 들인 투자는 낭비였다. 팀은 쉽게 테스트를 사용하기 위해 애플리케이션 구조를 개선하는 데 투자하기로 했다.

사용자 인터페이스를 통해 명세 중 일부에 대해 검증을 자동화하는 경우, 효과적인 자동화 계층 관리는 아마도 팀의 주요 활동 중 하나가 될 것이다. 다음은 사용자 인터페이스를 통해 테스트를 자동화하고 지속적으로 쉽게 유지하는 좋은 아이디어다.

고도의 추상화 수준에서 사용자 인터페이스 기능을 명시하라

자동화 계층에서 비즈니스 언어를 사용자 인터페이스 객체의 언어로 전환하게 하는 것은 장기적인 유지보수 문제를 해결하는 데 도움이 된다. 이것은 본질적으로 더 높은 추상화 수준에서 사용자 인터페이스 테스트를 구체화하는 것을 의미한다. 아즈락 헬레소이는 초기에 배운 중요한 교훈 중 하나로 이것을 꼽았다.

> 저희는 한층 높은 수준의 테스트를 작성할 경우 많은 이점을 얻을 수 있다는 사실을 깨달았습니다. 이로써 기능 스크립트를 많이 변경하지 않고도 구현을 변경할 수 있었습니다. 그리고 간결했기 때문에 테스트의 가독성이 높아졌습니다. 저희에겐 수백 개의 테스트가 있었고 그것을 훑어보는 것만으로 뭐가 어디에 있는지 훨씬 쉽게 알 수 있었습니다. 그 덕분에 훨씬 더 유연하게 변경할 수 있었고요.

랜스 월턴도 이와 비슷한 경험을 했는데, 통합 계층에 사용자 인터페이스 화면의 연산을 나타내는 클래스를 만든 다음 워크플로우 및 더 높은 차원의 활동에 대한 추상화 수준을 높였다. 그는 다음과 같이 설명한다.

> 저희는 테스트 사이에 "입력, 버튼 클릭"과 같은 형태의 반복이 많은, 너무 뻔한 테스트를 작성했습니다. 저희는 타고난 본능에 따라 리팩터링했고 화면을 표현하는 수단이 필요하다는 사실을 깨달았습니다. 저는 초기 XP 규칙인 "당신에게 의미 있는 작은 표현이 있다면 메서드를 리팩터링하고 이름을 부여하세요"를 많이 따랐습니다. 저희는 모든 개별 테스트를 실행하기 위해서는 로그인해야 하고, 그것들을 재사용할 수 있으리라는 것을 예상할 수 있었습니다. 이렇게 하는 확실한 방법은 몰랐지만 그러한 일이 벌어지고 있다는 사실은 알았습니다. 그래서 저희는 화면 클래스를 만들어냈습니다.
>
> 그다음으로 페이지를 동일한 순서로 반복적으로 사용하고 있다는 사실을 깨달았습니다(이것은 워크플로우였죠). 이를 통해 워크플로우가 저희가 설계한 해결책과 여전히 관련이 있다는 것을 이해했고, 실제 워크플로우에 대한 것을 잊고 사용자가 달성하고자 하는 바에 초점을 맞췄습니다.
>
> 그래서 저희는 세부 사항이 포함된 페이지를 가지고 그에 준한 작업을 수행했고 그것을 바탕으로 전체 워크플로우를 가지고 결국 사용자가 달성하고자 하는 바로 목표로 삼았습니다. 그 수준에 도달했을 때 테스트를 매우 빠르게 구성할 수 있었고 변화에 확고하게 대처할 수 있었습니다.

활동을 처리하는 자동화 계층을 재구성하고 스크립트가 아닌 명세에 관한 테스트에 초점을 두는 것은 자동화된 테스트를 유지보수하는 데 드는 비용을 현저히 줄이는 데 도움이 됐다. 월튼은 다음과 같이 이야기했다.

> 초기에는 뭐라도 보려면 로그인해야 했습니다. 어떤 때는 로그인하기 전에 전체 영역을 볼 수 있었고 링크를 따라 이동할 때만 로그인해야 했죠. 사전에 로그인이 필요한 테스트가 많을 경우 첫 번째 문제는 로그인 단계를 제거하기 전에는 모든 테스트가 깨진다는 것입니다. 하지만 링크를 클릭해서 페이지를 이동한 후 로그인해야 하기 때문에 많은 테스트가 깨질 것입니다. 이를 추상화한 경우, 테스트가 특정 사람으로 로그인되어 수행된다는 것은 테스트에서 곧바로 그러한 작업을 수행하는 것이 아니라 로그인을 요청받았을 때 저장해둔 정보를 사용한다는 것을 의미합니다.
>
> 테스트는 처음부터 끝까지 매끄럽게 동작합니다. 물론 로그인이 필요할 때 이를 확인하는 추가적인 테스트가 필요하지만 이것은 다른 관심사에 해당합니다. 사용자가 자신의 목표를 달성할 수 있는지 테스트하는 것에 관한 테스트는 모두 큰 변화에도 견고하게 구성돼 있습니다. 이러한 변화를 손쉽게 만들어낼 수 있다는 사실이 놀랍고 감동스러웠고, 저희가 이 일을 제어할 만한 능력이 있다는 사실을 확실히 알게 됐습니다.

사용자가 특정 액션을 수행하기 위해 로그인해야 했다는 사실은 로그인 폼을 채우고 제출 및 인증을 처리하는 실제 활동과 분리됐다. 워크플로우에서 해당 액션을 언제 수행할지는(그리고 액션을 수행할 필요가 있는지 여부도) 자동화 계층이 결정했다. 이로써 명세를 기반으로 한 테스트가 훨씬 더 변화에 유연해졌다. 또한 사용자 인터페이스 액션에 대한 추상화 수준도 높아져서 독자들이 전체 명세를 쉽게 이해할 수 있었다.

➡ 추상화 수준을 높여서 사용자 인터페이스 기능을 명시하면 비즈니스와 사용자 인터페이스 개념 간의 번역을 하지 않아도 된다. 또한 인수 테스트를 더욱 쉽게 이해하고 변경하기가 더욱 수월해져서 장기적인 유지보수 비용이 줄어든다.

명세 정제의 모든 장점을 유지하고 장기적인 유지보수 비용을 줄이도록 UI 테스트 자동화를 구성하는 방법에 관해서는 후반부에 나오는 "사용자 인터페이스 자동화의 세 단계"를 참고한다.

UI 명세로는 UI 기능만 확인하라
상황: 사용자 인터페이스가 복잡한 로직을 포함한 경우

➡ 실행 가능한 명세가 사용자 인터페이스 요소와의 상호작용으로 기술된 경우에는 사용자 인터페이스 기능만 명시해야 한다.

더 낮은 기술 수준으로 작성된 테스트가 나중에 막대한 유지보수 문제를 일으키지 않은 유일한 사례를 목격한 것은 런던 BNP파리바의 시에라 팀의 경우다. 시에라 팀에는 사용자 인터페이스 요소와의 상호작용으로 기술된 실행 가능한 명세가 있었다. 이 사례가 골치 아픈 다른 모든 테스트와 다른 점은 시에라 팀에서는 근본적인 도메인 비즈니스 로직이 아닌 사용자 인터페이스 기능만 명시했다는 것이다. 예를 들면, 시에라 팀에서 작성한 테스트는 자바스크립트에서 구현된 필수 양식 필드 및 기능을 확인한다. 모든 비즈니스 로직 명세는 사용자 인터페이스 내부에 자동화돼 있다.

이처럼 추상화 수준을 높이면 테스트가 확실히 읽고 유지보수하기가 쉬워진다. 반면 자동화 계층은 상당히 복잡해진다. 그들에게는 이러한 테스트가 비교적 적었기 때문에 사용자 인터페이스가 바뀌었을 때 지능적인 자동화 계층을 만들고 유지보수하는 것이 단순히 스크립트를 변경할 때보다 더 많은 시간이 걸릴 것이다. 그들이 누구나 접근할 수 있는 웹사이트인 쇼핑몰 사용자 인터페이스와 같이 레이아웃을 자주 변경하는 것이 아닌 사무지원 시스템의 사용자 인터페이스를 유지보수한다는 사실을 알아두는 것도 중요하다.

기록된 UI 테스트를 피하라

대부분의 전통적인 테스트 자동화 도구는 사용자 인터페이스 기록 및 재생 기능을 제공한다. 이것은 초기 자동화를 위한 매력적인 요소로 보일 수 있지만 기록 및 재생은 **예제를 활용한 명세**에는 적합하지 않은 방식이다. 이것이 바로 실행 가능한 명세의 자동화가 전통적인 자동화 회귀 테스트와 매우 다른 부분 중 하나다.

➡ **가능하면 사용자 인터페이스 자동화를 기록하지 않는다.** 이해하기가 거의 불가능한 것을 떠나서 기록된 스크립트는 유지보수하기가 어렵다. 그러한 도구는 스크립트를 작성하는 데 드는 비용을 줄일 수는 있지만 유지보수 비용이 대폭 증가한다.

피에르 베라겐의 팀에는 사용자 인터페이스 회귀 테스트를 위해 기록된 70,000줄짜리 스크립트가 있었다. 상당한 양의 사용자 인터페이스를 변경하기 위해 6개월에 걸쳐 여러 사람들을 동원해서 재기록했다. 이러한 느린 피드백은 실행 가능한 명세의 이점을 무용지물로 만든다. 그뿐만 아니라 기록 및 재생 자동화는 사용자 인터페이스가 존재해야 하지만 **예제를 활용한 명세**는 소프트웨어를 개발하기 전에 시작된다.

처음에는 일부 팀에서 전통적인 회귀 테스트와 **예제를 활용한 명세**의 차이점을 이해하지 못해 기록 및 재생을 이용하는 도구를 사용했다. 크리스찬 하사의 이야기를 되새겨볼 필요가 있다.

> 테스트는 여전히 너무 깨지기 쉬웠고 유지하는 데 상당한 비용이 들었습니다. Selenium 테스트를 기록했는데, 너무 늦게 반영됐습니다. 처음에는 전력을 다해 끝까지 기록하려 했습니다. 그러고 나서 더 재사용하고 쉽고 깨지지 않도록 기록하는 작업을 추상화하려고 했습니다. 결국 테스터는 테스트 방법에 대해 자신만의 답을 강구해야 했습니다. 저희는 사용자가 기대한 바를 테스터가 어떻게 해석하는지 나중에서야 알게 됐습니다. 더불어 테스트 준비는 여전히 늦어졌습니다. 저희는 이 모든 것들을 유지보수해야 했기 때문에 실제로 상황은 더 악화됐습니다. 6개월 후 저희가 사용했던 스크립트들은 더는 유지보수할 수 없었습니다.
>
> 저희는 몇 달 동안 시도했고 실천법을 개선하려 했지만 효과가 없었습니다. 그래서 프로젝트 말미에는 이를 그만뒀습니다. 저희가 작성했던 테스트는 지금 저희가 하는 방법과 같은 방식으로 구성되지 못했고, 오히려 일반적인 테스터가 테스트를 구성하는 방식(즉, 많은 전제 조건, 몇몇 단언, 그리고 해야 할 일들이 다음 테스트의 전제 조건이었습니다)으로 구성됐습니다.

사용자 인터페이스 자동화의 세 단계

사용자 인터페이스를 통해 자동화된 실행 가능한 명세를 작성하려면 명세 및 자동화를 다음의 세 가지 단계에서 설명하는 방법을 고려해 본다.

- 비즈니스 규칙 단계: 무엇이 테스트를 설명하고 동작하게 하는가? 예를 들면, 무료 배송은 두 권 이상을 주문한 고객에게 제공된다.
- 사용자 워크플로우 단계: 어떻게 하면 UI를 통해 높은 활동 수준으로 사용자 기능을 실행할 수 있을까? 예를 들면, 장바구니에 두 권의 책을 담고, 상세한 주소 정보를 입력한 후 배송 선택사항에 무료 배송이 해당되는지 검증한다.
- 기술 활동 단계: 개별 워크플로우 단계를 실행하는 데 필요한 기술적인 단계는 무엇인가? 예를 들면, 쇼핑몰 홈페이지를 열고, 계정과 비밀번호(각각 "testuser"와 "testpassword")로 로그인해서 "/book"이라는 절대 경로로 이동한 후 "book"이라는 CSS 클래스를 사용한 첫 번째 이미지를 클릭하고 페이지가 로드될 때까지 기다린 후 지금 구매 링크를 클릭한다 등등.

명세는 비즈니스 규칙 단계에서 설명해야 한다. 자동화 계층에서는 기술 활동 단계에서 구성된 요소들을 결합하는 식으로 워크플로우 단계를 처리해야 한다. 이러한 테스트는 이해하기 쉽고, 효율적으로 작성할 수 있으며, 유지보수하는 데 드는 비용이 비교적 저렴하다.

UI 테스트의 세 가지 단계에 대한 자세한 내용은 내가 쓴 "자기 무덤을 파지 않고 UI 테스트를 구현하는 법"[1]이라는 글을 참고한다.

---

1 http://gojko.net/2010/04/13/how-to-implement-ui-testing-without-shooting-yourself-in-the-foot-2

데이터베이스 컨텍스트를 설정하라

> 실행 가능한 명세를 자동화하는 방법이 사용자 인터페이스를 이용하는 방법밖에 없는 경우라도 대부분의 팀은 직접 데이터베이스 컨텍스트를 준비해 테스트의 실행 속도를 대폭 높일 수 있다는 사실을 발견했다.

예를 들면, 편집자가 기사를 승인하는 방법에 대한 기술 명세를 자동화할 경우 데이터베이스 호출을 이용해 기사를 미리 준비할 수 있다. 세 개의 계층(이전 보조 단락에서 설명한)을 사용한다면 워크플로우 계층의 일부는 사용자 인터페이스를 통해 구현할 수 있으며, 일부는 도메인 API 또는 데이터베이스 호출을 사용해 최적화할 수 있다. 얼티밋 소프트웨어의 글로벌 탤런트 매니지먼트 팀에서는 이 방식을 사용하지만 테스터가 여전히 효율적으로 참여할 수 있게 작업을 분할했다. 스콧 베르거는 다음과 같이 설명한다.

> 개발자는 이상적인 상황을 가정해서 작성하고 데이터 설정을 데이터베이스 자동화 계층에 정상적인 경로로 자동화합니다. 그러고 나면 테스터는 선별적으로 추가 사례를 확장합니다.

개발자는 초기에 모든 경로를 자동화함으로써 테스트를 최적화하는 방법에 대한 지식을 활용한다. 일단 첫 번째 예제가 자동화되면 테스터와 분석가는 비즈니스 규칙 단계에 예제를 더 추가해 쉽게 명세를 확장할 수 있다.

데이터베이스의 컨텍스트를 설정하는 것은 내가 연구한 팀들이 실행 가능한 명세를 자동화할 때 두 번째로 큰 도전과제(데이터 관리)로 다가왔다. 어떤 팀에서는 시스템의 신뢰성을 확보할 목적으로, 또는 도메인이 데이터 중심적이어서 지속적인 검증 과정에 데이터베이스를 포함시켰다. 그 결과, 자동화를 위한 새로운 도전과제들이 생겨났다.

테스트 데이터 관리

실행 가능한 명세를 초점이 분명하고 이해하기 쉽게 만들려면 명세에 어떠한 추가 정보가 생략되더라도 예제 및 기능 설명과 함께 중요한 모든 데이터를 포함하고 있어야 한다. 하지만 데이터베이스를 사용하는 시스템에 대한 예제를 완전하게 자동화하려면 참조 무결성 검사를 위해 추가적인 데이터가 필요할 때가 있다.

데이터베이스에 저장된 데이터에 의존하는 자동화 테스트의 또 다른 문제는 하나의 테스트가 다른 테스트에서 필요로 하는 데이터를 변경할 수 있어 테스트 결과를 신뢰할 수 없다는 것이다. 한편으로 빠른 피드백을 얻기 위해서는 모든 테스트에 대해 전체 데이터베이스를 삭제 및 복원할 수 없다.

테스트 데이터를 효율적으로 관리하는 것은 데이터 중심적인 시스템에서 신뢰를 얻는 데 중요하고 지속적인 검증 프로세스를 신속하고, 반복 가능하며, 안정적으로 만든다. 이번 절에서는 내가 인터뷰한 팀들이 실행 가능한 명세를 위한 테스트 데이터를 관리하는 데 사용한 몇 가지 우수사례를 소개한다.

이미 존재하는 데이터 사용을 피하라
상황: 데이터 중심적이지 않은 논리를 구체화하는 경우

➡ 기존 데이터를 재사용하면 명세가 이해하기 어려워질 수 있다.

실행 가능한 명세가 데이터베이스를 사용해서 자동화된 경우 데이터베이스의 데이터는 자동화 컨텍스트의 일부가 된다. 컨텍스트 관련 정보를 테스트하기 전에 데이터베이스에 넣는 방법을 자동화하는 대신 일부 팀에서는 목적에 맞게 기존 데이터를 재사용했다. 이 경우 명세를 쉽게 자동화할 수 있지만 명세가 이해하기 어려워진다. 또한 이러한 명세를 읽는 사람은 데이터베이스의 데이터를 이해해야 한다. 이에 대해 채닝 월턴은 다음과 같이 조언한다.

> 기초적인 표준 데이터를 미리 채워 데이터베이스를 설정하면 거의 대부분 많은 난관이 발생하곤 했습니다. 데이터가 무엇이고, 왜 거기에 있으며, 어떤 용도로 사용되는지 이해하기 힘들어지죠. 테스트가 실패하면 그 이유를 알기 어렵습니다. 데이터를 공유할 경우 테스트가 서로 영향을 줍니다. 사람들은 금방 혼란스러워 합니다. 이것은 너무 성급한 최적화입니다. 테스트를 데이터에 종속되지 않도록 작성하세요.

시스템이 참조 데이터 설정을 많이 요구하지 않는 방식으로 설계돼 있다면 명세를 최소한의 컨텍스트 정보로만 정의해서 자동화할 수 있다. 이 문제를 다른 측면에서 보면 **예제를 활용한 명세**는 객체지향 설계의 가장 중요한 원칙 중 하나인 낮은 결합을 통해 구성 요소에 초점을 두고 설계하도록 팀을 이끈다. 하지만 레거시 데이터 중심의 시스템에서는 이렇게 하기가 쉽지 않다.

미리 채워진 참조 데이터를 사용하라
상황: 데이터 중심적인 시스템인 경우

데이터 중심적인 시스템에서 전체 컨텍스트를 정의하는 것은 어렵고 오류가 발생하기 쉬운 일이다. 그렇게 하는 것은 명세에 초점을 맞춰 작성하는 관점에서는 최선책이 아닐지도 모른다. 개스퍼 나기의 팀에서는 그렇게 했고 명세를 읽고 유지하기가 어렵다는 사실을 알게 됐다.

> 저희에겐 단계를 실행하려면 데이터베이스에 있는 일부 데이터를 설정해야 하는 인수 테스트가 있었습니다. 이 설정을 설명할 때 인수 테스트는 데이터베이스처럼 보였습니다. 저희는 텍스트에서 "테이블"이라 표현하진 않았지만 그것은 테이블이었습니다. 개발자는 그것을 아주 잘 이해할 수 있었지만 이를 기획자에게 설명하지 못했습니다.
>
> 예를 들면, 국가에 대한 테이블이 하나 있었습니다. 저희는 국가와 관련된 내용을 테스트 자동화의 모든 로직에 하드코딩하고 싶지 않았습니다. 그래서 각 테스트별로 관련된 국가를 정의했습니다. 저희는 항상 헝가리와 프랑스를 대상으로 했기 때문에 이렇게 하는 것은 정말 바보 같아 보였습니다. "시스템에서 기본으로 제공되는 국가"와 함께 전 세계의 모든 국가를 데이터베이스로 가져올 수도 있었죠. 기본 데이터 집합을 마련해 두면 도움이 됩니다.

마르코 마일론(Marco Milone)은 새로운 미디어 산업 프로젝트에 참여하는 동안 이와 비슷한 문제를 겪었다.

> 처음에는 테스트를 실행시키는 작업이 잘 되지 않았습니다. 테스트를 설정하고 해제하기가 너무 복잡했죠. 저희는 데이터베이스를 설정하고 그 위에 변경 제어를 강제해서 중앙 집중화하기 시작했습니다. 테스트에서는 단지 확인만 합니다. 저희는 테스트에서 데이터 입력 때문에 귀찮아할 일이 없었습니다. 이렇게 해서 테스트가 훨씬 더 빠르고, 읽고, 관리하기가 쉬워졌습니다.

데이터 중심적인 시스템에서 모든 것을 처음부터 만드는 것은 바람직하지 않다. 반대로 정보를 숨기는 것 또한 큰 문제를 유발할 수 있다. 이러한 문제에 적용할 수 있는 해결책은 아이오와 학자금 대출 팀에서 구현한 전략이다. 그들은 변경되지 않는 참조성 데이터만 미리 채운다. 팀 앤더슨은 이 접근법을 이렇게 설명한다.

> 저희는 빌드하는 동안 데이터베이스에 들어 있는 것을 모두 지우고 새로 구축했습니다. 그런 다음 설정과 도메인 테스트 데이터로 채웠습니다. 각 테스트가 트랜잭션 데이터를 생성하고 지우는 것을 책임집니다.

➡ 미리 채워진 참조 데이터를 사용하는 것은 피드백을 가속화하고 자동화 계층을 단순화하는 동시에 테스트 명세를 좀 더 짧고 이해하기 쉽게 만드는 좋은 전략이다.

미리 채워진 참조 데이터를 사용하기로 했다면 테스트를 좀 더 신뢰할 수 있는 방법에 대해 10장의 "참조 데이터에 대한 신속한 검증을 수행하라" 절을 참고한다.

데이터베이스에서 원형을 뽑아내라
상황: 레거시 데이터 중심의 시스템인 경우

어떤 도메인은 너무 복잡해서 심지어 미리 채워진 참조 데이터가 있더라도 처음부터 새로운 객체를 설정하는 것이 복잡하고 오류가 발생하기 쉬운 작업이 될 때가 있다. 도메인 모델을 통제할 수 있는 신규 프로젝트에 참여한 경우 이 같은 상황에 직면한다면 이것은 도메인 모델이 잘못됐다는 신호다(11장의 "리빙 도큐멘테이션에 귀 기울여라" 절을 참고한다).

레거시 데이터 중심의 시스템에서 모델을 변경하는 것은 선택사항이 아닐 수도 있다. 이러한 경우 처음부터 완전히 새로운 객체를 만드는 대신 자동화 계층에서는 기존 객체를 복제하고 해당 속성을 변경할 수 있다. 보르게 로트레와 미카엘 빅은 노르웨이 낙농 가축 기록 시스템에 이러한 접근법을 이용했다.

> 도메인이 복잡하기 때문에 테스트에 대해 완전히 정확한 배경지식을 얻기란 쉽지 않았습니다. 저희가 소의 행동을 테스트하는데, 소에게 세 마리의 송아지가 있다는 테스트 케이스를 정의하는 것을 잊었다면 실제 데이터를 수동으로 검사하기 전까지는 실패하는 코드를 보지 못하고 오류를 발견하지 못했을 겁니다. 그래서 저희는 진짜 소를 식별하고 데이터베이스에서 그에 대한 특징을 가져올 수 있게 배경지식 생성기를 만들었습니다. 이러한 특징은 이후 새로운 Cucumber 테스트의 기반으로 사용됐습니다. 이 방식은 오류를 다시 만들어내고 싶은 경우는 물론 새로운 요구사항에 대한 작업을 시작했을 때도 더할 나위 없이 유용했습니다.

벡 팀에서 누락된 테스트 케이스를 식별할 경우 그들은 실제 데이터베이스에서 적절한 대표 예제를 찾아 "배경 생성기"를 사용해 해당 예제의 속성을 사용하는 자동화된 인수 테스트를 만들어낸다. 배경 생성기를 사용하면 복잡한 객체의 모든 관련 세부 사항 및 관련 객체에 대한 참조를 가지고 더욱 적절한 검증 코드를 만들 수 있다. 그뿐만 아니라 배경 생성기는 실행 가능한 명세로부터 좀 더 빠른 피드백을 얻기 위해 객체의 전체 컨텍스트를 가져오는데, 이렇게 되면 테스트가 인 메모리 데이터베이스를 대상으로 테스트를 수행할 수 있다.

➡ 데이터베이스에서 대표적인 예제를 찾아 이러한 속성을 사용해 테스트를 설정한다.

이러한 접근법(실제 데이터베이스와 결합해서)을 통해 테스트에 대한 컨텍스트를 만드는 대신 바로 객체를 만들어 사용하는 경우, 실행 가능한 명세에서 관련 개체의 필요한 설정을 단순화할 수 있다. 객체에 대한 모든 속성을 지정하는 대신 좋은 프로토타입이 되게끔 중요한 항목만 지정할 수 있다. 이렇게 하면 명세가 더욱 이해하기 쉬워진다.

명세를 변경하지 않고 명세의 검증을 자동화하는 것은 전통적인 테스트 자동화와 개념적으로 달라서 많은 팀이 **예제를 활용한 명세**를 가지고 시작할 때 고군분투한다. 빠른 피드백을 얻기 위해 명세를 자동화하지만 주된 목표는 단순히 검증 프로세스를 자동화하는 것이 아니라 손쉽게 접근할 수 있고 가독성 높은 실행 가능한 명세를 만드는 것이어야 한다. 일단 명세가 실행 가능해지고 나면 리빙 도큐멘테이션을 구축하기 위해 명세를 자주 검증할 수 있다. 다음 두 장에서 이와 관련된 아이디어를 다루겠다.

정리

- 정제된 명세는 가능한 한 작은 변경을 통해 자동화돼야 한다.
- 자동화 계층에서는 뭔가를 어떻게 테스트하는가를 정의해야 하고, 명세에서는 무엇을 테스트해야 하는가를 정의해야 한다.
- 자동화 계층을 사용해 비즈니스 언어 및 사용자 인터페이스 개념, API, 데이터베이스 간의 번역을 수행한다. 명세에 대한 고수준의 재사용 가능한 구성 요소를 만들어라.
- 가능하다면 사용자 인터페이스 내부를 자동화하라.
- 될 수 있으면 기존 데이터에 과도하게 의존하지 마라.

10
자주 검증하기

- 신뢰성이 떨어지는 부분 줄이기
- 빠른 피드백 얻기
- 실패하는 테스트 관리하기
- 정리

> *주행 중에 차선 밖으로 너무 멀리 벗어나면 "빵빵빵"하는 큰 경적 소리에 즉시 주의를 기울이게 된다.*
>
> —데이비드 홀데인(David Haldane)[1]

1950년대 캘리포니아 교통부는 고속도로 차선 표시 문제로 애를 먹었다. 차선이 벗겨져서 철마다 다시 칠해야 했다. 이것은 많은 비용과 교통 체증을 유발했고 담당 인부는 위험에 노출됐다.

엘버트 디서트 보트(Elbert Dysart Botts) 박사는 그 문제를 해결하기 위해 좀 더 좋은 반사 페인트로 실험했지만 효과를 보지는 못했다. 그는 고정관념을 깨고 보트 점(Botts' Dot)이라고 하는 도로에 튀어나온 표식을 발명했다. 보트 점은 낮이고 밤이고 날씨에 관계없이 잘 보였고 도로에 도색된 표식처럼 쉽게 벗겨지지 않았다. 보트 점은 운전자의 시각에만 의존하지 않고 차선을 넘을 때 덜컹거림과 우르릉거리는 소리를 냈다. 이러한 피드백은 고속도로에서 차선을 이동할 때 부주의에 대한 위험을 경고하는 중요한 안전 장치 중 하나로 자리 잡았다.

열두 가지 익스트림 프로그래밍 실천법의 하나로 소프트웨어 개발에 도입된 보트 점은 바로 *지속적인 통합(CI; Continuous Integration)*이다. 지속적인 통합은 빌드 및 패키징한 제품에서 결함이 포착되면 이를 부주의한 소프트웨어 팀에 알려준다. 지속적인 통합 전용 시스템은 제품을 자주 빌드하고 테스트를 수행함으로써 해당 시스템이 개발자의 컴퓨터에서만 작동하는 것이 아니라는 것을 보장한다. 지속적인 통합은 잠재적인 문제를 신속하게 알려줌으로써 항상 차선을 유지할 수 있게 하고 필요한 경우에는 작고 저렴한 시정 조치를 취할 수 있게 한다. 지속적인 통합은 제품이 올바르게 빌드되면 계속 그것이 유지되도록 보장한다.

이 같은 실천법은 올바른 제품을 구축하는 데 적용된다. 일단 제품이 올바르게 빌드되면 그것을 올바르게 유지하고 싶을 것이다. 제품이 원하는 방향에서 벗어난다는 사실을 바로 알 수 있다면 훨씬 더 쉽고 저렴하게 문제를 해결할 수 있으며, 문제가 축적되지 않는다. 실행 가능한 명세는 자주 검증할 수 있다. 지속적인 빌드 서버[2]는 모든 명세를 자주 확인해 시스템이 여전히 조건들을 충족하는지 보장해 준다.

지속적인 통합은 충분히 입증된 소프트웨어 실천법이고 다른 여러 저자들이 이미 상세하게 설명한 책이 있다. 이 책에서는 지속적인 빌드 및 통합 시스템을 구성하는 일반적인 방법에 대해 반복

---

[1] http://articles.latimes.com/1997-03-07/local/me-35781_1_botts-dots
[2] 버전 관리 시스템에 들어 있는 코드가 변경될 경우 자동으로 빌드, 패키징 및 테스트를 실행하는 소프트웨어. 지속적인 빌드 서버에 관해 들어본 적이 없다면 CruiseControl이나 Hudson(Jenkins), TeamCity를 구글에서 검색해 보자.

해서 설명하지 않겠다. 하지만 실행 가능한 명세를 자주 검증하기 위한 몇 가지 특별한 도전과제는 이 책의 주제를 전달하는 데 중요하다.

예제를 활용한 명세를 기존 시스템을 확장하는 데 사용하는 대부분의 팀은 실행 가능한 명세를 실제 데이터가 들어 있는 실 데이터베이스나 외부 서비스, 또는 완전히 배포된 웹 사이트를 대상으로 실행해야 한다는 사실을 알게 됐다. 기능 인수 테스트는 여러 구성 요소에 걸친 기능을 확인해야 하는데, 시스템을 테스트할 수 있게 미리 만들어 놓지 않은 경우 이를 확인하기 위해 전체 시스템을 통합하고 배포해야 한다. 이것은 기술적인 (단위) 테스트가 포함된 지속적인 통합에서 흔히 일어나는 문제뿐 아니라 검증을 자주 수행하는 데 있어서도 세 가지 종류의 문제를 초래한다.

- 환경 종속에 따른 낮은 신뢰성: 단위 테스트는 대체로 테스트 환경에 독립적이지만 실행 가능한 명세는 실행되는 환경에 따라 달라질 수 있다. 환경 이슈가 발생하면 프로그래밍 언어로 작성된 코드에 문제가 없어도 검사가 실패할 수 있다. 인수 테스트 결과에 대해 확신을 얻으려면 이러한 환경적인 문제를 해결하거나 완화해서 테스트 실행을 신뢰할 수 있게 만들어야 한다.
- 느린 피드백: 개발 완료된 프로젝트에서 기능 인수 테스트는 종종 단위 테스트보다 10배 정도 느리다. 나는 실행하는 데 수 분이 걸리는 단위 테스트는 느리다고 생각한다. 10분 정도 걸린다면 정말 너무 느리다고 할 수 있고 더 빠르게 실행하는 방법을 진지하게 고민할 것이다. 반면 인수 테스트에 대해서는 수 시간 동안 실행되고, 결과의 신뢰도를 떨어뜨리지 않고는 최적화하기가 불가능한 테스트도 본 적이 있다. 이처럼 피드백 속도가 전체적으로 느린 경우에는 시스템의 일부분에 대한 빠른 피드백을 즉시 얻을 수 있는 해결책을 모색할 필요가 있다.
- 실패한 테스트 관리: 특히 이제 막 **예제를 활용한 명세**를 적용하기 시작한 팀에 갖가지 불확실한 부분에 의존하는 대단위 기능 테스트가 많을 경우, 실패하는 테스트를 곧바로 고치는 대신 실패하는 테스트를 관리하게 된다.

이번 장에서는 어떠한 방법으로 이러한 세 가지 문제를 해결했는지 설명한다.

신뢰성이 떨어지는 부분 줄이기

신뢰할 수 없는 검증 프로세스는 제품과 **예제를 활용한 명세** 프로세스에서 팀의 신뢰를 훼손시킬 수 있다. 실제 문제로 인해 발생하지 않는 간헐적인 실패를 조사하는 것은 엄청난 시간 낭비다. 그런 일이 자주 발생한다면 개발자는 검증 문제를 전혀 살펴보지 않고 변명만 할 것이다. 그렇게 되면 지속적인 검증을 하는 의미가 없어지고 실제 문제가 발견되지 않고 통과할 것이다.

레거시 프로젝트에서 자동화된 기능 테스트를 지원하기란 쉽지 않다. 그래서 실행 가능한 명세는 신뢰할 수 없는 사용자 인터페이스에 대한 자동화 필요성 또는 비동기 프로세스를 기반으로 하는 비결정성으로 어려움을 겪을 수 있다. 이것은 특히 개발자의 참여만이 기능 테스트에 대한 유일한 개선이라고 확신할 때 문제가 된다(다시 말해 개발자들의 문제가 아님에도).

클레어 맥레넌의 팀이 이 문제에 직면한 적이 있다. "안정화되지 않았기 때문에 개발자는 테스트에 관심을 갖지 않았지만 안정적으로 만들기 위해서는 개발자의 지식이 필요했어요"라고 그녀는 말했다. 이것은 해당 팀에 닭이 먼저냐 달걀이 먼저냐의 문제를 야기했다. 개발자의 참여를 이끌어내기 위해 맥레넌은 실행 가능한 명세의 가치를 보여줘야 했다. 그러나 그렇게 하려면 실행 가능한 명세를 신뢰할 수 있어야 했는데, 그러자면 개발자들이 시스템 설계를 변경해서 시스템 설계와 자동화된 테스트를 연동하기 쉽게 만들어야 했다.

예제를 활용한 명세의 장기적인 이점을 누리기 위해 많은 팀에서는 검증 프로세스를 신뢰성 있게 만드는 데 상당한 노력을 투자해야 했다. 이번 절에서는 그렇게 하는 데 유용한 아이디어를 제시하겠다.

가장 귀찮은 일을 찾아 바로잡아라. 그리고 그 과정을 반복하라
상황: 자동화 테스트 지원이 미비한 시스템에서 작업하는 경우

자동화 테스트를 위해 시스템을 더욱 신뢰성 있게 만드는 것과 관련해서 한 가지 중요한 점은 이러한 과정이 결코 하룻밤 사이에 이뤄지지는 않는다는 것이다. 레거시 시스템은 변경하기가 쉽지 않다. 그렇지 않다면 레거시가 되지 않았을 것이다. 수년간 뭔가가 테스트 가능한 설계 없이 구축됐다면 그것을 단번에 깔끔하고 테스트 가능하게 만들 수는 없을 것이다.

너무나도 많은 중대한 변화를 빠르게 도입할 경우 시스템이 불안정해질 것이다. 특히 기능 테스트 커버리지가 충분하지 않은 경우에는 더욱 그렇다. 또한 개발 흐름이 심각하게 방해받을 것이다.

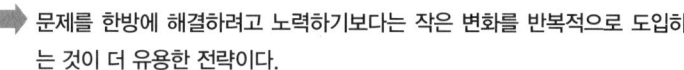 문제를 한방에 해결하려고 노력하기보다는 작은 변화를 반복적으로 도입하는 것이 더 유용한 전략이다.

예를 들면, 맥레넌의 팀에서는 느린 테스트 데이터 처리 시간이 테스트 시간 초과를 일으키는 원인임을 알게 됐다. 데이터베이스 관리자가 데이터베이스 성능을 개선했는데, 이 과정에서 테스트 데이터를 처리하기 전에 일부 테스트가 시작되어 시스템이 이전 데이터를 제공하고 있다는 사실을 발견했다. 데이터베이스에서 최신 데이터가 전달될 때 메시지로 알려주는 방법을 도입해서 신뢰할 수 있는 테스트 시작과 함께 이후의 오판 가능성을 없앨 수 있었다. 잘못된 근원을 제거했을 때 HTTP 쿠키 만료 때문에 문제가 발생한다는 점을 발견했다. 그래서 시스템 시간을 변경할 수 있게 비즈니스 시간이라는 개념을 도입했다. (이번 장의 후반부에서 소개할 "비즈니스 시간을 도입하라" 절을 참고한다.)

맥레넌은 자동화 테스트의 안정성을 보장하기 위한 전략으로 점진적인 접근법을 권장한다.

> 가장 귀찮은 일을 찾아 문제를 해결하면 뭔가 다른 문제가 갑자기 튀어나올 것이고, 그 이후에도 뭔가 다른 것이 튀어나올 겁니다. 결국 이 과정을 지속적으로 반복하면 안정적이고 유용한 시스템이 만들어질 겁니다.

반복적인 안정성 개선은 인도 흐름을 크게 방해하지 않고도 신뢰성 있는 검증 프로세스를 구축할 수 있는 좋은 방법이다. 또한 이 접근법은 시스템을 더욱 테스트하기 쉽게 만들고 그 과정에서 배우고 적응할 수 있게 만들어준다.

CI 테스트 이력을 이용해 불안정한 테스트를 파악하라
상황: 레거시 시스템에서 자동화 테스트를 새로 작성하는 경우

자동화된 테스트를 적용하기 쉽지 않은 레거시 시스템에서는 불안정성을 유발하는 원인이 많아서 반복적인 정리 작업을 어디에서 시작해야 할지 결정하기가 어려울 때가 많다. 이에 대한 적절한 전략은 테스트 실행 이력을 살펴보는 것이다. 근래에 출시된 대부분의 지속적인 빌드 시스템에서는 과거의 테스트 결과를 추적하는 기능을 제공한다.

➡ 일단 실행 가능한 명세가 지속적인 빌드 시스템과 연동되면 수행된 테스트 이력을 통해 가장 불안정한 테스트 또는 테스트 그룹을 확인할 수 있다.

나는 주로 사전에 테스트할 수 있게 구축된 신규 프로젝트나 비교적 작은 변경을 통해 안정성을 확보한 시스템을 대상으로 일했기 때문에 몇 년간 이러한 기능을 전혀 신경 쓰지 않았다. 이러한 프로젝트에서 테스트 실행 이력 추적은 쓸모없는 기능이다. 테스트는 거의 모든 경우에 통과했고 실패한 테스트는 최대한 빨리 해결했다. 처음에는 간헐적 시간 초과, 네트워크 이슈, 데이터베이스 문제 및 일관성 없는 처리 문제를 겪는 시스템의 자동화된 테스트를 개선하려고 했지만 테스트 이력을 보게 되면서 안정성을 높이기 위한 노력에 초점을 두게 됐다. 이를 통해 어느 테스트 그룹이 가장 자주 실패하는지 알게 되어 가장 먼저 고칠 수 있었다.

지속적인 검증 전용 환경을 구축하라

➡️ 애플리케이션을 배포해야 하거나 기능 테스트를 위해 실행해야 하는 경우 재현을 위한 첫 단계는 배포를 위한 전용 환경을 확보하는 것이다.

지속적인 검증은 확실하게 재현 가능한 방식으로 작동해야 한다. 일부 큰 조직에서는 새로운 장비를 도입하기가 굉장히 어려운 일이지만 더 나은 장비를 갖추기 위해 노력하는 것은 대단히 가치 있는 일이다. 많은 팀이 비즈니스 사용자에게 기능을 보여주고, 수동 테스트를 하고, 지속적인 검증을 하는 일을 동일한 환경에서 하려고 했다. 이 경우 장기적으로 데이터 일관성 문제가 야기된다.

별도의 전용 환경이 없다면 테스트 실패가 버그 때문인지, 아니면 누군가가 테스트 환경에서 뭔가를 변경해서 발생한 것인지, 또는 시스템 불안정 때문인지 알기 어렵다. 전용 환경은 계획되지 않은 변경을 방지하고 불안정한 환경 요인으로 인한 위험을 완화할 수 있다.

완전히 자동화된 배포를 활용하라

일단 전용 환경을 갖추고 나면 소프트웨어를 재현 가능한 방식으로 배포하고자 한다. 신뢰할 수 없는 배포는 테스트 결과가 불안정해지는 두 번째로 공통적인 원인이다. 많은 레거시 시스템의 경우 배포는 여러 사람의 참여, 많은 커피 그리고 마술 지팡이로 하룻밤에 걸쳐 이뤄지는 과정이다. 우리가 일년에 한 번씩 배포하면 되면 그렇게 할 만하다. 그러나 2주마다 배포해야 한다면 큰 골칫거리가 아닐 수 없다. 지속적인 검증을 위해 하루에 여러 번 배포해야 할 수도 있고, 마술과도 같은 수동 배포를 더는 허용할 수 없다.

안정적으로 시스템을 업그레이드할 수 있는 완전히 자동화된 배포가 없다면 많은 테스트가 갑자기 실패하기 시작하는 상황에 자주 처할 것이며, 누군가는 원인을 찾아 문제를 해결하기 위해 몇 시간을 보내는 상황을 겪게 될 것이다. 그리고 사무실 뒤편에서 "내 컴퓨터에서는 돌아가는데"라는 말을 듣게 될 것이다.

➡ 완전히 자동화된 배포는 업그레이드를 위한 단 하나의 표준 절차만이 존재하게끔 보장한다. 또한 모든 개발자가 테스트 환경으로 동일한 시스템 구성을 사용하도록 보장한다.

이 경우 실행 가능한 명세의 환경적 의존성을 제거하고 훨씬 더 안정적으로 지속적인 검증을 수행할 수 있다. 또한 개발자가 문제를 재현하기 위해 동일한 환경을 사용할 수 있기 때문에 쉽게 문제를 해결할 수 있다.

그러자면 완전히 자동화할 필요가 있다. 수동 개입이 전혀 필요하지 않거나 허용되지 않는다. (참고로 반드시 실행까지 자동으로 되는 것은 아니지만 요청에 의해 실행될 수 있는 완전히 자동화된 배포를 말하는 것이다.) 관리 콘솔이나 반자동화된 수동 스크립트 및 그와 비슷한 것들을 뒤져봐야 하는 설치 프로그램은 완전한 자동화로 간주하지 않는다. 특히 여기에는 자동화된 데이터베이스 배포가 포함된다.

나는 누군가가 직접 데이터베이스 스크립트를 찾아 실행해야 하는데도 자동화된 배포를 한다고 주장하는 팀을 많이 봐왔다.

완전히 자동화된 배포는 제품 시스템을 더욱 수월하게 업그레이드할 수 있을뿐더러 다른 이점도 제공한다. 이것은 장기적으로 많은 시간을 절약해 준다. 자주 배포하는 것은 예제를 활용한 명세와 관계없이 훌륭한 실천법이다.

외부 시스템을 위한 간단한 테스트 더블[3]을 만들어라
상황: 외부 참조 데이터 소스를 이용할 경우

대부분의 팀은 비즈니스 워크플로우와 관련된 데이터 소스 또는 외부 시스템을 사용하는 데 문제를 겪었다. (여기서 *외부*란 팀의 범위를 벗어나는 것을 의미하며, 반드시 다른 조직에 속한다는 것은 아니다.) 복잡한 시스템 네트워크를 갖춘 대기업에서는 팀이 워크플로우의 한 부분일 수 있으며, 해당 팀의 테스트 시스템은 다른 팀의 테스트 시스템과 통신할 것이다. 문제는 다른 팀에서는

---

3 (옮긴이) '테스트 더블'은 테스트를 수행하기 위해 실제 컴포넌트 역할을 대체하는 기능을 제공하는 객체나 컴포넌트를 말한다(http://en.wikipedia.org/wiki/Test_double 참고).

자기들만의 작업 및 테스트도 해야 하기 때문에 다른 팀에서 운영하는 테스트 서버가 항상 사용성이나 안정성 또는 정확성을 보장하지는 않는다는 것이다.

➡ **실제 시스템과의 상호작용을 시뮬레이션하는 별도의 가짜 데이터 소스를 만든다.**

미국 대형 보험 업체에 속한 롭 파크의 팀에서는 외부의 자동차 보험 정책 서버에서 참조 정책 데이터를 조회하는 시스템을 구축하고 있었다. 자동차 보험 정책 서버가 다운될 경우 모든 실행 가능한 명세가 실패하게 된다. 기능 테스트를 위해 그들은 외부 서비스의 대체 버전을 사용했다. 더 단순한 대체 버전에서는 로컬 디스크에 있는 파일에서 데이터를 읽어들인다.

이렇게 해서 자동차 보험 정책 서버가 오프라인 상태이더라도 롭 파크의 팀에서는 시스템을 테스트할 수 있었다. 별도의 참조 데이터 소스를 생성함으로써 참조 데이터를 완벽하게 제어하는 것도 가능해졌다. 실제 시스템에서는 만료된 정책을 제공되지 않을 것이므로 만료된 정책에 의존하는 테스트는 실패할 것이다.

참조 데이터 소스의 간단한 버전에서는 설정 파일로부터 모든 것을 제공했는데, 이렇게 함으로써 시간과 관련된 문제를 피할 수 있었다. 그들은 버전 관리 시스템에 체크인된 XML 파일에 데이터를 보관했기 때문에 손쉽게 변경사항을 추적하고 코드와 테스트를 모두 올바른 버전으로 패키징할 수 있었다. 외부 시스템으로는 이렇게 하기가 불가능했을 것이다. 파일을 읽어들이는 로컬 서비스는 속도 면에서도 외부 시스템보다 빨라서 전반적인 피드백 속도 또한 높다.

테스트 더블의 위험은 시간이 지남에 따라 실제 시스템이 발전하면서 더는 현실적인 기능을 반영하지 않으리라는 것이다. 이를 방지하려면 테스트 더블이 원래의 시스템에서 어떻게 수행되는지 정기적으로 확인해야 한다. 이는 테스트 더블이 여러분이 제어할 수 없는 서드파티 시스템을 대표할 경우 특히 중요하다.

선택적으로 외부 시스템을 격리하라
상황: 외부 시스템 작업에 참여하는 경우

시스템을 완전하게 격리하는 것이 늘 좋은 방법은 아니다. 시스템이 참조 데이터 이상을 제공하는 외부 시스템의 큰 워크플로우에 관여하는 경우, 테스트 더블은 외부 시스템에서 제공하는 실제 기능의 일부를 구현해야 할 것이다. 이는 개발에 상당한 부담을 주고 유지보수 측면에서 더 많은 문제를 야기한다.

비즐리에 있는 이안 쿠퍼의 팀은 이 문제를 해결하기 위해 흥미롭고 실용적인 접근법을 채택했다. 그들은 선택적으로 각각의 실행 가능한 명세의 목적에 따라 일부 서비스에 대한 접근을 비활성화했다. 이렇게 하고 나자 테스트가 매우 빨라졌지만 여전히 각 테스트에는 실제 외부 시스템의 최소 집합이 포함됐다. 이 방법은 외부 영향으로부터 이안 쿠퍼의 팀을 완전하게 보호하지는 못했지만 문제 해결은 훨씬 더 수월해졌다. 테스트가 실패하면 외부 의존성이 영향을 준 것이라는 게 분명했다.

▶ 선택적으로 일부 외부 서비스를 격리하면 테스트가 더 빨라지고 문제 해결도 수월해진다.

 단계적 검증을 시도하라
상황: 대형/복합 그룹인 경우

레거시 시스템에서는 실행 가능한 명세를 모두 실행하는 데 걸리는 시간은 기반이 되는 소스코드를 두 번에 걸쳐 수정하고 반영하는 데 걸리는 평균 시간보다 길 때가 많다. 그렇기 때문에 무엇을 변경했을 때 문제가 발생했는지 연관 짓기가 어려울 수도 있다.

큰 그룹의 팀에게는(특히 해당 팀들이 여러 사이트에 걸쳐 퍼져있을 경우) 문제가 축적되는 결과를 낳을 수 있다. 한 팀에서 데이터베이스를 망가뜨리면 다른 팀에서는 그 문제가 해결될 때까지 변경사항을 검증할 수 없다. 문제를 해결하고 테스트를 다시 실행해서 확인하는 데 몇 시간이 걸릴 수 있다. 깨진 빌드는 항상 남의 문제가 될 것이며, 이내 지속적인 검증 테스트 팩은 항상 깨져 있을 것이다. 이 같은 상태에서는 테스트 실행도 중단할 것이다.

▶ 단계별 검증을 활용하라. 팀마다 격리된 지속적인 검증 환경을 갖추고 있어야 한다. 변경사항은 그곳에서 먼저 테스트해야 한다.

우선 같은 팀의 다른 변경사항을 가지고 변경사항을 통합한다. 테스트가 통과하면 지속적인 검증을 위한 중앙 환경에 변경사항을 반영하면 이곳에서 다른 팀의 변경사항들을 모두 통합한다.

이러한 접근법은 대부분의 경우 다른 팀에 영향을 미치는 한 팀의 문제를 방지할 수 있다. 심지어 중앙 환경이 깨지고 누군가 그것을 수정하더라도 각 팀에서는 자체적인 환경을 활용해 변경사항을 검증할 수 있다.

모든 실행 가능한 명세를 실행하는 데 걸리는 시간에 따라 우리는 두 환경에서 모두 전체 테스트 팩을 실행하거나 빠른 스모크 테스트[4]를 제공하는 환경 중 하나에서 대표적인 테스트 부분집합을 실행할 수 있다. 예를 들면, 얼티밋 소프트웨어의 글로벌 탤런트 매니지먼트 팀에서는 대부분의 테스트를 로컬 환경에서 실행한다. 빠른 피드백을 제공하기 위해 느린 테스트는 중앙 환경에서 실행하지 않는다.

테스트를 트랜잭션 내에서 실행하라
상황: 실행 가능한 명세가 참조 데이터를 수정하는 경우

➡ 데이터베이스 트랜잭션은 외부 영향으로부터 격리성을 제공할 수 있다.

트랜잭션은 프로세스가 동시에 실행 중인 다른 프로세스에 영향을 끼치는 것을 방지하고 테스트를 좀 더 재현 가능하게 만들 수 있다.

테스트가 진행되는 도중에 사용자를 생성할 경우, 해당 테스트는 데이터베이스에서 사용자 이름이 중복되어(유일성 제약조건을 위반) 다음 번에 실패할 수 있다. 하지만 트랜잭션 내에서 해당 테스트를 실행하고 테스트가 끝날 때 롤백한다면 사용자는 저장되지 않을 테고, 따라서 두 테스트의 실행은 서로 독립적일 것이다.

이는 많은 경우에 올바른 실천법이지만 일부 트랜잭션 컨텍스트에서는 효과가 없을 수도 있다(예를 들어, 데이터베이스 제약조건 검사가 트랜잭션을 커밋할 때까지 지연되거나 중첩된 자율적인 트랜잭션(autonomous transaction)에 들어 있는 경우). 이러한 고급 트랜잭션과 관련된 내용은 이 책의 범위를 벗어난다.

---

[4] (옮긴이) 본격적인 테스트의 수행에 앞서 시스템, 컴포넌트, 소프트웨어 프로그램 등 테스트 대상이나 제품의 빌드(제품 설치 패키지)가 구축된 테스트 환경에서 테스트가 가능한지 여부를 판단하기 위해 주요 모듈이나 시스템을 간단하게 테스트하는 것을 말한다. (http://en.wikipedia.org/wiki/Smoke_testing 참고).

어떤 경우든 트랜잭션 제어를 명세 밖에 유지하라. 데이터베이스 트랜잭션 제어는 실행 가능한 명세의 설명이 아닌 자동화 계층에서 가장 잘 구현된 횡단 관심사에 해당한다.

 참조 데이터에 대한 신속한 검증을 수행하라
상황: 데이터 중심적인 시스템인 경우

데이터 중심적인 시스템에서는 실행 가능한 명세가 광범위한 참조 데이터에 의존한다. 기능이 올바른 경우에도 워크플로우 구성과 같은 참조 데이터를 변경하면 테스트가 망가질 수 있다. 이러한 문제는 해결하기 어렵다.

➡ 참조 데이터가 여전히 예상한 바와 일치하는지 확인하려면 테스트를 완전한 별도의 그룹으로 설정한다.

이러한 테스트는 실행 가능한 명세 전에 빠르게 실행할 수 있다. 테스트 팩이 실패하면 다른 것을 수행할 필요가 없다. 또한 이러한 테스트는 참조 데이터 문제를 정확히 찾아내서 신속하게 문제를 해결할 수 있게 한다.

 특정 시간 동안 대기하지 말고 이벤트를 기다려라

비동기 프로세스는 실행 가능한 명세에서 문제가 발생할 소지가 가장 큰 영역인 듯하다. 프로세스의 일부가 여러 장비에서 백그라운드로 실행되거나 몇 시간 동안 지연돼도 비즈니스 사용자는 전체 프로세스를 일련의 이벤트로 여긴다. 이것은 송킥에서 **예제를 활용한 명세**의 성공적인 구현을 위해 극복해야 할 가장 중요한 과제 중 하나였다. 필 코완스는 이렇게 이야기한다.

> 비동기 프로세스는 정말 골치 아픈 문제입니다. 성능상의 이유로 비동기 프로세스에 대한 백그라운드 처리를 많이 하는데, 테스트는 즉시 작동하기 때문에 많은 문제에 부딪혔습니다. 백그라운드 처리가 테스트가 다음 단계로 넘어갈 때까지 일어나지 않았죠.

믿을 수 있는 비동기 프로세스 검증을 위해서는 약간의 계획과 자동화 계층의(그리고 종종 제품 시스템에서의) 주의깊은 설계가 필요하다. 비동기 시스템과 관련해서 흔히 저지르는 실수는 어떤 일이 일어날 때까지 특정 시간 동안 대기하는 것이다. 이러한 징조로 "10초간 대기"와 같은 테스트 단계를 꼽을 수 있다. 이것은 여러 가지 이유로 좋지 않은 방법이다.

이러한 테스트는 기능이 올바르게 작동하더라도 지속적인 검증 환경의 부하가 높을 경우 실패할 수 있다. 이러한 테스트를 다른 환경에서 실행하면 더 많은 시간이 소요될 수도 있고, 그렇게 되면 특정 배포에 종속되는 결과를 낳는다. 지속적인 검증 환경이 개발자가 사용하는 컴퓨터보다 성능이 탁월하면 개발자는 동일한 제한 시간 설정을 자신의 컴퓨터에 적용해서 검증할 수 없다. 대부분의 팀은 테스트 환경 변화에 탄력적으로 대응하기 위해 제한 시간을 크게 설정한다. 그래서 이러한 테스트는 불필요한 피드백 지연을 초래한다.

예를 들어, 테스트 프로세스가 종료될 때까지 무조건 1분이 걸리지만 실제 테스트는 10초에 끝난다면 피드백을 받기 위해 불필요하게 50초를 대기하는 셈이다. 개별 테스트에 대한 경미한 지연은 문제가 없을 수도 있지만 테스트 팩에는 이처럼 불필요한 시간이 서서히 축적된다. 이러한 20개의 테스트를 통해 많게는 15분 이상 전체 테스트 팩에 대한 피드백 지연이 발생한다.

➡ 특정 시간 동안 대기하지 말고 이벤트가 발생하길 기다려라. 이렇게 하면 테스트가 훨씬 더 신뢰성 있게 바뀌고 필요 이상의 피드백 지연이 발생하지 않는다.

가능하면 프로세스가 완료됐는지 여부를 자주 확인하기 위해 메시지 큐를 차단하거나 데이터베이스나 서비스를 백그라운드에서 폴링하는 식으로 테스트를 구현한다.

비동기 처리를 선택사항으로 만들어라
상황: 신규 프로젝트인 경우

시스템을 처음부터 구축하는 경우 테스트를 용이하게 만드는 옵션이 있다. 환경설정에 따라 시스템은 백그라운드에서 트랜잭션을 처리하는 메시지를 큐에 집어넣거나 트랜잭션 처리를 직접 수행할 수 있다. 그런 다음 모든 프로세스를 동기적으로 실행하도록 지속적인 검증 환경을 구성할 수 있다.

➡ 테스트의 안정성을 위한 한 가지 좋은 방법은 비동기 처리를 선택사항으로 만드는 것이다.

이 접근법은 실행 가능한 명세를 훨씬 더 안정적이고 빠르게 실행할 수 있다. 하지만 이것은 기능 인수 테스트가 종단간 시스템 검사를 수행하지 않는다는 것을 의미한다. 기능적 테스트에 대한 비동기 처리를 비활성화하면 해당 비동기 처리가 작동하는지 확인하는 별도의 기술적인 테스트를 작성해야 한다. 이 경우 일이 두 배로 늘어나는 것처럼 들릴 수도 있지만 실제로는 그렇지 않다.

기술적인 테스트는 비즈니스 기능(별도의 기능 테스트를 통해 확인될)을 검증하지 않고 짧고 단지 기술적인 실행에만 집중할 수 있다.

비동기 프로세스의 검증을 자동화하는 것에 관한 훌륭한 기술적 방안에 관해서는 『테스트 주도 개발로 배우는 객체 지향 설계와 실천』[5]을 참고한다.

실행 가능한 명세를 종단간 검증으로 사용하지 마라
상황: 개발 완료된 프로젝트인 경우

많은 팀, 특히 기존의 레거시 시스템을 대상으로 일하는 팀에서 실행 가능한 명세를 기능 테스트와 종단간 통합 테스트로 사용했다. 이 경우 팀에서는 소프트웨어가 전반적으로 올바르게 작동한다는 확신을 얻을 수 있었지만 피드백이 굉장히 느려지고 테스트에 대한 유지보수 비용이 대폭 늘어난다.

이 접근법의 문제는 너무 많은 것을 동시에 테스트하는 것이다. 이러한 종단간 테스트는 프로세스의 비즈니스 로직, 기술 인프라와의 통합을 비롯해 모든 구성 요소가 서로 통신할 수 있는지 검사한다. 불확실한 부분이 많다는 것은 이 중에서 뭔가가 바뀌면 테스트가 깨진다는 것을 의미한다. 또한 흐름의 일부만 검증할 수 있음에도 모든 경우를 검증하기 위해 전체 프로세스를 끝에서 끝까지 실행해봐야 한다는 것을 의미하기도 한다.

➡ 하나의 커다란 실행 가능한 명세에서 동시에 너무 많은 것들을 테스트하지 않는다.

대부분의 비동기 프로세스는 각각 어느 정도의 비즈니스 로직을 담고 있는 여러 단계로 구성되는데, 이를 실행 가능한 명세를 이용해 정의할 필요가 있다. 또한 대부분의 명세에는 큐에 집어넣거나 데이터베이스 저장과 같은 순수하게 기술적인 작업이 포함된다. 실행하는 데 오랜 시간이 걸리는 하나의 커다란 명세를 통해 모든 것을 확인하는 대신 그러한 프로세스를 구현하는 경우 다음 사항을 고려해야 한다.

- 인프라(예를 들면, 큐에 집어넣거나 데이터베이스에 기록하는) 코드와 비즈니스 로직을 명확하게 분리한다.

---

[5] 스티브 프리먼(Steve Freeman)과 냇 프라이스(Nat Pryce) 공저, 『테스트 주도 개발로 배우는 객체 지향 설계와 실천 』(인사이트, 2013)

- 각 단계에 담긴 비즈니스 로직을 각기 분리해서 명시하고 테스트함으로써 앞에서 설명한 바와 같이 가능한 한 인프라를 격리한다. 이렇게 하면 테스트 작성과 실행이 훨씬 더 수월해진다. 테스트를 동기적으로 실행할 수 있고 실제 데이터베이스 또는 큐와 통신할 필요가 없다. 이 같은 테스트는 올바른 비즈니스 로직을 구현했다는 확신을 준다.
- 인프라 코드, 큐 또는 저장소의 데이터베이스 구현체에 대한 기술 통합 테스트를 구현한다. 이러한 테스트는 복잡한 비즈니스 로직의 검증이 필요하지 않기 때문에 상당히 간단하게 작성할 수 있으며, 인프라를 올바르게 사용하고 있다는 확신을 준다.

하나의 종단간 통합 테스트는 모든 구성 요소가 서로 올바르게 상호작용하는지 검증한다. 이때 모든 구성 요소에 관여하고, 응답을 기다리는 동안 큐를 차단하거나 결과를 확인하기 위해 데이터베이스를 조사하는 간단한 비즈니스 시나리오를 실행할 수 있다. 그러고 나면 환경 구성이 제대로 돼 있다는 확신을 얻을 수 있다. 5장의 "최하위 수준에서만 보지 마라" 절에서 제시한 고수준 예제를 사용한다면 그러한 예제가 이 테스트를 적용하기에 제격이다.

비즈니스 로직과 무관한 인프라 요소를 분리해서 종단간 테스트를 진행하면 일반적으로 테스트 개수가 줄어들고 개별 테스트 실행에 걸리는 시간이 크게 늘어날 것으로 예상할 수 있다. 인프라로부터 복잡한 비즈니스 로직 테스트를 격리하면 신뢰성이 향상된다.

빠른 피드백 얻기

대부분의 팀이 시스템을 변경할 때마다 모든 실행 가능한 명세를 실행하는 것이 불가능하다는 사실을 깨달았다. 검증(특히 웹 사이트, 데이터베이스 또는 외부 서비스에 대해서만 실행할 수 있는 경우)할 사항이 굉장히 많다면 전체 테스트를 실행해서 얻는 피드백이 매우 느려진다. 효율적인 개발을 지원하고 변경을 촉진하기 위해 대부분의 팀에서는 지속적인 검증 시스템에서 여러 단계의 피드백을 제공하도록 변경했고, 그렇게 함으로써 가장 중요한 정보를 신속하게 얻을 수 있다. 다음은 내가 인터뷰한 팀이 피드백 순환을 짧게 유지하는 데 사용한 전략의 일부다.

 ### 비즈니스 시간을 도입하라
상황: 시간적 제약이 있는 작업인 경우

시간 제약은 자동화된 기능 테스트의 피드백이 느려지는 주된 원인이다. 하루의 마지막 작업은 보통 자정에 수행될 수도 있는데, 거기에 의존하는 테스트는 느린 피드백을 제공할 것이다. 이는 결과를 확인하기 위해 평균적으로 12시간을 기다려야 하기 때문이다. 캐시 헤더는 문서를 백엔드 시스템에서 가져왔는지 여부에 영향을 미칠 것이고, 이 기능을 제대로 테스트하려면 결과를 얻기 위해 며칠을 기다려야 할 수도 있다.

이 문제에 대한 좋은 해결책은 시스템 시계에 대한 설정 가능한 대체재로 비즈니스 시간이라는 개념을 도입하는 것이다.

▶ 현재 시간 또는 날짜를 확인할 때 시스템은 비즈니스 시계를 사용해야 한다. 이렇게 하면 테스트 중에 손쉽게 시간 여행을 할 수 있는데, 시스템의 복잡성은 다소 증가하지만 아주 빠르게 테스트할 수 있다.

비즈니스 시간을 빠르고 간편하게 구현하는 방법은 테스트 환경에서 시간 변경을 자동화하는 것인데, 이렇게 하면 설계를 변경할 필요가 없다. 하지만 시간을 캐싱하는 애플리케이션의 경우에는 주의해야 하는데, 시스템 시계를 갱신한 후 재시작해야 할 수도 있기 때문이다. 시스템 시간을 다른 곳에서 사용할 경우(이를 테면 테스트 실행 보고서에서 사용할 경우) 시스템 시계를 변경하면 테스트 결과가 더욱 혼동될 수도 있다. 좀 더 포괄적인 해결책은 제품 소프트웨어에 비즈니스 시간 기능을 탑재하는 것이다.

비즈니스 시간이라는 개념을 도입하면 데이터 만료 문제도 해결된다. 예를 들면, 만료된 계약을 사용하는 테스트는 6개월 동안 잘 작동하다가 계약이 만료될 때 갑자기 실패하기 시작할 것이다. 시스템에서 비즈니스 시간 변경을 지원한다면 그러한 계약이 만료되지 않도록 보장하고 유지보수 비용을 절감할 수 있다.

비즈니스 시간 도입과 관련된 잠재적 위험으로는 제어할 수 없는 외부 시스템과의 동기화 문제가 있다. 이를 해결하려면 10장의 앞부분에서 언급한 테스트 더블 또는 격리와 관련된 아이디어를 적용한다.

긴 테스트 팩을 더 작은 모듈로 나눠라

실행 가능한 명세를 구축하는 일을 수년 수개월 동안 하고 나서 대부분의 팀은 실행하는 데 몇 시간이 걸리는 테스트 팩을 갖게 됐다. 수백 개의 테스트가 실행되기 때문에 피드백이 느리다는 것을 당연시했다. 그들은 평소보다 20분 이상 지연돼도 관심이 없었다. 이러한 문제는 빠르게 축적되고 피드백을 받는 데 걸리는 시간은 더 길어진다.

▶ 나라면 6시간 동안 실행되는 엄청난 규모의 실행 가능한 명세 대신 차라리 각각 30분 이상 걸리지 않는 12개의 테스트 집합을 만들 것이며, 보통 이러한 테스트 집합을 기능 영역에 따라 나눈다.

가령 회계 시스템에서 발생한 문제를 해결하고 싶다면 곧바로 회계 테스트를 다시 실행해서 문제가 사라졌는지 확인할 수 있다. 그러면 다른 모든 테스트가 완료될 때까지 6시간에 걸쳐 기다리지 않아도 된다.

어떤 테스트 집합 하나가 갑자기 10분 이상 걸리기 시작하면 특정 테스트 그룹에 대한 테스트 이력을 살펴봄으로써 문제의 원인을 손쉽게 찾아낼 수 있다. 6시간 대비 10분 증가는 30분 대비 10분 증가와 같지 않다. 이처럼 특정 테스트 팩을 최적화할 방법을 찾기 때문에 피드백 지연을 지속적으로 통제할 수 있다. 큰 테스트 팩을 여러 개의 작은 팩으로 분리함으로써 최근에 한 고객이 어떤 기능 영역의 아주 긴 지연 현상을 파악하는 데 도움을 줄 수 있었고, 거의 1시간 걸리던 피드백을 9분으로 줄일 수 있었다. 분할해서 정복하라!

테스트 팩

테스트에 인메모리 데이터베이스를 사용하지 마라
상황: 데이터 중심적인 시스템인 경우

어떤 팀에서는 데이터 중심적인 시스템에서 실제 데이터베이스 대신 인메모리(in-memory) 데이터베이스를 대상으로 지속적인 검증을 수행해 피드백을 빠르게 하려고 했다. 이렇게 해도 시스템에서는 SQL 코드를 실행할 수 있고, 모든 SQL 호출이 훨씬 더 빨리 실행된다. 또한 각 테스트를 자체적인 인메모리 데이터베이스와 함께 실행할 수 있기 때문에 테스트를 격리해서 실행하는 데도 도움이 된다. 하지만 장기적인 관점에서 볼 때 이런 방식은 가치에 비해 더 많은 비용을 발생시킨다는 것을 많은 팀이 알게 됐다.

데이터베이스를 포함하는 실행 가능한 명세는 아마 기능 인수 테스트이자 종단간 통합 테스트의 역할을 동시에 수행할 것이다. 실행 가능한 명세를 그런 식으로 작성한 사람이라면 SQL 코드 실행도 검사하고 싶을 것이다. 실제 제품 데이터베이스의 종류와 인메모리 데이터베이스 구현 간의 사소한 SQL 형식의 차이는 테스트 결과에 오해의 소지를 야기할 수 있다. 더불어 두 벌의 SQL 파일을 유지보수하고 두 곳에서 데이터 변경을 관리해야 한다.

▶ 인메모리 데이터베이스를 사용하는 경우 종단간 통합 테스트는 실제 데이터베이스가 아닌 인메모리 데이터베이스를 대상으로 시스템이 동작하는지 검증할 것이다.

이미 이 문제에 대한 좀 더 나은 해결책을 언급한 적이 있다. 트랜잭션 내에서 테스트를 실행하면 격리가 더 잘 된다. (10장 앞부분에서 언급한 바와 같이) 종단간 통합 테스트와 기능 인수 테스트를 혼합하는 것은 바람직하지 않다. 하지만 정말 그렇게 하고 싶다면 실제 데이터베이스를 사용해 속도를 높일 수 있는 방법을 찾아야 한다.

아이오와 학자금 대출 팀에서는 테스트하는 데 인메모리 데이터베이스를 사용했지만 나중에 그 방법을 포기했다. 팀 앤더슨은 다음과 같이 이야기한다.

> 저희는 데이터베이스로 SQL 서버를 사용했는데 메모리에서 실행되도록 하이퍼소닉으로 바꿨습니다. 그렇게 하자 45분이 걸리던 빌드에서 2분이 절약됐습니다. 그리고 데이터베이스에 인덱스를 추가하자 SQL 서버가 확실히 빨라졌습니다. 하이퍼소닉은 유지보수하는 데 더 많은 비용이 들었고 빌드 시간도 그다지 개선되지 않았습니다.

테스트가 실제 데이터를 대상으로 느리게 실행된다면 그것은 아마도 실제 시스템도 느리게 동작하리라는 것을 의미하므로 테스트를 위해 데이터베이스의 성능을 개선하는 것은 전반적으로 의미 있는 일이다. 이 팁이 유효한 상황은 데이터 중심적인 시스템 가운데 특정 데이터베이스 코드를 실행하는 일이 잦은 경우다. 인메모리 데이터베이스는 데이터베이스에 종속적이지 않은 테스트의 속도를 높이는 데 제격이다.

빠른 테스트와 느린 테스트를 분리하라
상황: 일부 테스트가 실행 시간의 대부분을 차지하는 경우

▶ 테스트의 작은 부분집합이 실행 시간의 대부분을 차지할 경우 빠른 테스트만 자주 실행하는 편이 좋다.

많은 팀이 실행 속도를 기준으로 실행 가능한 명세를 두세 개의 그룹으로 구성했다. 예를 들어, 레인스토에서는 시스템 성능을 확인하기 위해 규모가 굉장히 큰 데이터를 가지고 몇몇 테스트를 실행한다. 빌드할 때마다 실행하고, 실행하는 데 채 1시간이 걸리지 않는 기능 팩을 가지고 있다. 더불어 고객에게서 얻은 실제 데이터로 야간에 고객 시나리오를 실행한다. 주말마다 장시간 동안 수행되는 테스트 묶음을 실행한다. 매번 전체 검증을 하지는 못하지만 비교적 빠른 피드백을 제공하면서 변경에 따른 위험이 대폭 줄어든다.

야간 테스트 팩을 안정적으로 유지하라
상황: 느린 테스트가 야간에 실행되는 경우

느린 테스트의 실행이 지연되는 것과 관련된 큰 문제점은 테스트에 어떤 이슈가 발생했을 때 신속하게 이슈를 찾아 해결하지 못하는 것이다. 야간 테스트 팩이 실패한 경우 그것을 아침에 확인해서 고치고 나면 다음날 아침에야 비로소 결과를 알 수 있다. 이처럼 느린 피드백은 야간 빌드를 자주 깨트릴 수 있는데, 이 경우 주간에 발생한 추가적인 문제를 발견하지 못할 수 있다.

➡ 테스트가 실패할 확률이 낮은 경우에만 야간에 실행할 테스트 팩에 포함한다.

야간 테스트 팩을 안정적으로 유지하는 좋은 방법 중 하나는 실패하는 테스트를 별도의 분리된 테스트 팩으로 옮기는 것이다(10장의 후반부에서 소개할 "알려진 회귀 실패 팩을 만들어라" 절을 참고한다).

또 다른 방법으로는 테스트가 어느 정도 안정적으로 통과하는 경우에만 야간 테스트 팩에 추가하는 것이다. 테스트 이력 통계(10장의 초반부에서 설명한)는 언제 야간 테스트 팩을 수행하기에 적당한지 결정하는 데 도움이 된다.

이러한 테스트가 지속적으로 너무 느리게 실행되는 경우 한 가지 해결책은 지연 실행에도 충분히 안정화될 때까지 필요에 따라 정기적으로 테스트를 실행하는 것이다. 레인스토의 아담 나이트는 이 같은 전략을 사용한다.

> 매우 안정화됐다는 게 느껴질 때까지 테스트를 수동으로 실행한 다음, 야간 테스트 팩에 포함해서 실행합니다. 테스트를 분리하는 방법은 여러모로 도움이 됐습니다. 테스트가 실패하면 그 문제를 해결하죠. 중요한 실패는 가장 우선순위가 높은 일이 됩니다.

레인스토의 팀에서는 실패할 확률이 낮은 테스트만 야간 테스트 팩에 추가했다. 이를 통해 현재 개발 중인 기능 때문에 피드백이 느린 테스트 집합이 실패할 위험을 줄일 수 있었다. 이로써 야간 테스트 팩에 대한 유지보수 비용이 대폭 줄었다. 그럼에도 거의 나타나지 않는, 예기치 않은 예측 불가능한 변화를 포착할 수 있었다. 생각해 보면 이러한 기능에 대한 느린 피드백은 낮은 유지보수 비용에 대한 적절한 타협점에 해당한다.

현재 이터레이션 팩 만들기

긴 테스트를 작은 테스트 팩으로 분리하는 흔히 볼 수 있는 특별한 경우는 현재 이터레이션 팩을 만드는 것이다. 이 팩에는 현재 개발 단계에 영향을 받는 실행 가능한 명세가 포함된다.

➡️ 명확히 분리된 현재 이터레이션 팩을 만들어두면 현재 변경하는 사항에 대한 시스템의 가장 변덕스럽고 중요한 영역에 관한 피드백을 아주 빨리 얻을 수 있다.

현재 이터레이션 팩이 나머지 테스트와 분리되면 계획에는 잡혀 있지만 아직 구현되지 않은 기능에 대한 테스트도 안심하고 포함시킬 수 있다. 현재 이터레이션에 대한 테스트를 모두 실행하면 손쉽게 개발 진행 상황을 추적하고 언제 완료될지 정확하게 알 수 있다. 현재 이터레이션 팩이 대체로 실패하는 경향이 있지만 주요 회귀 검증에는 영향을 주지 않을 것이다.

이것의 변형으로 명세를 더욱 자주 검증해야 하는 경우 현재 릴리스에 대한 팩을 만드는 것이 있다. 참고로 대부분의 자동화 도구에서는 동일한 명세를 동시에 여러 팩에 포함하는 병렬적인 계층 구조를 만들 수 있다.

 ### 테스트 실행을 병렬화하라
상황: 테스트 환경이 하나 이상인 경우

➡️ 회사에서 추가적인 테스트 환경을 설정할 수 있는 권한이 있다면 큰 테스트 팩을 여러 개의 작은 팩으로 분리한 후 병렬적으로 실행하라. 이렇게 하면 가장 빠른 피드백을 받을 수 있다.

어떤 테스트는 격리된 상태에서 실행해야 하고 병렬로 실행할 수 없다면 그러한 테스트를 별도의 팩으로 분리하는 것이 바람직하다. LMAX에 근무하는 조디 파커는 이 같은 방법으로 지속적인 통합 및 검증을 구성했다.

> 커밋 빌드는 3분 내로 모든 단위 테스트 및 통계 분석을 실행했습니다. 이것을 모두 통과하면 병렬 또는 직렬로 수행하는 데 필요한 테스트를 순차적으로 실행합니다. 그런 다음 23개의 가상 머신에서 병렬로 인수 테스트를 실행했습니다. 그 후 성능 테스트를 시작합니다. 보통 실행 가능한 명세는 8분에서 20분 동안 실행됐습니다.

> 결국 어느 정도 테스트가 통과하면 QA 인스턴스가 스모크 테스트 및 탐색적 테스트를 실행해서 개발에 피드백을 제공할 수 있었습니다. 커밋 빌드가 실패했다면 모두가 하던 일을 전면 중단하고 문제를 해결해야 했습니다.

보안에 집착하지 않거나 외부로 코드를 배포하지 못하는 제약을 받으면서 작업하지 않는다면 최근에 생겨난 클라우드 컴퓨팅 서비스는 병렬 테스트를 실행하는 데 도움이 된다. 코드를 원격으로 배포하는 데는 시간이 좀 걸리지만 동시에 엄청난 양의 장비에서 테스트를 실행할 수 있다. 송킥에서는 아마존의 EC2 클라우드를 사용해 인수 테스트를 실행한다. 필 코완스는 이렇게 해서 빌드 시간을 대폭 줄일 수 있었다고 이야기했다.

> 한 컴퓨터에서 전체 테스트 스위트를 실행하면 3시간이 걸리기에 병렬화합니다. 그리고 EC2를 이용해 이를 20분으로 줄이는 법을 배웠습니다.

TeamCity[6] 같은 지속적인 빌드 시스템은 이제 EC2에서 테스트를 실행하는 기능을 기본적으로 제공한다. 이로써 더욱 쉽게 지속적인 검증에 클라우드 컴퓨팅을 활용하기가 훨씬 수월해졌다. Sauce Labs처럼 클라우드 서비스를 통해 자동화를 제공하는 서비스도 나타나고 있으며, 조사해 볼 만한 가치가 있다.

위험도가 낮은 테스트를 비활성화하라
상황: 테스트 피드백이 매우 느린 경우

유스위치의 팀은 실행하는 데 오랜 시간이 걸리는 테스트 팩의 느린 피드백에 대한 독특한 해결책을 갖고 있다. 이러한 테스트를 통해 설명되는 기능을 구현한 후 위험도가 낮은 테스트를 비활성화한다. 데이먼 모건은 다음과 같이 이야기했다.

> 때로는 기능을 개발하고 나면 유지하는 것이 중요하지 않은 인수 테스트(개발을 주도하기에는 매우 좋은)를 작성하곤 합니다. 이를테면 지연된 이메일 발송처럼 돈벌이와는 무관한 것들은 사이트의 핵심 사항은 아니지만 사이트에 기능을 추가합니다. 실행 가능한 명세는 개발을 주도하기에 아주 좋았지만 그 이후에 실행 가능한 명세를 회귀 팩으로서 유지하는 것은 그다지 도움이 되지 않았고, 버리는 것에 비해 유지하기가 훨씬 번거로웠습니다. 물론 소스 관리 시스템에는 테스트가 들어 있지만 실행되지는 않습니다. 기능을 확장해야 하는 경우에도 여전히 기존 테스트를 수정할 수 있습니다.

---

[6] http://www.jetbrains.com/teamcity

나에게 이것은 꽤 논란의 여지가 많은 아이디어다. 테스트가 실행할 가치가 있다면 항상 실행하는 것이 가치가 있다고 생각한다.[7]

유스위치에서는 대부분의 테스트가 웹 사용자 인터페이스를 통해 실행되므로 테스트를 실행하는 데 오랜 시간이 걸리고 유지보수하는 데 상당한 비용이 든다. 이러한 이유로 유스위치에서는 그러한 방향으로 나아갈 수밖에 없었다. 시스템에서 항상 종단간 테스트를 실행하지 않아도 되는 경우에는 너무 많은 비용이 들지 않도록 테스트를 다른 식으로 자동화하는 것을 선호하는 편이다(9장의 "애플리케이션 내부를 자동화하라" 절을 참고한다).

유스위치에서 테스트를 비활성화할 수 있는 이유 중 하나는 제품 웹사이트의 사용자 경험을 모니터링하는 별도의 시스템을 갖추고 있기 때문이다. 이 시스템에서는 사용자에게 오류가 표시되거나 특정 기능의 사용이 갑자기 중단될 경우 이러한 사실을 알려준다.

빠른 피드백과 더욱 신뢰성 있는 검증 결과를 다뤘으니 이제 훨씬 더 논란의 여지가 많은 것을 다룰 차례다. 리빙 도큐멘테이션 시스템의 규모가 커지면서 대부분의 팀은 때때로 실패하는 테스트를 수용할 필요가 있다는 것을 깨달았다. 다음 절에서는 곧바로 해결할 수 없는 실패한 테스트를 처리하기 위한 몇 가지 좋은 아이디어를 제시하겠다.

실패하는 테스트 관리하기

『Bridging the Communication Gap』에서는 실패한 테스트를 비활성화된 상태로 두지 말고 바로 해결하라고 썼다. 이 책을 쓰는 과정에서 이 문제에 대한 나의 시각에 약간의 변화가 생겼다. 어떤 팀에서는 지속적인 검증에 들어 있는 수백 또는 수천 개의 검사로 몇 년에 걸쳐 만들어진 기능을 검증했다. 피에르 베라겐에 따르면 와이어하우저(1장의 "높은 제품 품질" 절에서 언급한)의 계산 엔진 시스템은 30,000개가 넘는 테스트를 통해 지속적으로 검증되고 있다.

굉장히 많은 명세를 자주 검증하다 보면 많은 문제를 발견하게 된다. 반면 너무 많은 검사를 수행하면 피드백이 느려져서 문제를 즉각적으로 파악하거나 해결하지 못하게 된다. 어떤 문제는 비즈니스 사용자의 설명이 필요하거나 현재 이터레이션의 일부로 유지해야 할 변경사항에 비해 해결하는 것이 우선순위가 낮을 수 있으므로 모든 문제를 반드시 발견하는 즉시 해결할 필요는 없을 것이다.

---

[7] 공평을 기하자면 이 아이디어는 데이비드 에반스에게서 온 것이다. 따라서 이를 인용하고 싶다면 데이비드 에반스를 참조한다.

이는 지속적인 검증 팩에서 일부 테스트가 실패한 채로 한동안 유지된다는 것을 의미한다. 테스트 팩이 깨진 경우 사람들은 추가적인 문제를 살펴보지 않는 경향이 있으므로 이러한 테스트를 그대로 방치하는 것은 바람직하지 않다. 다음은 시스템의 기능 회귀를 관리하기 위한 몇 가지 팁이다.

 알려진 회귀 실패 팩을 만들어라

현재 이터레이션에 대한 별도의 실행 가능한 명세 팩을 만드는 아이디어와 마찬가지로 많은 팀에서는 실패할 것으로 예상되는 테스트를 포함하는 팩을 만들었다.

➡ 회귀 실패를 발견하고 그것을 즉시 해결하지 않기로 결정한 경우, 그러한 테스트를 별도의 팩으로 옮기면 주요 검증 집합이 깨지지 않고도 테스트가 실패하게 할 수 있다.

또한 실패하는 테스트를 별도 팩으로 그룹화하면 문제의 개수를 추적할 수 있고, 일시적인 실패에 대한 규칙을 느슨하게 하는 것이 문제를 쌓이게 하는 "감옥 탈출 카드"[8]가 되는 것을 방지한다.

또한 별도의 팩으로 그룹화하면 실패한 모든 테스트를 주기적으로 실행할 수 있다. 심지어 테스트가 실패하더라도 또 다른 실패의 원인이 있는지 확인해볼 만한 가치가 있다. 레인스토에서는 그러한 테스트를 버그로 표시하지만 여전히 어떤 추가적인 기능 회귀가 있는지 확인하기 위해 실행해 본다. 아담 나이트는 다음과 같이 이야기한다.

> 어느 날 숫자의 끝을 0으로 채우는 것 때문에 테스트가 실패할 수 있습니다. 테스트가 실패한 다음날, 테스트가 실패한다는 사실을 알기 때문에 테스트를 확인하고 싶지 않을 수도 있습니다. 그러나 완전히 잘못된 결과값을 반환하는 것일 수도 있습니다.

회귀 오류 팩의 잠재적 위험은 전달 단계의 후반부에 파악되는 품질 문제에 대한 "감옥 탈출 카드"가 될 수 있다는 것이다. 알려진 실패에 대한 팩은 좀 더 규명이 필요한 문제를 임시로 보관해 두는 공간으로만 사용한다. 문제를 늦게 파악한다는 것은 기반 프로세스에 문제가 있다는 신호다. 이 같은 함정에 빠지지 않기 위한 좋은 전략은 알려진 회귀 팩으로 옮길 수 있는 테스트 개수를 제한하는 것이다. 심지어 Cucumber 같은 도구에서는 이러한 제약을 자동으로 검사하는 기능을 지원한다.

---

8 (옮긴이) 모노폴리(Monopoly) 보드 게임의 감옥 탈출 카드를 의미하며, "어려운 상황에서 빠져 나갈 수 있는 수단"을 나타낸다(http://en.wikipedia.org/wiki/Get_Out_of_Jail_Free_card 참고).

모니터링을 통해 실패하는 테스트가 너무 많이 증가했을 때 조치를 취할 수 있기 때문에 모든 실패하는 테스트를 별도의 팩으로 수집하는 것은 프로젝트 관리 관점에서 좋다. 한두 개의 사소한 문제는 제품의 출시를 가로막는 원인이 되지 않을 수 있지만 팩에 수십 개의 테스트가 포함될 정도로 팩의 규모가 늘어나면 손을 쓸 수 없을 정도로 진행되기 전에 중단하고 정리해야 한다. 어떤 테스트가 알려진 회귀 팩에서 오랫동안 자리를 차지한다면 그와 관련된 기능에 신경 쓰는 사람은 아무도 없기 때문에 해당 기능을 없애는 것에 대한 논거가 될 수 있다.

어느 테스트가 비활성화됐는지 자동으로 확인하라
상황: 실패한 테스트가 비활성화되어 별도 팩으로 옮기지 못하는 경우

어떤 팀에서는 실패하는 테스트를 별도 팩으로 옮기지 않고 비활성화해서 실패하는 테스트가 전체 검증을 깨뜨리지 않게 하기도 한다. 이 방법의 문제는 이러한 비활성화된 테스트를 잊어버리기가 쉽다는 것이다.

별도 팩은 문제를 모니터링하고 결국 문제를 해결하거나 이슈가 해결될 때까지 비슷한 문제로 시간을 낭비하지 않게 한다. 비활성화된 테스트로는 이렇게 하기가 쉽지 않다. 또 다른 문제는 누군가가 우선순위가 높은 실패를 곧바로 해결해야 한다는 생각 없이 그냥 비활성화할 수도 있다는 것이다.

➡ **비활성화된 테스트가 있다면 그것들을 자동으로 모니터링한다.**

아이오와 학자금 대출 팀은 비활성화된 테스트를 확인하는 자동화 테스트를 갖추고 있다. 팀 앤더슨은 다음과 같이 이야기했다.

> 사람들은 테스트를 비활성화했는데, 그렇게 한 이유는 어떤 결정을 내려야 했거나 또는 새로운 테스트를 작성하고 있었고 기존 테스트가 적합한지 확신할 수 없었기 때문이었습니다. 그리고 후속 대책에 대한 논의도 전혀 없었고 사람들은 다시 테스트를 활성화하는 것을 잊어버렸습니다. 이따금 테스트가 비활성화되기도 했는데, 사람들이 테스트 작업을 하긴 했지만 아직 그에 대한 코드가 없었기 때문이었습니다.
>
> 저희는 비활성화된 테스트를 찾기 위해 FitNesse를 사용했고, 테스트 이름을 모두 확인한 페이지를 마련했습니다. 저희는 이 페이지를 이용해 의도적으로 비활성화한 테스트를 나열하고 각 테스트 옆에 JIRA [이슈 추적 시스템] 티켓을 넣었습니다. 그렇게 비활성화된 목록은 또 다른 테스트의 역할을 했습니다. 그 목록은 당신이 비활성화하라고 말한 것과 일치해야 합니다. 이터레이션이 끝날 때쯤에는 비활

> 성화된 테스트를 끝까지 확인합니다. 이때 "이건 더는 사용되지 않으니 그냥 삭제합시다"라고 이야기
> 하거나 "오, 이건 업무 담당자의 의견을 들어봐야 할 것 같네요"라고 이야기할 수도 있는데, 이러한 경
> 우에는 테스트를 수정해야 합니다.

깨진 테스트를 별도의 팩으로 옮기는 대신 일시적으로 비활성화하는 방법을 택한다면 그러한 테스트를 손쉽게 모니터링하고 비활성화된 테스트를 잊지 않게 해야 한다. 그렇지 않으면 리빙 도큐멘테이션은 빠르게 쇠퇴할 것이다. 실행 가능한 명세를 비활성화하는 것은 빠르고 깨진 테스트를 임시로 간편하게 처리하는 방법이지만 지속적인 검증을 무용지물로 만든다.

지속적으로 검증되는 명세를 만들어두면 기능 관점에서 시스템이 무슨 일을 하는지 확인하기 쉬워진다(적어도 실행 가능한 명세에서 다루는 부분에 대해서는 그렇게 할 수 있다). 그렇게 되면 명세는 기능을 설명하는 리빙 도큐멘테이션 시스템이 된다. 11장에서는 문서 시스템을 발전시켜 실행 가능한 명세를 최대한 활용하는 방법에 관한 좋은 아이디어를 제시하겠다.

정리

- 실행 가능한 명세를 자주 검증해서 신뢰성을 유지한다.
- 단위 테스트와 지속적인 통합에 비해 지속적인 검증을 위한 두 가지 과제는 빠른 피드백과 안정성이다.
- 지속적인 검증을 위해 격리된 환경을 준비하고 더 신뢰할 수 있게 배포를 완전히 자동화한다.
- 피드백을 더 빨리 얻을 수 있는 방법을 찾아라. 빠르고 느린 테스트를 분리하고, 현재 이터레이션에 대한 명세 팩을 만들고, 오랫동안 실행되는 실행 가능한 명세 팩을 더 작은 팩으로 나눈다.
- 실패하는 테스트를 그냥 비활성화해서는 안 된다. 문제를 해결하든지, 철저하게 모니터링할 수 있는 우선순위가 낮은 회귀 이슈에 대한 팩으로 테스트를 옮긴다.

11
문서 시스템 발전시키기

- 리빙 도큐멘테이션은 이해하기 쉬워야 한다
- 리빙 도큐멘테이션은 일관성이 있어야 한다
- 리빙 도큐멘테이션은 접근하기 쉽게 구성해야 한다
- 리빙 도큐멘테이션에 귀 기울여라
- 정리

3장에서는 리빙 도큐멘테이션을 구축하는 방법보다는 리빙 도큐멘테이션의 개념을 소개하고 왜 그것이 중요한지를 설명했다. 이번 장에서는 리빙 도큐멘테이션 시스템을 구축하는 데 사용했던 실천법을 다룬다.

리빙 도큐멘테이션은 실행 가능한 명세 파일이 들어 있는 디렉터리 그 이상이다. 리빙 도큐멘테이션의 이점을 경험하려면 리빙 도큐멘테이션을 전체적으로 이해하기 쉽게 구성하고 개별 부분을 잘 이해할 수 있게 관련 컨텍스트 정보를 추가해야 한다.

궁극적으로 리빙 도큐멘테이션 시스템은 해당 시스템이 무슨 일을 하는지 이해하는 데 도움이 돼야 한다. 따라서 거기에 포함된 정보는 다음과 같은 속성을 지녀야 한다는 것을 의미한다.

- 이해하기 쉬워야 한다.
- 일관성 있어야 한다.
- 쉽게 접근할 수 있게 구성돼야 한다.

이번 장에서는 내가 조사한 팀들이 이러한 세 가지 목표를 완수하는 데 사용한 기법을 제시하겠다.

리빙 도큐멘테이션은 이해하기 쉬워야 한다

8장에서 설명했듯이 명세를 엄격히 정제함으로써 분명하고 자명하며 프로젝트의 도메인 언어를 사용한 실행 가능한 명세를 만든다. 리빙 도큐멘테이션 시스템의 규모가 커지면서 명세에 정보가 추가되고 이를 병합 또는 분할하게 된다. 다음은 리빙 도큐멘테이션의 규모가 늘어나는 동안 명세를 이해하기 쉽게 유지하는 몇 가지 유용한 아이디어다.

긴 명세를 만들지 마라

기반 시스템에 기능을 추가할 때마다 문서의 규모도 늘어난다. 새로운 명세를 작성하고 기존 것을 확장하기 때문이다. 그 결과 명세가 너무 길어지는 것에 유의해야 한다.

➡ 명세가 너무 길다는 것은 흔히 뭔가가 잘못됐다는 신호다. 명세가 길어질수록 이해하기가 더 힘들어진다.

다음은 명세가 너무 긴 경우 잘못될 수 있는 몇 가지 사례다.

- 개념이 적당한 추상화 수준으로 설명되지 않는다. "여기서 놓치고 있는 게 뭐지?"라고 자문해 보고 테스트를 분리해서 누락된 개념을 파악하라. 누락된 개념을 파악하면 설계를 비약적으로 발전시킬 수 있다. 이와 관련된 자세한 내용은 7장의 "암시적인 개념을 찾아라"를 참고한다.

- 명세가 하나의 기능에만 집중하지 않고 여러 가지 유사한 기능을 설명한다. 그것을 별도의 명세로 분리하라. 자세한 내용은 8장의 "명세는 한곳에 집중해야 한다"를 참고한다.

- 명세가 아닌 스크립트를 사용해 기능을 설명한다. 정보를 재구성하고 어떻게 했는지보다 시스템이 무엇을 해야 하는가에 집중하라. 자세한 내용은 8장의 "스크립트는 명세가 아니다"를 참고한다.

- 명세에 불필요한 컨텍스트 정보가 많이 포함돼 있다. 이 테스트의 목표를 설명하는 중요한 특성에 초점을 맞춰 명세를 정리한다.

하나의 기능을 설명하는 데 다수의 작은 명세를 사용하지 마라

시스템이 발전하는 만큼 도메인에 대한 이해도 변한다. 처음에는 달리 보였던 개념이 비슷하게 보일 수도 있는데, 그것이 마치 동전의 양면과 같다는 사실을 알게 된다. 마찬가지로 복잡한 개념을 더 작은 요소로 나누면 불현듯 이미 존재하는 개념과 비슷해 보일지도 모른다. 이러한 경우 리빙 도큐멘테이션 시스템에서 동일한 기능을 설명하는 여러 명세를 병합해야 한다.

스카이 네트워크 서비스의 라케쉬 파텔의 팀에서는 특정 부분의 명세를 지나치게 세분화했다. 그러자 더는 하나의 명세가 어떤 기능의 전부를 설명하지 않게 됐다. 파텔은 다음과 같이 이야기했다.

> 한 파일에 예제가 많이 들어 있으면 비슷한 코드를 많이 봐야 하고 그래서 엉뚱한 부분을 보고 있을 수 있기 때문에 그 파일을 이용해 작업하기가 힘들어집니다. 각 예제를 각기 다른 파일에 저장하는 방식을 선호하지만 그렇게 하면 너무 많은 파일이 생겨나기 때문에 예제를 추적하기가 어려워집니다.

➡ 누군가가 기능의 작동 방식을 이해하기 위해 10개의 다른 명세를 읽어야 한다면 이는 문서를 재구성하는 것에 대해 고민해볼 시점이다.

상위 수준의 개념을 찾아라

시스템에 기능을 추가하다 보면 가끔 차이가 거의 없는 유사한 명세를 만들게 된다.

➡ 상위 수준의 추상화에서 명세가 무엇을 설명하고 있는지 한걸음 물러나 살펴보라.

상위 수준의 개념을 확인하고 나면 명세의 전체 집합을 다른 특성에만 초점을 둔 단일 명세로 대체할 수 있다. 이렇게 하면 정보를 쉽게 이해하고, 발견하며, 접근할 수 있다. 7장의 "암시적인 개념을 찾아라"에서 비슷한 프로세스를 설명했듯이 숨겨진 개념을 확인함으로써 시스템 설계를 획기적으로 이끌 수 있다.

 ### 테스트에 기술적인 자동화 개념을 사용하지 마라
상황: 이해관계자가 기술에 정통하지 않은 경우

어떤 팀에서는 의사소통 도구를 만드는 대신 실행 가능한 명세와 함께 기능 회귀 테스트에 집중하고 기술 인수 테스트를 작성했다. 이로써 개발자가 테스트를 빠르게 작성할 수 있었지만 테스트는 읽기 어려워졌고 개발자가 아닌 사람은 이해하기 힘든 경우가 종종 있었다. 요하네스 링크는 자신의 첫 번째 프로젝트에서 FIT[1]을 사용해 이와 같은 경험을 했다.

> 결국 테스트에 중복만 잔뜩 포함된 채로 작업이 끝납니다. 개발자는 그 테스트를 이해할 수 있었지만 비즈니스 쪽 사람들이 보기에는 암호에 가까웠죠. 그 테스트들은 JUnit 테스트보다 실행하는 데 오래 걸렸고 유지보수하는 데도 오랜 시간이 걸렸습니다. 저희는 그 중 일부를 버리고 JUnit으로 재작성했습니다.

➡ 기술적인 언어로 기술된 명세는 효과적인 의사소통 수단이 되지 못한다. 비즈니스 사용자가 실행 가능한 명세에 관심이 있다면 그들이 이해할 수 있는 언어로 명세를 기술해야 한다. 비즈니스 사용자가 명세에 관심이 없다면 명세는 기술적인 테스트 도구를 이용해 작성해야 한다.

리빙 도큐멘테이션 시스템에 기술적인 자동화 개념(프로세스가 완료될 때까지 일정 시간 동안 대기하는 명령어 같은)이 포함돼 있다면 소프트웨어 시스템의 설계를 근본적으로 다시 논의하라는

---

1 실행 가능한 명세를 위한 최초의 자동화 도구

신호다. 리빙 도큐멘테이션에서 기술적인 개념을 사용할 필요가 있다는 것은 시스템 설계에 문제 (비동기 프로세스의 신뢰성 같은)가 있다는 사실을 나타내기도 한다(이 장의 마지막에 있는 "리빙 도큐멘테이션에 귀 기울여라"를 참고한다).

기술적인 언어를 사용하는 것은 이해관계자가 기술적인 언어(SQL 쿼리, DOM 식별자 등)를 통해 진행 상황을 파악할 수 있는 경우에만 허용된다. 이해관계자가 기술적인 측면을 이해하더라도 이러한 기술적인 언어는 기능이 무엇인지보다는 그것을 어떻게 테스트할지를 설명하는 경향이 있다. 처음에는 이러한 테스트를 빠르게 작성할 수 있지만 장기적으로 유지보수 문제를 일으킬 수 있다. 자세한 내용은 8장 "스크립트는 명세가 아니다"를 참고한다.

마이크 보겔은 내가 작성한 FitNesse의 데이터베이스 테스트 스크립트 확장인 DbFit을 이용해 스크립트를 이해할 수 있는 기술 이해관계자와 함께 인수 테스트를 설명한 적이 있다. 돌이켜봤을 때 이렇게 하는 것이 실수였다고 마이크는 생각한다.

> 빠르게 DbFit을 사용할 수 있고 커스텀 픽스처를 작성하지 않아도 됐기 때문에 처음엔 만족스러웠습니다. 그래서 첫날부터 자동화된 테스트를 했습니다. 나중에 복잡성 증가에 대한 해결책으로 출시 계획 내에 테스트를 간단하고 이해하기 쉽게 만들고 더욱 테스트하기 쉬운 시스템으로 만들기 위해 테스트 픽스처를 다시 만들 시간이 없었습니다. 저희는 매우 복잡한 테스트 때문에 매우 불안정한 상황에 처했습니다.

리빙 도큐멘테이션은 일관성이 있어야 한다

아마도 리빙 도큐멘테이션이 프로젝트에서 가장 오래 사용되는 산출물일 것이다. 기술은 시간의 흐름에 따라 바뀌고 코드는 다른 코드로 대체되지만 리빙 도큐멘테이션 시스템은 비즈니스의 작동 방식을 설명한다. 몇 달 또는 몇 년 동안 리빙 도큐멘테이션 시스템에 내용을 추가할 것이고, 나중에 이해할 수 있어야 한다. 대부분의 팀이 처한 중대한 도전과제 중 하나는 리빙 도큐멘테이션의 구조와 언어의 일관성을 유지하는 것이었다. 스튜어트 테일러는 그것을 멋지게 설명한다.

> BDD 테스트(실행 가능한 명세)를 매우 명확하게 작성할 때는 다소 위험 요소가 있습니다. 어떤 페이지에 도달하는 방법이 테스트마다 매번 달라져서 결국 57가지 방법을 모두 기술하게 될 수도 있기 때문입니다. 너무 추상적이지도 않고 너무 복잡하지 않을 정도로 언어를 계속 리팩터링하는 것은 중요하지만 어느 정도는 상세해야 BDD입니다.

또한 일관성 있는 언어는 좀 더 효율적으로 실행 가능한 명세를 자동화할 수 있게 한다. 개스퍼 나기에게 이것은 개발의 핵심 지침 중 하나였다.

> 인수 기준에 일관성 있는 표현과 일관성 있는 언어를 사용하는 것은 매우 중요합니다. 그렇게 하면 개발자가 이전과 동일한 구조를 파악하기가 쉬워지고 자동화하기도 수월해집니다.

리빙 도큐멘테이션이 일관성을 유지하려면 꾸준히 정제하고 소프트웨어 시스템에 적용한 현재 모델과 동기화를 유지해야 한다. 어떤 개념이 소프트웨어 상에서 발전한다면 시스템뿐만 아니라 리빙 도큐멘테이션에도 이를 반영해야 한다. 유지보수 비용은 들지만 이렇게 하지 않으면 리빙 도큐멘테이션도 없다.

언어를 발전시켜라

거의 모든 팀에서 명세의 재사용 가능한 패턴의 집합인 명세 언어를 발전시켰다. 일부 팀에서는 몇 개월에 거쳐 명세 언어가 발전됐는데, 때로는 유지보수 문제가 언어의 발전을 유발하기도 했다.

BNP 파리바의 시에라 팀에 근무하는 앤드류 잭맨은 자동화 계층이 너무 비대해진 것을 인지했을 때 언어의 발전이 시작됐다고 설명했다.

> 현재 너무 많은 픽스처 코드 때문에 유지보수 이슈가 있습니다. 단지 한 테스트에서만 사용되고 매우 장황하게 기술됐으며 어떤 특정 상황에만 해당하는 픽스처가 아주 많기에 그것을 범용적인 언어로 만들려고 노력했습니다. 웹 테스트를 위해 FIT에 간단한 도메인 특화 언어(domain specific language)를 개발했습니다. 그렇게 해서 많은 픽스처 코드를 줄일 수 있었습니다.

일부 팀에서는 이러한 언어의 기본 원리를 빠르게 발전시켰다. 미국의 대형 보험사에 근무하는 롭 파크의 팀이 바로 좋은 예다.

> 언어는 매우 빠르게 발전했습니다. 처음 서너 개의 픽스처(자동화 클래스)를 개별적으로 만들었습니다. 그리고 픽스처가 동작할 수 있게 만들었고 대화형 부분을 중점적으로 작업했습니다. 저희는 단계 파일(자동화 클래스)[2]에서 일부 중복된 부분을 발견하자마자 중복을 제거하기 시작했습니다. 저희는 각 스

---

2 (옮긴이) Cucumber의 step definition을 의미

토리마다 Gherkin³ 파일(실행 가능한 명세)을 하나씩만 두고 싶었지만 동일한 기능에 대한 대여섯 개의 스토리 카드를 가지고 있었습니다.

대부분의 경우 단계가 매우 유사했기 때문에 저희는 하나의 비즈니스 기능에 속한 모든 스토리를 하나의 단계 파일에 두는 것이 더 낫다는 사실을 발견했습니다. 그렇게 하지 않으면 각 스토리가 짧았어도 중복이 많이 생기게 됩니다.

➡ 새로운 명세를 설명할 때 기존의 표현을 재사용하는 것이 명세를 일관성 있게 만들기 때문에 언어를 발전시키는 일은 자동화 계층의 유지보수 비용을 줄이는 데 도움이 된다.

리빙 도큐멘테이션 시스템이 자동화돼 있고 소프트웨어에 직접적으로 연결돼 있다는 사실은 소프트웨어 모델과 비즈니스 모델이 일치한다는 것을 보장한다. 그러한 이유로 리빙 도큐멘테이션 시스템을 위해 언어를 발전시키는 것은 유비쿼터스 랭귀지를 만들고 유지하는 최선의 방법이다(8장에서 논의한 바 있다).

명세 언어의 기반을 페르소나에 둬라
상황: 웹 프로젝트인 경우

일부 팀에서는 특히 웹 사이트 개발을 할 때 페르소나를 통해 사용자 스토리를 기술했다. 이러한 경우 명세 언어를 서로 다른 페르소나가 수행하는 활동에서 도출할 수 있다.

➡ 페르소나를 이용하면 실행 가능한 명세를 단순화하고 쉽게 유지보수할 수 있다.

아이오와 학자금 대출 팀에서는 명세와 페르소나에 동일한 언어를 사용했다. 팀 앤더슨은 다음과 같이 이야기했다.

> 명확히 속성을 규정하지 않은 사용자 대신 저희는 각양각색의 사람들, 그리고 그들이 시스템을 사용하는 동기가 무엇이고, 사용자가 시스템을 어떻게 사용하며, 그리고 사용자가 시스템으로부터 무엇을 얻고자 하는지 등에 대해 이야기를 나눴습니다. 그리고 저희는 사람들에게 각각 이름을 붙였습니다. 예를 들면, 보리스는 대출자이고 캐리는 연대보증인이라는 식이죠.

---

3 (옮긴이) Cucumber에서 명세를 기술하는 DSL

> 사용자 관점에서 시스템의 동작방식을 생각하려고 했기 때문에 페르소나가 도움이 됐습니다. 페르소나를 사용함으로써 예상치 못한 긍정적인 부수효과도 있었습니다. 예를 들면, 페르소나는 테스트 자동화 컴포넌트가 좀 더 적절한 진입점에서 시스템과 상호작용할 수 있게 해주었습니다.

사용자 상호작용이 적은 프로젝트에서는 페르소나가 그다지 적절한 방법은 아니다. 이전 프로젝트에서 페르소나 사용의 성공을 바탕으로 앤더슨은 기술적인 데이터 처리 시스템에 동일한 개념을 적용하려고 했다. 하지만 결국 포기하고 프로세스 흐름 모델로 언어를 변경했다.

> 데이터는 여러 곳에서 전달된 후 사람들이 전화통화를 할 수 있게 전화 시스템에 로드됩니다. 전화 데이터가 갱신되면 저희는 그것을 보낸 곳으로 다시 되돌려 보냅니다. 그것은 배치 프로세스죠. 누구도 실제로 그것을 사용하지 않고 그냥 실행되는 겁니다. 여기에 페르소나는 적합하지 않았습니다. 저희는 페르소나로 정의된 테스트를 만들려고 했지만 비즈니스 측의 사람들은 빤히 쳐다보기만 했습니다. 그래서 모든 페르소나 코드를 삭제했고, Given-When-Then 키워드를 사용하는 프로세스로 변경했습니다. 그게 더 명확했고 다른 모든 사람들도 이해하기 쉬웠습니다.

사용자 페르소나의 활동과 관련된 유비쿼터스 랭귀지를 발전시키는 일은 각 페르소나가 원하는 것을 우리가 이해하는 방식과 실제 그들이 어떻게 시스템을 사용하는지가 일치할 수 있게 보장한다. 이는 명세에 사용되는 구조 및 언어를 도출하고 문서 시스템을 일관성 있게 유지하는 데 도움이 된다.

언어를 정의할 때 공동으로 작업하라
상황: 명세 워크숍을 진행하지 않기로 한 경우

➡ 대규모 워크숍 대신 다른 접근법을 선택하더라도 언어를 정의하는 일은 공동 작업을 통해 이뤄져야 한다.

크리스찬 하사는 언어를 공동 작업하는 것이 팀이 직면한 가장 큰 도전 중 하나였다고 이야기한다.

> 아무런 지침 없이 도메인 언어를 일관되고 완벽하게 구축하기란 불가능했습니다. 테스터는 개발자가 의미를 명확하게끔 바꿔 설명한 내용을 그대로 작성했습니다. 종종 테스터가 작성하는 방식은 불명확하거나 자동화와 연동하기가 쉽지 않았기 때문이죠. 테스터가 이미 너무 많을 것을 작성했을 때는 많은 것을 다시 설명해야 했습니다. 만약 첫 번째 예제를 곧바로 자동화하려 한다면 그것이 쉬운 일이 아니라는 점을 깨닫게 될 겁니다.

> 이것은 사후 코드 리뷰와 비교했을 때 짝 프로그래밍을 하는 것과 비슷합니다. 짝 프로그래밍을 하는 경우라면 짝은 당신이 뭔가를 잘못하고 있다고 생각하면 즉시 말해줄 겁니다. 반면 리뷰를 하는 경우라면 당신은 "맞아요, 다음 번에는 다르게 할게요. 하지만 이번에는 이대로 두시죠"라고 말할 겁니다.

일관성 문제를 파악해서 그 문제를 고치는 대신 크리스찬 하사는 이러한 문제를 예방하는 방법으로 개발자와 테스터가 짝으로 명세를 작성하길 제안했다. 이것은 항공기를 운용할 때 문제를 예방하기 위해 조종사와 부조종사를 두는 것과 비슷하다. 함께 작성한 만큼 누군가 나쁜 명세를 작성하더라도 다른 사람이 명세를 검증하고 문제를 주시하기 때문에 위험이 상당히 줄어든다.

BNP 파리바의 시에라 팀은 오랜 세월에 걸쳐 발전된 비교적 안정된 언어를 가지고 있으며, 비즈니스 분석가는 새로운 명세를 작성할 때 이 언어를 사용한다. 모순되는 언어나 명세 자동화의 어려움을 피하기 위해 그들은 기존 명세와 구조가 크게 다른 부분에 대해서는 개발자에게 검토를 요청한다. 벡 컨설팅 팀에서는 노르웨이 낙농 가축 기록 시스템에서 작업할 때 이와 유사한 프로세스를 사용했다. 비즈니스 사용자는 예제를 가지고 명세를 작성하고, 개발자는 명세를 검토하고 리빙 도큐멘테이션 시스템의 나머지 부분과 좀 더 일관성 있게 만드는 방법에 대해 조언한다.

기본 요소를 문서화하라

➡ 명세에 대한 기본 요소를 문서화하는 것은 좋은 습관이다. 이는 컴포넌트를 재사용하고 언어의 일관성을 유지하는 데 유용하다.

어떤 팀은 기본 요소에 대한 별도의 문서 영역을 두고 있었다. 아이오와 학자금 대출에서는 모든 페르소나가 담긴 페이지가 하나 있었다. 이 페이지에는 어떠한 단언(assertion)도 없지만 사용 준비가 된 명세의 기본 요소를 담고 있다. 그 페이지는 자동화 코드를 토대로 만들어지고, 리빙 도큐멘테이션의 리빙 딕셔너리를 만들게 된다.

하지만 프로젝트 언어에 관한 좋은 문서를 만드는 훨씬 더 쉬운 방법이 있다. 좋은 명세를 작성하기 위해 새로운 팀원에게 해줄 수 있는 조언을 구해보면 거의 모든 조사 관계자들은 기존 명세의 예제를 살펴보기를 권장한다. 명세의 기본 요소를 문서화하는 좋은 방법은 기존 명세에서 좋은 대표적 예제를 뽑아내는 것이다. 이러한 명세는 이미 실행 가능하기 때문에 이러한 기본 요소의 문서화는 정확성과 일관성을 보장한다.

오랜 기간에 걸쳐 프로젝트가 만들어지는 동안 리빙 도큐멘테이션이 유지되기 때문에 특정 부분에서는 더는 사용하지 않는 용어를 계속 사용하고 있을 위험이 있다. 어떤 부분은 3년 전에 사용했던 언어를 사용하고, 다른 부분은 2년 전의 용어를 사용하는 등 명세가 처음 작성된 시점에 따라 사용하는 언어가 다를 수 있다. 이 경우 옛날 언어를 새로운 언어로 변환해야 하기 때문에 문서화 시스템을 유지하기 매우 어려워진다.

언어가 발전하면 문서 전체의 일관성을 유지하는 데는 많은 노력이 들지 않으며, 일관된 문서는 장기적으로 더 많은 가치를 제공할 것이다.

리빙 도큐멘테이션은 접근하기 쉽게 구성해야 한다

리빙 도큐멘테이션 시스템은 빠르게 성장한다. 프로젝트가 진행되는 동안 개발 팀은 빈번하게 새로운 명세를 추가한다. 몇 달 후 문서 시스템에 수백 개의 명세가 생기는 것은 드문 일이 아니다. 나는 리빙 도큐멘테이션 시스템에 50,000개 이상의 검증 항목을 수년에 걸쳐 구축한 몇몇 팀을 인터뷰했다.

리빙 도큐멘테이션이 유용해지려면 사용자는 필요한 기능에 대한 설명을 쉽게 찾을 수 있어야 하는데, 그러려면 전체 문서가 잘 구성돼 있어야 하고 개별 명세에 쉽게 접근할 수 있어야 한다는 것을 의미한다.

필 코완스는 리빙 도큐멘테이션에 대해 느낀 가장 큰 교훈 중 하나가 상위 수준의 구조를 일찍 생각할 수 있게 되는 것이었다고 이야기한다.

> 저희는 테스트의 상위 수준의 구조를 생각하지 않았습니다. 그냥 필요할 때마다 새로운 테스트를 추가했습니다. 그 결과, 어떤 테스트가 어떤 기능을 다루는지 찾기가 어려웠습니다. 사이트에서 제공하는 기능에 대한 설명을 가지고 그와 비슷하게 테스트 스위트를 구성하는 방법이 도움됐습니다. 이 방법은 제품을 개발하고 비교적 이해하기 쉬운 코드 기반을 유지하는 측면에서 유용하다고 생각합니다.

어떤 것의 작동 방식을 이해하고 싶을 때마다 관련 없어 보이는 수백 개의 파일에서 큰 그림을 만들어내기 위해 조각을 모으며 많은 시간을 보내야 한다면 프로그램 코드를 읽는 편이 더 나을 것이다. 리빙 도큐멘테이션을 최대한 활용하려면 정보를 쉽게 찾을 수 있어야 한다. 다음은 그렇게 하는 몇 가지 팁이다.

 ## 스토리로 현재 작업을 구성하라

실행 가능한 명세의 자동화를 위한 도구에서는 대부분 웹사이트 섹션 및 하위 섹션 또는 파일 디렉터리 및 하위 디렉터리와 같은 명세 그룹의 계층화를 지원한다.

> 실행 가능한 명세를 자동화하기 위한 도구를 사용하는 경우 진행 중인 작업에 대해서는 모든 작업을 하나로 그룹화하는 것이 일반적으로 좋은 습관이다.

10장의 "현재 이터레이션 팩 만들기"에서 제안한 바와 같이 명세를 계층으로 그룹화하면 신속하게 모든 명세를 하나의 테스트 팩으로 실행할 수 있게 된다.

사용자 스토리는 일반적으로 여러 기능 영역을 변경하게 한다. 예를 들면, 등록 과정의 개선에 대한 스토리는 사용자에 대한 사업 부서의 보고서와 시스템의 연령 확인 방법에 영향을 줄 수 있다. 또한 페이팔과 지메일과의 신규 통합을 구현해야 할 수도 있다. 이러한 모든 기능은 별도로 설명돼야 하고 실행 가능한 명세에 초점을 맞춰야 한다. 또한 각 스토리의 완료 시점을 명확하게 정의할 필요가 있다. 하나의 스토리와 관련된 모든 것은 그에 대한 모든 테스트를 쉽게 실행할 수 있게 함께 그룹화해야 한다.

그림 11.1에서 제안하는 구성(현재 이터레이션 분기)을 참고한다.

 ## 기능 영역을 기준으로 스토리를 재구성하라

사용자 스토리는 계획 도구로 쓰기에 훌륭하지만 기존 시스템의 기능을 구성하는 방법으로는 유용하지 않다. 페이팔 통합을 구현한 지 6개월 후, 그것이 처음에 스토리 #128의 일환으로 시스템에 적용됐다는 사실은 대체로 무의미하다(예를 들면, 규제를 목적으로 추적이 필요한 경우를 제외하고). 페이팔 통합의 동작방식을 이해하고 싶은 사람이 있다면 정확한 스토리 번호를 기억해야만 그것을 찾을 수 있다.

> 대부분의 팀은 구현 이후 기능 영역을 기준으로 실행 가능한 명세를 계층적으로 재구성한다. 이로써 비즈니스 기능을 기반으로 하는 계층을 통해 탐색함으로써 기능 설명을 손쉽게 찾을 수 있다.

그림 11.1에서 이것은 기능 세트(Feature Set) 아래에 표시된다. 스토리 #128이 구현되면 페이팔 통합의 작동 방식에 대한 명세는 결제 영역으로 옮겨야 하며, 사업부서의 사용자 보고서를 사용자 관리로 바꿔야 한다. 리빙 도큐멘테이션 시스템을 이렇게 구성하면 마스터카드 결제에 대한 기능 변경 요청을 논의할 때 그와 관련된 기존의 모든 예제를 빠르게 찾을 수 있다.

어떤 기능이 어떤 스토리에 어떻게 포함되는지 알고 싶다면 다른 계층구조에서 같은 명세를 상호 참조할 수 있는 도구를 활용할 수 있다.

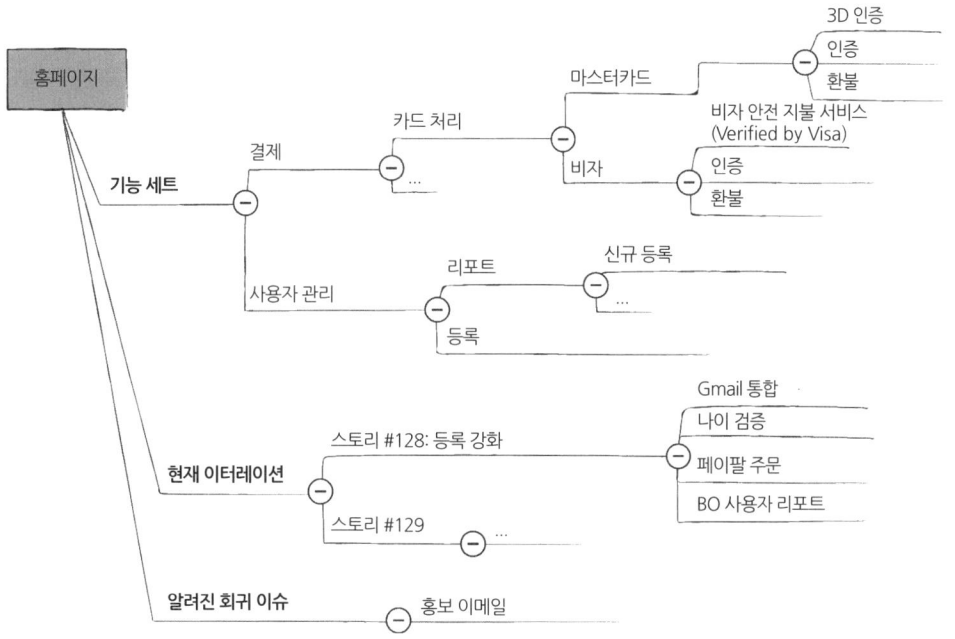

그림 11.1 기능 영역(결제 및 사용자 관리와 같은)에 대한 리빙 도큐멘테이션 계층의 구성. 현재 이터레이션에 대한 명세는 스토리 및 기능으로 구성돼 있다. 자세한 정보를 기다리고 있는 알려진 이슈는 별도의 보관 장소에 있다.

UI 탐색 경로를 따라 구성하라
상황: 사용자 인터페이스를 문서화하는 경우

➡ 리빙 도큐멘테이션 시스템에 사용자 인터페이스 탐색 구조를 복제한다.

비즐리의 이안 쿠퍼가 속한 팀에서는 리빙 도큐멘테이션 시스템을 위한 혁신적인 구성을 구현했다. 기능 영역 대신 리빙 도큐멘테이션 시스템에 사용자 인터페이스 탐색 구조를 복제한 것이다. 쿠퍼는 다음과 같이 이야기한다.

> FitNesse 테스트를 이용하면 스토리를 선택해서 해당 스토리가 무엇과 관련된 것인지 알 수 있습니다. 하지만 이러한 형태로 탐색하기란 매우 어렵습니다. 어떻게 해야 소프트웨어의 일부를 나타내는 스토리가 어디에 있는지 알 수 있을까요?
>
> 저희는 FitNesse 페이지가 도움말 페이지처럼 보이게끔 재구성했습니다. 이 페이지에는 이 페이지에서 할 수 있는 모든 것을 알려주는 FitNesse 테스트가 들어 있습니다. 그리고 대화 상자 바로 옆의 링크를 클릭하면 대화상자를 설명하는 다른 페이지로 이동합니다. 이를 통해 어떤 작동 방법에 대한 정보를 얻으려면 어디로 가야 할지 훨씬 더 쉽게 알 수 있습니다.

이러한 접근법은 사무지원 애플리케이션처럼 명확하게 정의된 탐색 경로를 통해 시스템을 직관적으로 만든다. 그러나 UI 탐색 경로가 자주 바뀐다면 유지보수 문제가 발생할 수 있다.

비즈니스 프로세스에 따라 구성하라
상황: 종단간 유스 케이스 추적이 필요한 경우

➡ 비즈니스 프로세스 방침에 따라 리빙 도큐멘테이션 시스템을 구성하면 종단간 유스 케이스가 시스템에서 제공하는 기능을 쉽게 추적할 수 있게 한다.

마이크 보겔은 의약품 연구를 지원하는 소프트웨어 시스템을 구축했고 팀은 비즈니스 프로세스 방침에 따라 리빙 도큐멘테이션 시스템을 구성했다. 마이크는 이러한 접근법을 다음과 같이 설명한다.

> 유스 케이스에 맞춰 FitNesse 테스트를 구성했습니다. 유스 케이스는 시스템 목적을 명명하는 상위 유스 케이스와 함께 계층적으로 구성했습니다. 또한 각 상위 유스 케이스에서는 해당 유스 케이스의 목적에 대한 종단간 비즈니스 프로세스를 정의합니다. 유스 케이스는 하위 프로세스에 해당하는 여러 개의 하위 유스 케이스를 가리킵니다.
>
> 요구사항 문서의 목차는 테스트 목차와 동일합니다. 이로써 비즈니스 프로세스와 테스트가 어떻게 일치하는지 손쉽게 이해할 수 있습니다. 또한 이를 통해 비즈니스 요구사항에서 테스트를 곧바로 추적할 수 있는데, 이는 저희 도메인에서 규제 요건을 충족시키는 데 아주 중요한 역할을 합니다.

리빙 도큐멘테이션을 이런 식으로만 구성해야 하는 것은 아니다. 또 다른 좋은 접근법은 도움말 시스템 또는 사용자 가이드의 장에 따라 정보를 구성하는 것이다. 이 아이디어를 팀이 계층을 설정하는 가장 좋은 방법을 찾기 위한 영감으로 활용하라.

실행 가능한 명세를 참조할 때 URL 대신 태그를 사용하라
상황: 명세 추적이 필요한 경우

현재 대부분의 리빙 도큐멘테이션 도구는 어떤 페이지나 파일에 할당할 수 있는 자유로운 형식의 텍스트 속성 태그를 지원한다. 이러한 메타데이터는 사용자 스토리 또는 유스 케이스에 의해 계층의 규격을 유지하는 것보다 일반적으로 추적하기가 용이하다. 도메인 모델이 변경될 때 리빙 도큐멘테이션은 이상적으로 이러한 변경 사항을 따라야 한다. 명세는 자주 이동하거나 병합, 분할, 변경되기 마련이다. 추적을 위한 엄격한 정적 계층에 의존한다면 이렇게 되기가 불가능하지만 스토리/사례 번호가 태그와 같은 명세에 지정되는 경우 이렇게 하기가 어렵지 않다.

태그는 다른 도구에서 참조할 때도 유용하다. 이를테면, 이슈 트래킹 시스템 또는 일정 계획 도구에서 리빙 도큐멘테이션 페이지를 참조하는 경우가 있다. 페이지의 현재 위치를 기반으로 하는 URL은 나중에 링크가 깨질 수 있기 때문에 이동하지 못하게 된다.

➡ **태그를 지정하거나 해당 태그에 대한 검색 결과를 연결하면 나중에 있을 변경에 대해 시스템이 훨씬 더 탄력적으로 대응할 수 있다.**

웹 기반 도구를 사용하는 대신 프로젝트 디렉터리에 명세를 유지하더라도 간단한 스크립트를 활용함으로써 태그를 사용할 수 있다. 벡 컨설팅의 노르웨이 낙농 가축 기록 시스템 팀에서 했던 일이 바로 이것이다. 보르게 로트레는 이러한 접근법에 대해 다음과 같이 설명한다.

> 고객에게 Cucumber 테스트를 공유하기 위해 Confluence[4]를 사용했고 Cucumber 테스트를 Subversion에서 Confluence로 직접 연결했습니다. 이렇게 하면 Cucumber 테스트의 파일 계층 구조를 재구성하기가 번거로워집니다. 하지만 태그를 활용해 이러한 문제를 극복할 수 있었습니다. 이제 저희는 어떤 요구사항이 어떤 Cucumber 테스트에 포함돼 있는지 문서화하는 데 태그를 사용합니다.

리빙 도큐멘테이션 시스템에 있는 특정 명세를 직접 참조하는 일은 나중에 문서를 재구성할 때 방해가 될 수 있으니 자제해야 한다. 동적으로 검색할 수 있는 메타데이터, 태그 또는 키워드는 외부 링크로 사용하기에 훨씬 좋다.

리빙 도큐멘테이션 시스템은 실행 가능한 명세를 모아놓은 것 이상이다. 깊숙이 묻혀 있어 관리하기 힘든 테스트 목록은 정보 문서로서의 가치가 없다. 예제를 활용한 명세의 장기적인 혜택을 경

---

4 (옮긴이) Atlassian사의 온라인문서 도구

험하려면 누구나 쉽고 신속하게 특정 기능의 명세를 찾고 테스트할 수 있는 방향으로 명확하게 구성해야 한다.

이어서 명세를 구성하는 가장 일반적인 방법을 제시했지만 여기서 멈춰서는 안 된다. 비즈니스 사용자, 테스터, 개발자가 원하는 바를 직관적으로 찾을 수 있게 문서를 구조화하는 자신만의 방식을 찾아야 한다.

리빙 도큐멘테이션에 귀 기울여라

처음에 대부분의 팀은 리빙 도큐멘테이션은 리빙 도큐멘테이션이 설명하는 시스템의 도메인 모델을 밀접하게 반영한다는 사실을 이해하지 못했다. 시스템 설계가 실행 가능한 명세와 함께 도출된 경우, 동일한 유비쿼터스 랭귀지와 도메인 모델이 명세와 소프트웨어 양쪽 모두에서 사용될 것이다.

실행 가능한 명세에서 흔히 발견되는 복잡성은 시스템을 단순화하고 사용 및 유지보수를 수월하게 하는 데 좋은 지표가 된다. 채닝 월턴은 이 접근법을 "테스트에 귀 기울여라"라고 부른다. 채닝은 워크플로우에 대한 인수 기준이 복잡했던 UBS의 주문 관리 시스템을 구축하는 일을 했다. 그는 이렇게 이야기한다.

> 테스트가 너무 복잡하다는 것은 시스템에 관해 뭔가를 말해주는 것입니다. 워크플로우 테스트는 무척 고통스럽습니다. 너무 많은 일이 진행됐고 테스트는 매우 복잡했습니다. 개발자는 테스트가 왜 이리 복잡한지를 묻기 시작했습니다. 워크플로우가 지나치게 복잡해진 원인을 파악해 보니 각 부서에서 다른 사람들이 실제로 무슨 일을 하는지 모르기 때문이었습니다. 이 상황에서 테스트가 도움이 됐는데, 테스트가 모든 것을 하나로 모음으로써 사람들이 다른 부서에서 검증뿐 아니라 오류를 처리하는 것을 볼 수 있었기 때문입니다. 결국 모든 것이 훨씬 더 단순해졌습니다.

개발자는 고객을 위해 설계된 인터페이스를 사용하기 때문에 실행 가능한 명세의 자동화는 자신의 시스템을 사용하는 것처럼 경험하게 한다. 실행 가능한 명세를 자동화하기가 힘든 경우 이것은 클라이언트 API가 사용하기 쉽지 않다는 것을 의미하며, 바로 API를 단순화하는 일을 시작할 시점이라는 것을 의미한다. 이것은 파스칼 메스트다크가 얻은 가장 큰 교훈 중 하나다.

> 코드를 작성하고 설계하는 방법은 테스트를 어떻게 작성하느냐에 좌우됩니다. 테스트 영역에 환자 데이터를 유지해야 하는 경우 데이터 집합을 만들어 4개의 테이블에 데이터를 채우는 큰 메서드를 호출하고 해당 클래스의 몇 가지 설정 메서드를 호출해야 합니다. 이렇게 되면 실제 시나리오를 테스트하기가 정말 어려워집니다. 설정하기가 힘들면 테스트하기도 어려울 것입니다. 그렇다면 실제 코드에 환자 데이터를 유지하기도 어려울 것입니다.

마커스 가트너는 긴 설정이 나쁜 API 설계를 알리는 신호라고 지적한다.

> 긴 설정을 발견할 경우 해당 API를 사용할 사용자와 당신이 만들고 있는 것에 대해 생각해보십시오. 당신이 만든 복잡한 API를 다루는 것은 누군가의 일이 될 겁니다. 정말 이렇게 되길 원합니까?

또한 리빙 도큐멘테이션의 유지보수 문제는 시스템 아키텍처가 차선책이라는 힌트를 제공할 수 있다. 이안 쿠퍼는 산탄총 수술[5]의 예처럼 작은 도메인 코드가 변경돼도 리빙 도큐멘테이션 시스템의 많은 테스트가 깨지는 일이 잦았다고 이야기했다. 그 결과, 이안은 시스템 설계를 개선할 방법을 연구하게 됐다.

> 그것은 아키텍처가 잘못됐다는 표시입니다. 처음엔 잘못된 아키텍처를 대상으로 고군분투하지만 문제는 FitNesse가 아니라 테스트와 애플리케이션이 상호작용하는 방식에 있음을 깨닫게 됩니다.

쿠퍼는 리빙 도큐멘테이션을 시스템에 대한 또 하나의 사용자 인터페이스로 보는 방법을 제안했다. 이러한 인터페이스를 작성하고 유지하기가 어렵다면 실제 사용자 인터페이스도 작성하거나 유지하기가 어려울 것이다.

어떤 개념이 리빙 도큐멘테이션에서의 복잡한 상호작용을 통해 정의된다면 아마 프로그래밍 언어 코드에도 똑같이 복잡한 상호작용이 존재할 것이다. 두 개념이 리빙 도큐멘테이션에서 유사하게 설명돼 있다면 이는 도메인 모델에도 중복이 포함돼 있음을 의미한다. 복잡한 명세를 무시하는 대신 이를 도메인 모델을 변경해야 하거나 기반 소프트웨어를 정리할 필요가 있다는 경고 신호로 이용할 수 있다.

---

[5] (옮긴이) 코드를 변경할 때 여러 클래스의 코드를 조금씩 수정해야 하는 경우를 의미한다.

정리

- 리빙 도큐멘테이션 시스템을 최대한 활용하려면 일관성을 유지하고 각각의 실행 가능한 명세에 비즈니스 사용자를 포함한 모든 사람들이 손쉽게 접근하고 실행 가능한 명세를 쉽게 이해할 수 있어야 한다.
- 유비쿼터스 랭귀지를 발전시키고 일관되게 사용한다.
- 시스템이 발전해 나감에 따라 긴 명세 또는 사소한 변형과 같은 것을 설명하는 다수의 작은 명세에 유의한다. 이러한 것을 쉽게 설명하는 최상위 추상화 개념을 찾는다.
- 리빙 도큐멘테이션 시스템을 체계적으로 구성해서 현재 이터레이션에 대한 모든 명세뿐 아니라 이전에 구현된 기능도 쉽게 찾을 수 있게 한다.

III
사례 연구

12 _ 유스위치
13 _ 레인스토
14 _ 아이오와 학자금 대출
15 _ 사브르 에어라인 솔루션스
16 _ 이플랜 서비스
17 _ 송킥
18 _ 결론

12
유스위치

- 프로세스 변화 시작하기
- 프로세스 최적화하기
- 현재 프로세스
- 결과
- 핵심 교훈

유스위치(www.uswitch.com)는 영국의 가장 번창한 웹사이트 중 하나다. 이 웹사이트에서는 에너지 공급, 신용카드, 보험과 같은 다양한 회사와 제품의 가격과 서비스를 비교한다. 유스위치의 소프트웨어 시스템이 복잡한 것은 많은 외부 파트너와의 복잡한 통합뿐만 아니라 높은 확장성 때문이다.

유스위치가 흥미로운 사례인 이유는 폭포수 모델 프로세스로 일하는 독립된 개발팀과 테스트팀이 어떻게 문제가 많은 레거시 환경에서 더 나은 방법으로 높은 품질의 소프트웨어를 출시하도록 변화할 수 있는지를 보여주기 때문이다. 유스위치는 그러한 3년에 걸친 과정 동안 자사의 소프트웨어 출시 과정을 완전히 재정비했다.

유스위치에서 스티븐 로이드, 토니 토, 데이먼 모건, 존 닐, 그리고 헤멀 쿤타왈라를 인터뷰했다. 유스위치의 소프트웨어 프로세스에 관해 물었을 때 그들의 일반적인 답변은 "아침에 누군가 아이디어를 제안하면 그것은 곧바로 구현되고 서비스에 적용됩니다"였다. 초창기에 이런 식의 소프트웨어 프로세스를 기반으로 하는 회사에서 근무한 적이 있는데, 거의 매일 제품 시스템과 관련된 문제를 겪었다. 그러나 유스위치의 경우를 보면 출시하는 제품 기능의 품질과 출시 속도는 놀라울 정도였다.

유스위치는 특별히 **예제를 활용한 명세**를 적용하려 하지 않았지만 유스위치의 현재 프로세스에는 목표에서 범위를 도출하고, 명세를 공동으로 작업하며, 실행 가능한 명세를 자동화하는 등 이 책에서 설명하는 가장 중요한 패턴이 포함돼 있다. 그들은 소프트웨어 개발 프로세스를 향상시키기 위해 끊임없이 품질에 걸림돌이 되는 장애물을 찾고 해결함으로써 제품의 품질을 향상시키는 데 주력했다.

유스위치에서는 개발과 테스트를 일치시킬 더 나은 방법을 고민하다가 테스트를 사람이 읽을 수 있는 형태로 자동화했다. 그 후 테스트가 명세가 될 수 있다는 사실을 알게 됐다. 실행 가능한 명세로 나아가자 더 나은 협업이 가능해졌다. 프로세스를 정제하는 과정에서 그들은 지속적인 검증을 더욱 신뢰할 수 있게 만들어야 했고 이로 인해 명세를 정제하는 방식도 개선됐다. 그리고 비즈니스 사용자를 더 효율적으로 참여시키는 방법을 찾기 위해 목표에서 범위를 도출하기 시작했다.

프로세스 변화 시작하기

2007년, 유스위치에서는 폭포수 개발 프로세스를 이용해 대규모 사전 설계(big design up front)를 이용해 긴 프로젝트를 진행하고 있었다. 2008년, 신임 CTO는 팀에게 "민첩해지기(go agile)"[1]를 주문했고, 스크럼과 함께 3주 이터레이션을 도입했다. 2008년 10월, 유스위치에서 새로운 기능을 시장에 내놓는 데 걸리는 평균 기간은 6주에서 9주 정도였다. 이는 폭포수 모델에 비해 엄청나게 향상된 것임에도 각 스프린트에 소요된 40% 정도의 노력은 미리 계획되지 않은 업무였다. 스크럼은 복합 기능팀(cross-functional team)[2]에게 가장 적합한 방법이지만 개발 조직의 특성상 그 이점을 누리지 못했다.

QA 팀은 개발팀과 분리돼 있었다. 테스터들은 개발자들이 접근할 수 없었던 QTP를 사용했기에 서로 의사소통하지 않은 채 개발자는 개발을, 테스터는 테스트를 수행했다. 그 결과 개발자는 테스트가 언제쯤 끝났는지 알기 어려웠다. 배포를 위해서는 QTP 테스트를 통과시켜야 했기에 테스트는 종종 프로세스의 병목이 됐다.

스프린트 끝의 배포 프로세스는 평균 3일이 걸렸는데, 대부분 테스트 때문이었다. 그리고 여전히 수많은 품질 문제가 있었다. 팀이 짧은 이터레이션으로 옮겨가면서 QTP 테스트를 유지보수해야 할 일이 많아졌다. 헤멀 쿤타왈라는 이렇게 말한다. "아무도 무슨 일을 했는지 알지 못했고, 완전히 시간 낭비였습니다."

이로써 전사적인 노력이 품질에 집중됐다. 모든 이들이 품질에 대해 생각해보기를 주문받았다. 그들은 개발자가 설명 없이 테스터에게 일을 전달하는 문제를 인식하고 테스트팀과 개발팀을 합치기로 결정했다. 그들은 서로 다른 직무 호칭을 쓰지 않기로 했다. 테스터는 테스트를 위한 특수한 분야의 "개발자"가 됐다. 데이터베이스 지식이 필요한 업무가 좀 더 경험이 많은 데이터베이스 개발자에게 할당되는 것처럼 테스터는 특수한 테스트 지식이 필요한 일을 맡았다. 하지만 더는 테스트를 혼자 책임지지 않아도 됐다. 개발자는 더 나은 방법으로 단위 테스트와 기능 테스트를 작성하는 방법을 찾기 시작했다. 팀에서는 테스트를 좀 더 가볍고 누구나 접근할 수 있게 QTP 대신 Selenium을 사용하기로 결정했다. 이로써 개발자와 테스터가 좀 더 잘 협업할 수 있었다. 하지만 Selenium은 꽤나 기술적인 지식이 필요한 도구였기 때문에 비즈니스 사용자와 의사소통하는 데 더 나은 방법이 되진 못했다.

---

1 (옮긴이) 변화에 민첩하게 대응하기를 원했고, 애자일을 도입했음을 의미한다. 여기서 agile은 중의적인 의미로 사용됐다.
2 (옮긴이) 다양한 직무의 사람들이 모여 여러 종류의 업무를 처리할 수 있는 팀

유스위치에서는 지난 10년 동안 구축된 시스템에 관해 믿을 만한 문서가 없었기에 레거시 비즈니스 규칙을 이해하는 데 문제가 많았다. 쿤타왈라는 이렇게 이야기한다.

> 하루는 제가 알지 못하던 에너지(Energy)라는 서브 시스템에 레거시 비즈니스 규칙이 있었습니다. 그건 짜증나는 일이었습니다. 코드와 단위 테스트를 보지 않고도 비즈니스 규칙과 애플리케이션의 동작 방식을 알 수 있는 방법이 필요했습니다. 모든 것을 대상으로 단위 테스트가 이뤄지는 것도 아니었습니다. 구글에 검색해 보니 테스트와 달성하고자 하는 내용의 차이를 메워주는 Cucumber를 찾을 수 있었습니다. 그로 인해 저희가 원하는 바를 서식이 없는 평문으로 작성할 수 있었고, 개발자가 원했던 바깥에서부터 접근하는(outside-in approach) 방법에도 부합했습니다.

모든 사람이 새로운 도구에 익숙해지기 위해 Selenium 테스트를 Cucumber로 변환하기 시작했다. 이것 역시 테스트 자동화(나중에 문제를 확인하기 위한)였지만 테스트를 우선하는 실행 가능한 명세를 만드는 움직임을 불러일으켰다. 존 닐은 다음과 같이 설명했다.

> 저희는 Cucumber 테스트의 Given-When-Then 형식에 맞게 스토리를 재작성해야 했고, 무엇을 만들고 있는지 확실하게 함으로써 잊고 있는 것이 무엇인지 알 수 있었습니다.

비즈니스 이해관계자가 다양한 Cucumber 시나리오를 익힐 수 있게 해서 극단적 사례의 검증 외에도 어떤 시나리오가 중요한지 확인해 범위를 줄이고 대비성 코드(just-in-case code)[3]가 작성되는 일을 방지할 수 있었다.

Selenium 테스트를 Cucumber로 모두 전환하고 비즈니스 사용자와 검토한 후에야 이터레이션 끝에 테스트를 진행하는 방식이 합리적이지 않다는 사실을 깨달았다. 닐은 다음과 같이 이야기했다.

> 저희는 함께 앉아 명세 워크숍을 진행하면서 우리가 정확하게 무엇을 성취하고, 어떻게 성취하려는지 도출해냄으로써 꽤나 많은 것을 얻을 수 있다는 사실을 알게 됐습니다.

팀에서는 향후 요구사항에 대한 인수 기준을 정하기 위한 비즈니스 사용자와의 협업하는 수단으로 명세 워크숍을 도입했다. 그 결과 그룹 내 의사소통이 상당히 개선됐다. 개발자(이 시점에 테스터도 개발자로 불렸다)는 도메인에 관해 배웠다. 개발자의 질문으로 인해 비즈니스 사용자는 극단적인 상황과 좀 더 불분명한 사용자 접근 경로에 대해 알게 됐다.

---

3 (옮긴이) 4장의 '대비성 코드에 유의하라' 절을 참고한다

이러한 변화는 분업에도 영향을 끼쳤다. 그 전까지는 업무가 대부분 기술적인 작업을 기준으로 조직화됐다. 이러한 기술적인 업무로는 각 작업의 구체적인 인수 기준을 도출해내기 어렵다는 점을 알게 됐다. 전에는 구현 작업 자체에 집중했지만 이제 고객에게 인도할 기능의 가치에 더 집중하게 됐다. 그들은 고객의 입장에서 스토리를 설명하기 시작했고, 이로써 업무의 인수 기준을 토론하고 명시하기가 쉬워졌다.

이러한 새로운 조직화 방법 덕분에 소프트웨어를 더욱 자주 출시하는 것도 가능해졌다. 기술적인 작업은 서로 의존적이었기 때문에 개발자는 배포를 위해서는 큰 단위의 작업이 모두 끝나야 한다는 점을 못마땅해 했었다. 그러나 사용자 스토리에 초점을 맞춤으로써 독립적이고 작은 규모로 일할 수 있었고 더 자주 출시할 수 있었다.

프로세스 최적화하기

실행 가능한 명세의 수가 늘어날수록 팀은 테스트 결과를 신뢰할 수 없다는 사실을 알게 됐다. 시스템 기능이 제대로 구현돼 있어도 환경적인 문제로 테스트가 자주 실패했다. 그들에게는 테스트를 실행할 수 있는 안정적인 환경이 없었다. 개발을 위한 환경, 테스트를 위한 환경, 그리고 스테이징 환경이 있었지만 실행 가능한 요구사항을 자주 실행하기에 적합한 환경은 없었다.

개발자는 개발을 위한 환경에 다양한 시도를 했기 때문에 테스트가 종종 깨지곤 했다. 테스트를 위한 환경은 수동 테스트를 하는 데 사용됐고 필요에 따라 배포됐다. 두 배포 사이에는 어떠한 변화도 발생할 수 있기 때문에 테스트가 실패했을 때 무엇이 문제인지 명확히 알 수 없었다. 비즈니스 사용자 또한 테스트 환경에서 수동 테스트를 했고, 이것은 Cucumber 자동 테스트 결과에 영향을 미칠 수 있었다. 스테이징 환경은 실제 제품과 동일한 상태였고, 최종 배포를 위한 테스트 장소로 사용됐다.

유스위치에서는 지속적인 검증을 위한 별도의 환경을 하나 더 만들었다. 다른 업무에 영향을 주지 않고 테스트에 사용할 수 있는 전용 환경은 안정성 문제에 대한 해결책이었다. 이 환경은 지속적인 빌드 시스템을 통해 자동으로 배포됐다. 이 환경을 통해 실행 가능한 명세에서 더 빠른 피드백을 받을 수 있었고 피드백을 더욱 신뢰할 수 있었다.

불안정성의 원인이 되는 환경적인 문제를 제거하고 나면 어떤 테스트 혹은 소프트웨어의 어느 부분이 설계상으로 불안정한지 알 수 있었다. 모든 테스트가 사용자 인터페이스를 통해 실행됐기 때문에 실행 가능한 명세가 증가할 경우 테스트 병목이 발생했다. 일부 테스트는 느렸고 일부는 신뢰할 수 없었다. 신뢰할 수 없는 테스트를 제거하고 개선하기 위해 불안정의 원인을 조사하기 시작했다. 기술적인 수준에서 작성된 테스트는 유지보수 문제를 일으켰다.

팀은 테스트를 재작성하고, 작게 쪼개고, 추상화 수준을 높이기 시작했다. 쿤타왈라는 이것이 그들에게는 꽤나 큰 단계였다고 이야기한다.

> 저희가 처음으로 작성한 테스트는 브라우저에 의존적이었습니다. 예를 들면, 변경 가능성이 있는 페이지 내의 DOM 식별자와 같은 것이었습니다. Cucumber의 장점과 문법에 익숙해진 후 저희는 테스트를 실제 비즈니스 언어로 작성하기 시작했습니다. 이전에는 "사용자가 box_id에 100을 입력한다"라고 썼던 것을 지금은 "고객이 유효한 값을 입력한다"라고 씁니다. 유효한 값은 별도의 테스트에서 정의될 것입니다. 이렇게 작성하고 나면 다른 모든 테스트에서 유효한 값에 대해 명시적으로 테스트할 필요가 없습니다. 유효한 값을 검사하는 테스트는 음수나 문자 외에도 여러 가지를 시도하겠지만 이것은 모든 다른 테스트에서 테스트해야 할 부분을 추상화한 것입니다. 이것은 꽤나 큰 변화였습니다.

장기적인 유지보수 비용을 줄이기 위해 유스위치 팀에서는 명세를 정제해 일관된 언어로 발전시켰고, 추상화 수준을 높이기 위해 누락된 개념이 없는지 찾기 시작했다.

기능 커버리지가 비교적 높은 실행 가능한 명세와 안정적인 지속적 검증 환경을 가진 유스위치 팀에서는 코드에 훨씬 더 높은 자신감을 갖게 됐다. 하지만 테스트 스위트는 느리게 실행됐고 기대했던 빠른 피드백을 주지 못했다. 팀에서는 자동화된 회귀 검사를 위해 모든 테스트를 실행할 필요는 없다고 결론 내렸다. 일부 테스트는 개발을 이끌어 나가기에는 좋았지만 이점을 증대시키는 기능과는 무관했다.

한 예로 지연된 이메일을 보내는 기능이 있었다. 해당 기능을 개발하는 동안에는 실행 가능한 명세를 자동으로 실행했지만 기능 개발이 완료되면 테스트 실행을 비활성화했다. 이처럼 위험도가 낮은 테스트는 지속적인 검증 프로세스로는 실행되지 않았다. 이런 식으로 그들은 좀 더 빠른 피드백을 받았고, 유지보수 비용을 줄일 수 있었다. 이후 누군가 해당 부분의 시스템과 연관된 개발 업무를 받게 된다면 관련 테스트를 다시 활성화하고 필요할 경우 정리할 것이다.

테스트를 실행하거나 시스템이 적용될 준비가 됐는지 검증하는 작업은 더는 병목으로 작용하지 않았다. 이제는 생산 단계에서의 배포 프로세스가 가장 느린 부분이었다. 개발자는 무엇이 프로세스를 지체시키는지 이해하기 위해 운영 기술자와 협업했다. 그렇게 해서 배포하기 전에 테스트를 실행하는 것이 지연을 일으키는 원인이라는 사실을 알게 됐다. 어떤 테스트는 스테이징 환경에서 제한 시간이 초과되어 운영 기술자가 테스트 전체를 다시 실행해야 했다. 각 환경의 차이를 확인하고 테스트를 더욱 유연하게 재작성함으로써 전체 테스트의 실행 시간을 2시간에서 15분 정도로 감소시켰다.

협업을 통해 운영 기술자는 프로세스에 참여할 수 있었다. 이전에도 테스트 실패를 보고할 수는 있었지만 세부사항이 부족했다. 운영 기술자가 테스트 결과를 어떻게 해석할지 이해하고 나니 문제가 발생했을 때 개발자에게 더욱 의미 있는 내용을 보고할 수 있었다.

다음 변화는 비즈니스 사용자를 개발 단계에 좀 더 참여시키는 것이었다. 이때까지 팀은 계획을 세우기 위해 사용자 스토리를 사용했지만 사용자 스토리를 직접 작성하고 있었다. 비즈니스 사용자가 개발팀과 함께 스토리를 작성하기 시작하면서 요구사항에 더 많은 소유권을 갖게 됐다. 보통 비즈니스 사용자가 이점("~를 위해/so what")을 정의하면 개발자는 해결책("내가 원하는/I want")을 정의했다. 그뿐만 아니라 비즈니스 사용자도 명세 워크숍의 진행을 책임지게 됐다. 이로써 팀의 의사소통이 향상됐다. 데이먼 모건은 다음과 같이 설명한다.

> 이전에 비즈니스 사용자는 프로세스에서 단절돼 있었습니다. 그들이 "이런 걸 넣어도 됩니까?"라고 물어보면 저희는 그들이 알아듣지 못하는 이상한 언어로 그것을 받아적었습니다. 그것이 보드에서 변경되는 과정을 봐도 그들에게는 별다른 의미가 없었습니다. 저희가 명세 워크숍에서 이야기를 나눴을 때 사실은 훨씬 더 많은 것이 필요하다는 걸 알게 됐고, 실행 기준을 가지고 스토리를 공동 작업할 때 비즈니스 사용자는 더 많은 소유권을 갖게 됐습니다. 저희는 비즈니스 사용자로부터 "이걸 제대로 하지 않았군요"라고 이야기할 만한 스토리를 받지 않게 됐고 "한 팀으로서, 우리가 이 시나리오에 대해 생각하지 못했네요"와 같은 관점으로 더 생각해보게 됐습니다.

비즈니스 사용자가 더 적극적으로 참여함으로써 유스위치의 팀은 신뢰와 자신감을 쌓아갔다. 이는 긴 시간에 걸친 우선순위 배정과 상당한 양의 업무가 더는 필요하지 않다는 것을 의미했다. 또한 비즈니스 사용자가 개발팀의 제안에 좀 더 개방적인 자세를 취하리라는 것을 의미했다.

긴밀한 협업과 높은 신뢰로 비즈니스 사용자는 이전과 다르게 열린 마음으로 개발 범위에 다가갈 수 있었다. 팀은 필요한 기능을 배포할 수 있으면서도 비즈니스에 가치를 주는 최소한의 기능들로 쪼개기 시작했다.

한 예로 에너지 디렉터리를 재작성하는 프로세스를 들 수 있는데, 에너지 디렉터리는 4단계의 페이지 계층에 전력공급회사와 계획에 대한 인덱스를 포함하고 있었다. 그들은 모든 것을 한꺼번에 배포하는 것이 아니라 한번에 한 페이지씩 재작성하고, 다른 서비스에 그 페이지를 연결한 후에 배포했다. 이 방법은 통합에 드는 비용을 증가시켰지만(새 페이지를 기존 페이지와 연동해야 했기 때문에), 더 일찍 배포함으로써 많은 가치를 얻을 수 있었다. 디렉터리를 재작성하는 이유 중 하나는 검색엔진 최적화였다. 한 번에 한 페이지씩 배포함으로써 구글이 그 페이지를 더 빨리 색인할 수 있었다. 또한 작은 규모로 배포하면 실수의 위험을 줄일 수 있다는 점을 알게 됐다. 문제가 생기면 그 문제는 특정 배포의 결과로 볼 수 있었다. 작은 배포를 통해 문제의 원인을 정확히 알아내는 과정이 더욱 수월해졌다.

이터레이션이 끝나기도 전에 배포 가능한 기능을 내놓기 시작하자 이터레이션 마지막의 배포 승인이 병목이 됐다. 이터레이션 마지막에 큰 규모의 데모를 하는 대신, 새로운 기능을 비즈니스 사용자에게 보여주고 기능에서 출시 가능한 부분이 완료되는 대로 배포 승인을 받았다.

팀은 공식적인 명세 워크숍의 필요성을 더는 느끼지 않게 됐고 워크숍은 비공식적인 채팅으로 대체됐다. 작업 조각을 좀 더 작은 단위로 처리하고 빠른 피드백을 받을 수 있어 작업을 끝낼 수 있는 정보가 없더라도 시작하기에 충분한 정보만 있다면 진행할 수 있었다. 데이먼 모건은 다음과 같이 이야기한다.

> 처음엔 명세 워크숍 회의가 훨씬 더 길고 규모도 컸습니다. 그리고 저희는 더 많은 것을 명세에서 제외하려고 했죠. 지금은 "이제 이 기능에 대한 작업을 시작할 것입니다"라고 말한 후 이것은 비교적 작은 기능이기에 관련 당사자들과 이야기하겠다고 합니다. 팀 전체가 모여 미니 명세 워크숍과 같은 것을 진행하기도 했습니다. 하지만 그것은 그저 대화일 뿐입니다. 따로 회의실을 잡을 필요도 없습니다. 기준을 정하고, 만들기 시작해서 훨씬 빠르게 보여줍니다. 기능은 보통 이틀 안에 개발되고, 그다음 일이 진행됩니다. 저희는 훨씬 짧은 주기로 빌드할 수 있습니다.

이 프로세스는 개발자에게 비즈니스 도메인에 대해 이전보다 많은 내용을 알게 해서 비즈니스 요구사항을 잘못 이해해서 발생하는 문제를 줄이고, 적은 정보를 가지고도 작업을 올바르게 완료할 수 있게 했다. 스티븐 로이드는 다음과 같이 이야기했다.

> 한 팀으로써 저희는 훨씬 더 결속됐고 예전에 비해 비즈니스에서 요구하는 바를 더 잘 이해하고 있습니다. 그리고 일년 전보다 도메인을 훨씬 잘 이해하게 됐기에 비즈니스 사용자가 요구하는 바를 정확하게 명세로 작성하는 것은 이제 덜 중요해졌습니다.

마침내 유스위치의 팀은 원하는 시점에 배포할 수 있었고 이터레이션에 얽매이지도 않게 됐다. 이 프로세스를 위해 그들은 정기적으로 시스템을 모니터링했고, 오류 빈도와 새로운 기능에 대한 사용량을 추적하기 시작했다. 이러한 추가적인 가시성 덕분에 예기치 못한 배포 문제에 대한 안전망을 확보할 수 있었다.

현재 프로세스

이 모든 변화 후에 개발 프로세스는 훨씬 간단해졌다. 가벼워졌고 이터레이션보다는 흐름을 기반으로 하게 됐다.

매일 이뤄지는 스탠드업 회의에서 누군가가 새로운 아이디어를 제시하면 백로그에 추가했다. 비즈니스 사용자 혹은 개발자를 포함한 누구든지 새로운 아이디어를 제시할 수 있었다. 새로운 아이디어에 대해 스탠드업 회의에서 간단하게 토론이 이뤄지고 우선순위가 정해진다. 회의 전에 아이디어를 제시한 사람은 그것에 대한 간단한 도표를 그리거나 비즈니스 사례를 준비할 수 있다. 그것을 제외하면 외부의 협력자와 계약이 필요하지 않는 한 사전 준비가 크게 필요하지 않았다.

스토리가 우선순위가 높은 아이템 중 하나가 되면 팀은 어떤 과정을 통해 이를 완료할 수 있을지 고민한다. 스토리에 관심이 있는 모든 사람들이 모여 정확하게 무엇이 필요한지에 대해 간단하게 토의하고 인수 기준을 적어 내려간다. 예전에는 이런 회의 도중에 Cucumber 테스트를 만들려고 했었다. 하지만 Cucumber 테스트의 문법이 회의를 방해한다고 결론지었다. 한 사람은 컴퓨터에 입력해야 했고 나머지 사람들은 그것을 지켜봐야 했다. 이 때문에 토론의 흐름이 끊기곤 했다.

개발팀과 마케팅 및 이메일 팀은 상세한 사전 정보 없이도 함께 일할 수 있게 서로 가까운 곳에 배치됐다. 개발자는 스토리를 작업하기 시작했고, 더 많은 정보 혹은 인수 기준을 검토하기 위해 빈번하게 비즈니스 사용자와 이야기했다.

인수 기준은 Cucumber 테스트로 변환됐고 개발 과정에서 자동화됐다. 개발자는 변경하기 전에 기존 시스템 구성을 더 잘 이해하기 위해 탐색적 테스트를 했다. 개발자들은 때때로 어떻게 실제 사용자가 웹사이트의 특정 기능과 상호작용하는지 이해하기 위해 고객 세션 로그를 사용했다. 그것을 바탕으로 Cucumber 테스트를 개발했고, 개발 중에 고려해야 할 필요가 있는 사용자 탐색 경로를 찾아냈다. 그들은 보통 사용자 인터페이스 자동화 테스트를 하기 위해 브라우저 자동화 툴킷을 사용했다. 더는 수동으로 스크립트를 실행해야 하는 테스트를 하진 않았지만 시스템에 문제를 일으키려고 시도하면서 여러 경로로 많은 탐색적 테스트를 수행했다.

일단 모든 Cucumber 시나리오를 통과하면 변경사항은 출시 환경에 배포되고 그날 중으로 적용됐다.

유스위치 팀에서는 기술적인 프로젝트 지표를 관리하지는 않는다. 대신 리드 타임(lead time)[4] 과 처리량만 본다. 시스템의 비즈니스 성과와 추가될 기능의 가치에 훨씬 더 집중했다. 이를 위해 개발된 웹사이트의 사용자 전환 비율과 기능 사용 빈도와 같은 사용자 경험 통계를 모니터링했다.

인터뷰 당시 유스위치 팀은 추정에서 멀어지고 있었다. 추정은 비즈니스 사용자가 개발팀을 신뢰하지 않거나 커다란 작업에 투자하고 싶을 때 도움이 된다. 지금은 어떠한 시나리오도 유스위치에는 적용되지 않는다. 비즈니스 사용자는 개발을 바라보는 시각이 훨씬 더 나아졌고 이전보다 개발자를 더욱 신뢰한다. 또한 그들은 작은 단위로 점차 일을 늘려나간다. 작업이 얼마나 오래 걸릴지 추정하는 일은 필요치 않다.

결과

현재 유스위치에서는 기능이 개발 승인된 시점부터 실제 적용될 때까지의 평균 처리 기간은 4일이다. 내가 이 팀을 인터뷰했을 때 그들은 지난 6개월 사이에 있었던 심각한 개발 이슈를 하나도 생각해 내지 못했다. 부메랑 효과는 극히 드물게 몇 달에 한 번 정도 나타난다. 2009년[5] 1월 애자일 테스팅 영국 사용자 그룹에서 헤멀 쿤타왈라가 발표하는 동안 유스위치의 개발 관리자 중 한 명은 "품질이 상당히 좋아졌고, 전환율[6] 또한 늘어났다"고 말했다

이제 전체 개발 프로세스는 비즈니스 측면에서 바라본 기능의 기대 가치에 주도된다. 거대한 계획과 대규모 출시 대신 조금씩 점진적으로 개발하고, 자주 출시해서 그러한 점진적인 부가 가치가 비즈니스에 보탬이 됐는지 모니터링한다. 비즈니스 모델은 즉각적인 웹 전환율에 좌우되기 때문에 이런 종류의 평가를 손쉽게 내릴 수 있다.

Spa2010에서 마크 두런드와 데이먼 모건의 발표를 통해 이러한 흥미로운 지표를 볼 수 있다.[7]

---

4   (옮긴이) 제품 생산을 시작한 시점부터 완성하기까지 걸리는 시간
5   http://skillsmatter.com/podcast/agile-testing/how-we-build-quality-software-at-uswitch.com과 http://gojko.net/2009/10/29/upgrading-agile-development-at-uswitch-com-from-concept-to-production-in-four-days를 참고한다.
6   (옮긴이) 웹 사이트 방문자 가운데 사이트가 유도한 행위를 한 사용자의 비율을 말하는 용어로, 쇼핑몰 사이트라면 방문자 대비 구매자 비율을 전환율로 볼 수 있다(http://ko.wikipedia.org/wiki/전환율 참고).
7   http://www.slideshare.net/markdurrand/spa2010-uswitch

핵심 교훈

이 이야기의 중요한 측면 중 하나는 유스위치가 특정한 프로세스를 적용하려고 시도하기보다는 품질 향상에 집중하기로 결정했다는 점이다(이 주제에 대한 더 자세한 내용은 4장 "품질 향상에 집중하라"를 참고한다). 유스위치에서는 빅뱅 접근법[8] 대신 끊임없이 향상시켜야 할 가장 중요한 것이 무엇인지 찾았고 거기서부터 일을 시작했다. 그런 다음 변화에 익숙해졌을 때 프로세스를 다시 점검하고 다음 이슈로 넘어갔다.

테스트가 병목이고 QTP가 개발자가 작업하기에는 너무 비효율적이며 덩치가 크다는 점을 알고 난 후 4장의 "기능 테스트 자동화로 시작하라" 절에서 제시한 방법으로 기능 테스트 자동화를 통해 예제를 활용한 명세를 받아들였다. 처음에는 기능 테스트를 자동화하기 위해 Cucumber를 도입했지만 그보다 훨씬 더 많은 것을 얻을 수 있다는 점을 깨달았는데, Cucumber를 통해 사람이 읽을 수 있는 형태를 유지하면서 테스트를 자동화할 수 있었기 때문이다. 이는 명세 프로세스를 근본적으로 다시 생각하게 만들었다.

이 이야기의 또 한 가지 큰 교훈은 도구로 시작하긴 했지만 조직 문화가 변화했다는 점이다. 유스위치는 테스터와 개발자 사이의 경계를 제거하고 테스터 역할을 없앰으로써 품질 문제는 모든 팀원의 문제라는 점을 이해하게 했다. 그들은 기술적인 작업을 구현하는 대신 비즈니스 가치를 인도하는 데 집중했다. 그렇게 해서 개발 프로세스에서 비즈니스 사용자의 참여도가 향상됐다. 이러한 비즈니스 사용자의 밀접하고 적극적인 참여 없이는 짧은 전환 시간 내에 무엇을 구축할지 결정하고, 동의하고, 구현하고, 확인하기가 불가능했을 것이다.

비즈니스 사용자가 더욱 적극적으로 참여하게 되면서 비즈니스 사용자는 개발팀을 훨씬 더 잘 이해하고 신뢰하게 됐으며, 개발자는 도메인에 대해 더 많은 것을 알 수 있게 됐다. 공식적인 명세 워크숍은 이 지식을 쌓기 위한 중요한 단계였다. 의사소통이 개선되어 개발자가 도메인에 관해 훨씬 더 많이 알게 된 후에는 더는 공식적인 워크숍이 필요하지 않게 됐다. 이는 팀 지식이 쌓인 이후에 프로세스가 어떻게 최적화될 수 있는가를 보여주는 사례다.

개인적으로 생각하기에 유스위치가 했던 일 가운데 가장 논란의 여지가 있는 부분은 기능이 구현된 이후에 덜 중요한 테스트를 실행하지 않기로 한 것이었다. 다른 팀의 많은 아이디어를 보고 들었지만, 유스위치는 리빙 도큐멘테이션 시스템의 모든 테스트를 빈번히 실행하지 않는 유일한 팀

---

8 (옮긴이) 한 번에 큰 변화를 주려는 방식을 의미한다.

이다. 실행 가능한 명세는 실제로 실행이 가능했다. 그러나 명세를 실행해 볼 수는 있었지만 의무 사항은 아니었다. 유스위치의 팀은 기능을 개발하는 도중에 테스트를 실행하는 일의 가치가 크다는 것을 알았지만 점차 늘어나는 테스트 스위트 때문에 피드백이 늦어지는 것이 위험이 덜한 영역의 기능적 회귀를 방어하는 것보다 장기적으로 더 많은 비용이 든다고 판단했다. 이것은 어쩌면 그들에게 서비스 환경에서 발생하는 문제를 방어할 수 있는, 특히 지속적인 사용자 경험 모니터링 시스템과 같은 수단이 있기 때문일지도 모른다.

13
레인스토

- 프로세스 변화시키기
- 현재 프로세스
- 핵심 교훈

레인스토는 대용량 데이터 보관 및 관리 시스템을 구축하는 영국 회사다. 레인스토는 고급 압축 기술과 데이터 관리 알고리즘을 사용해 대용량과 고성능이 필요한 복잡한 기술적인 도메인을 다룬다는 점에서 흥미로운 사례다.

이 회사의 직원은 30명 미만이고, 그 중 절반 정도가 연구와 개발에 투입된다. 그래서 소프트웨어를 개발하고 지원하는 데 효율적이어야 한다. 지금은 팀을 두 개로 나눌지 생각 중이지만 모든 개발자와 테스터는 같은 스크럼 팀에 속해 있다.

예제를 활용한 명세를 향한 그들의 여정은 큰 계획이나 전문용어 없이 대부분 테스터의 주도하에 자연스럽게 진행됐다. 레인스토의 수석 테스터이자 지원 팀장인 아담 나이트는 인터뷰에서 "회사 내에 인수 테스트 주도 개발이 무엇을 의미하는지 아는 사람은 없습니다"라고 말했다. 프로세스에는 **예제를 활용한 명세**의 중요 요소가 모두 포함돼 있음에도 이것을 그들이 자체적으로 만들어낸 소프트웨어 개발 방식이라고 생각했다. 그들은 요구사항을 예제를 활용해 설명한다. 예제를 실행 가능한 명세로 자동화하고 리빙 도큐멘테이션 시스템을 만들기 위해 자주 검증한다. 3년 동안의 변화를 통해 개발팀은 3배 규모로 커졌고, 동시에 더욱 효율적인 팀이 됐다.

프로세스 변화시키기

3년 전, 신임 CEO는 스크럼을 적용하기로 결정하고 4명의 개발자가 포함된 팀을 2명의 테스터와 1명의 테스트 관리자를 고용해 확장했다. 나이트에 따르면 그들은 이터레이션을 적용하고 매일 스탠드업 회의를 진행했지만 실제로는 작은 폭포수 모델이었다. 그는 다음과 같이 설명했다.

> 저희는 요구사항을 커다란 문서로 만들어 스프린트를 시작할 때 제출했습니다. 이것은 요구사항 문서이자 기술 명세였고 기술적인 세부사항이 지나치게 많이 담겨 있었습니다. 이터레이션을 시작하는 시점에 해당 명세는 확정됐습니다. 개발은 문서와 다르게 진행됐고 테스트는 문서의 내용을 토대로 진행됐습니다. 개발 과정 중에 결정된 사항은 문서에 반영되지 않았기에 끝날 무렵에는 저희가 만든 테스트 케이스는 개발자가 구현한 것과 달랐습니다.

개발과 테스트를 조율해야 하는 문제뿐만 아니라 테스트를 실행하는 방법에도 문제가 있었다. 어느 정도 자동화된 테스트가 있었지만 테스터는 거의 모든 검증을 수동으로 진행했다. 제품의 규모는 커져갔지만 수동 테스트를 그렇게 확장할 수 없다는 사실이 분명했다. 수동 검증을 위해 더 많은 사람을 투입한다고 해도 소프트웨어는 상당히 큰 규모의 데이터를 조작하고, 수천 수만 개의 레코드를 반환하는 질의는 수동으로 검증하기에는 적합하지 않았다.

2007년 말에 나이트는 테스트 매니저가 됐다. 그는 제품이 개발됨에 따라 수동 테스트를 방지하고 효율적으로 개발을 지원할 수 있게 만들고 싶었다. 그들은 프로세스 상에서 훨씬 더 일찍 테스트를 진행할 수 있게 하는 간단한 자동화 테스트 도구를 구현했다. 이 도구를 이용하면 관련 기능을 개발할 때 동시에 테스트를 정의할 수 있었다. 이것은 개발과 테스트를 일치시키는 데 도움이 됐다.

기능 테스트 자동화는 테스트 작업을 이터레이션 말미에 더는 쌓이지 않게 했기 때문에 즉각적인 가치를 줬다. 또한 개발자에게 해당 부분의 작업이 끝났는지에 관해 좀 더 빠른 피드백을 줬으며, 테스트 기간이 다음 이터레이션으로 연장됨에 따라 작업 흐름이 끊기는 상황을 없앨 수 있었다.

테스트와 개발을 일치시키고 난 후에야 그들은 범위를 왜곡할 때 생기는 문제를 알게 됐고 개발 완료 시점도 알 수 있게 됐다. 개발을 시작한 후에 요구사항을 재작성해야 하는 경우가 빈번했다. 지난 이터레이션에는 "개발 완료"였던 스토리가 부메랑이 되어 되돌아왔다. 이런 문제를 개선하기 위해 나이트는 2008년 여름 동안 데이비드 에반스를 컨설턴트로 영입했다.

그 결과, 미리 작성된 크고 구체화된 기술적인 요구사항을 사용하는 대신 사용자 스토리로 범위를 설명하기 시작했다. 이를 통해 인수 기준을 비즈니스 관점에서 생각할 수 있었고, 구현할 기능의 형태로 전달되던 요구사항이 아닌 비즈니스 관점의 인수 기준에서 테스트를 도출할 수 있었다. 나이트는 이렇게 해서 범위를 좀 더 잘 이해하고 언제 기능 개발이 끝났는지 정확히 알 수 있었다고 한다.

그들은 스토리를 인도할 수 있는 아이템으로 쪼개기 시작했고, 한 이터레이션에서 현실적으로 무엇을 인도할 수 있는가에 대한 가시성을 얻을 수 있었다. 이는 팀이 비즈니스 사용자의 기대치를 충족시키는 데 도움이 됐다.

심지어 팀에서는 성능과 같은 요구사항에 대한 충족 조건을 설명하는 데도 예제를 사용하기 시작했다. 나이트는 다음과 같이 설명했다.

> 저희는 성능 측정을 위해 잘 정의된 인수 기준을 사용했습니다. 가령 시스템은 굉장히 많은 CPU를 사용해 10분 안에 특정 수의 레코드를 읽어들여야 했습니다. 개발자는 전용 테스트 장비에 접속하려고 했고, 테스터는 테스트를 실행하고 피드백을 제공하려고 했습니다.

사용자 스토리에 집중하면 출시될 작업에 대한 비즈니스 사용자의 기대치를 더 잘 정의할 수 있고, 기대치를 예제와 함께 설명함으로써 팀이 객관적으로 목표를 달성했는지 측정할 수 있다.

고객층이 늘어나면서 그들은 좀 더 많은 고객 맞춤 시나리오를 받게 됐다. 2008년 말, 팀은 고객을 최종 이해관계자로 포함시키기로 결정했고 그들을 명세 정의 프로세스에 포함시켰다. 나이트는 다음과 같이 덧붙였다.

> 일반적으로 고객에게는 추가하고 싶은 기능이 있었습니다. 고객이 요구사항을 주면 저희는 실제적인 데이터와 예상 목표를 얻기 위해 그들과 함께 일했습니다. 그러고 나서 이를 테스트 도구에 적용해 개발을 진행하는 데 사용했습니다.

고객 맞춤 시나리오의 샘플 데이터를 인수 테스트로 시스템에 포함함으로써 팀은 목표를 달성했다는 것을 알 수 있었다. 또한 팀이 각 인수 기준 목록을 도출하기 위해 시간을 낭비하고 잠재적 오해로 인해 발생하는 재작업을 예방했다.

이 프로세스는 현실적인 요구사항을 지닌 실제 고객을 참여시켰을 때 가장 효과가 좋았다. 레인스토에서는 기본적으로 재판매 협력업체와 함께 일했다. 파트너는 종종 비즈니스 사례가 없이 기능을 요청했다. 나이트는 "이것이 가장 어려운 요구사항입니다"라고 말했다. 이러한 경우 그들은 요청을 반려하고 예제를 달라고 부탁했고, 때로는 고객과 워크숍을 소집해서 어느 정도 진행된 프로토타입에 대한 상위 수준의 예제를 검토했다. 상위 수준의 예제를 사용해 나중에 범위를 정했다. 종이 프로토타입으로 작업하는 식으로 시스템 결과를 미리 알 수 있었고 바깥에서부터 접근하는 방식으로 설계할 수 있었다.

현재 프로세스

현재 레인스토의 연구개발팀은 5주 이터레이션 단위로 일한다. 스프린트는 화요일에 해당 이터레이션에 계획된 스토리를 간단하게 검토하는 스프린트 시작 회의와 함께 시작된다. 그날 남은 시간은 스토리를 상세화하는 데 사용한다. 개발자, 테스터, 기술문서 작성자 및 제품 관리자는 각 스토리의 요구사항을 추려내고 기본적인 인수 기준을 정의하기 위해 함께 일한다. 테스터는 회의에서 적어놓은 노트를 토대로 인수 기준을 작성하고 모든 팀원이 볼 수 있게 게시한다.

한 스토리를 만족시킬 수 있는 조건이 공유되면 개발과 테스트는 병렬로 시작된다. 개발자는 예제를 포함한 명세가 통과할 수 있게 작업하고 테스터는 좀 더 자세한 테스트 케이스를 만들기 위해 작업한다. 어떤 스토리는 시작 시점에 자동화된 예제가 없을 수도 있다. 이럴 경우, 테스터가 좀 더 간단한 예제를 자동화하는 동안 개발자는 먼저 기본 기능을 만든다. 그 후 테스터는 나른 테스트를 개발하고 개발자는 해당 테스트를 통과시키기 위한 기능을 내놓는다.

기능이 구현되면서 테스터는 탐색적 테스트를 수행하고 새로운 버전의 시스템에 대해 자동화된 테스트를 실행한다. 스토리에 대한 모든 기능이 구현되면 테스터는 모든 테스트가 통과했는지 확인한 후 지속적인 유효성 검증 시스템에 통합한다.

> **가장 놀라웠던 3가지 깨달음의 순간**
>
> 아담 나이트에게 예제를 활용한 명세를 통해 얻은 주요 교훈 가운데 제일 중요한 세 가지를 이야기해 달라고 부탁했다. 그는 이렇게 이야기했다.
>
> - 자동화 테스트 도구를 개발할 때 테스트의 목적을 적절히 드러낸다면 그것이 곧 테스트 문서가 될 수 있습니다. 메타데이터는 테스트를 훨씬 더 읽기 쉽게 만들어줍니다. 저희는 실행되는 테스트와 목적을 나열하는 HTML 보고서를 만들었습니다. 회귀 실패의 원인을 조사하는 일도 훨씬 수월해졌습니다. 문서를 다시 보지 않고도 목적을 이해할 수 있기에 훨씬 더 쉽게 충돌을 해결할 수 있었습니다.
> - 스토리의 일부분으로 만들어진 인수 기준과 예제가 포함된 명세는 요구사항이 됩니다. 가벼운 스토리부터 시작할 수 있습니다. 테스트가 있으면 해당 테스트를 통과시켜 요구사항을 충족시켰는지 알 수 있습니다. 요구사항을 찾기 위해 어떤 것도 참고할 필요가 없습니다. 이로써 추후 요구사항의 충돌 여부와 변경이 미칠 영향을 미리 알 수 있었습니다. 또한 요구사항을 지속적으로 유지할 수도 있었습니다. 저희는 언제나 구현 중인 요구사항이 어떻게 제품에 반영될지 알 수 있었습니다. 테스트가 실패한다면 어떤 요구사항이 충족되지 않는지 알 수 있습니다.
> - 테스트와 테스트 결과는 제품의 일부입니다. 여러분은 그것을 제품과 함께 버전 관리 시스템에 저장할 필요가 있습니다. 여러 브랜치와 버전을 테스트하고 해당 브랜치에 적절한 테스트를 실행해야 합니다.

아주 큰 데이터 집합을 사용하는 테스트나 성능 확인을 위한 테스트 때문에 그들은 지속적인 검증 단계를 3단계로 나눴다. 정기 빌드, 야간 빌드, 그리고 주말 빌드였다. 정기 빌드에 걸리는 시간은 1시간 미만이었다. 확인하는 데 오랜 시간이 걸리는 부분은 야간 빌드에서 실행된다. 보통 사용자 시나리오와 같이 굉장히 큰 데이터 집합이 포함된 확인 작업은 주말 빌드에서만 실행된다. 피드백을 받는 데 오래 걸리기 때문에 안정적인 상태인 경우만 야간 혹은 주말 빌드에 테스트를 추가한다. 개발자가 기능의 일부를 배포할 경우 가능한 한 자신의 장비를 이용해 테스트를 수행한다. 테스터는 전문적인 하드웨어가 필요한 테스트를 실행해 개발자에게 피드백을 전달한다.

이터레이션의 마지막 주에는 완료하지 않은 이슈를 해결한다. 팀은 모든 테스트가 자동화된 빌드에서 적절히 실행되는 것을 보장해야 한다. 그들은 생성된 이슈에 대해 이해관계자를 찾아 확인한 후 수정한다. 이터레이션의 마지막 월요일에는 최종 회귀 테스트를 실행하고 회고의 시간을 보낸다.

레인스토는 비교적 작은 회사라서 개발 본부장이 분석과 같은 상당 부분을 책임진다. 그가 늘 명세 워크숍에 참석할 수는 없기 때문에 테스터가 가끔씩 나서서 그의 분석 작업을 돕기도 한다. 테스터는 예제가 포함된 명세를 작성하기 전에 질문 목록을 취합하고 그 질문에 대해 설명할 책임이 있다.

핵심 교훈

지난 3년 동안 개발 팀의 크기가 3배로 늘었지만 레인스토에서는 아직도 비교적 작은 팀으로 구성돼 있다. 같은 사람들이 제품을 개발하고 사용자를 지원하고 사용자층을 늘리기 위해 힘쓴다. 적은 인원으로 이 모든 일을 하려면 효과적으로 일해야 한다. 다음은 그들이 무엇을 어떻게 달성했는가를 보여준다.

- 실행 가능한 명세를 구현하면 두 벌의 문서를 유지할 필요가 없다. 이는 테스트와 개발을 일치시키는 데 도움을 주고 많은 양의 쓸데없는 재작업을 없앤다.
- 사용자 스토리를 사용함으로써 비즈니스 사용자가 더 많이 참여할 수 있게 됐다.
- 상위 수준의 예제로 비즈니스 목표에서 범위를 도출해냄으로써 올바른 제품을 구축하고 불필요한 기능을 개발하느라 시간을 낭비하지 않을 수 있었다.
- 고객과 함께 명세 정의를 공동으로 작업함으로써 프로세스를 더욱 효과적으로 만드는 데 도움이 됐다. 이는 초기부터 인수 기준을 얻었기 때문인데, 이를 통해 목표 달성을 보장할 수 있었다.

그들은 3년에 걸쳐 큰 계획 혹은 특정 프로세스를 강요하지 않으며 점차 개선했다. 다른 이야기와 마찬가지로 언제나 향상시킬 다음의 뭔가를 찾았고, 커뮤니티에서 도움될 만한 아이디어를 찾았으며, 어떻게 그것을 자신들이 처한 상황에 맞춰 구현할지 알아냈다. 이 과정에서 안정화될 때까지 수동 테스트를 수행하는 것과 자체적으로 구현한 도구를 사용해 메타데이터로부터 리빙 도큐멘테이션을 만드는 것과 같은 자신들만의 고유한 실천법을 만들었다.

레인스토만이 처한 특수한 상황 때문에 기존의 인기 있는 도구를 효과적으로 사용할 수 없었기에 그들은 효율적으로 작업할 수 있는 도구를 직접 만들었다. 그들은 프로세스에서부터 시작해 이를 지원하기 위한 도구를 만들었다.

여기서 얻은 주요 교훈은 프로세스를 개선할 때 중요한 원칙에 집중하고 커뮤니티에서 통용되는 실천법은 단지 영감을 불러일으키는 데 활용하라는 것이다.

14
아이오와 학자금 대출

- 프로세스 변화시키기
- 프로세스 최적화하기
- 경쟁우위로서의 리빙 도큐멘테이션
- 핵심 교훈

아이오와 학자금 대출은 **예제를 활용한 명세**의 아이디어를 최대한 추진한 금융 서비스 회사다. 아이오와 학자금 대출이 흥미로운 사례인 이유는 리빙 도큐멘테이션 시스템 덕에 비즈니스 경쟁우위를 확보할 수 있었기 때문이다. 그들은 리빙 도큐멘테이션 시스템을 이용해 주요 비즈니스 모델의 변경을 효율적으로 처리할 수 있었다.

아이오와 학자금 대출 개발팀에서는 대출 요청을 받는 웹사이트부터 채권 인수 및 융자 개시와 같은 사무지원 시스템까지 복잡한 시스템을 구축하고 유지한다. 그 밖에도 프로젝트가 복잡한 주된 원인은 도메인 자체가 데이터 중심적인 특성을 지니고 있기 때문이다.

나는 이 회사가 소프트웨어 프로세스를 향상시키는 과정에서 다양한 프로젝트에 참여했던 팀 앤더슨, 수잔 키드웰, 신디 바츠, 저스틴 데이비스를 인터뷰했다. 그들이 어떻게 작은 프로젝트를 통해 인수 플랫폼 전체를 재작성했는지를 추적하는 과정은 흥미로웠다.

프로세스 변화시키기

2004년에 아이오와 학자금 대출 개발팀은 소프트웨어 품질을 향상시키기 위해 익스트림 프로그래밍을 원칙대로 적용했다. 다음 프로젝트를 진행할 때 그들은 이전에 일했던 방식과 유사하게 버그를 처리할 수 있게 준비했다. 12개월 동안 새로운 시스템에서는 대여섯 개의 버그밖에 발견되지 않았다. 이를 통해 애자일 개발(특히 테스트를 먼저 작성하는 것)이 훌륭한 아이디어이고 품질을 크게 향상시킨다는 점을 경영진에 입증했다.

그렇지만 테스트에는 상당히 기술적 어려움이 있었다. 그들은 HTTPUnit[1]을 사용했다. 개발자는 유스 케이스를 HTTPUnit 테스트로 옮겼고 개발자 외의 다른 사람은 그 테스트를 읽을 수 없었다. 시스템이 가동됐을 때 그들은 문서가 누락됐다는 사실을 알게 됐다. 무엇을 잘못하고 있는지 파악하고 도구와 실천법을 향상시키기 위한 아이디어를 얻기 위해 컨설턴트인 제이비 레인스버거를 고용했다. 그가 도입한 도구 중 하나가 바로 FitNesse였다.

2006년 7월에서 8월 사이에 팀에서는 명세를 수집하는 방법으로 FitNesse를 사용한 첫 프로젝트를 완성해가고 있었다. 이 프로젝트를 통해 도구를 사용하는 방법을 익혔고 실행 가능한 명세를 작성하는 방법을 다시 생각하게 됐다. 비즈니스 분석가에게는 기술적인 지식이 있었기 때문에 비

---

[1] (옮긴이) 웹사이트를 위한 단위 테스트 프레임워크

즈니스 분석가와 개발자가 함께 작성한 명세는 매우 기술적인 형태가 됐다. 그 결과 비즈니스 사용자는 그 명세를 이해할 수 없었다. 저스틴 데이비스는 이 문제를 다음과 같이 설명한다.

> 저는 비즈니스 분석가처럼 테스트를 보고 읽을 수 있었고, 저희는 계속 그 방식으로 테스트를 작성했습니다. 하지만 다른 비즈니스 관련 팀원과는 매우 단절돼 있었죠.

이것은 인수 플랫폼 전체를 재작성하고 이전에는 직접 종이에 작업하던 많은 업무를 자동화하려는 거대한 노력의 시작에 불과했다. 다음 프로젝트는 여섯 명의 개발자, 두 명의 테스터, 한 명의 비즈니스 분석가 및 한 명의 현장 비즈니스 사용자로 구성한 팀으로 3년 동안 진행하게 될 것이다. 그들은 비즈니스 사용자와의 의사소통을 돕기 위해 컨설턴트를 고용했다. 팀 앤더슨은 다음과 같이 이야기한다.

> 데이비드 허스맨은 저희가 이해하기 쉬운 테스트를 개발하는 데 더 많은 노력을 기울여야 하고, 그렇게 해서 비즈니스 관계자가 테스트를 읽을 때 테스트에 관해 설명할 필요가 없어야 한다고 했습니다. 그건 꽤나 어려운 일이었죠. 그러려면 우리의 사고방식을 전환해야 했고, 훨씬 더 많은 비즈니스 지식을 알아야 했습니다. 단지 기술적인 요구사항만이 아닌 시스템의 작동 방식을 훨씬 더 많이 이해하고 대화를 나눠야 했습니다.

그들은 사용자 페르소나를 사용해 시스템을 묘사하기 시작했다. 이를 통해 서로 다른 사용자 그룹이 어떻게 시스템과 상호작용하는지 고려할 수 있었다.

그들은 일반화된 사용자 대신 다른 그룹의 사람들이 시스템을 사용하는 이유와 사용법을 알아내기 위해 더 많이 생각하기 시작했다. 이렇게 해서 비즈니스 이해관계자가 더 잘 참여하고 좀 더 의미 있는 정보를 팀에 제공할 수 있었다. 팀 앤더슨이 코드 프리즈(Code Freeze) 2010 콘퍼런스에서 발표한 내용을 통해 그들이 사용한 페르소나의 좋은 사례를 확인할 수 있다.[2]

프로세스 최적화하기

아이오와 학자금 대출의 실행 가능한 명세는 기술적인 난이도가 상당했기 때문에 자동화 계층은 복잡했고 유지하기 어려웠다. 테스트는 큰 흐름의 일부로 기술적인 요소만 설명했다. 그래서 사용

---

[2] http://timandersen.net/presentations/Persona_Driven_Development.pdf

자 워크플로우의 일부를 가짜로 만들어서 자동화할 수밖에 없었다. 팀 앤더슨은 테스트 결과 또한 신뢰할 수 없었다고 이야기한다.

> 저희는 테스트가 동작하는 것을 보여줄 수 있었지만 동작하는 소프트웨어를 보여줄 수는 없었습니다. 테스트는 거짓말(거짓 녹색 막대)을 하고 있었습니다. 예를 들어, 대출자가 18세 미만인 경우에도 대출을 받을 수 있는데, 사용자가 18세 미만인 경우 "공동 서명인 없이는 대출을 할 수 없습니다"라고 알려주는 테스트를 만들 수도 있을 겁니다. 그리고 생일을 18세 이상으로 변경하면 "공동 서명인 없이도 대출을 받으실 수 있습니다"라고 알려줄 겁니다. 테스트는 초록색이었지만 실제로 브라우저를 열어 개발 서버에서 똑같이 시도했을 땐 동작하지 않았습니다. 검증 규칙을 구현했음에도 그것들이 올바른 곳에 연결돼 있지 않았습니다. 저희가 작성한 테스트 코드는 가상의 상태에서 대출을 제공하고 있었던 겁니다.

비즈니스 사용자는 실행 가능한 명세의 테스트 결과를 신뢰하지 않았다. 그래서 그것을 중요시하지 않았다. 이것은 사용자가 프로세스에 더 잘 참여하지 못하게 하는 또 다른 장애물이었다. 앤더슨은 다음과 같이 이야기한다.

> 양측은 불만이 많았습니다. 저희는 "왜 비즈니스 사용자는 테스트를 검토하지 않습니까? 왜 테스트의 가치를 인정하지 않습니까?"라고 물었습니다. 마찬가지로 비즈니스 팀은 "왜 개발자가 만든 테스트는 성공하는데 실제로는 제대로 동작하지 않습니까?"라고 불평했습니다. 그들은 그와 같은 테스트를 믿지 않았습니다.

개발팀은 상태를 가짜로 조작하지 않고 실행 가능한 명세가 개발 흐름을 거쳐가도록 자동화 계층을 재구성했다. 명세를 자동화하는 새로운 방법은 페르소나를 사용해 시스템을 설명하는 방법과 근사하게 맞아떨어졌다. 앤더슨은 이야기한다.

> "가상 상태"라는 단어는 제가 올바른 진입점을 사용하지 않는 테스트를 신뢰하지 않는다는 것을 다른 개발자들에게 알리기 위해 사용하던 용어입니다. 가상 상태의 다른 증상으로 "복잡한 픽스처"가 있습니다. 픽스처에는 로직이 많이 들어있지 않아야 하고 매우 간결해야 합니다. 페르소나를 사용해 알맞은 추상화 수준을 찾을 수 있었고, 애플리케이션의 적절한 진입점을 알게 됐습니다. 페르소나를 사용하기 전에는 종종 부적절한 진입점을 골랐고, 그 결과 가상 상태가 되기 쉬운 복잡한 픽스처가 만들어졌습니다.

팀은 페르소나가 이용할 수 있는 활동에 따라 자동화 계층을 구성했다. 각 페르소나는 자동화 계층에 실제 브라우저를 실행시키진 않았지만 기본적으로 브라우저와 동일한 방식인 HTTP 호출을 사용해 서버와 통신했다. 이런 식으로 자동화 계층을 상당히 간소화할 수 있었고, 테스트 또한 훨씬 더 신뢰할 수 있었다. 어떤 테스트는 실패하기 시작했고 팀은 이전에는 알아채지 못했던 버그들을 찾아냈다. 2007년 5월 즈음 테스트 결과는 훨씬 더 신뢰할 수 있게 됐고 자동화 계층은 유지하기가 더욱 수월해졌다. 앤더슨은 다음과 같이 덧붙인다.

> 대출 상태를 설정하는 애플리케이션에 영향을 주는 테스트 코드를 변경하는 과정에서 이러한 버그가 있다는 사실을 알게 됐습니다. 그래서 그 버그를 수정하자 거짓 녹색 막대 증상이 사라졌습니다. 또한 테스트하는 데 드는 유지보수 비용도 상당히 줄어들었습니다.

실행 가능한 명세가 비즈니스 사용자가 이해할 수 있는 수준으로 비즈니스 기능을 설명하게 되자 자동화 계층은 훨씬 더 간단해졌다. 이것은 비즈니스 도메인 코드와 연결됐다. 또한 더 이상 흐름의 일부분만을 처리해서 테스트를 잘못된 성공으로 이끌지 않았기 때문에 명세가 훨씬 더 유의미해졌다.

테스트의 수가 늘어나면서 피드백은 느려지기 시작했다. 다수의 느리고 기술적인 테스트는 브라우저를 통해 실행됐다. 앤더슨은 시스템을 페르소나의 관점에서 봤을 때 이 같은 문제를 줄일 수 있었다고 이야기했다.

> 저희는 UI 자동화 라이브러리인 WaitJ를 설정하는 도구로 FitNesse를 사용했습니다. 페르소나를 사용하기 전에는 어떻게든 실제로 작동하는지 확인하기 위한 테스트를 해야 했기 때문에 최후의 수단으로 브라우저 테스트에 의지했었죠. 이러한 브라우저 테스트는 기하급수적으로 늘어났습니다.

팀은 페르소나를 사용할 수 있게 브라우저 테스트를 재작성했다. 그리고 나자 피드백 시간이 상당히 줄어들었다. 매번 브라우저를 시작하는 대신 새로운 자동화 계층에서는 HTTP 요청을 직접 보냈다. 또한 SQL 서버 대신 인메모리 데이터베이스를 사용해 테스트를 실행하는 방안도 검토했지만 그렇게 하는 대신 인덱스를 사용해 실제 SQL 데이터베이스의 성능을 향상시키기로 했다. 팀은 테스트를 지연시키는 것에 대한 더 나은 가시성을 확보하기 위해 지속적인 유효성 검증 프로세스를 여러 개의 모듈로 나눴다.

매번 새로운 명세를 만드는 대신 팀에서는 새로운 변화에 대한 요청을 기존의 명세와 연결해서 생각하기 시작했다. 이렇게 하자 테스트 수가 줄어들고 불필요한 준비 작업을 방지할 수 있었다. 앤더슨은 다음과 같이 설명한다.

> 저희는 시나리오에 대해 생각하기 시작했습니다. 새로운 기능은 그 자체만으로는 기능이 아닐 수도 있습니다. 시나리오 집합의 변화일 수도 있습니다. 각 요구사항을 위한 새로운 테스트를 작성하는 대신 현재 시스템 상에서 어떤 테스트를 변경할 것인가와 어떤 새로운 테스트를 작성해야 하는가에 대해 생각했습니다. 그렇게 해서 빌드 시간을 일정하게 유지할 수 있었습니다.

그들은 테스트 수를 줄인 덕분에 명세를 재구조화할 수 있게 됐다. 작고 부분적인 명세를 찾아 더 큰 명세에 통합했다. 너무 큰 명세는 더 작고 초점이 분명하도록 쪼갰다. "오래된 코드를 리팩터링하는 것처럼 기본적으로 테스트와 테스트 코드를 리팩터링해야 합니다"라고 앤더슨은 이야기한다.

아이오와 학자금 대출은 **예제를 활용한 명세**를 일찍부터 받아들여 적용한 경우다. 그래서 수차례에 걸쳐 안정화되지 않은 도구로 협업하는 방법을 찾아야 했다. 오픈소스 도구를 사용했기 때문에 개발 프로세스에 맞춰 도구를 변경할 수 있었다.

실행 가능한 명세를 버전 관리 시스템에서 관리하기 시작하면서 비즈니스 분석가는 더는 개발 도구에 접근하지 않고는 변경할 수 없게 됐다. 개발자는 버전 관리 시스템 연동을 처리하는 FitNesse 플러그인을 만들었고, 이렇게 해서 비즈니스 분석가는 계속해서 위키를 사용해 명세를 변경할 수 있었다.

테스트 수가 증가하면서 기능 회귀 문제가 발생하기 시작했다. 연관된 테스트가 비활성화돼 있었기 때문에 기존의 테스트에서 검출돼야 할 버그를 놓친 것이다. 일부 테스트는 개발자가 어떻게 새로운 기능을 끼워넣을지 불확실했기 때문에 비활성화됐다. 어떤 것은 팀이 비즈니스 이해관계자의 결정을 기다리고 있기에 비활성화됐다. 사람들은 이 테스트를 다시 활성화하는 것을 잊어버리거나 끝까지 논의하지 않았다. 아이오와 학자금 대출의 개발자들은 비활성화된 테스트를 자동으로 확인하는 테스트를 작성했다(10장의 "어느 테스트가 비활성화됐는지 자동으로 확인하라" 절을 참고한다). 이로써 매 이터레이션 말미에 어떤 것을 끝까지 해야 하는지 떠올릴 수 있었다.

그들은 요구사항을 관리하는 데 JIRA를 사용하고, 실행 가능한 명세를 관리하는 데 FitNesse를 사용했다. 그래서 FitNesse 페이지를 재배치하면 JIRA의 링크가 깨졌다. 그들은 FitNesse가 키워드를 지원하도록 확장하고 키워드를 이용해 실행 가능한 명세와 JIRA 웹 페이지를 링크했다. 다른 프로젝트에서는 다른 방법으로 비즈니스 프레임워크를 만들었다. 비즈니스 프레임워크는 문서의 안정적인 진입점이 되는 FitNesse 페이지의 집합으로서 테스트에 대한 내부 링크를 가지고 있었다. 이것은 훌륭한 리빙 도큐멘테이션 시스템의 시작이었다. 저스틴 데이비스는 다음과 같이 설명한다.

> 비즈니스 프레임워크의 목표 중 하나는 비즈니스 팀이 사용할 수 있는 동시에 개발자가 현재 시스템의 체계를 이해할 수 있는 FitNesse 페이지를 만드는 것이었습니다. 실제로 프레임워크에서는 시스템의 작동 방식을 보여주는 지도를 제공합니다. 그래서 시스템의 작동 방식을 알아야 하는 상황이라면 이 프레임워크를 통해 원하는 것을 찾을 수 있습니다. 시스템 흐름이 이곳에 있고 어떤 단계로 테스트와 요구사항을 볼지 선택할 수 있습니다.

비즈니스 프레임워크를 도입하고 실행 가능한 명세가 실제로 자주 검증되어 관련성을 유지함으로써 효율적인 리빙 도큐멘테이션 시스템을 구축할 수 있었다. 시스템이 무슨 일을 하는가에 관한 정보를 이곳에서 찾을 수 있었고 누구나 접근할 수 있었다.

경쟁우위로서의 리빙 도큐멘테이션

이러한 리빙 도큐멘테이션 시스템 덕분에 그들은 아주 큰 변화를 효율적으로 처리할 수 있었다. 프로젝트가 끝나기 3개월 전에 회사의 비즈니스 모델을 갑자기 변경해야 했다. 그들은 일반적으로 채권 매각을 통해 대출 자금을 조달했다. 그러나 2008년의 신용 위기로 인해 채권 매각에 실패했다. 그 사업은 기술 주도적이었기 때문에 이러한 비즈니스 모델의 변화를 소프트웨어에 반영해야만 했다. 앤더슨은 리빙 도큐멘테이션 시스템이 이러한 사업적인 변화를 지원하려면 어떤 일을 해야 할지 이해하는 데 도움이 됐다고 이야기한다.

> 일반적으로 학자금 대출을 충당하기 위해 채권을 매각합니다. 하지만 비즈니스 모델을 변경해서 시스템의 모든 자금 충당을 설정 가능하게끔 만들었습니다. 그래야만 대출자를 통해 계속해서 학생들에게 자금을 대출해줄 수 있었죠. 이것은 시스템의 핵심적인 부분을 대대적으로 정비하는 작업이었습니다. 이러한 새로운 자금 충당 방식이 필요하기 전에는 아이오와 학자금 대출이 언제나 빌려주는 역할이라는 전제가 있었기 때문에 시스템에는 빌려주는 사람이라는 개념조차 없었습니다.
>
> 저희는 기존의 인수 테스트를 사용할 수 있었고 다른 목적에 맞게 고치고 "됐어, 이게 우리의 자금 충당 요구사항이야"라고 말할 수 있었습니다. 저희가 가지고 있는 테스트가 모두 계속해서 잘 작동할 수 있도록 이것이 미칠 영향을 논의하고 자금 충당 기능을 제공했습니다. 그뿐만 아니라 더는 자금 충당이 가능하지 않거나 혹은 자금 충당은 가능하지만 특정 학교 혹은 대출자에게는 안 되는 일부 흥미로운 시나리오를 토대로 논의를 하기도 했습니다. 이러한 요구사항에 대한 몇 가지 극단적 사례가 있긴 했지만 이 또한 실제로 새로운 자금 충당 모델을 좀 더 융통성 있고 설정 가능하도록 만들었습니다.

새로운 비즈니스 모델이 소프트웨어에 미치는 영향을 이해하고 나자 효율적으로 해결책을 적용할 수 있었다. 앤더슨에 따르면 리빙 도큐멘테이션이 없이는 이 같은 변경을 신속하게 적용하기가 불가능했을 것이라고 한다.

> 저희는 올바른 인수 테스트를 했기 때문에 한달 안에 해결책을 적용할 수 있었습니다. 테스트가 없는 시스템이었다면 개발을 멈추고 재작성해야 했을 겁니다.

이때가 바로 리빙 도큐멘테이션 시스템에 들인 투자가 빛을 발했을 때다. 이것은 비즈니스 모델 변경의 영향을 분석하고, 적용하고, 테스트할 때 도움이 됐으며, 동시에 나머지 시스템이 영향을 받지 않았는지 빠르게 검증할 수 있게 했다.

핵심 교훈

그들은 도구에 초점을 맞춰 시작했지만 이렇게 해서는 비즈니스 사용자를 빠르게 프로세스 내부로 끌어들이는 데 도움이 되지 않는다는 사실을 금방 깨달았다. 그래서 사용자 관점에서 명세에 접근하기 시작했다. 이로써 비즈니스 사용자와 더 잘 의사소통하고 테스트의 유지보수 비용을 줄일 수 있었다. 도구 때문에 효율적으로 협력하지 못할 때는 도구를 수정했다. 이것은 오픈소스 도구를 사용하는 또 한 가지 이유다.

아이오와 학자금 대출에서는 **예제를 활용한 명세**가 품질을 향상시키기 위해서나 테스트 자동화를 위해 진행되지 않았다. 좀 더 효율적으로 비즈니스 사용자와 협업하기 위해, 그리고 관련 문서 시스템의 구축이 필요하기에 진행됐다. 그들은 훌륭한 리빙 도큐멘테이션 시스템을 구축하기 위해 많은 투자를 했고 충분히 보상받았다. 그 결과, 비즈니스 모델의 변경이 가능해졌고 이것은 매우 강력한 위력을 발휘했다.

15 사브르 에어라인 솔루션스

- 프로세스 변화시키기
- 협업 개선하기
- 결과
- 핵심 교훈

사브르 에어라인 솔루션스는 항공사 계획, 운영, 그리고 제품 판매를 돕는 소프트웨어와 서비스를 제공한다. 그들은 익스트림 프로그래밍과 **예제를 활용한 명세**를 일찍부터 받아들였고 비교적 광범위하게 분산된 팀의 대규모 프로젝트에 **예제를 활용한 명세**를 적용했기에 흥미로운 사례다.

프로젝트는 사브르 에어센터 무브먼트 매니저(Sabre AirCentre Movement Manager)였는데, 항공 운항을 모니터링하고 이슈가 발견됐을 때 고객과 항공사에 미치는 영향을 최소화하기 위해 일정을 조정할 수 있게 관련 팀에 알려주는 소프트웨어 시스템이다. 사브르의 애자일 코치인 웨스 윌리엄스에 따르면, 도메인의 복잡성과 품질 이슈로 인해 비슷한 시스템을 구축하려던 이전의 두 프로젝트는 실패했다. 하지만 **예제를 활용한 명세**를 통해 이 프로젝트를 성공적으로 완료할 수 있었다.

프로세스 변화시키기

도메인의 복잡성 때문에 사브르 팀은 익스트림 프로그래밍을 적용한 직후부터 인수 테스트를 명세화하고 자동화할 수 있는 협업 방법을 찾고 있었다. 처음에는 기술적인 수준에서 단위 테스트 도구를 사용하려고 했다고 윌리엄스는 말했다. 하지만 그 방법은 협업에 도움이 되지 않았고 재사용할 수 없었기 때문에 중단했다.

그들은 협업을 위한 도구를 찾기 시작했다. 2003년, 윌리엄스는 FIT을 발견했는데, FIT은 실행 가능한 명세를 자동화할 수 있는 도구 중에서 처음으로 널리 알려진 것이었다. 팀은 FIT으로 인수 테스트를 구현하기 시작했지만 실천법이 아니라 도구에 초점을 뒀다. 하지만 기대했던 수준으로 협업을 개선하지는 못했다고 윌리엄스는 이야기한다.

> 저희는 고객이 테스트를 정의하고 애플리케이션에서 제공하는 가치를 이끌어간다는 아이디어를 좋아했습니다. 하지만 실제로는 고객에게 HTML로 FIT 테스트를 작성하게 하지 못했습니다. 대부분의 경우 개발자가 테스트를 작성했습니다. 고객에게 이것을 시키기 위해 힘든 시간을 보냈습니다. 테스터는 QTP를 사용했습니다. QTP로는 협업을 할 수도 없었고, 개발자는 한번도 QTP 테스트를 실행하거나 작성하는 데 참여하지 않습니다.

개발자만 실행 가능한 명세를 작성했는데, 이렇게 해서는 기대했던 이점을 누릴 수 없다는 사실을 알게 됐다. 의사소통과 협업을 향상시키려면 모두가 참여해야 했다. 한 그룹의 사람들만으로는 할 수 없는 일이었다.

개발팀에 영향을 받은 제품 개발 수석 부사장은 오브젝트멘토(ObjectMentor)에 컨설팅을 의뢰해 모든 사람을 훈련시켰다. 더 많은 그룹에게 예제를 활용한 명세의 목적을 인식시켰고 얻을 수 있는 이점을 알려줬다. 모든 사람들을 곧바로 참여시키지는 못했지만 이전보다 많은 사람이 그 실천법에 열정적으로 참여했다. 윌리엄스는 다음과 같이 이야기한다.

> 모든 사람이 받아들이지는 않았습니다. 그렇지만 그것을 믿는 핵심 그룹의 사람들이 있었고, 그들은 많은 것을 배웠습니다. 그렇지 않은 사람들은 계속해서 저항했습니다.

핵심 그룹의 사람들은 비교적 간단한 웹 프로젝트(소프트웨어 빌드 정보를 집계하기 위한 내부 시스템)로 시작했다. 그들은 실천법을 시도해보길 원했고 도구를 사용해보고 알고 싶어 했다. 2004년 당시의 도구는 지금에 비해 훨씬 더 안 좋았다. 팀은 협업을 통해 실행 가능한 명세를 관리할 수 있는 FitNesse를 선택했다. 그들은 개발 직전 혹은 거의 개발과 동시에 실행 가능한 명세를 작성했다. 프로젝트의 비즈니스 이해관계자는 내부 관리자였고 테스트 리뷰에 참여했다. 처음에는 팀에서 자동화 계층을 중요하지 않은 테스트 코드로 봤고 깔끔하게 작성하는 데 신경 쓰지 않았다. 이는 수많은 유지보수 문제를 일으켰다. 또한 상당한 양의 중복된 테스트 명세가 만들어졌다. 윌리엄스는 다음과 같이 이야기한다.

> 저희는 픽스처를 최대한 간단하게 유지해야 하고 중복이 나쁘다는 것을 배웠습니다. 자동화 계층은 코드였고 다른 여느 코드와 다르지 않습니다.

개발자는 자동화 계층 혹은 실행 가능한 명세를 단지 테스트에만 결부시켜 생각했기 때문에 유지보수가 가능하도록 만드는 데 별로 신경 쓰지 않았다. 프로젝트가 끝날 무렵에야 이 방법이 엄청난 유지보수 문제를 일으킨다는 사실을 알게 됐다. 아이오와 학자금 대출과 비슷하게 첫 프로젝트를 통해 사브르 에어라인 팀은 어떻게 도구를 사용하는지 배우고 실행 가능한 명세를 자동화하는 방식의 효과와 한계를 확인할 수 있었다. 그 결과, 그들은 다음 프로젝트를 어떻게 개선할지에 대한 아이디어를 얻을 수 있었다.

이 작은 팀은 도구의 한계를 이해하고 유지보수하기 쉬운, 예제가 포함된 명세를 작성하는 데 더 투자해야 하는 이유를 깨달은 후 크고 위험한 프로젝트에 그러한 프로세스를 적용해보기 시작했다. 프로젝트는 C++ 레거시 시스템을 자바로 재작성하고 여러 번에 걸쳐 제품을 전달해야 하는 프로젝트였다. 이 프로젝트는 데이터 기반이었고 전 세계에 분산을 지원해야 했다. 결국에는 30명의 사람들이 2년 동안 모든 기능을 출시했다. 이들은 두 대륙에 세 팀으로 나뉘어 있었다.

위험요소 때문에 그들은 커버리지와 테스트 빈도가 크게 향상되길 원했다. 그래서 작은 프로젝트에서 적용했던 실천법을 사용하기 시작했다. 윌리엄스는 이렇게 이야기한다.

> 이처럼 큰 애플리케이션을 제대로 수동 테스트하려면 몇 달이 걸립니다. 저희는 테스트하는 데 몇 달씩 보내지 않고 결함을 방지하고 싶었습니다. 그래서 지속적인 테스트를 수행했습니다. 보통 이렇게 큰 애플리케이션은 매일 수동으로 새너티 테스트(sanity testing)[1]를 할 수 없습니다.

이미 FitNesse를 경험해 봤기 때문에 이전에 프로젝트에 참여했던 사람들은 기능 테스트를 자동화하기 시작했다. 그들은 비즈니스 사용자의 목적이 달성되길 기대하면서 비즈니스 사용자를 테스트 명세화에 참여시켰다.

협업 개선하기

그룹은 세 팀으로 나뉘어 있었다. 첫 번째 팀은 핵심 기능을 작업했다. 두 번째 팀은 사용자 인터페이스를, 그리고 세 번째 팀은 외부 시스템과의 연동을 담당했다. 사용자 인터페이스의 첫 버전이 인도되기까지 4개월 정도가 걸렸다. 비즈니스 사용자가 제품을 사용하기 시작하자 핵심 기능 팀은 소프트웨어가 많은 고객의 요구를 놓치고 있다는 사실을 알게 됐다. 윌리엄스는 이렇게 설명했다.

> 고객이 사용자 인터페이스를 봤을 때 전혀 다른 애플리케이션을 생각하고 있었습니다. 저희가 UI에 대한 인수 테스트를 작성할 때 그 테스트는 도메인에 대한 테스트보다 더 많은 내용을 담고 있었습니다. 그래서 도메인 코드가 변경돼야 했습니다. 하지만 사용자는 해당 부분의 개발이 이미 끝났다고 생각했습니다. 실행되고 성공하는 FitNesse 테스트가 있었기 때문입니다. 사람들은 백엔드가 UI 목업(mockup) 화면의 모든 것을 제어한다고 생각했습니다. 이따금 프론트엔드에서 사용 가능한 형태의 질의 혹은 데이터 검색을 백엔드에서 제공하지 않기도 했습니다.

그들은 각 팀 간의 작업이 나눠져 있는 것이 문제임을 깨달았다. 고객은 뭔가를 눈으로 볼 수 있을 때 자연스럽게 시스템을 더 세부적인 수준으로 생각할 수 있었다. 그래서 아무런 사용자 인터페이스도 제공하지 않는 업무의 명세를 정의하는 일에는 제대로 참여할 수 없었다.

---

1 (옮긴이) 새로운 소프트웨어 버전이 주요 테스트 업무를 수행하는 데 충분히 적합한지를 판단하기 위한 테스트

프로젝트가 시작된 지 6개월 정도 지나자 그룹은 팀들이 완결성 있는 기능 단위로 전달할 수 있게 작업을 재조정하기로 결정했다. 이로써 비즈니스 사용자가 모든 팀과 함께 참여할 수 있었다. 윌리엄스는 이렇게 덧붙였다.

> 우리가 기능 그룹으로 나뉘게 되자 제어할 수 없는 스토리가 없을 정도로 사용자 스토리와 애플리케이션의 핵심부가 성숙한 상태에 도달했습니다. 그렇게 되자 갑작스러운 일이 발생할 확률이 매우 낮아졌습니다.

각 팀이 완결성 있는 하나의 전체 기능을 전달하기 위해 일하는 동안 팀에서는 비즈니스 사용자와의 협업을 통해 충족 조건을 명시하고 예제를 활용해 설명하기 때문에 협업하기가 훨씬 수월해졌다.

업무를 재구성한 후, 팀에서는 구현된 스토리에 대한 더 빠른 피드백이 필요하다는 사실을 깨달았다. 그래서 이터레이션 기간을 기존의 절반인 1주로 줄였다. 그들은 인수 테스트를 그것을 구현하기 전에 작성했지만 여전히 명세가 아닌 테스트로 생각했다. 테스터는 인수 테스트를 작성하는 일을 맡았지만 이렇게 짧은 이터레이션에 맞춰 일할 수는 없었다. 병목을 제거하기 위해 이전 프로젝트에서 FitNesse를 적용한 그룹은 개발자가 인수 테스트 작성을 도와야 한다고 제안했다. 처음에는 테스터가 이를 불쾌해 했다고 윌리엄스는 이야기한다.

> 테스터는 자신들이 테스트를 잘하고 있다고 생각했기 때문에 처음에는 개발자가 테스트를 작성하는 것을 달갑지 않게 생각했습니다. 내 생각에 이것은 전혀 다른 관점에서 비롯된 문제입니다. 실제로 저는 혼자 생각할 때보다 개발자와 테스터가 함께 테스트에 대해 이야기할 때 현저히 좋은 테스트가 나온다는 점을 발견했습니다.

윌리엄스는 문화의 변화가 필요하다는 사실을 깨달았다. 그는 코치로서 사람들을 뭉칠 수 있게 하고 문제가 드러나게끔 노력했다. 테스터의 테스트가 늦어질 때는 개발자를 불러 테스터들을 돕게 했다. 개발자는 테스트를 어떻게 작성해야 할지 모른다고 테스터가 불평할 때 짝을 이뤄 그룹으로 테스트를 작성하도록 제안했다.

> 개발자와 테스터는 모두 놀란 채로 되돌아와서 "와! 지금 나온 테스트는 저 혼자 했을 때랑은 전혀 다르네요!"라고 말했습니다. 당신은 사람들이 이 같은 경험을 하게 해야 합니다.

윌리엄스는 위와 같은 결과로 인해 테스터와 개발자 간에 얼마나 많은 신뢰가 쌓였는지에 대해 놀랄 수밖에 없었다.

> 신뢰는 대단한 것이었습니다. 그들은 함께 일할 때 더 잘 할 수 있다는 점을 깨달았습니다. 그들은 합심했고 더는 다른 사람이 일을 망치려 하지 않는다는 것을 알게 됐습니다. 결국 훨씬 더 협동적인 환경이 만들어졌습니다.

사람들을 함께 일하게 하자 프로세스에서 병목을 해결하는 것 말고도 서로 다른 사람들이 같은 문제를 다른 각도로 접근함으로써 더 나은 명세가 만들어졌다. 협업을 통해 각 그룹은 지식을 공유하고 점차 다른 그룹에 대한 신뢰를 쌓을 수 있었다. 장기적으로 볼 때 프로세스가 훨씬 더 효율적으로 바뀌었다.

결과

예전에 품질 문제 탓에 두 번이나 레거시 시스템을 재작성하는 데 실패했음에도 이번 프로젝트는 시작부터 굉장히 많은 고객과 매우 적은 이슈로 가동됐다. 그들은 심각한 버그를 하나밖에 찾아내지 못했고 그나마 그것도 시스템의 실패 처리와 관련된 것이었다. 윌리엄스는 **예제를 활용한 명세**가 성공의 "중요한 부분"이었다고 이야기했다.

데이터 중심의 프로젝트를 위한 주요 실천법

웨스 윌리엄스는 데이터 중심적인 환경에서 좋은 명세를 작성하기 위한 팁 5가지를 공유했다.

- 부수적인 데이터는 숨긴다.
- 중복을 제거한다.
- 점진적인 개발을 할 때 중복을 찾는다. 오래된 비슷한 테스트를 찾아서 정리한다.
- 테스트를 코드와 같이 리팩터링한다.
- 데이터를 제어할 수 없을 때 서드파티에 의존하지 않는다. 항공업계에서는 시스템이 언젠가는 상위 시스템과 통신할 것이다. 상위 시스템은 테스트 체계가 잡혀 있을 수도 있지만 여러분은 데이터를 제어할 수 없다. 여러분은 그러한 시스템과 상호작용할 수 있는 테스트를 마련해 둬야 한다. 하지만 이러한 테스트는 완전히 분리돼 있어야 한다. 자동화 인수 테스트를 진행하는 과정에서 이 부분에 대한 목업을 만들어야 한다.

핵심 교훈

개발자는 테스터와 비즈니스 사용자에게 다가가는 방법으로 **예제를 활용한 명세**를 이용했다. 하지만 폐쇄적인 그룹 내에서는 도구에 초점을 맞춘 방법으로는 성공하지 못한다는 점을 금방 깨달았다. 모든 사람의 참여가 결정적이었다. 교육을 통해 모든 사람을 참여시키지는 못했지만 공통의 기준선을 마련할 수 있었고, 이로써 핵심 그룹의 사람은 누가 새로운 생각을 시도하려는지 알 수 있었다.

그들은 도구를 이해하기 위해 작고 덜 위험한 프로젝트를 활용했고 명세와 자동화 계층을 작성하고 유지보수하는 좋은 방법을 발견했다. 프로젝트에 참여했던 작은 그룹의 사람들은 더 큰 그룹의 큰 프로젝트에서 촉매 역할을 했다.

팀들이 시스템의 컴포넌트를 인도하는 동안 비즈니스 사용자들은 백그라운드 컴포넌트를 작업하는 팀과 제대로 일할 수 없었다. 이는 상당한 양의 재작업을 야기했고 요구사항들을 놓치게 만들었다. 하지만 그들이 기능 팀으로 재구성되자 문제는 사라졌다.

테스터와 개발자가 협업을 통해 인수 테스트를 작성할 때 훨씬 더 좋은 명세가 만들어졌고 두 그룹은 신뢰를 쌓을 수 있었다.

예제를 활용한 명세는 개발과 지속적인 검증을 위한 확실한 목표를 제공함으로써 그와 같은 복잡한 도메인을 정복하는 데 이바지했다.

16
이플랜 서비스

- 프로세스 변화시키기
- 리빙 도큐멘테이션
- 현재 프로세스
- 핵심 교훈

콜로라도 덴버에 위치한 이플랜 서비스는 401(k) 퇴직 연금 서비스를 제공하는 회사다[1]. 이 서비스는 효과적인 소프트웨어 인도 프로세스에 크게 의존하는 기술 주도적인 비즈니스다. 이곳의 애자일 테스터인 리사 크리스핀에 따르면 그들은 복잡한 도메인을 다루고 소프트웨어 개발 및 비즈니스 운영을 위한 양측의 지식 전달이 용이하도록 리빙 도큐멘테이션을 사용했다.

회사의 비즈니스 모델은 소규모 고용주들에게 더 저렴한 운영 비용으로 서비스를 제공해 경쟁우위를 점하는 것이다. 여기서 비즈니스 프로세스 자동화는 핵심 요소다. 2003년, 이플랜 서비스에서는 비즈니스를 지원하기 위해 소프트웨어 제품 인도 프로세스를 변경해야 한다는 사실을 깨달았다. "저희는 소프트웨어를 내놓지 못하고 있었습니다. 품질에 너무나 많은 문제가 있었습니다"라고 크리스핀은 이야기한다.

낮은 비용으로 서비스를 출시하고 비즈니스 프로세스를 자동화해야 한다는 필요성 덕분에 이플랜 서비스의 소프트웨어 개발 프로세스는 향상됐다. 그들은 **예제를 활용한 명세**의 거의 모든 아이디어를 적용했다.

프로세스 변화시키기

회사에서는 마이크 콘에게 개발팀을 맡겼고, 그는 팀에 스크럼을 적용하는 일을 도왔다. 초기에는 각 이터레이션의 마지막 이틀을 수동 테스트를 수행하는 데 보내야 했다. 테스터, 개발자, 그리고 데이터베이스 관리자를 포함한 모든 팀원들은 수동 테스트 스크립트를 실행했다. 이는 이터레이션의 5분의 1을 테스트하는 데 보낸다는 것을 의미했다. 이러한 이유로 그들은 테스트를 자동화하기로 결정했다. 크리스핀에 따르면 단위 테스트는 팀이 바로잡아야 할 첫 번째 과제였다.

> 이전에 테스터가 찾았던 버그는 대부분 단위 수준의 버그였습니다. 여기에 시간을 전부 할애해서 다른 일을 할 시간이 없었죠.

개발자가 단위 테스트에 익숙해지는 동안 테스터는 기능 테스트를 자동화하는 일을 시작했다. 개발자의 도움 없이 테스터는 오직 사용자 인터페이스를 통해서만 테스트를 자동화할 수 있었다. 8개월 후, 그들은 단위 수준의 버그를 찾기 위한 수동적 회귀 테스트를 더는 하지 않아도 될 만큼

---

[1] (옮긴이) 미국의 401(k) 퇴직연금은 매달 일정량의 퇴직금을 회사가 적립하되, 그 관리 책임은 종업원에게 있는 방식의 연금이다.

많은 단위 테스트와 자동화된 기능 스모크 테스트를 만들었다. 이를 통해 전체적인 그림을 볼 수 있게 됐다고 크리스핀은 이야기한다.

> 개발자가 TDD에 숙달되면 이러한 버그가 더는 생기지 않는다는 사실을 금방 알게 됐습니다. 그래서 탐색적 테스트를 진행하는 데 더 많은 시간을 할애했습니다. 버그라고 통보받은 것은 보통 개발자가 요구사항을 제대로 이해하지 못했기 때문에 생긴 것이었습니다. 출시 후 버그는 보통 저희가 이해하지 못한 것이었습니다.

다른 많은 경우처럼 효율적인 테스트 자동화 없이는 다른 일을 할 시간이 없었다. 기술적인 단위 수준의 버그가 더는 문제를 야기하지 않자 다른 문제를 볼 수 있게 됐다.

자동화된 기능 테스트가 어느 정도 있었지만 문제를 방지하기에는 충분하지 않았다. 테스트가 굉장히 느렸기 때문에 야간에는 정상적인 동작 시나리오만 확인했다. 많은 테스트를 더 빠르게 확인하기 위해 팀은 다른 방식으로 기능 테스트를 자동화할 방법을 모색하기 시작했다. 그들은 FitNesse를 찾았지만 이것을 사용하려면 개발자의 도움이 필요했다. 개발자를 참여시키는 것이 난관이었다고 크리스핀은 이야기한다.

> 프로그래머는 일반적으로 제품 코드를 작성하는 일을 통해 보상을 받습니다. 마이크 콘의 제안은 그냥 아무 스토리나 골라서 해당 스토리를 작업하는 개발자에게 찾아가 함께 FitNesse 테스트를 작성할 수 있는지 물어보는 것이었습니다. 다음 스프린트에는 다른 스토리와 다른 개발자를 고릅니다. 저희는 개발자가 요구사항을 제대로 이해하지 못한 곳에서 버그를 바로 발견했습니다. 그렇기에 개발자는 이 과정의 가치를 즉시 알 수 있었습니다.

테스터와 개발자가 협력해서 테스트를 작성할 때 요구사항에 대해 토의할 수 있었고 더 나은 테스트를 작성할 수 있었다. 이를 통해 중대한 문제들을 대부분 제거했다고 크리스핀은 이야기한다.

> 애자일을 시작한 지 1년 이내에 서비스 환경에서 악성 버그가 사라졌다는 사실에 안도감을 느꼈습니다.

그들은 또한 협업의 중요성을 깨달았다. 크리스핀은 이렇게 이야기한다.

> 요구사항을 서로 이해할 수 있게 서로 이야기한 것이 가장 큰 이득이었습니다. 이것은 테스트 자동화보다 중요했습니다. 협업의 이점을 본 후로는 제품 책임자도 거기에 흡족해하고 인수 테스트 중심의 개발에 관해서도 듣게 됐습니다.

효율적인 기능 테스트 자동화에는 개발자의 참여가 필요했고, 이는 개발자와 테스터 간의 긴밀한 협업을 더욱 강화했다. 또한 추후 개선을 위한 비즈니스 사례를 만들어 내는 가시적인 이점도 있었다. 이로써 프로세스는 더욱 발전했고, 자동화된 테스트를 사용하기도 전에 시스템에 생길 버그를 방지할 수 있었다.

더 많은 프로세스 개선을 위해 그들은 인수 테스트를 명세로 사용하고 명세를 대상으로 협업하기 시작했다. 크리스핀은 예제를 준비하기 위해 처음부터 제품 책임자와 함께 일했다. 초기에는 어느 정도 성공을 거뒀지만 여전히 예제를 기능 테스트로 여겼다. 시스템의 가장 복잡한 부분인 준거성 테스트를 자동화할 때는 테스트를 과도하게 상세화했고 원하는 결과를 얻기 위해 훨씬 더 많은 고민을 해야 했다. 크리스핀은 이렇게 설명했다.

> 알고리즘을 테스트하기 위해 제품 책임자와 제가 모든 FitNesse 테스트를 작성했습니다. 발생할 가능성이 있는 상황이 너무나도 많아서 복잡한 테스트는 몇 스프린트 전부터 미리 작성해야 했습니다. 개발자가 코드 작성을 시작했을 때 개발자들은 테스트를 보고 혼란스러워 했습니다. 그들에게는 나무만 보이고 숲은 보이지 않았던 것이죠.

그들은 개발자가 처음부터 너무 많은 정보를 처리할 수 없다는 점을 깨달았다. 몇 가지 실험을 거친 후, 팀은 처음에 개발자에게 큰 그림을 주고 상위 수준의 테스트를 작성하기로 결정했다. 개발자가 스토리를 골랐을 때 테스터와 함께 정상적으로 동작하는 시나리오를 작성하고 자동화했다. 테스터는 더 많은 예제를 추가해 명세를 확장할 수 있었다. 테스터는 시스템 탐색을 위한 자동화된 프레임워크를 사용했다. 그들은 테스트가 실패한 사례를 발견하면 개발자에게 찾아가 문제 해결을 요청했다. 이렇게 해서 인수 테스트를 명세로 보게 했다고 크리스핀은 이야기한다.

> 처음에는 막연히 인수 테스트를 먼저 작성해서 요구사항으로 사용하려고 생각했습니다. 시간이 지나면서 변화한 것은 사전에 테스트를 얼마나 많이 구체화해야 하고, 얼마나 많은 테스트 케이스가 충분한가였습니다. 저는 테스터라서 아마도 계속 테스트에 대해 생각하면서 테스트할 수 있었을 것입니다. 하지만 저희에게는 시간이 2주밖에 없었습니다. 그렇기에 어떻게 위험을 내재화할지 생각해내야 했습니다. "이건 정말로 필요한 테스트입니다. 그리고 이건 작업해야 할 정말 중요한 스토리입니다."라고 말할 수 있어야 했습니다.

자동화 테스트에서 자동화 명세로 생각을 전환하면서 그들이 명시하고 자동화한 구조는 회귀 검사가 아닌 의사소통 도구였다는 점이 명백해졌다. 명세를 간소화하고 정제해서 개발자가 필요한 시점에 충분한 명세를 받을 수 있게 했다.

> **좋은 테스트 설계**
>
> 리사 크리스핀은 잘 알려진 애자인 테스터이자 『애자일 테스팅』 책의 공동 저자다. 나는 무엇이 좋은 인수 테스트 설계를 만드는지 물어봤고 그녀는 이렇게 대답했다.
>
> - 장기적으로 볼 때 좋은 테스트 설계가 핵심이다. 사람들은 테스트를 시작하면서 큰 테스트 스위트를 만든다. 하지만 그렇게 되면 갑자기 그들이 유지보수하는 데 들이는 노력은 그만한 가치를 얻지 못하게 된다.
> - 각 테스트의 본질은 명확해야 한다.
> - 중복은 생기는 즉시 추출해내야 한다.
> - 프로그래머나 견고한 코드 설계 능력을 가진 사람이 테스트 설계를 도와야 한다. 템플릿이 있으면 상세한 내용을 넣기가 수월하다.

리빙 도큐멘테이션

예제를 테스트보다는 명세로 보게 되면서 팀은 이것이 문서로서 얼마나 강력한지 깨달았다. 리빙 도큐멘테이션 시스템이 있었기에 문제를 파악하는 데 많은 시간을 절약할 수 있었다고 크리스핀은 이야기한다.

> "대출 상환금이 있고 이자 금액이 올바르지 않습니다. 버그인 것 같습니다."라는 전화를 받았습니다. 저는 FitNesse 테스트를 보고 값을 넣어 볼 수 있었습니다. 요구사항이 틀렸을 수도 있겠지만 코드가 어떻게 동작하는지 알 수 있었고 굉장히 많은 시간을 절약할 수 있었습니다.

이플랜의 매니저이자 수석 개발자가 인도로 돌아가 몇 달 동안 함께하지 못한 적이 있었다. 하지만 **예제를 활용한 명세**를 살펴봄으로써 시스템에 관한 그만의 고유한 지식을 얻을 수 있었다고 크리스핀은 이야기한다.

> 이상한 문제가 있을 때 그는 항상 문제를 해결하는 방법을 알고 있었습니다. 그래서 그가 알고 있던 시스템의 레거시 관련 지식을 얻어야 했습니다. 저희는 각 스트린트당 한 명씩 시간을 내서 비즈니스 프로세스를 검토하고 문서화하기로 결정했습니다.

이를 통해 시스템의 다른 부분까지도 문서화하게 됐다. 개발 중인 것들에 대해서는 모두 테스트를 작성하긴 했지만 테스트 자동화가 지원되지 않는 레거시 시스템이 있었고 이것은 문제를 일으켰다. 이러한 부분에 대한 자동화된 리빙 도큐멘테이션을 만들면서 비즈니스 프로세스에 모순이 있다는 점을 발견했다. 크리스핀은 이렇게 설명한다.

> 저는 이 회사에 4년을 다녔지만 현금 회계 시스템이 어떻게 동작하는지 이해하지 못했습니다. 자동화된 애플리케이션 외에도 5개의 서로 다른 은행 계정이 있다는 것은 알았습니다. 이 계정들은 이메일과 전화 통화를 통해 옮겨졌지만 현금량은 반드시 일치해야 했습니다. 그렇지 않을 경우 회계사는 왜 그런지를 알기 위한 방법이 필요했습니다. 회계사가 이 프로세스를 저희에게 설명한 후, 저희는 나중에 참조하기 위해 이를 위키에 문서화했습니다. 그리고 나자 입출금에 관한 유용한 정보가 담긴 보고서를 만들 수 있었습니다. 현재는 잔고가 불일치할 경우 보고서를 이용해 원인을 파악할 수 있습니다.

리빙 도큐멘테이션 시스템을 구축해 지식을 공유함으로써 개발팀은 비즈니스 프로세스에 관해 배울 수 있었다. 그리고 비즈니스 사용자들은 팀이 실제로 무슨 일을 하고 있는가에 대한 가시성을 확보할 수 있었다. 문서를 작성하는 것은 모순과 차이를 드러냈다. 이 경우 비즈니스 사용자 관점에서 실제로 무슨 일을 하고 있는가에 관해 깊이 생각해볼 수 있었다.

현재 프로세스

이 모든 변화가 적용된 지 시간이 좀 지났고 리빙 도큐멘테이션 시스템으로 인해 팀은 비교적 안정적인 프로세스를 갖추게 됐다. 현재 팀은 4명의 프로그래머, 2명의 테스터, 1명의 스크럼 마스터, 2명의 관리자, 1명의 데이터베이스 관리자, 그리고 1명의 매니저로 구성돼 있다. 그들은 2주 스프린트 단위로 일한다. 스프린트를 시작하기 이틀 전에 팀은 제품 책임자와 이해관계자와 만난다. 제품 책임자는 다음 스프린트에 계획된 스토리를 소개하고 상위 수준의 테스트를 칠판에 적는다. 이로써 팀에게서 계획에 대한 피드백을 받고 실제 스프린트 계획 회의 전에 질문해볼 수 있다.

비즈니스는 복잡하고 팀 규모는 작았기에 제품 책임자가 병목이 됐다. 그가 비즈니스 사용자와 원활하게 일할 수 있게 테스터가 분석에 대한 책임을 어느 정도 가져갔다. 제품 책임자는 보통 사전에 "스토리 확인 목록"을 만들었고 여기에는 스토리의 목적과 만족시켜야 할 대략적인 조건이 포함된다. 사용자 인터페이스가 포함된 스토리에 대해서는 UI 목업을 스토리 확인 목록에 추가했다. 복잡한 알고리즘을 사용해야 하는 스토리에는 예제를 담은 스프레드시트를 추가했다.

궁극적으로 제품 책임자는 소프트웨어와 관련되지 않은 일도 진행했다. 그래서 보통 회의를 준비할 시간이 충분하지 않았다. 이 문제를 해결하기 위해 테스터는 승인하에 이해관계자와 직접 만나 명세를 만들었다.

이터레이션은 계획 회의와 함께 시작되고, 이때 모든 스토리를 다시 검토하고 제품 책임자는 어떠한 질문에도 답해준다. 그들은 목업 화면을 만들고 예제를 활용해 요구사항을 묘사한다. 테스터는 가능한 정보를 스토리 확인 목록에 병합하고 명세를 정제해서 위키에 넣는다.

스프린트의 4번째 날에는 두 명의 테스터가 제품 책임자와 만나 모든 명세와 테스트 케이스를 상세하게 검토해 모든 것을 제대로 이해했는지 확인한다. 이를 통해 제품 책임자는 명세를 비롯해 현재 이터레이션에서 팀이 무슨 일을 할지 검토한다.

위키에 명세가 추가되는 즉시 개발자는 스토리를 구현한다. 그리고 작업이 끝나자마자 비즈니스 사용자에게 결과를 보여준다.

깨달음의 순간

나는 크리스핀에게 예제를 활용한 명세와 관련된 깨달음의 순간에 대해 물어봤다. 크리스핀은 이렇게 대답했다.

- 내가 품질을 제어할 수는 없다. 내 역할은 사용자에게 품질을 이해시키고 팀 전체가 품질을 정의하고 그것이 이행되게 돕는 것이다.
- 개발자가 참여해야 한다.
- 프로세스에는 인내가 필요하다. 우리는 불완전한 작은 단계를 거쳤고 한 번에 할 수 없었다.
- FitNesse 같은 도구는 실제로 공동 작업을 돕는다. 기술적인 면에서 생각하면 그것은 자동화를 가능하게 하지만 이것은 또한 팀의 문화를 바꾸고 의사소통을 돕는다.
- 이것의 진정한 가치는 우리가 이야기하고 있다는 것이다.

핵심 교훈

이플랜 서비스는 자사의 비즈니스 전략 때문에 비즈니스 프로세스 자동화와 효율적인 소프트웨어 인도 과정에 크게 의존한다. 품질을 향상시키고 소프트웨어 출시 속도를 높이기 위해 수동 소프트웨어 테스트를 줄여야 했다. 처음에는 기능 테스트 자동화에 집중했지만 협업을 통해 이해한 바를 공유하는 것이 훨씬 나은 소프트웨어를 만들어낸다는 사실을 알게 됐다.

처음에는 협업을 테스트의 관점에서 생각했고 테스트를 과도하게 상세화했다. 개발자는 이런 문서를 개발 목표로 사용하기 힘들었다. 가능한 모든 조합의 값을 처리하는 대신 주요 예제를 명세로 작성하기로 했다. 이를 통해 프로세스가 좀 더 효율적으로 바뀌었고 개발자가 필요로 하는 적절한 시점에 좋은 명세를 제공할 수 있었다.

그들이 시스템의 포괄적인 실행 가능한 명세를 가지게 되자 리빙 도큐멘테이션이 얼마나 유용한지 깨닫게 됐다. 특히 전문가의 지식을 수집하는 방법으로 탁월했다. 그들이 비즈니스의 다른 부분을 문서화하기 시작할 때, 일관된 리빙 도큐멘테이션 시스템은 기존의 비즈니스 프로세스의 모순과 오류를 드러냈다.

리빙 도큐멘테이션 시스템은 소프트웨어 인도 프로세스를 훨씬 더 효율적으로 만들고 그들의 비즈니스 프로세스의 모순을 발견하게 했다.

17
송킥

- 프로세스 변화시키기
- 현재 프로세스
- 핵심 교훈

송킥은 영국에 위치한 라이브 음악 서비스 사이트인 Songkick.com을 운영하는 신생 벤처 회사다. 이 회사가 흥미로운 이유로는 두 가지가 있다. 우선 책에 나오는 다른 회사와 달리 백그라운드의 커다란 레거시 시스템을 처리하지 않고 시작 단계부터 **예제를 활용한 명세**를 적용했다. 또한 이 책에서 다루는 대부분의 다른 프로젝트와 달리 사용자 상호작용은 제품의 핵심요소 중 하나이며, 새로운 기능은 사용자가 어떻게 사이트를 사용하는지를 관찰해서 사용자 경험에 중점을 두고 개발된다.

시스템이 복잡한 이유는 사용자 경험의 미묘함과 사용자 편의를 위해 추가된 기능의 수 때문이었다. 송킥은 의미 있는 소프트웨어를 출시하는 데 집중하고 개발팀을 성장시키기 위해 **예제를 활용한 명세**를 적용했다.

"신생 벤처 회사로서 언제나 사용자에게 가치 있는 기능을 제공해야 했습니다"라고 송킥의 CTO인 필 코완스는 이야기한다. 그는 예제를 활용한 명세의 가장 큰 이점을 이렇게 이야기했다.

> 어떤 기능을 개발하기 위해 사용자를 이해시키는 과정에서 사용하는 언어가 테스트를 작성할 때 사용하는 언어와 같기 때문에 실제로 만들려는 것을 좀 더 빨리 개발할 수 있었습니다. 그렇게 해서 의사소통 문제가 줄어들었죠. 개발자가 돌아서서는 "저희가 개발한 것은 제대로 동작합니다. 당신들이 올바르게 요구하지 않았습니다"라고 말하는 상황이 나오지 않기를 바랐습니다.

신생 벤처 회사의 경우 효율적으로 가치 있는 소프트웨어를 출시하는 것은 좀 더 규모가 큰 회사보다 훨씬 더 중요한 요소였다. 예제를 활용한 명세를 실천함으로써 송킥은 소프트웨어 개발에 투자한 것보다 큰 가치를 얻었다.

프로세스 변화시키기

송킥의 프로젝트는 2년 반 전에 시작됐다. 코완스에 따르면 1년이 지난 후, 팀은 모두가 한 책상에 둘러앉아 함께 코드를 작성할 수 없을 정도로 늘어났다고 한다. 점점 더 복잡해지는 코드와 늘어나는 팀의 규모에 대처하기 위해 그들은 테스트 주도 개발을 적용하기로 결정했다. 코완스는 이렇게 이야기한다.

> TDD로 전환하기 전에는 새로운 코드를 배포했을 때 이전에 개발했던 코드가 모두 제대로 동작한다고 믿고 진행하는 수밖에 없었습니다. 하지만 곧 어떤 일을 완료했을 때 생각했던 대로 동작하고 회귀가 발생하지 않는다고 굳게 확신할 필요가 있다는 점이 분명해졌습니다. 서로의 발목을 잡지 않으면서 요

> 구사항에 대해 더 잘 의사소통하고 회귀를 피하기 위한 더 나은 방법을 찾지 못한다면 개발 속도가 느려질 것이라는 점이 분명했습니다.

3개월 만에 그들은 테스트 주도 개발이 자연스러운 방법이란 점을 알게 됐다. 동시에 칸반과 사용자 스토리와 관련된 아이디어를 검토하면서 TDD 원칙을 비즈니스 기능에 적용하게 됐고, 효율적으로 예제를 활용한 명세를 적용하기 시작했다. 팀은 여러 방법으로 작업해보기를 좋아했기 때문에 이것도 별 탈 없이 시도해볼 수 있었다. 코완스는 다음과 같이 설명했다.

> 칸반을 프로젝트에 사용했던 사람과 연락하고 지냈습니다. 그는 그 시점에는 조언자였지만 지금은 정규 직원입니다. 그를 통해 사용자 스토리를 사용하는 방법이 성공할 수 있다는 가능성을 보게 됐습니다. 프로세스를 결정할 때는 "이런 기술을 사용하는 사람들이 있습니다. 한번 시도해보고 어떻게 되는지 보시죠."라고만 하면 그만이었습니다. 이 과정은 굉장히 자연스러웠습니다.

팀은 목표에서 범위를 도출하기 시작해 비즈니스 가치로부터 사용자 스토리를 이끌어냈다. 또한 Cucumber를 사용해 실행 가능한 명세를 만들었다. Cucumber에 익숙해질수록 프로세스의 중점이 단위 테스트에서 비즈니스 명세로 옮겨갔다고 코완스는 이야기한다.

> 처음에는 Rails 테스트 프레임워크와 Cucumber 조합을 사용하려고 했습니다. 저희는 Cucumber를 사용해 상위 수준의 사용자 스토리를 처리하고, 단위 테스트를 통해 상세한 행동을 명시했습니다. 시간이 지날수록 Cucumber를 점점 더 많이 사용해 좀 더 많은 것을 명세로 작성하는 방법을 찾았습니다.

새로운 명세 방식을 통해 팀은 정말로 의미 있는 소프트웨어를 개발하는 데 집중할 수 있었다. 코완스는 이렇게 이야기한다.

> 저희가 이것을 왜 하고 있는지, 그리고 그것의 가치가 무엇인지에 집중할 수 있었습니다. 그리고 사람들이 쓸데없는 기능을 개발하는 데 시간을 낭비하지 않을 수 있었습니다. 모든 사람들은 같은 방향에서 문제에 접근했고, 개발팀과 회사 내의 다른 사람들이 문제를 같은 방식으로 생각할 수 있었습니다.

송킥은 이플랜 서비스와 비슷하게 (단위) 테스트 주도 개발을 먼저 적용한 후 비즈니스 기능을 확장했다. 그들은 실제로 프로세스 변경으로 품질 문제를 겪지 않았지만 더 효율적으로 일하기 위해 능동적으로 변해갔다.

예제를 활용한 명세를 적용하는 동안 팀이 맡은 중요한 도전과제는 무엇을 테스트할지 이해하고, 어떻게 실행 가능한 명세를 안정화하며, 어떻게 지속적인 유효성 검증을 더 빠르게 만드는가에 대한 것이었다고 코완스는 이야기했다.

팀이 도구의 사용법에 익숙해지자 사용자 인터페이스에 과도하게 집착한 적이 있다. 사용자 인터페이스는 생각해보기 쉬운 영역이었기 때문이다. 코완스는 이렇게 이야기한다.

> 저희는 사소한 사용자 인터페이스 문제를 테스트하는 데 너무 많은 시간을 소비했습니다. 사용자 인터페이스는 작성하기 쉬웠기 때문이죠. 반면 애플리케이션을 통해 극단적인 상황과 대안 실행 경로를 확인하는 데는 시간을 충분히 할애하지 않았습니다.

또한 그들은 사용자 인터페이스를 실행 가능한 명세와 밀접하게 연결해서 자동화했기에 테스트 결과는 불안정했다. 어떤 경우에는 이것 때문에 테스트를 명세로 사용하지 못했고 테스트가 개발 이후로 미뤄졌다고 코완스는 이야기한다.

> 누군가 웹 페이지의 일부 문구를 변경한다고 해서 테스트가 실패하는 것은 바람직하지 않습니다. 이러한 경우 변화의 영향을 예측하기 어렵기 때문에 매우 힘들어질 수 있습니다. 그래서 사전에 전체 테스트 스위트를 갱신하기는 어렵습니다. 그 결과 어떤 경우에는 사람들이 개발을 먼저 진행한 후 테스트하기도 했습니다.

이 문제를 해결하기 위해 팀은 테스트를 좀 더 의미 있게 만들고 도메인 언어와 사용자 인터페이스의 개념을 번역해서 자동화 계층에 넣었다. 코완스는 다음과 같이 이야기한다.

> 프로세스에 익숙해지면 장기적으로 어떠한 사용자 인터페이스가 문제를 일으킬지 이해하기 시작합니다. [자동화 계층에서] 좀 더 도메인에 초점을 맞춘 단계 정의를 만들어 두면 상위 수준의 마크업 작업을 할 수 있기에 그러한 문제를 해결할 수 있습니다.

이러한 변화를 통해 효율적으로 명세를 정제하고 사용자 인터페이스 용어가 아닌 비즈니스 언어로 명세를 표현하는 방법을 찾을 수 있었다.

코완스에 따르면 팀이 프로세스와 **예제를 활용한 명세**를 위한 도구에 익숙해지는 데 6개월 정도 걸렸다고 한다.

> 이게 업무의 일부처럼 느껴지기까지 6개월에서 9개월 정도가 걸렸습니다. 지난 9개월 동안 저희가 작업을 명시하는 방법에 대해 아무도 의문을 제기하지 않았죠. 이제 이 방법은 기본입니다.

팀은 활동 내역 피드와 관련된 시스템의 한 부분을 재작성할 때 실행 가능한 명세가 얼마나 중요한지 깨달았다. 테스트로 자동화된 기존의 비즈니스 중심의 명세를 통해 새롭게 피드를 작성하는 동안 새로운 버그 또는 기능의 축소가 없다는 확신을 가질 수 있었다. 코완스는 이렇게 이야기한다.

> 모든 팀원들이 실행 가능한 명세를 통해 많은 시간을 절약할 수 있다는 사실을 깨달았습니다. 제 생각에 테스트가 있었기에 리팩터링 시간을 50%까지 절감할 수 있었던 것 같습니다.

신생 벤처 기업에서 50%의 시간 절감은 큰 의미가 있다. 실행 가능한 명세 집합은 시스템을 효율적으로 회귀 문제로부터 보호했다. 코완스에 의하면 개발 중 이슈가 너무 없어서 버그 추적 시스템이 필요 없을 정도였다고 한다. 이로써 시스템을 유지보수하는 대신 새로운 기능을 개발할 수 있었다.

아직 리빙 도큐멘테이션이 만들어지기 전

코완스를 인터뷰할 즈음 송킥의 시스템에는 실행 가능한 명세의 수가 너무 많이 늘어나서 명세를 재구성할 생각을 하고 있었다. 리빙 도큐멘테이션 시스템을 구축할 생각이었던 것이다. 코완스는 이렇게 이야기한다.

> 저희가 이 일을 시작할 때만 해도 상위 수준의 테스트 구조에 대해서는 충분히 생각하지 않았습니다. 애플리케이션이 발전하면 임시로 새로운 테스트를 추가하기만 했죠. 결과적으로 기존의 코드를 변경할 때 어떤 테스트가 해당 기능과 연관되는지 파악하기가 어려웠습니다. 새로운 기능을 추가할 때마다 그냥 새로운 테스트를 추가하는 대신 웹 사이트에 대한 상위 수준의 기능 명세를 하기로 결정하고 테스트 스위트를 구조에 맞추는 작업을 했습니다. 이렇게 하면 제품을 개발하고 비교적 이해하기 쉬운 코드 기반을 유지하는 데 유용한 것 같습니다. 기존 구조와 어떻게 함께 동작하는지 설명하기 위한 공통의 언어가 생기게 되죠.

현재 프로세스

송킥의 개발 프로세스는 칸반 흐름을 기반으로 한다. 송킥에는 로드맵을 책임지는 제품팀과 개발을 책임지는 개발팀이 있다. 제품팀은 크리에이티브 디렉터, 인터랙션 디자이너와 같은 제품 개발을 총괄하는 직책으로 구성돼 있다. 개발팀에는 9명의 개발자와 2명의 테스터가 있다. 개발팀 중 2명은 클라이언트 영역과 사용자 인터페이스에 집중하고 그 밖의 팀원들은 미들웨어와 백엔드에 더 집중한다. CTO인 코완스 또한 개발팀의 일원이다. 그의 말에 따르면 회사에서는 제품팀과 개발팀이 최대한 협업할 수 있는 환경을 만들려고 노력한다고 한다. 그래서 두 팀을 구분 짓기 모호한 편이다.

어떤 기능이 개발하기에 충분히 우선순위가 높다고 판단되면 제품팀에서는 사용자 경험과 구현을 위한 기술적 요소를 살펴보기 위해 모인다. 이 모임의 결과로 기능을 위한 와이어프레임, 특정 사례에 대한 노트, 그리고 사용자 스토리에 대한 예측 목록이 만들어진다.

개발팀이 기능을 개발할 여력이 되면 해당 기능을 만들 개발자 또는 테스터는 제품팀과의 초기 모임을 주최한다. 이 모임에서는 기능을 사용자 스토리로 세분화하고 함께 각 스토리의 인수 기준을 고민한다. 인수 기준은 추후에 추가될 상세한 예제와 함께 확인해야 할 집합으로 정의된다.

사용자 스토리 및 그와 관련된 인수 조건 목록을 비롯해 요구사항은 테스터의 몫이다. 테스터는 개발 중에 생기는 추가적인 정보를 관리해야 한다. 사용성과 사용자 인터랙션의 중요성 때문에 개발이 끝난 후 모든 실행 가능한 명세를 실행하고 핵심 기능을 수동으로 테스트한다. 테스터는 사전 모임이 끝난 후부터 테스트 계획을 생각하기 시작한다.

개발자는 **예제를 활용한 명세**를 작성하면 테스터가 그것을 검토해서 그 밖에 어떤 것을 더 다뤄야 할지 알려준다. 그럼 개발자는 명세를 자동화하고 TDD를 통해 필요한 기능을 구현한 후 해당 코드 브랜치를 테스트가 사용할 수 있게 만든다.

그러고 나면 테스터가 수동 테스트를 실시한다. 탐색적 테스트를 통해 개발자에게 피드백을 제공한다. 테스터와 개발자가 기능이 준비됐다고 합의하면 기능은 통합을 위해 대기열에 추가된다.

준비된 기능은 마스터 브랜치에 통합된다. 그럼 전체 지속적 유효성 검증 스위트가 실행되고 코드는 스테이징 환경에 배포되어 테스터는 최종 핵심 기능을 수동으로 테스트한다. 그 후 코드는 제품 환경에 적용된다.

깨달음의 순간

나는 코완스에게 예제를 활용한 명세와 관련된 깨달음의 순간에 대해 물어봤다. 그는 이렇게 이야기했다.

- 보이는 것을 테스트하기란 쉽다. 하지만 궁극적으로는 사용자 인터페이스가 어떻게 생겼는지보다 소프트웨어가 어떤 일을 하는가를 심도 있게 이해해야 한다. 사용자 스토리와 애플리케이션의 실행 경로[1] 관점에서 생각하면 도움이 된다.

- 테스트 스위트를 일급 시민(first-class citizen)[2]과 같이 여겨라. 애플리케이션 코드만큼이나 주의 깊게 유지보수할 필요가 있다.

- 테스트는 애플리케이션이 무슨 일을 하는가에 대한 기본적인 설명이다. 궁극적인 성공은 잘 만드는 것만큼이나 올바른 것을 만드는 것이다. 테스트가 코드가 무슨 일을 하는가를 설명하는 것이라면 이것은 개발 프로세스의 중요 부분일 뿐만 아니라 제품을 만드는 더 커다란 프로세스의 중요 부분에 해당한다. 테스트는 당신이 무엇을 만드는지 이해하고 복잡도를 제어할 수 있게 해준다.

- 모든 사람을 프로세스에 참여시키는 것이 중요하다. 개발자만 하는 것이 아니다. 궁극적으로 예제를 활용한 명세는 개발자가 작성하고 제품 책임자가 읽을 수 있는 테스트를 만들어 준다. 이를 잘 활용해야 한다.

---

1 (옮긴이) 코드 분기 경로를 말함
2 (옮긴이) 프로그래밍 언어에서의 일급 객체(first-class object), 즉 다른 모든 엔티티에 적용 가능한 모든 연산을 지원하는 엔티티를 말하며, 여기서는 테스트 코드를 애플리케이션 코드와 동등한 수준으로 중요하게 여기라는 의미를 나타낸다.

핵심 교훈

송킥에서 얻은 중요한 교훈은 발목을 잡는 거대한 레거시 시스템이 없다면 TDD에서 **예제를 활용한 명세**로 빠르게 전환할 수 있다는 것이다. 송킥에서는 **예제를 활용한 명세**를 비즈니스 기능을 확인하기 위한 TDD 프로세스의 확장으로 접근했다.

송킥의 팀에서는 웹 시스템을 개발하고 유지보수한다. 그래서 처음에는 사용자 인터페이스와 밀접하게 테스트를 자동화했다. 그 결과, 많은 유지보수 문제가 발생했고 명세를 재정제하고 사용자 인터페이스의 추상화 수준을 높여서 자동화해야 했다.

1년 정도가 지난 후 팀에서는 리빙 도큐멘테이션을 만들기로 했고, 리빙 도큐멘테이션이 시스템을 재작성할 때 얼마나 중요한지 알게 됐다.

송킥은 신생 벤처 회사로서 정말로 의미 있는 것을 인도하는 데 집중해 큰 이득을 얻었다. 협업을 통해 명세를 만드는 과정에서 얻은 동일한 이해는 그들이 올바른 제품을 인도하는 데 집중할 수 있게 했다. 두 번째로 중요한 이득은 실행 가능한 명세다. 그들은 실행 가능한 명세를 통해 문제를 초기에 발견했고, 버그를 진단하고 고치기 위해 시간을 허비하는 대신 새로운 기능을 출시하는 데 집중할 수 있었다.

18 결론

- 요구사항에 대한 협업은 이해관계자와 개발팀원 간의 신뢰를 쌓이게 한다
- 협업은 준비가 필요하다
- 협업하는 방법에는 여러 가지가 있다
- 최종 목표를 비즈니스 프로세스 문서화로 하는 것은 유용한 모델이다
- 장기적 가치는 리빙 도큐멘테이션에서 나온다

나는 외부 검증을 위해 이 책에 대한 연구를 시작했다. 애자일 기법을 활용해 훌륭한 소프트웨어를 만들어내는 팀들이 많다는 점을 글로 남기고 싶었다. 나는 그들이 BDD, 애자일 인수 테스트 또는 내가 **예제를 활용한 명세**라고 말하는 것을 사용하길 바랬다. 나는 이런 프로세스들이 어떻게 동작하는지 이미 알고 있고, 다른 사람들도 나와 같은 방식으로 적용하고 있다고 생각했다. 하지만 연구를 거듭할수록 예상치 못한 교훈을 더 많이 얻었다. 많은 팀들이 서로 다른 상황에서 같은 결과를 얻기 위해 다양한 실천법과 기술을 사용했다는 사실을 발견했다. 이는 "최선의 실천법(best practice)"이란 없음을 증명했다. 소프트웨어 개발은 믿을 수 없을 만큼 어떤 상황에 처했느냐에 좌우되기 때문에 한 팀에게는 좋은 아이디어가 다른 팀에게는 완전히 잘못된 것일 수도 있다.

돌이켜 보면 고품질 소프트웨어를 효율적으로 출시하기 위한 방법에 대해 얼마나 많이 배웠는지 놀라울 따름이다. 이러한 발견 중 일부는 완전히 새로운 것이었다. 어떤 것은 내가 알고 있던 부분을 좀 더 넓은 관점에게 바라본 결과였고, 실천법의 이면에 놓인 진정한 위력들을 더욱 깊이 이해할 수 있었다. 이 책을 마무리하는 차원에서 내가 배운 핵심 교훈 다섯 가지를 알려주겠다.

요구사항에 대한 협업은 이해관계자와 개발팀원 간의 신뢰를 쌓이게 한다

『Bridging the Communication Gap』에서 명세 워크숍에는 두 가지 결과물이 있다고 했다. 첫 번째는 예제 또는 명세와 같은 실제 산출물이다. 다른 결과물은 대화의 결과로 무엇을 완료해야 하는가에 대한 공통된 이해, 즉 무형의 결과물이다. 나는 공통된 이해가 예제보다 더 중요할지도 모른다고 썼다. 하지만 상황이 훨씬 더 복잡하다는 사실을 알게 됐다. 이 책을 연구하는 과정에서 또 하나의 무형의 결과물이 있다는 사실을 알게 됐다.

유스위치, 비즐리, 와이어하우저의 사례는 명세에 대한 협업을 통해 팀의 문화가 변화되기 시작했음을 보여준다. 결과적으로 개발, 분석, 그리고 테스트가 더욱더 일치됐고 팀은 더욱 뭉쳐졌다. 웨스 윌리엄스의 말을 인용하자면 명세에 대한 협업을 하고 나서 "놀라울 정도로 신뢰관계가 형성됐다"고 한다.

나와 함께 일한 여러 회사에서는 신뢰가 부족한 상태에서 소프트웨어 개발 모델을 사용한다. 비즈니스 사용자는 분석가에게 자신들이 필요한 것에 대해 말했지만 분석가들이 그것을 제대로 명세화했는지는 신뢰하지 않았기 때문에 명세에 대한 승인 단계를 요구했다. 분석가는 개발자에게 자신이 필요로 하는 것에 대해 말하지만 개발자가 제대로 개발할 거라 신뢰하지 않는다. 그래서 테스터는 개발자가 거짓말하지 않는지를 별도로 확인하는 수단을 찾을 필요가 있다. 개발자는 코드를 다룰 줄 모른다는 이유로 테스터를 신뢰하지 않기 때문에 테스터가 문제를 보고하면 재현할 수 없다고 표시하거나 "내 컴퓨터에서는 돌아가는데요"라는 메모를 남긴다. 테스터는 스파이처럼 어느 누구도 신뢰할 수 없게끔 훈련된다.

불신을 토대로 한 모델은 적대적인 상황을 만들고 많은 관료주의적인 운영을 필요로 한다. 추정컨대 사용자는 분석가가 제대로 일했는지 확인하기 위해 배포 승인이 필요하다고 한다. 사실 배포 승인은 분석가가 나중에 기능 차이에 대해 추궁당하지 않기 위해 필요하다. 모든 사람은 어떤 일이 일어나고 있는지 알아야 하기 때문에 명세는 변경 관리를 거친다. 실은 이렇게 하면 아무도 다른 사람에게 변경을 알리지 않은 것에 대한 책임을 지지 않아도 된다. 테스트를 위해 코드를 프리즈할 때가 있는데, 이것은 테스터에게 좀 더 안정적인 테스트 환경을 제공하게 된다. 이것은 또한 개발자가 시스템이 테스트되는 동안 부정 행위를 했다고 비난받지 않게끔 보장한다. 이 모든 것들은 표면적으로는 더 나은 품질을 제공하기 위해 존재한다. 하지만 현실에서는 그저 알리바이를 만드는 것에 불과하다.

이렇게 만들어진 모든 알리바이는 순전히 낭비다! 비즈니스 사용자, 분석가, 개발자, 그리고 테스터 간의 신뢰를 쌓음으로써 이런 알리바이가 만들어지는 것을 방지하고 관료주의도 없앨 수 있다. 명세에 대한 공동 작업은 신뢰를 쌓기 위한 훌륭한 방법이다.

협업은 준비가 필요하다

나는 이터레이션 프로세스를 적용하기에 좋은 방법으로 사전 계획 회의를 열라고 썼지만 『Bridging the Communication Gap』에 나오는 워크숍 준비 말고는 더는 할말이 없다. 우리는 각 워크숍이 시작되는 시점에 너무 많은 시간을 들여 예제의 중요한 특징을 확인하려 하기 때문에 사전 계획 회의 단계를 소개했다. 실질적인 토론은 작업할 대상이 있어야만 비로소 시작된다. 이제 사전 계획 회의는 더 넓은 실천법의 일환이라고 생각한다.

서로 다른 방식으로 준비 단계를 공식화한 팀과 이야기하고 난 후 예제로 협업하는 것은 두 단계 프로세스라는 사실을 알게 됐다. 첫 단계에서는 기초적인 예제를 준비한다. 두 번째 단계에서는 팀이 토론을 통해 예제를 확장해간다. 기본 질문이 답변되고 팀이 예제에 대해 토론할 때 제시한 형식을 갖추는 것이 준비 단계의 목표다. 이 모든 것들은 한두 사람이면 준비할 수 있고 규모가 큰 워크숍을 훨씬 더 효율적으로 진행할 수 있게 한다.

요구사항이 모호하고 사전 분석이 많이 필요한 프로젝트인 경우에는 준비 단계는 공동 워크숍을 열기 2주 전에 시작한다. 그러면 분석가는 비즈니스 사용자와 이야기해서 예제를 수집하고 예제를 정제하기 시작할 수 있다. 좀 더 요구사항이 정리된 팀은 며칠 전부터 예제에 대한 작업을 시작해 논의할 안건들을 수집해서 정리한다. 이러한 모든 접근법이 큰 워크숍을 좀 더 효율적으로 진행할 수 있게 만든다.

협업하는 방법에는 여러 가지가 있다

『Bridging the Communication Gap』에서는 모든 팀원이 참석하는 큰 워크숍에서 명세를 공동 작업하는 것이 가장 좋은 방법이라고 제안했다. 다양한 상황에 처한 팀과 이야기를 나누고 보니 현실은 훨씬 더 복잡하다는 사실을 알게 됐다.

대부분의 팀은 처음에는 큰 워크숍이 도메인 지식을 전달하고 개발자, 테스터 그리고 비즈니스 사용자와 이해관계자의 기대치를 조정하기에 유용한 수단임을 발견했다. 하지만 대다수의 팀은 편성하기 힘들고 너무 많은 사람들의 시간을 빼앗는다고 생각해서 이후에는 큰 워크숍을 열지 않았다.

시스템이 안정화되고, 신뢰가 쌓이고, 개발자와 테스터가 도메인에 대해 더 알게 되면 더 작은 규모의 워크숍 또는 즉흥적인 대화만으로도 좋은 명세를 만들기에 충분하다. 대부분의 팀은 "스토리에 관심이 있는 누군가"의 관점에서 접근해 과제를 활발하게 진행할 수 있는 사람들만 포함시킨다. 다른 누군가가 수정해야 할 경우에는 리빙 도큐멘테이션 시스템을 통해 소프트웨어에 관해 알 수 있다.

최종 목표를 비즈니스 프로세스 문서화로 하는 것은 유용한 모델이다

예제를 활용한 명세의 최종 목표를 비즈니스 프로세스 문서화로 생각한다면 흔히 볼 수 있는 자동화와 유지보수 관련 문제가 많이 사라진다. 이를테면, 소프트웨어가 구축된 모습을 흉내 낸, 몹시 복잡한 스크립트 내의 결함이 분명하게 드러난다. 스크립트는 항상 유지보수하기 어렵고 이런 스크립트를 의사소통의 도구로 활용할 만한 가치는 미미하다.

업계에서는 몇 년 전에 이러한 사실을 알아차렸고 여러 실천가들은 인수 테스트를 워크플로우로 사용하기 위해 작성하지는 말라고 조언했다. 이것은 대부분의 경우 좋은 조언이지만, 도메인이 결제 처리와 같은 워크플로우인 경우에는 도움이 되지 못한다. 데이비드 피터슨은 FIT에서 워크플로우를 잘못 사용하는 것에 대한 방안으로 Concordion을 만들었고, 사람들에게 스크립트 대신 명세를 작성하라고 조언함으로써 핵심에 근접했다. 이것은 유용한 경험에서 나온 법칙이긴 하지만 웹 사이트를 만드는 사람들에게는 설명하기 어렵다. 문제는 인수 테스트 혹은 명세와 비즈니스 모델이 어긋나는 것이다.[1] 비즈니스 도메인의 작은 변화 하나가 테스트에 치명적인 영향을 줄 수 있고, 그 결과 테스트가 유지보수하기 힘들어진다.

비즈니스 프로세스를 문서화하는 데 집중한다면 명세의 모델은 비즈니스 모델과 일치하고 변화는 대칭을 이룰 것이다. 비즈니스 도메인 모델의 작은 변화는 명세와 테스트에 작은 변화만을 가져온다. 우리는 소프트웨어를 개발하기도 전에 비즈니스 프로세스를 문서화할 수 있고, 그것은 사용 기술을 변경하더라도 그대로 유지될 것이다. 비즈니스 프로세스에 관해 설명한 명세는 장기적인 관점에서 훨씬 더 가치가 높다. 비즈니스 사용자를 비즈니스 프로세스 문서화에 참여시킬 수 있고 소프트웨어에 적용된 인수 테스트에 비해 훨씬 나은 피드백을 제공한다.

게다가 무엇을 자동화하고 어떻게 자동화해야 하는지도 알려준다. 새로운 테스트 개념을 포함시키거나 사용자 인터페이스 인터랙션을 추가하기 위해 명세를 변경하는 과정에서 생길 수 있는 결함을 찾아내기가 쉬워진다. 명세가 비즈니스 프로세스를 문서화한다면 자동화 계층이 소프트웨어의 해당 비즈니스 프로세스를 검증하게 된다. 이곳이 바로 기술적인 워크플로우와 스크립트, 가상화된 사용자 인터랙션이 들어 있어야 할 곳이다. 자동화 자체는 목표가 아니다. 자동화는 비즈니스 프로세스를 단련하는 도구에 해당한다.

신뢰할 만한 문서를 만들려면 자주 검증해야 한다. 자동화는 비용이 저렴하지 않은 한 가지 방법이지만 그렇게 하는 유일한 방법은 아니다. 사용성과 같은 부분은 절대 제대로 자동화될 수 없다. 하지만 명세의 일부를 자주 검증하기 위해 노력할 수는 있다. 그러고 나면 많은 팀이 꺼려하는 자동화하기 어려운 부분을 명세로 작성해야 하는 문제를 해결할 수 있다.

---

1 http://dannorth.net/2011/01/31/whose-domain-is-it-anyway를 참고한다.

장기적 가치는 리빙 도큐멘테이션에서 나온다

나와 이야기한 대부분의 사람들은 빠른 출시와 더 나은 품질이라는 단기적 이익을 경험했다. 하지만 "테스트를 정리해야 했던" 팀은 환상적인 장기적 이익 또한 얻을 수 있었다. 나는 컨설턴트로서 많은 팀이 이러한 실천법을 적용할 수 있게 돕지만 보통 오랫동안 함께 일하지는 않기 때문에 장기적인 이익에 대해서는 전혀 모르고 있었다. 하지만 운 좋게도 여러 얼리 어답터들은 이 실천법을 6~7년 동안 사용해 왔고, 장기적으로도 엄청난 혜택을 얻고 있다.

아이오와 학자금 대출은 신뢰할 수 있는 문서 시스템이 있었기 때문에 빠르게 비즈니스 모델을 바꿀 수 있었다. 이플랜 서비스의 팀은 핵심 팀원이 없는 상황에서도 살아남을 수 있었다. 시에라 프로젝트의 개발팀은 지원 요청을 받았을 때 "테스트"를 보조 자료로 활용했다. 여기서 "테스트"를 사용했다고 말하는 것은 잘못된 표현이라 생각한다. 소프트웨어를 테스트할 목적으로 사용하지 않았기 때문이다. 테스트는 신뢰할 수 있고 유의미한 문서다.

대부분의 팀은 테스트를 유지보수하기 쉬운 방법을 찾았으며, 시행착오를 통해 리빙 도큐멘테이션을 적용했다. 그들은 테스트를 좀 더 안정적으로 만들기 위해 재구조화하고, 테스트와 비즈니스 모델을 일치시켰다. 특정한 변화와 연관된 부분을 더 쉽게 찾을 수 있게 테스트가 담긴 폴더를 재구성했다. 비즈니스 사용자가 시스템의 기능에 관해 생각하는 방식과 비슷하게 문서 시스템을 발전시켰다.

나는 신규 팀도 짧은 시간에 이러한 이점을 얻을 수 있다고 어느 정도 자신한다. 몇 년의 시행착오를 통해 그러한 지점에 도달하는 것이 아니라 의도적으로 리빙 도큐멘테이션 시스템을 만든다면 말이다.

이런 생각으로 나는 여러분과 여러분의 팀에게 이제 직접 시도해보길 권한다. 그리고 여러분이 시도한 후 얻은 경험을 나와 나눠주길 바란다. gojko@gojko.com으로 이메일을 보내면 나에게 연락할 수 있다.

부록

참고자료

책

Gojko Adzic, *Bridging the Communication Gap: Specification by Example and Agile Acceptance Testing (Neuri, 2009)*

Gojko Adzic, *Test Driven .NET Development with FitNesse (Neuri, 2008)*

David Anderson, *Kanban: Successful Evolutionary Change for Your Technology Business (Blue Hole Press, 2010)*

Mijo Balic, *Ingrid Ottersten, and Peter Corrigan, Effect Managing IT (Copenhagen Business School Press, 2007)*

Mike Cohn, *Agile Estimating and Planning (Robert C. Martin Series) (Prentice Hall, 2005)*[1]

Lisa Crispin and Janet Gregory, *Agile Testing: A Practical Guide for Testers and Agile Teams (Addison-Wesley Professional, 2009)*[2]

Kev Darling, *F-16 Fighting Falcon (Combat Legend) (The Crowood Press, 2005)*

Mark Denne and Jane Cleland-Huang, *Software by Numbers: Low-Risk, High-Return Development (Prentice Hall, 2003)*

Eric Evans, *Domain-Driven Design: Tackling Complexity in the Heart of Software (Addison-Wesley Professional, 2003)*[3]

Steve Freeman and Nat Pryce, *Growing Object-Oriented Software, Guided by Tests (Addison-Wesley Professional, 2009)*[4]

Donald C. Gause and Gerald M. Weinberg, *Exploring Requirements: Quality Before Design (Dorset House Publishing Company, 1989)*

Capers Jones, *Estimating Software Costs: Bringing Realism to Estimating, 2nd ed. (McGraw-Hill Osborne, 2007)*

---

[1] 불확실성과 화해하는 프로젝트 추정과 계획: 규모 추정, 우선순위, 일정 배치(인사이트, 2008)
[2] 애자일 테스팅: 테스터와 애자일 팀을 위한 실용 가이드(정보문화사, 2012)
[3] 도메인 주도 설계: 소프트웨어의 복잡성을 다루는 지혜(위키북스, 2011)
[4] 테스트 주도 개발로 배우는 객체 지향 설계와 실천(인사이트, 2013)

Craig Larman and Bas Vodde, *Practices for Scaling Lean & Agile Development: Large, Multisite, and Offshore Product Development with Large-Scale Scrum* (Pearson Education, 2010)[5]

Richard Monson-Haefel, *97 Things Every Software Architect Should Know: Collective Wisdom from the Experts* (O'Reilly Media, 2009)[6]

Rick Mugridge and Ward Cunningham, *Fit for Developing Software: Framework for Integrated Tests* (Prentice Hall, 2005)[7]

Mary Poppendieck and Tom Poppendieck, *Lean Software Development: An Agile Toolkit* (Addison-Wesley Professional, 2003)[8]

James Shore and Shane Warden, *The Art of Agile Development* (O'Reilly Media, 2007). *The Art of Agile Development* (O'Reilly Media, 2007)

Gerald Weinberg, *Quality Software Management: Vol. 1, Systems Thinking* (Dorset House Publishing, 1992)

온라인 참고자료

다음은 책에서 언급한 온라인 참고자료의 URL이다. 아래의 웹사이트에서 모든 링크와 더 많은 내용을 확인할 수 있다.

- http://www.specificationbyexample.com

도구

Concordion: http://www.concordion.org

Cucumber: http://cukes.info

FitNesse: http://fitnesse.org

GreenPepper: http://www.greenpeppersoftware.com

---

[5] 대규모 조직에 적용하는 린과 애자일 개발: 대규모 조직에 스크럼을 적용하기 위한 다양한 사고의 도구 및 조직의 도구(케이앤피북스, 2012)
[6] 소프트웨어 아키텍트가 알아야 할 97가지(지앤선, 2011)
[7] FIT 통합 테스트 프레임워크: Fit 테스트는 소통이다(인사이트, 2010)
[8] 린 소프트웨어 개발(인사이트, 2007)

JBehave: http://jbehave.org

Robot Framework: http://www.robotframework.org

SpecFlow: http://www.specflow.org

TextTest: http://www.texttest.org

Twist: http://studios.thoughtworks.com/twist-agile-test-automation/

동영상

고코 아지치, "요구사항에 문제 제기하기", http://gojko.net/2009/12/10/challenging-requirements/

댄 노스, "비즈니스에 BDD 팔기", http://skillsmatter.com/podcast/agile-testing/how-to-sell-bdd-to-the-business

헤멀 쿤타왈라, "USwitch.com의 품질 좋은 소프트웨어 개발 방법", http://skillsmatter.com/podcast/agile-testing/how-we-build-quality-software-at-uswitch-com

비요른 레그넬, "품질 요구사항의 로드맵 지원하기", http://oredev.org/videos/supporting-roadmapping-of-quality-requirements

발표 자료

팀 앤더슨, "페르소나 주도 개발", http://www.umsec.umn.edu/events/Code-Freeze-2010/PDD; http://timandersen.net/presentations/Persona_Driven_Development.pdf

마크 두런드, 데이먼 모건, "인사이드 아웃 린 비즈니스 만들기: 낭비를 줄이기 위한 uSwitch.com의 기술 혁신", http://www.slideshare.net/markdurrand/spa2010-uswitch

글

고코 아지치, "벤처 게임 개발 스튜디오의 애자일", http://gojko.net/2010/05/19/agile-in-a-start-up-games-development-studio/

고코 아지치, "인수 테스트를 위한 도구가 필요한가? 아니면 그건 그저 사악한 것인가?", http://gojko.net/2010/03/01/are-tools-necessary-for-acceptance-testing-or-are-they-just-evil

고코 아지치, "예제는 불일치하는 부분을 확인하기 쉽게 만든다.", http://gojko.net/2009/05/12/examples-make-it-easy-to-spot-inconsistencies/

고코 아지치, "자기 발에 총을 쏘지 않고도 UI 테스트를 하는 방법", http://gojko.net/2010/04/13/how-to-implement-ui-testing-without-shooting-yourself-in-the-foot-2/

고코 아지치, "구글의 테스트 실천법 개선하기", http://gojko.net/2009/12/07/improving-testing-practices-at-google/

고코 아지치, "더 나은 요구사항을 위한 QUPER 모델", http://gojko.net/2009/11/04/quper-model-for-better-requirements/

고코 아지치, "7Digital의 충격 요법 애자일 도입기", http://gojko.net/2009/12/08/shock-therapy-agile-adoption-at-7digital/

마이클 볼튼, "인수 테스트: 제목도 바꿔봅시다", http://www.developsense.com/blog/2010/08/acceptance-tests-lets-change-the-title-too/

마이클 볼튼, "테스트 vs. 확인", http://www.developsense.com/blog/2009/08/testing-vs-checking/

알리스테어 콕번, "한 사람을 희생하라", http://alistair.cockburn.us/Sacrifice+one+person+strategy

크레이그 라만, 바스 보드, "Robot 프레임워크를 이용한 인수 테스트 주도 개발", http://code.google.com/p/robotframework/wiki/ATDDWith RobotFrameworkArticle

크레이그 라만, 바스 보드, "기능 팀 입문서", http://www.featureteams.org/feature_team_primer.pdf

댄 노스, "누구의 도메인인가?", http://dannorth.net/2011/01/31/whose-domain-is-it-anyway/

비요른 레그넬, 리차드 번슨 스벤슨, 토마스 올슨, "품질 요구사항의 로드맵 지원하기", IEEE Software 25, no. 2 (Mar/Apr 2008): 43–47

제임스 쇼어, "인수 테스트의 대안", http://jamesshore.com/Blog/Alternatives-to-Acceptance-Testing.html

제임스 쇼어, "인수 테스트의 문제", http://jamesshore.com/Blog/The-Problems-With-Acceptance-Testing.html

랜스 월턴, "유지보수 가능한 인수 테스트 작성하기", http://www.casualmiracles.com/blog/2010/03/04/writing-maintainable-acceptance-tests/

만화

크리스 매츠, "Agile 2009에서의 Real Options", http://www.lulu.com/product/file-download/real-options-at-agile-2009/5949486

교육 과정

고코 아지치: http://neuri.co.uk/training

오브젝트멘토(Object Mentor): http://objectmentor.com/omTraining/omi_training_index.html

리사 크리스핀(Lisa Crispin), 자넷 그레고리(Janet Gregory): http://www.janetgregory.ca/training.htm

엘리자베스 헨드릭스(Elisabeth Hendrickson): http://www.qualitytree.com/workshops/

픽시스 테크놀러지(Pyxis Technologies): http://pyxis-tech.com/en/our-offer/training

테크토크(TechTalk): http://www.techtalk.at/training.aspx

릭 머그리지(Rick Mugridge): http://www.rimuresearch.com/Coaching.html

찾·아·보·기

[ㄱ]

개념
- 상위 수준의 개념 … 239
- 숨겨진 개념 … 150–151
- 암시적인 개념 … 150–151

개발 완료된 프로젝트 … 224–225
개발 환경 … 260
개발자
- 개발자와 기능 테스트 자동화 … 77
- 송킥 … 302
- 실행 가능한 명세를 위한 자동화 도구 … 78–79
- 자동 점검 … 86

개스퍼 나기 … 142, 201, 241
검증 … 213–235. 검증 자동화 참조
- 단계적 검증 … 220–221
- 빠른 피드백 얻기 … 225–232
  - 긴 테스트 팩을 더 작은 모듈로 나누기 … 226–227
  - 비즈니스 시간 도입하기 … 225–226
  - 빠른 테스트와 느린 테스트를 분리하기 … 228
  - 야간 테스트 팩을 안정적으로 유지하기 … 229
  - 테스트 실행 병렬화하기 … 230–232
  - 테스트에 인메모리 데이터베이스를 사용하지 않기 … 227–228
  - 현재 이터레이션 팩 만들기 … 230
- 신뢰성이 떨어지는 부분 줄이기 … 214–225
  - CI 테스트 이력을 이용해 불안정한 테스트 파악하기 … 216–217
  - 단계적 검증 … 220–221
  - 비동기 처리를 선택사항으로 만들기 … 223–224
  - 선택적으로 외부 시스템을 격리하라 … 219–220
  - 실행 가능한 명세를 종단간 검증으로 사용하지 마라 … 224–225
  - 완전히 자동화된 배포 … 217–218
  - 외부 시스템을 위한 간단한 테스트 더블 … 218–219
  - 작은 변화를 반복적으로 도입하기 … 215–216
  - 지속적인 검증 전용 환경 … 217
  - 참조 데이터 검증하기 … 222
  - 트랜잭션 내에서 테스트 실행하기 … 221–222
  - 특정 시간 동안 대기하지 말고 이벤트 기다리기 … 222–223
- 실패하는 테스트 관리하기 … 232–235
  - 알려진 회귀 실패 팩 만들기 … 233–234
  - 어느 테스트가 비활성화됐는지 자동으로 확인하라 … 234–235
- 자동화 계층에서 검증 프로세스를 기술하기 … 196–197

검증 자동화
- 검증 자동화 계층
  - 자동화 계층 내에서 검증 프로세스를 기술하라 … 196–197
  - 자동화 계층 내에서 비즈니스 로직을 복제하지 마라 … 197–198
- 검증 자동화 테스트 데이터 … 207–211
  - 데이터베이스에서 원형을 뽑아내라 … 210–211
  - 미리 채워진 참조 데이터를 사용하라 … 209–210
  - 이미 존재하는 데이터를 사용을 피하라 … 208
- 검증 자동화가 필요 이유 … 186–188
- 검증 자동화를 위한 도구들 … 188–189
- 기존 테스트 스크립트를 자동화하는 것을 피하라 … 191–192
- 명세의 변경 없는 검증 자동화 … 54–56
- 사용자 인터페이스 테스트와 테스트 자동화 … 193–194, 202–207
  - UI 명세로는 UI 기능만 확인하라 … 204–205
  - 고도의 추상화 수준에서 사용자 인터페이스 기능을 명시하라 … 203–204
  - 기록된 UI 테스트를 피하라 … 205–206
  - 데이터베이스 컨텍스트를 설정하라 … 207
  - 사용자 인터페이스를 통해 비즈니스 로직을 확인하지 마라 … 199
- 사전에 자동화를 계획하라 … 189–190
- 시스템 경계를 따라 자동화하라 … 198–199
- 애플리케이션 내부 … 200–202
- 자동화 코드의 중요성 … 194–196
- 자동화를 미루거나 위임하지 마라 … 191

검토
- 스토리 … 132–133
- 테스트 … 126

격식없는 대화 … 127
결함 검출 효율 … 89
경영진 지원, 팀 문화의 변화 … 82
계층
- 기능 영역에 따라 구성 … 246–247
- 명세 그룹화 … 246–247

계획 회의: 스카이 네트워크 서비스 … 90–92
고객
- 고객으로부터 직접 기본 예제를 얻어라 … 147–149
- 세션 로그 … 264

고객 인수 테스트 … 83
고객 충성도 프로그램 예제 … 58–60
- 리빙 도큐멘테이션 … 61
- 목표 … 59
- 범위 … 58
- 실행 가능한 명세 … 60–61
- 예제가 포함된 명세 … 60

공동 사전 계획 회의 … 91

찾·아·보·기

교육 과정	316
구글	97
구획점: QUPER 모델	154–155
극단적인 상황	144, 149
글로벌 설정 파일에 기본값 설정	178
글로벌 탤런트 매니지먼트 팀: 얼티밋 소프트웨어	45, 88–89, 92, 196, 207, 221
기능 영역: 기능 영역에 따라 문서 시스템을 구성하라	246–247
기능 인수 테스트	214, 227–228
기능 주입	116
기능 테스트 자동화	74
기능 테스트 자동화부터 시작하라	76
프로세스 변경의 최종 목표로 잡지 마라	84
기능 팀	115–116
기능 회귀	61, 64, 279
기능, 완전한 기능 단위로 개발	115–116
기대하는 결과를 이해하라	111–112
기술 용어 사용하지 않기	80–81
기술 통합 테스트	225
기술적으로 극단적인 상황	144
기술적인 난관	168–169
기술적인 도구를 사용해 검증 자동화하기	188
기술적인 자동화 개념	239–240
기술적인 테스트	168, 223

[ㄴ]

낙농 가축 기록 시스템	193
날리전트 그룹	95, 146
노르웨이 낙농 가축 기록 시스템	177, 210, 244, 249
높은 제품 품질	39–43
느린 테스트 피드백	214

[ㄷ]

다른 해결책	114
다이아몬드의 발명 (에드워드 제이 엡스타인)	159
단계적 검증	220–221
단위 테스트	
송킥	298–304
이플랜 서비스	290
대규모 워크숍	308
대규모 조직에 적용하는 린과 애자일 개발 (바스 보드, 크레이그 라만)	93

대비성 코드	99
대형/복합 그룹	220–221
댄 노스	87, 152
더 나은 업무 배치	46–47
데이먼 모건	231, 257, 262–263
데이비드 앤더슨	75
데이비드 에반스	191, 270
데이비드 홀데인	213
데이터	
데이터를 사용한 실험	144
자신만의 데이터를 만들지 마라	146
데이터 만료	226
데이터 중심적인 시스템	
참조 데이터를 검증하라	222
테스트에 인메모리 데이터베이스를 사용하지 마라	227–228
데이터베이스	
사용자 인터페이스를 위한 컨텍스트를 설정하라	157
원형을 뽑아내라	210–211
인메모리를 사용하지 마라	227–228
트랜잭션 제어	221–222
도널드 가우스	73, 139
도메인 주도 설계 (에릭 에반스)	179
동치분류	143

[ㄹ]

라케쉬 파텔	44, 91, 238
랜스 월턴	40, 42, 203–204
레거시 스크립트에는 유지보수 인력을 남겨라	85
레거시 시스템	
단계적 검증	220–221
레거시 시스템에 대한 예제	146
레거시 시스템에 자동화 테스트를 새로 작성	216–217
테스트 자동화에서 제품 코드	197–198
레거시 프로젝트에서 신뢰성 떨어지는 부분 줄이기	214–215
레인스토	
고객을 위해 상호작용이 가능한 프로토타입 만들기	153
교훈	273
구조화된 데이터를 위한 아카이빙 시스템을 개발	148–149
더 정밀한 성능 요구사항을 확보하기	152–153
문서로서의 테스트	66–67
빠른 테스트와 느린 테스트를 분리하여 실행하기	228
사용된 프로세스	

항목	페이지
프로세스 변화하기	269–271
현재 프로세스	271–273
예제를 활용한 명세 구현	83
롭 파크	
IVR 시스템의 통합	198–199
린독에서 예제를 활용한 명세 적용	44
명세 언어 발전시키기	241
범위 승인받기	94
소규모 워크숍(Three Amigos)	124
실행 가능한 명세를 위한 도구 도입	79
외부 시스템을 위한 테스트 더블 만들기	218–219
우선순위	109–110
리빙 도큐멘테이션	63–71
경쟁우위로서의 리빙 도큐멘테이션	280–281
고객 충성도 시스템의 예	61
리빙 도큐멘테이션의 예	36–39
리빙 도큐멘테이션의 효과	69–70
명세의 자동화 검증과 리빙 도큐멘테이션	188
배포 승인	92–94
산탄총 수술	99
실행 가능한 명세에서 리빙 도큐멘테이션 만들기	67–69
왜 필요한가	65–66
이점	57
이플랜 서비스의 예	293–294
장기적인 가치	310
정의	36–37
테스트로서의 리빙 도큐멘테이션	66–67
리빙 도큐멘테이션의 이점	69–70
리사 크리스핀	
단위 테스트	290
문서로써의 테스트의 가치	67
예제의 과도한 서술	172–174
이해관계자의 참여	129–130
인수 테스트	293
작은 규모의 워크숍	123
테스트 주도 개발 활용	79
협업을 통한 인수 테스트 작성의 실패	120
릭 머그리지	166
린 소프트웨어 개발 (매리 포펜딕, 톰 포펜딕)	99
린독 그룹	43

[ㅁ]

항목	페이지
마르코 마일론	209
마르타 곤잘레즈 페레로	120, 138–139
마이크 보겔	95–96, 146, 240, 248
마이크 콘	290
마커스 가트너	76, 85, 251
마크 덴	110
마크 스트라이벡	97
마틴 잭슨	41
만화: 참고자료	315
매리 포펜딕	99
매튜 스티어	44–95
매핑	117
맨먼스 미신	107
메이켈 수아레즈	92, 133, 196
명세	159–183
기본 예제로 시작	174–175
기술적인 난관을 회피하지 않기	168–169
긴 명세 만들지 않기	237–238
명세 사용하기	175–176
명세 정제하기	53–54
명세를 계층으로 그룹화하기	246
명세와 다른점	164–166
명세의 기본	
명시하지 않기	178
의존하지 않기	178
명세의 예	
나쁜 명세	161–164
나쁜 명세 정제하기	179–182
좋은 명세	160–161
모든 의존관계를 명시적으로 설정하지 않기	177
비즈니스 기능	167
사용자 인터페이스 세부사항에 매몰되지 않기	170
설명적인 제목을 사용하고 짧은 단락으로 목표를 설명하기	171
실행 가능한 명세	
실행 가능한 명세를 종단간 검증으로 사용하지 마라	224–225
참조 데이터 검증하기	221–222
참조할 때 URL 대신 태그 사용하기	249–250
실행 가능한 명세 살펴보기	54–56
예제는 명확하고 테스트할 수 있어야 한다	164
예제를 과도하게 서술하지 않기	172–174
유비쿼터스 랭귀지 사용하기	179

찾·아·보·기

자명한 명세 170-171
짝으로 명세 작성하기 243-244
코드와 긴밀하게 결합된 명세를 작성하지 않기 167-168
테스트 기간 사용 57
하나의 기능을 설명하는 데 다수의 작은 명세를 사용하지 않기 238
한곳에 집중 175
협업을 통해 명세 만들기 52-53
명세 언어
   명세 언어 발전시키기 241-242
   명세 언어 정의에 대한 공동작업 243-244
   페르소나에 기반한 명세 언어 242-243
명세 워크숍
   명세 워크숍 결과물 306
   명세 워크숍 대체하기 263
명세 작업의 협업 모델
   개발자가 테스트를 자주 검토 126
   격식없는 대화 127
   소규모 워크숍(Three Amigos) 123-124
   전체 팀원이 참여하는 워크숍 121-123
   짝으로 작성하기 125-126
   협업 모델 선택 135-136
명세 정제하기 53-54
명세에서의 기본값 178
명세에서의 의존관계 177
명세의 도입부 171
명확한 예제 142-143, 149-151
   예/아니오의 응답할 수 있는 형태가 아니다 142
   추상적인 동치분류를 사용하지 말라 143
모듈: 긴 테스트 팩은 작은 모듈로 나눠라 226
목표
   고객 충성도 예제에서의 목표 58
   목표에서 범위 도출 51-52, 105-106, 113-117
      기대하는 결과는 무엇인가 111
      누구를 만족시켜야 하는가 108-109
      사용자 스토리 구성 112-113
      어디서 가치가 창출되는가 109-110
      왜 필요한가 108-109
무료 배송: 고객 충성도 프로그램 예제 59
문서 고고학 65
문서 시스템 237-252
   문서 시스템 구성하기
      비즈니스 프로세스에 따라 문서 시스템 구성하기 248
      UI 탐색 경로를 따라 문서 시스템 구성하기 247-248
      기능 영역을 기준으로 문서 시스템 구성하기 246-247
      실행 가능한 명세를 참조할 때 태그를 사용하여 문서 시스템 구성하기 249-250
      스토리를 사용하여 문서 시스템 구성하기 246
   문서 시스템에 귀 기울여라 250-251
   비즈니스 프로세스 문서화 308-309
   이해하기 쉬워야 한다 237-240
      기술적인 자동화 개념을 사용하지 마라 239-240
      상위 수준 개념 239
      명세 237-238
   일관성 유지하기 240-245
      기본 요소를 문서화 244-245
      명세 언어 241-244
   문서 시스템 구성 245-251
      UI 탐색경로를 따라 247-248
      URL 대신 태그를 사용하여 실행 가능한 명세 참조 249
      기능 영역 기준으로 246-247
      비즈니스 프로세스를 따라 구성 248
      스토리에 따라 구성 246
문서 중심 모델 *리빙 도큐멘테이션 참조*
문서로써의 테스트의 가치 67
미리 채워진 참조 데이터 209-210
미카엘 빅 126, 210

[ㅂ]

바스 보드 93, 122, 130
발표 자료 314
배포 승인에 대한 간단한 유스 케이스 93-94
배포 전 테스트 수행 261
"배트맨" 85
백로그 항목 114-115
범위
   고객 충성도 시스템의 예 58
   목표에서 범위 도출 51-52, 105-117
      추가 정보 116-117
      사용자 스토리 구성 112-113
      기대하는 결과는 무엇인가 111-112
      어디서 가치가 창출되는가 109-110
      누구를 만족시켜야 하는가 108-109
      왜 필요한가 108-109
배포 승인 92

찾·아·보·기

상위 수준 권한 없이 협업하기   113–116
    다른 해결책에 대해 질문하기   114
    어디에 유용한 것인지 질문하기   113–114
    완전한 기능 단위로 개발하기   116
    최하위 수준에서만 보지 않기   114–115
벡 컨설팅
    개발자에 의한 테스트 검토   126
    레거시 데이터 중심의 시스템의 데이터베이스에서 원형을 뽑기   210
    명시적 명세에 대한 데이터 통합 조건의 영향   177
    실행 가능한 명세에 대한 신뢰를 쌓기   193
    예제를 활용한 명세를 통한 높은 제품 품질   40
    태그 사용   249
    협업을 통한 언어 정의   244
변경 작업의 효율화   36–39
변화
    작업의 효율화   36–39
    추적성   92–96
      간소화된 유스 케이스로 승인받아라   95
      명세가 아닌 범위로 승인받기   94
      버전 관리 시스템을 통해 실행 가능한 명세를 유지하라   93
      유스 케이스 실체화하기   96
      추출된 리빙 도큐멘테이션으로 출시 승인 받기   94
    팀 문화   80–87
      경영진의 지원을 확보하라   82
      기술적인 용어 사용을 자제하라   80–81
      누가 자동 점검을 실행하는지 관리하라   86–87
      도구에 집착하지 마라   84–85
      레거시 스크립트에 한 사람을 남겨 놓아라   85–86
      인수 테스트의 방법으로 예제를 활용한 명세를 홍보하라   83
      테스트 자동화를 최종 목표로 잡지 마라   84
보르게 로트레   193, 210, 249
보트 점   213
부메랑   97–98
분석의 불일치   98
불신을 토로한 모델   307
브라우저 자동화 툴킷   264
블랙박스 테스트   73, 139
비기능 요구사항
    예제를 활용하여 비기능 요구사항 설명하기   151–157
      QUPER 모델   154–155
      UI에 대한 프로토타입 사용하기   153
      정밀한 성능 요구사항 사용하기   152–153
      참조 예제 만들기   156–157
      토론에 체크리스트 사용하기   155–156
    정의   152
비동기 처리   223
비동기 프로세스   222–225
비디오 게임: 참조 예제   156–157
비요른 레그넬   154
비용
    비용 이익의 구획점과 장벽   154–155
    실행 가능한 명세의 유지보수   186–188
비즈니스 규칙 단계: UI 자동화에서의   206–207
비즈니스 기능   167
비즈니스 로직   224
    비즈니스 로직을 사용자 인터페이스를 통해 확인하지 마라   199
    비즈니스 로직을 자동화 계층에 복제하지 않기   197–198
비즈니스 목표, 목표 참조
비즈니스 사용자
    비즈니스 사용자가 범위를 제공   107
    비즈니스 사용자와 기능 테스트 자동화   76–77, 84
    비즈니스 사용자와 기술적인 용어   80–81
    비즈니스 사용자와 실행 가능한 명세를 위한 자동화 도구   78
    어디에 유용한 것인지 비즈니스 사용자에게 질문하기   113–114
비즈니스 시간   225–226
비즈니스 인수 테스트   83
비즈니스 프로세스의 문서   249, 308–309
비즐리 (보험사)
    도구에 집착해 만들어진 프로세스   84–85
    리빙 도큐멘테이션 시스템의 구성   247–248
    스크립트를 명세로 재구성   166
    예제를 사용해 요구사항을 정리
    예제를 활용한 명세를 통한 향상된 업무 배치   46–47
    토론을 위한 준비   131–132

[ㅅ]

사람이 읽을 수 있는 명세   185–186
사브르 에어라인 솔루션스
    교훈   288
    비즈니스 사용자가 기대하는 결과를 이해하기   111–112
    프로세스 변화시키기   283–285
    프로세스 변화의 결과   287
    협업 개선하기   285–287
사브르 홀딩스   39–40
사업적인 관점에서 BDD 홍보하기 (댄 노스)   87

찾·아·보·기

사용자	비즈니스 유저, 유저 인수 테스트, 유저 인터페이스, 유저 스토리 참조	
사용자 스토리		
나누기		115–115
매핑		116
범위 정의하기		107, 112–113
요소		108–109
사용자 워크플로우 단계: UI 자동화에서		206
사용자 인수 테스트		83
사용자 인터페이스		
사용자 인터페이스 자동화		206–207
사용자 인터페이스 테스트		193–194, 202–207
UI 명세		205
고도의 추상화 수준		203–204
기록하지 않기		205–206
데이터베이스 컨텍스트를 설정하기		207
사용자 인터페이스 기록 및 재생		205–206
사전 계획 단계		307–308
사전 회의		128
산탄총 수술		99
상위 수준의 개념		239
상위 수준의 구조		245
상황 주도 테스트		56
상황판		75
생산성: 자동화 노력에 대한		189–191
선조건: 명세에 정의된		175–176
성능 요구사항		152–153
셰인 워든		85
소규모 프로젝트를 외부 컨설턴트에게 검토받아라		189
소프라 그룹		43
예제를 활용한 명세	예제를 활용한 명세의 이점 참조, 36	
웹사이트		56
인수 테스트 방법		83
주요 프로세스 패턴		35, 50–57, 60–62
폭포수 모델의 차이점		87
소프트웨어 요구사항		73
송킥		298
교훈		303–304
리빙 도큐멘테이션 활용		36
비동기 프로세스		222
사소한 사용자 인터페이스 문제 테스트하기		300
사용된 프로세스		
프로세스의 변경		298–301
현재 프로세스		302–303
아마존의 EC2 클라우드를 사용해 인수 테스트를 실행		231
자동화 코드의 중요성		194–196
테스트 활용		67
수동 테스트		76
수잔 키드웰		275
수퍼매시브 게임즈		156–157
스콧 베르거		45, 88, 196–197, 207
스크럼		46, 75, 258, 269, 290
스크럼 보드의 완료 열		46
스크립트		
명세와 다른점		164–166
흐름 위주의 설명을 나타내는		166–167
스테어 콕번		86
스테이징 환경		260
스토리		
글로벌 탤런트 매니지먼트 팀		88
문서 시스템으로 구성하기		246
사용자 스토리		
요소		108–109
범위 정의하기		107–108, 112–113
매핑		116
나누기		115–115
스카이 네트워크 서비스		89–92
시에라 팀		89
일찍 검토하기		132–133
스토리 챔피언: 스카이 네트워크 서비스		92
스튜어트 어빈		113
스튜어트 테일러		43, 124, 240–241
스티븐 로이드		46, 189, 257
스프린트		91
승인		추적성 참조
간소화된 유스 케이스		95
범위		94
추출된 리빙 도큐멘테이션		94
승인을 위한 폭포수 모델의 승인 프로세스		94
시간		
비즈니스 시간		225–226
특정 시간 동안 대기하지 말고 이벤트 기다리기		222–223
시간적 제약		225–226
시스템의 위험 요소 자동화하기		77–78
시에라 팀의 비즈니스 분석가		90
시에라 팀의 익스트림 프로그래밍		89–90

찾·아·보·기

시에라 프로젝트: BNP 파리바   40, 67, 89-90, 205, 241
신규 프로젝트   223
신디 바츠   275
신뢰: 이해관계자와 개발팀 간의   306-307
신뢰성이 떨어지는 부분 줄이기   214-225
    CI 테스트 이력을 이용해 불안정한 테스트 파악하기   216-217
    단계적 검증   220-221
    비동기 처리를 선택사항으로 만들기   223-224
    선택적으로 외부 시스템을 격리하라   219-220
    실행 가능한 명세를 종단간 검증으로 사용하지 마라   224-225
    완전히 자동화된 배포   217-218
    외부 시스템을 위한 간단한 테스트 더블   218-219
    작은 변화를 반복적으로 도입하기   215-216
    지속적인 검증 전용 환경   217
    참조 데이터 검증하기   222
    트랜잭션 내에서 테스트 실행하기   221-222
    특정 시간 동안 대기하지 말고 이벤트 기다리기   222-223
실제 데이터: 예제에서   146
실패하는 테스트   214
    관리   232-235
        비활성화된 테스트 자동으로 확인하기   234-235
        알려진 회귀 실패 팩 만들기   233-234
    비활성화   234-235
실행 가능한 명세
    개요   54-55
    고객 충성도 예제   60-61
    리빙 도큐멘테이션 만들기   67-69
    버전 관리 시스템을 통해 유지하라   93
    실행 가능한 명세 자동화   84
    자주 변경되는 실행 가능한 명세   97
    종단간 검증으로 사용하지 마라   224-225
    참조 데이터를 수정   221-222
    참조할 때 URL 대신 태그를 사용하라   249-250
    코드 만큼이나 믿을 만한 실행 가능한 명세   57
    테스트 주도 개발과 실행 가능한 명세   79
    프로세스 변경   78-79
실행 가능한 명세를 참조할 때 태그 사용하기   249-250

[ㅇ]

아담 나이트
    고객을 위한 프로토타입 만들기   153
    구조화된 데이터를 위한 아카이빙 시스템 개발   148
    문서로서의 테스트   66
    빠른 테스트와 느린 테스트를 분리해서 실행   229
    알려진 회귀 실패 팩 만들기   233
    예제를 활용한 명세 적용   81, 272
아담 제라스   73, 111
아마존 EC2 클라우드   231
아이린(iLean)   108
아이오와 학자금 대출 유동성 주식회사
    개요   275
    경쟁우위로서의 리빙 도큐멘테이션   280
    교훈   281
    리빙 도큐멘테이션 활용   37
    명세 기본 요소의 문서화   244
    명세 언어와 페르소나 일치시키기   242-243
    미리 채워진 참조 데이터   209
    비활성화된 테스트 자동 확인하기   234-235
    사용된 프로세스
        프로세스의 변경   275-276
        프로세스의 최적화   276-280
    테스트 자동화 계층에 비즈니스 로직을 복제하지 마라   197
    테스트용 데이터베이스 성능 향상시키기   228
    테스트의 활용   67
아즈락 헬레소이   40, 167, 203
알려진 회귀 실패 팩   233
알베르트 아인슈타인   107
암시적인 개념   150-151
암시적인 개념 : 예제 내에 있는   150-151
앙드레 브리셋
    리빙 도큐멘테이션 시스템   37-38
    모든 개별 상황을 다루지 마라   174
    애자일 개발에서의 문서   68
    자동화 프로세스 도중 생산성 하락에 대비한 계획   190
    제품 백로그 정제 워크숍   122
    초기 예제   133-134
    토론을 위해 고객의 이메일을 사용   147
애자일 동맹 기능 테스트 도구 그룹   50
애자일 소프트웨어 개발   73
앤드류 잭맨
    BNP 파리바의 시에라 팀에서의 성공사례   89-90
    명세 언어 발전시키기   241
    사전 준비와 검토   131
    예제를 활용한 명세 적용으로 프로젝트 성공   39
    지원 업무를 위한 지식기반으로써의 테스트 결과   67

찾·아·보·기

항목	페이지
짝으로 작성하기	125
야간 빌드: 지속적인 검증 시스템	272
야간 테스트 팩 : 안정적으로 유지하라	229
얼티밋 소프트웨어의 글로벌 탤런트 매니지먼트 팀	45, 88, 133, 196, 221
업무 흐름으로 협업하도록 통합하기	87–88
업무 배치	46–47
에너지 디렉터리 재작성	262–263
에드워드 제이 엡스타인	
에릭 에반스	179
엘버트 디서트 보트	213
역공학	66
영국 스카이 방송사	44, 90–91
예/아니오 형태	142–143
예제	
명확하고 테스트할 수 있어야 한다.	164
명확해야 한다	142–143
비기능 요구사항 기술	151–157
참조 예제를 만들어라	156–157
QUPER 모델을 시도하라	154–155
토론에 체크리스트를 사용하라	155–156
더 정밀한 성능 요구사항을 확보하라	152–153
UI에 대해 저수준 프로토타입을 사용하라	153–154
상세화 수준	53
예제	141–142
예제의 간결성	54
예제의 완전성	144–145
이해하기 쉬워야 한다	149–151
현실적이어야 한다	145–149
활용하여 명세를 적용하라	
프로세스 개선	74–75
진척 상황	97
활용해 설명하기	53
예제 상세화	
수준	53
준비	131–132
예제 중 관련성이 떨어지는 정보	54
예제를 과도하게 서술	172
예제를 활용한 명세 적용	
프로세스의 변경	74
프로세스 진행상황 추적	97–99
부메랑 현상 확인	97
산탄총 수술	99
자주 변경되는 것에 대한 테스트	97
조직의 불일치 치료	98
예제를 활용한 명세의 이점	33–48
예제를 활용해 설명하기	예제 참조
예제의 완전성	144–145
온라인 참고자료	313
와이어하우저	41–42, 79, 81
외부 시스템	
간단한 테스트 더블을 만들어라	218–219
선택적으로 격리하라	219–220
외부 참조 데이터 소스	218–219
요구사항	73–74
예제를 사용해 기술하기	138–140
요구사항에 대한 문제 제기	107
요구사항에 대한 문제 제기	107–108
요하네스 링크	169, 239
우선순위	109–110
워드 문서: 승인을 위한	94
워드 커닝햄	73, 166
워크숍	
워크숍 결과물	306
워크숍 대체하기	263
대규모 워크숍	308
전체 팀원 워크숍	121–123
웨스 윌리엄스	
단위 테스트 도구에 대한 초기 경험	195
예제를 활용한 명세를 통한 제품 품질 개선	39–40
재작업으로 인한 UI 구축 지연	111–112
중복된 테스트 명세	284
테스트 개선하기	285
팀이 완전한 기능을 출시하게 하기	115–116
프로세스 변화하기	283
협업 개선하기	285
웹 컨트롤러 자동화	200
위험 요소가 많은 시스템 부분의 자동화	77–78
위험도가 낮은 테스트를 비활성화하라	231–232
유비쿼터스 랭귀지	179
유스 케이스	95
유스위치	257–267
Cucumber 도입하기	188–189
교훈	266–267
명세 워크숍	121
비즈니스 스토리에 대한 비즈니스 사용자와의 협업	111–112

찾·아·보·기

사용된 프로세스
  프로세스 변화하기 258–260
  현재 프로세스 264–265
  프로세스 최적화 260–264
예제를 활용한 명세를 통한 향상된 업무 배치 46
위험도가 낮은 테스트 비활성화하기 231–232
초기 예제만 준비하기 133–134
품질 향상에 집중 75
프로세스 변화의 결과 265
형식에 얽매이지 않은 대화 127–128
유용성
  예제를 사용해 기술하기 138–140
  유용성 테스트 55
  참조 예제 156–157
유용성: QUPER 모델 154–155
유지보수
  유지보수 비용
    문서 66–67
    실행가능한 명세 186–188
    줄이기 261
  자동화 테스트 유지보수 65–66
이벤트를 기다려라 222–223
이스모 아로 115
이안 쿠퍼
  Three Amigos 회의 123–124
  기본값에 의존 178
  도구에 집착해 만들어진 프로세스 84–85
  리빙 도큐멘테이션 시스템의 구성 247–248
  리빙 도큐멘테이션 유지보수 문제 251
  스크립트를 명세로 재구성 166–167
  예제를 활용한 명세를 통한 향상된 업무 배치 47
  자동화 비유 187
  토론을 위한 준비 131–132
이터레이션 73, 83
이터레이션 팩 230
이플랜 서비스 290–296
  교훈 295–296
  리빙 도큐멘테이션 293–294
  리빙 도큐멘테이션 활용 38
  사전 회의를 열어라 128–129
  이해관계자가 참여하게 하라 129–130
  테스트 주도 개발을 활용하라 79
  프로세스

    프로세스 변화시키기 290–293
    현재 프로세스 294–295
이해관계자
  개발팀원 간의 신뢰 306–307
  비개발자 239–240
  참여시키기 129–130
이해관계자와 개발팀원 간의 신뢰 306–307
인메모리 데이터베이스, 테스트에 사용하지 마라 227–228
인수 기준 264–265
인수 테스트 73
  검증을 자주 실행하는 데 있어서의 문제 214–215
  사브르 에어라인 솔루션스 283
  예제를 활용한 명세 방법으로의 83
  이플랜 서비스 291–292
인수 테스트 주도 개발 41, 인수 테스트 중심 모델 참조
인수 테스트 중심 모델 64
일정과 명세 83

[ㅈ]

자기 무덤을 파지 않고 UI 테스트를 구현하는 법 (Adzic) 206
자넷 그레고리 123
자동 점검으로 누가 실행하는지 관리 86–87
자동화
  사용할 명세를 선택하기 위한 자동화 151
  배포 217–218
  실행 가능한 명세의 자동화 82
  명세의 변경 없이 검증 자동화 56–58
자동화 검증을 위한 도구 188–189
자동화 개념: 기술적인 239–240
자동화 계층
  유연한 자동화 계층 193
  자동화 계층으로 의존관계 옮기기 177
  자동화 계층에서 기술적 어려움을 해결 169
  고도의 추상화 수준에서 사용자 인터페이스 기능을 명시하기 203–204
자동화 코드 185–186
자동화 테스트
  문서로써의 자동화 테스트 65–67
  아이오와 학자금 대출 276
  레인스토 272–273
  레거시 시스템에서 테스트 자동화를 새로 작성하는 경우 216–217
  사브르 에어라인 솔루션스 283
  자동화 테스트 지원이 미비한 시스템에서 작업하는 경우 215–216

찾·아·보·기

항목	페이지
자동화 테스트 갱신하기	67-69
자동화된 실행 가능한 명세	74
자명한 명세	170-171
자연어	53
자연어의 해석	53
작은 규모의 워크숍	123-125
비즈니스 시간	225-226
특정 시간 동안 대기하지 말고 이벤트 기다리기	222-223
장황한 설명의 예	53-54
짝으로 작성하기	125-126
재작업 감소	44-45
저스틴 데이비스	275-276, 279
적절한 시기 (just-in-time)	35, 50, 100
전문용어	53
전용 환경	
지속적인 검증	217
테스트	260
전체 팀원 워크숍	121-123
점진적 접근 : 신뢰성이 떨어지는 부분을 줄이는	214-215
정기 빌드: 지속적인 검증 시스템	272
제럴드 와인버그	73, 139
제이비 레인스버거	275
제이피 모건 체이스	41
제인 클레랜드-후앙	110
제임스 쇼어	85, 187
제품 분석가: 글로벌 탤런트 매니지먼트 팀	88
제품 코드	196-198
제품 품질	39-43
제프 패톤	117
조나스 반디	146-177
조디 파커	
격식없는 대화	127
대비성 코드를 만들지 않기	99
인수 테스트를 병렬 수행	230
지나친 회의 준비	134
출시 상황판 만들기	75
협업을 통한 명세 작성의 실패	119
조직의 불일치 지표	98
존 닐	121, 257, 259
종단간 검증	224-225
종단간 유스 케이스	248
종단간 통합 테스트	227-228
종이 문서	54
종이 문서: 단점	54
주말 빌드: 지속적인 검증 시스템	272
주요 프로세스 패턴	프로세스 패턴 참조
준비-행위-단언 언어	175-176
지속적인 유효성 검증 시스템	272
지속적인 통합	213-217
진행상황 추적	97-99
부메랑을 확인하라	97-98
산탄총 수술	99
자주 변경되는 테스트	97
조직 불일치 지표	98

[ㅊ]

항목	페이지
차별점: QUPER 모델	154
참고자료	312-316
교육 과정	316
도구	313
동영상	314
만화	315
발표 자료	314
온라인 참고자료	313
책	312
참조 데이터	
실행 가능한 명세가 참조 데이터를 수정하는 경우	221-222
참조 데이터 검증하기	222
참조 예제: 비기능에 대한	
요구사항	156-157
채닝 월턴	40, 208
추상화	150-151
추적성	92-96, 249-250
버전 관리 시스템을 통해 실행 가능한 명세를 유지하기	93
승인 받기	
간소화된 유스 케이스	95
범위	94
추출된 리빙 도큐멘테이션	94
유스 케이스 실체화	96
종단간 유스 케이스	248
추정	110
추정을 없애라	265
출발점: 프로세스 변경을 위한	74
충성도 프로그램의 예	고객 충성도 프로그램의 예제 참조

찾·아·보·기

[ㅋ]

칸반 흐름 프로세스	75, 88–89, 302
캘리포니아 교통부	213
케이퍼스 존스	64
코드	
긴밀하게 결합된 명세를 작성하지 않는다	167–168
믿을 만한 실행 가능한 명세	57
자동화	185–186
제품	196–198
코드 냄새	99
쿠마란 시바파사순타람	92
크레이그 라만	93, 122, 130
크리스찬 하사	
UI에 테스트 연동	200
기록 및 재생 기반의 도구	205
다른 해결책 묻기	
도메인 언어 정의에 대한 협업	243
레거시 시스템 교체	65
프로젝트 범위	107
횡단 관심 요구사항의 토론 체크리스트	156
클라우드 컴퓨팅 서비스	231
클레어 맥레넌	47, 82, 133, 195, 215
UI에 테스트 연동	200
기록 및 재생 기반의 도구	205
긴밀하게 결합된 명세를 작성하지 않는다	167–168
다른 해결책 묻기	114
도메인 언어 정의에 대한 협업	243
레거시 시스템 교체	65
믿을 만한 실행 가능한 명세	57
자동화	185–186
제품	196–198
프로젝트 범위	107
횡단 관심 요구사항의 토론 체크리스트	156

[ㅌ]

탈리아 시스템	38, 147
탐색적 테스트	56
테스트	명세 참조
CI 테스트 이력을 이용해 불안정한 테스트 파악하기	216–217
기능 인수 테스트: 잦은 검증에 대한 문제점	214
기술 통합 테스트	224–225
기술적인 테스트	224–225
긴 테스트 팩을 더 작은 모듈로 나누기	226–227
느린 테스트 야간 실행하기	229
다중 테스트 환경	230–232
맥락 지향적 테스트	56
명세 기간 사용	56
명세에서의 테스트	173–174
블랙박스	139
비활성화 테스트	234–235
빠른 테스트와 느린 테스트 분리하기	228
사용자 인수 테스트	83
송킥의 단위 테스트	299–300
수동 테스트	76–78
실패하는 테스트 관리하기	232–235
외부 시스템을 위한 테스트 더블	218–219
인수 테스트: 이플랜 서비스	291
자동화 테스트	
레인스토	269–273
아이오와 학자금 대출	276
자동화 테스트 지원이 미비한 시스템	215–216
자주 검토하기	126
잦은 테스트 변경	97
재작성하기	260
종단간 통합 테스트	227–228
코드와 긴밀하게 결합된 명세를 작성하지 않기	167–168
테스트 실행 병렬화하기	230–232
테스트 유형	56
테스트로서의 리빙 도큐멘테이션	67–69
테스트에 기술적인 자동화 개념을 허용하지 않기	239–240
테스트에 인메모리 데이터베이스를 사용하지 않기	227–228
통합 테스트	198–199
트랜잭션 내에서 테스트 실행하기	221–222
테스트 단계에서 생기는 병목 현상	76
테스트 데이터	207–211
데이터베이스에서 원형을 뽑아내기	210–211
미리 채워진 참조 데이터를 사용하기	209–210
이미 존재하는 데이터 사용하지 않기	208
테스트 병렬 실행	230–231
테스트 스크립트를 자동화하지 않기	191–192
테스트 자동화	
기능 회귀 예방을 통한 테스트 자동화	64
문서 사용하기	66
테스트 자동화는 최종 목표가 아니다	84
테스트 자동화를 통해 기능 회귀 예방하기	64–65

찾·아·보·기

테스트 재작성하기 261
테스트 주도 개발로 배우는 객체 지향 설계와 실천(스티브 프리먼, 냇 프라이스) 224
테스트 팩
    긴 테스트 팩은 작은 모듈로 분리 228–229
    알려진 회귀 실패 팩 233
    야간 테스트 팩: 안정적으로 유지 229
    현재 이터레이션 팩 만들기 230
테스트의 환경 이슈 214
테크토크 107, 146
텍스트 파일로 작성된 실행 가능한 명세 93
토니 토 275
토론에 체크리스트를 사용하라 155–156
톰 포펜딕 99
통합 테스트
    기술적인 통합 테스트 228
    종단간 통합 테스트 228
트랜잭션 내에서 테스트 실행하기 221–222
트레이더 미디어 그룹 43
트레이더 미디어 124
특정 시간 동안 대기하지 말고 이벤트를 기다려라 222–223
팀 문화 바꾸기 80–87
    경영진의 지원 82
    기술 용어 사용하지 않기 80–81
    누가 자동 점검을 실행하는지 관리하기 86–87
    도구에 집착하지 마라 84–85
    레거시 스크립트에 한 사람 남기기 85–86
    인수 테스트를 할 수 있는 방법으로 예제를 활용한 명세 83
    테스트 자동화는 최종 목표가 아니다 84
팀 앤더슨
    리빙 도큐멘테이션 시스템 37, 280
    명세와 페르소나에 동일한 언어를 사용 242–243
    미리 채워진 참조 데이터 209
    비즈니스 사용자와의 의사소통 276
    비활성화된 테스트를 자동으로 확인 234–235
    자동화된 문서를 신뢰 67–68
    테스트 자동화 계층의 신뢰성 197–200
    테스트를 위해 데이터베이스의 성능을 개선 228

[ㅍ]

파스칼 메스트닥 145, 250
패턴   프로세스 패턴 참조

페르소나에 기반한 명세 언어 242–243
포화도: QUPER 모델 154–155
폭포수 모델 87
품질 39–43, 265–266
프레드 브룩스 107
프로세스
    레인스토의 프로세스
        프로세스의 변경 269–271
        현재 프로세스 271–273
    사브르 에어라인 솔루션스의 프로세스 283–285
    송킥의 프로세스
        프로세스의 변경 298–301
        현재 프로세스 302–303
    아이오와 학자금 대출의 프로세스
        프로세스의 변경 275–276
        프로세스 최적화 276–280
    유스위치의 프로세스
        프로세스의 변경 258–260
        현재 프로세스 264–265
        프로세스의 최적화 260–264
    이플랜 서비스의 프로세스
        프로세스의 변경 290–294
        현재 프로세스 294–295
    프로세스의 문서화 246–247, 308–309
프로세스 변경 74–80
    기능 테스트 자동화를 시작하라 76
    실행 가능한 명세 도입 78–79
    예제를 활용한 명세 적용 74–75
    테스트 주도 개발을 사용하라 79–80
    품질 향상 75
프로세스 패턴 50–51
    명세 정제하기 53–54
    명세의 변경 없이 검증 자동화 하기 54–56
    목표에서 범위 도출 51–52
    문서 시스템 발전시키기 57
    실무 사례 58–60
    예제를 활용해 설명하기 53
    자주 검증하기 57
    협업을 통해 명세 만들기 52
피드백
    느린 피드백 224
    빠른 피드백 225
        긴 테스트를 더 작은 모듈로 나눠라 226–227

찾·아·보·기

비즈니스 시간을 도입하라	225–226
빠른 테스트와 느린 테스트를 분리하라	228
야간 테스트팩을 안정적으로 유지하라	229
테스트 실행을 병렬화하라	230–231
테스트에 인메모리 데이터베이스를 사용하지 마라	227–228
현재 이터레이션 팩 만들기	230
피드백 활동	140
피드백의 속도	54–55
피에르 베라겐	
FitNesse 사용	79
기록된 UI 테스트 활용하기	205
기술적인 용어 없이 프로세스를 변경하기	80–81
사용자 인터페이스 자동화	202
예제를 활용한 명세를 통한 제품 품질 개선	41–43
자동화 이점	186–187
프로세스에 프로그래머 참여하기	86–87
피터 젠슨스	108–109
픽시스 테크놀로지스	37, 133, 190
필 코완스	
비동기 프로세스	222
사소한 사용자 인터페이스 테스트	170
상위 수준 구조의 우선 개발	245
아마존 EC2 클라우드를 사용해 인수 테스트를 실행	231
예제를 활용한 명세의 이점	298
예제를 활용한 명세의 장기적인 이득	186
자동화 코드의 중요성	195
"한 사람을 희생시켜라" 전략	86
하비 위튼	156
해리 힐레이커	105
핵심인 대표 예제: 명세에서	172–173
행위 주도 개발	64, 시스템 행위 명세 모델 참고
향상된 의사소통	138–140, 262
헤멀 쿤타왈라	261, 265
현실적인 예제	145–149
고객으로부터 직접 기본 예제를 얻기	147–149
자신만의 데이터 만들지 않기	146

[ㅎ]

협업	
개선하기, 사브르 에어라인 솔루션스 예제	285–287
방법	308
상위 수준의 권한 없이 범위에 대해	113–116
다른 해결책에 대해 질문하라	114
어디에 유용한 것인지 질문하라	113–114
최하위 수준에서만 보지 마라	114–115
팀이 완전한 기능을 출시하게 하라	115–116
신뢰를 쌓이게 한다	306–307
준비가 필요하다	307–308
테스트 작성, 이플랜 서비스	291
협업을 통해 명세 만들기	52–53
흐름으로 통합	87–92
BNP 파리바의 시에라 팀	89–90
스카이 네트워크 서비스 그룹	90–92
얼티밋 소프트웨어의 글로벌 탤런트 매니지먼트 팀	88–89
협업으로 작성하는 명세	119–136
사전 회의를 열어라	128–129
이해관계자가 참여하게 하라	129–130
협업으로 작성하는 명세 모델	
개발자가 테스트를 자주 검토하게 하라	126
모델 선택하기	135–136
모델을 사용하는 이유	119–120
상제한 예제를 준비하라	131–132
스토리를 일찍 검토하게 하라	132–133
작은 규모의 워크숍("Three Amigos")을 열어라	123–125
전체 팀원이 참여하는 워크숍	121–123
지나치게 준비하지 마라	134–135
짝으로 작성하라	125–126
초기 예제를 준비하라	133–134
형식에 얽매이지 말고 대화하라	127–128
형식에 얽매이지 않는 대화	127–128
형식을 갖춘 테스트:협업을 통해 준비하기	123–124
회귀 실패 팩	233
회귀 테스트	64–65
횡단 기능	151–152
효과 매핑	116–117
후조건: 명세에 정의된	175–176
흐름 기반 개발	83
흐름 기반 프로젝트	73
흐름(업무 흐름)안에서 협업하도록 통합	87
BNP 파리바의 시에라 팀	89–90
스카이 네트워크 서비스	90–92
얼티밋 소프트웨어의 글로벌 탤런트 매니지먼트 팀	88–89

찾·아·보·기

[A–B]

ACME 온라인숍 예제	141–142
AdScale.de 웹사이트	47
Andersen, Tim	팀 앤더슨 참조
Anderson, David	데이비드 앤더슨 참조
Aro, Ismo	이스모 아로 참조
Arrange–Act–Assert language	준비–행위–단언 언어 참조
Art of Agile Development, The (Shore and Warden)	The Art of Agile Development (제임스 쇼어와 셰인 워든) 참조
ATDD (acceptance test–driven development)	인수 테스트 주도 개발 참조
Balsamiq Mockup	153
Bandi, Jonas	조나스 반디 참조
Bartz, Cindy	신디 바츠 참조
"Batman"	"배트맨" 참조
BDD(behavior–driven development)	행위 주도 개발 참조
Beazley (insurance company)	비즐리 (보험사) 참조
Bekk Consulting	벡 컨설팅 참조
Berger, Scott	스콧 베르거 참조
BNP 파리바의 시에라 팀	
Botts, Elbert Dysart	엘버트 디서트 보트 참조
Botts' Dots	보트 점 참조
Bridging the Communication Gap (고조 아지치)	43–50, 114, 201, 232
Brissette, Andre	앙드레 브리셋 참조
British Sky Broadcasting Company	영국 스카이 방송사 참조
Brooks, Fred	프레드 브룩스 참조

[C–D]

Channing, Walton	채닝 월턴 참조
CI (continuous integration)	지속적인 통합 참조
Cleland Huang, Jane	제인 클레랜드–후앙 참조
Cockburn, Alistair	스테어 콕번 참조
Cohn, Mike	마이크 콘 참조
Concordion 도구	55
Cooper, Ian	이안 쿠퍼 참조
Cowans, Phil	필 코완스 참조
Crispin, Lisa	리사 크리스핀 참조
Cucumber 자동화 도구	40, 94, 176, 259, 265, 299
Cunningham, Ward	워드 커닝햄 참조
Davis, Justin	저스틴 데이비스 참조
DbFit	240
Denne, Mark	마크 덴 참조

[E–F]

Einstein, Albert	알베르트 아인슈타인 참조
ePlan Services	이플랜 서비스 참조
Epstein, Edward Jay	에드워드 제이 엡스타인 참조
Ervine, Stuart	스튜어트 어빈 참조
Evans, David	데이비드 에반스 참조
Evans, Eric	에릭 에반스 참조
Exploring Requirements (제럴드 와인버그와 도널드 가우스)	73, 139
F–16 팰콘	105
feature injection	기능 주입 참조
Ferrero, Marta Gonzalez	마르타 곤잘레즈 페레로 참조
Fit for Developing Software (Mugridge and Cunningham)	Fit, 통합 테스트 프레임웍 (릭 머그리지, 워드 커닝햄) 항목 참조
FIT 도구	283–285
Fit, 통합 테스트 프레임웍 (릭 머그리지, 워드 커닝햄)	166
FitNesse	
FitNesse 테스트	248
FitNesse로 자동화한 실행 가능한 명세	56
FitNesse를 버전 컨트롤 시스템과 통합	269
기존 테스트를 FitNesse 기반으로 이전	85
빈칸이 있는 경우	163
아이오와 학자금 대출	275
와이어하우저의 FitNesse로의 이전	79
이플랜 서비스	291
제이피 모건 체이스	41
FitNesse에서의 빈 칸	163

[G–H]

Gärtner, Markus	마커스 가트너 참조
Gause, Donald	도널드 가우스 참조
Geras, Adam	아담 제라스 참조
Given–When–Then 형식	88
Global Talent Management team, Ultimate Software	얼티밋 소프트웨어의 글로벌 탤런트 매니지먼트 팀 참조
greenfield projects	신규 프로젝트 참조
Gregory, Janet	자넷 그레고리 참조
Growing Object Oriented Software, Guided by Test (Freeman and Pryce)	테스트 주도 개발로 배우는 객체 지향 설계와 실천(스티브 프리먼, 냇 프라이스) 항목 참조
Haldane, David	데이비드 홀데인 참조

Hassa, Christian	크리스찬 하사 참조	Milone, Marco	마르코 마일론 참조
Helles ø y, Aslak	아즈락 헬레소이 참조	Morgan, Damon	데이먼 모건 참조
Hillaker, Harry	해리 힐레이커 참조	Mugridge, Rick	릭 머그리지 참조
"How to implement UI testing without shooting yourself in the foot" article (Adzic)		Mythical Man–Month	맨먼스 미신 참조
	자기 무덤을 파지 않고 UI 테스트를 구현하는 법 (Adzic) 참조	Nagy, Gaspar	개스퍼 나기 참조
"How to Sell BDD to the business" presentation (North)	사업	Neale, Jon	존 닐 참조
	적인 관점에서 BDD 홍보하기 (댄 노스) 참조	North, Dan	댄 노스 참조
HTTP 자동화	200–201	Norwegian Dairy Herd Recoding System	노르웨이 낙농 가축 기록
HTTPUnit	275		시스템 참조

[I–L]

IHC 그룹, 중앙 환자 관리 프로젝트	39, 145
iLean	108
introductory meetings	사전 회의 참조
iteration	이터레이션 참조
Jackman, Andrew	앤드류 잭맨 참조
Jackson, Martin	마틴 잭슨 참조
Janssens, Peter	피터 젠선스 참조
Jbehave	79
JIRA	279
Jones, Capers	케이퍼스 존스 참조
just-in-case code	대비성 코드 참조
just-in-time	적절한 시기 참조
Kanban flow process	칸반 흐름 프로세스 참조
Kidwell, Suzanne	수잔 키드웰 참조
Knight, Adam	아담 나이트 참조
Knowledgent Group	날리전트 그룹 참조
Kuntawala, Hemal	헤멀 쿤타왈라 참조
Larman, Craig	크레이그 라만 참조
Lean Software Development (Poppendieck and Poppendieck)	
	린 소프트웨어 개발 (매리 포펜딕, 톰 포펜딕) 참조
LeanDog group	린독 그룹 참조
Link, Johannes	요하네스 링크 참조
living documentation	리빙 도큐멘테이션 참조
LMAX	75, 119, 127, 230
Lotre, B ø rge	보르게 로트레 참조
Loyd, Stephen	스티븐 로이드 참조

[M–N]

manual testing	수동 테스트 참조
McLennan, Clare	클레어 맥레넌 참조
Mestdach, Pascal	파스칼 메스트닥 참조

[P–R]

pair-writing	짝으로 작성하기 참조
Park, Rob	롭 파크 참조
Parker, Jodie	조디 파커 참조
Patel, Rakesh	라케시 파텔 참고
Patton, Jeff	제프 패톤 참조
PBR (Product Backlog Refinement) workshops	PBR 워크숍 참조
PBR 워크숍	122
Popendieck, Mary	매리 포펜딕 참조
Popendieck, Tom	톰 포펜딕 참조
Pratices for Scaling Lean and Agile (Vodde and Larman)	대규모
	조직에 적용하는 린과 애자일 개발 참조
preplanning coordination meeting	공동 사전 계획 회의 참조
Pyxis Technologies	픽시스 테크놀러지스 참조
QA탐: 유스위치	258
QTP	79, 258
QUPER 모델	154–155
Rainsberger, J.B.	제이비 레인스버거 참조
RainStor	레인스토 참조
Rational Unified Process	96
Regnell, Bjorn	비요른 레그넬 참조
Relish	68–69

[S]

Sabre Airline Solutions	사브르 에어라인 솔루션스 참조
Sabre Holdings	사브르 홀딩스 참조
Scrum	스크럼 참조
Selenium 2.0 HtmlUnit 드라이버	201
Selenium 테스트	259
Shore, James	제임스 쇼어 참조
Sivapathasuntharam, Kumaran	쿠마란 시바파사순타람 참조
SKIT (Story Knowledge and Information Transfer) 세션	88

찾·아·보·기

SNS (Sky Network Services) 그룹	44–45, 90–92, 129, 238–239
Software by Numbers	110
Songkick	송킥 참조
Sopra Group	소프라 그룹 참조
SQL 코드	227–228
Steer, Matthew	매튜 스티어 참조
Striebeck, Mark	마크 스트라이벡 참조
Suarez, Maykel	메이켈 수아레즈 참조
Supermassive Games	수퍼매시브 게임즈 참조
SWAT UI 자동화 도구	196

[T]

Talia system	탈리아 시스템 참조
Taylor, Stuart	스튜어트 테일러 참조
TDD (test-driven development)	74, 79–80
The Art of Agile Development (제임스 쇼어와 셰인 워든)	85–86
개요	89–90
명세 언어를 발전시키기	241–244
사용자 인터페이스 요소와의 상호작용으로 기술된 실행 가능한 명세	204–205
예제를 활용한 명세를 통한 높은 제품 품질	40
토론을 위한 준비	131
협업을 통해 테스트 작성하기	125
"Three Amigos" meetings	작은 규모의 워크숍 참조
To, Tony	토니 토 참조
TraderMedia	트레이더 미디어 참조
Twill	201

[U]

Ubiquitous Language	유비쿼터스 랭귀지 참조
UI 자동화의 기술 활동 단계	206
UI 프로토타입	153
UIs (user interfaces)	
세부사항에 매몰되지 않기	170
탐색 경로	247–248
프로토타입	153–154
Ultimate Software, Global Talent Manage-ment team	얼티밋 소프트웨어의 글로벌 탤런트 매니지먼트 팀 참조
URLs (Uniform Resource Locators)	249–250
uSwitch	유스위치 참조

[V–W]

V 모델	73
Veragen, Pierre	피에르 베라겐 참조
Vik, Mikael	미카엘 빅 참조
VIP 프로그램 예	58–60
Vodde, Bas	바스 보드 참조
Vogel, Mike	마이크 보겔 참조
Walton, Channing	채닝 월턴 참조
Walton, Lance	랜스 월턴 참조
Warden, Shane	셰인 워든 참조
WebRat	201
Weinberg, Gerald	제럴드 와인버그 참조
Weyerhaeuser	와이어하우저 참조
Wheaton, Harvey	하비 휘튼 참조
Williams, Wes	웨스 윌리엄스 참조
WyCASH+ 프로젝트	73